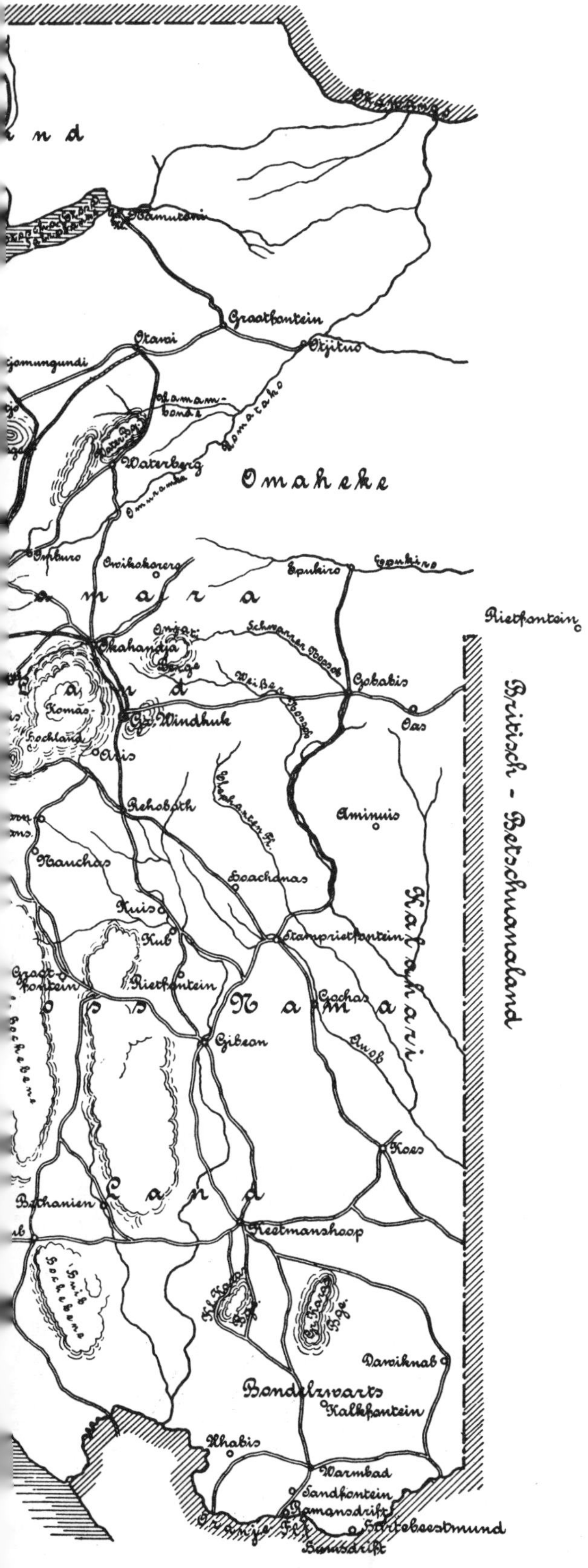

Namutoni
Grootfontein
Otavi
Otjituo
Waterberg
Omaheke
Owikokorero
Epukiro
Rietfontein
Okahandja
Gobabis
Oas
Komas-Hochland
Gr. Windhuk
Aris
Rehoboth
Aminuis
Hoachanas
Nauchas
Kuis
Kub
Stamprietfontein
Rietfontein
Gibeon
Kalahari
Britisch - Betschuanaland
Koes
Bethanien
Keetmanshoop
Dawiknab
Bondelzwarts
Kalkfontein
Warmbad
Sandfontein
Ramansdrift
Hartebeestmund

Walter Nuhn · Feind überall
Der große Nama-Aufstand 1904–1908

Walter Nuhn

Feind überall

Der Große Nama-Aufstand (Hottentottenaufstand) 1904–1908 in Deutsch-Südwestafrika (Namibia)

Der erste Partisanenkrieg in der Geschichte der deutschen Armee

Bernard & Graefe Verlag

Satz: DTP-Studio Elisabeth Ruf, Landshut
Lithos: Repro GmbH, Essenbach
Druck und Bindung: Wiener Verlag, Himberg
Herstellung und Layout: Walter Amann, München
Printed in Austria

ISBN 3-7637-6207-8

Inhalt

Vorbemerkungen des Verfassers

Die deutsche Kolonialpolitik erlebte in den Jahren 1906 und 1907 einen tiefgreifenden Wandel: Hatten vor dem Hintergrund geringer kolonialer Investitionsneigung privater- und staatlicherseits bisher die Förderung der Interessen der deutschen Kolonialwirtschaft und damit die Steigerung der privatwirtschaftlichen Ertragslage der Kolonien absoluten Vorrang vor der Berücksichtigung der Belange der kolonisierten Völker – mit der Folge zahlreicher kriegerischer Auseinandersetzungen zwischen Kolonialmacht und Kolonisierten und daraus resultierender schwerer Rückschläge in der Entwicklung der Kolonien –, so wurden jetzt mit dem Instrument administrativer Reformen zum einen die private und staatliche Investitionstätigkeit enorm belebt, zum anderen die Konfliktvermeidung durch Eingehen auf die Bedürfnisse der Eingeborenenbevölkerung zu einem der Schwerpunkte der Kolonialpolitik gemacht. Auf diese Weise wurden die Weichen für einen wirtschaftlichen Aufschwung der Kolonien und ein weitgehend friedliches, zum Teil sogar gedeihliches Miteinander zwischen Schwarz und Weiß gestellt.

Entscheidende Stimulatoren dieser kolonialpolitischen Kurswende waren drei große kriegerische Ereignisse im deutschen Kolonialreich: Der Herero-Aufstand 1904 und der Nama-Aufstand 1904–1908 im ehemaligen Deutsch-Südwestafrika, heute Namibia genannt, sowie der Maji-Maji-Aufstand 1905–1906 im ehemaligen Deutsch-Ostafrika, dem heutigen Tansania. Von diesen drei großen Eingeborenenerhebungen fand der Maji-Maji-Aufstand kaum Beachtung, da hier nur wenige weiße Opfer zu beklagen und nur eine Handvoll weißer Soldaten an seiner Niederwerfung beteiligt waren. Dagegen erregten die Aufstandsereignisse in Deutsch-Südwestafrika die Gemüter in Deutschland aufs höchste. Dies hatte seinen Grund einerseits darin, daß Deutsch-Südwestafrika – im Gegensatz zu Deutsch-Ostafrika – eine Siedlungskolonie war und viele deutsche Siedler Opfer der dortigen beiden großen Eingeborenenerhebungen wurden, andererseits darin, daß – ebenfalls im Gegensatz zu Deutsch-Ostafrika – Tausende deutscher Soldaten in »Deutschlands erstem Krieg seit Wiedergründung des Reiches 1871« zur Niederwerfung der aufständischen Herero und Nama eingesetzt wurden und dabei einen hohen Blutzoll entrichten mußten.

Der langwierigste und zermürbendste dieser drei großen Eingeborenenkriege war der Nama-Aufstand – damals Hottentotten-Aufstand genannt –, der viele Parallelen zu den jahrelangen blutigen Kleinkriegen der jüngsten Zeit, zum Beispiel dem Vietnamkrieg und dem Partisanenkrieg in Rußland und Jugoslawien im Zweiten Weltkrieg, aufweist. Dieser Aufstand, den das vorliegende Buch zum Thema hat, war für die deutsche Seite der verlustreichste aller hier genannten drei Eingeborenenkriege und hatte die deutsche Truppenführung, nicht zuletzt auch den Generalstab in Berlin, durch die von den Namakapitänen angewandte Guerillakriegführung, die in der damaligen deutschen Heerestaktik so gut wie unbekannt und daher nie manövermäßig geprobt worden war, vor völlig unerwartete Probleme gestellt. Die Gründe hierfür liegen auf der Hand: Zwar waren zahllose Erfahrungsberichte über die schon vorher mit einzelnen Namastämmen geführten Guerillakriege nach Berlin gelangt, doch war dort nie eine Auswertung seitens der Heeresleitung erfolgt, da man die Möglichkeit größerer Kolonialkriege überhaupt nicht in Betracht gezogen und daher keinerlei Vorbereitungen für einen solchen Eventualfall getroffen hatte.

Das vorliegende Buch stellt die vierte Veröffentlichung in einer Serie von Arbeiten dar, die ich im Laufe der letzten zwanzig Jahre zum Thema »Deutsche Kolonialgeschichte« geschrieben habe. Es bildet gewissermaßen die Fortsetzung meines Erstlingswerkes »Sturm über Südwest«, das den Großen Herero-Aufstand von 1904 behandelt[1], da der Nama-Aufstand unmittelbar nach Beendigung der Kämpfe gegen die Herero ausgebrochen und ein kausaler Zusammenhang zwischen diesen beiden Aufständen schon aufgrund der Nachbarschaft der beiden Völker gegeben war.

Der Leser mag sich fragen, weswegen ich dieses Buch nicht gleich im Anschluß an »Sturm über Südwest« geschrieben habe, sondern stattdessen mich erst anderen kolonialgeschichtlichen Themen zugewandt habe. Der Grund hierfür liegt vor allem darin, daß ich bei der Behandlung des vorliegenden Themas in erster Linie auf die Benutzung der einschlägigen Akten des ehemaligen Reichskolonialamtes als Primärquellen angewiesen war, die allesamt im ehemaligen DDR-Zentralarchiv, dem früheren Reichsarchiv, lagerten und mir als westdeutschem Historiker erst nach der deutschen Wiedervereinigung zugänglich wurden. Im Gegensatz hierzu konnte ich beim Schreiben des »Sturm über Südwest« auf die im Bundesarchiv-Militärarchiv Freiburg gelagerten einschlägigen Akten des damaligen Reichsmarineamtes als Primärquellen zurückgreifen, da – anders als im Nama-Aufstand – an fast allen Operationen gegen die aufständischen Herero Marineeinheiten (Marineinfanterie und Marinelandungsdetachements) beteiligt waren, deren Einsätze, Erfahrungsberichte u ä. im Reichsmarineamt aktenkundig gemacht worden waren.

Die Kolonialaktenbestände aus den Archiven des ehemaligen Deutschen Reiches sind der deutschen Geschichtsforschung erst etwa 1955 zugänglich geworden, die des früheren Reichsarchivs bis zur deutschen Wiedervereinigung 1990 zunächst sogar nur der ostdeutschen Forschung. Die Gründe: In der Kaiserzeit blieben sie wegen Einhaltung der Sperrfristen in Verwahrung der Archive; in der Weimarer Zeit und – verständlicherweise – vor allem in der Zeit des Nationalsozialismus bestand staatlicherseits kein Interesse daran, sie für die Forschung freizugeben, weil man die Offenlegung negativer Tatbestände und damit nachteilige Aus-

1 Bisher erschienene Werke des Verfassers: 1. »Sturm über Südwest – der Hereroaufstand von 1904«; 2. »Flammen über Deutsch-Ostafrika – der Maji-Maji-Aufstand 1905/06«; 3. »Kamerun unter dem Kaiseradler – Geschichte der Erwerbung und Erschließung des ehemaligen deutschen Schutzgebietes Kamerun«

wirkungen auf die Forderung nach Rückgabe der Kolonien befürchtete; und 1945 mit der Niederlage Deutschlands im Zweiten Weltkrieg wurden diese Akten allesamt von den Alliierten zur Auswertung beschlagnahmt und erst 1955 an Deutschland zurückgegeben.

So blieb auch bei der Darstellung des Namakrieges das gesamte in Frage kommende Kolonialaktenmaterial in der – sehr umfangreichen – einschlägigen Sekundärliteratur unberücksichtigt. Sie beschränkt sich nahezu ausschließlich auf die Berichte von Augenzeugen, Soldaten, Kolonialbeamten, Farmern und Missionaren, die die kriegerischen Ereignisse naturgemäß nur aus ihrer eigenen begrenzten, oft nostalgisch-glorifizierenden Perspektive schilderten, und auf eine Reihe von Gesamtdarstellungen – zum Teil aus berufenem Munde, zum Beispiel hohen Kolonialbeamten wie dem Stellvertretenden Gouverneur Hintrager[2] und Gouverneur Leutwein[3] –, die zwar sehr informativ sind, jedoch den Nachteil der einseitig-apologetischen Berichterstattung aus dem Blickwinkel der Kolonialherren unter Ignorierung unangenehmer Tatbestände haben.

Für die rein militärische Betrachtungsweise sind des weiteren das sogenannte »Generalstabswerk[4] und Oberst Kolbes Werk[5] zu nennen. Diese beiden Veröffentlichungen schildern die Operationen der Schutztruppe auf den verschiedenen Kriegsschauplätzen akribisch genau, wobei auch die Würdigung der Leistungen des Gegners nicht zu kurz kommt.

Zu erwähnen sind dann noch die in einzelnen Periodika, zum Beispiel der Deutschen Kolonialzeitung und dem Militärwochenblatt, enthaltenen Artikel von Teilnehmern des Feldzuges und Militärhistorikern. Sie nehmen insofern in der zeitgenössischen Kolonialliteratur eine Sonderstellung ein, als sie sich teilweise auf Originalaktenberichte abstützen oder hieraus zitieren – letzteres allerdings nur abschnittsweise oder in manipulierter Form, so daß der kritische Leser kein klares und vollständiges Bild der berichteten Vorgänge erhält und auch hier auf die Originalquellen, das heißt die jeweiligen Aktenberichte, angewiesen ist.

Aus der Flut der einschlägigen Literatur heben sich zwei Arbeiten heraus, die für den kritischen Benutzer von Wert sind: Zum einen das sogenannte britische Blaubuch »Report on the Natives of South West Africa and Their Treatment by Germany«, das, noch während des Ersten Weltkrieges herausgegeben, im Wesentlichen auf der Grundlage der von den Briten erbeuteten Akten des Gouvernements von Deutsch-Südwestafrika geschrieben wurde und daher ein realistisches Bild der Situation der Afrikaner während der deutschen Zeit Südwestafrikas, vor allem aber – für das vorliegende Thema von besonderer Relevanz – der Behandlung der kriegsgefangenen Nama vermittelt. Bezeichnenderweise ist diese Publikation in der deutschen Kolonialhistoriographie als revanchistisch abgetan und weitgehend ignoriert worden – sie wird dies sogar bis heute noch in einigen deutschen Historikerkreisen –, da sie von ihren Initiatoren als Nachweis der deutschen kolonialen Unfähigkeit gedacht war. Zum anderen das Buch »Südwestafrika unter

2 Hintrager: »Südwestafrika in der deutschen Zeit«
3 Th. Leutwein: »Elf Jahre Gouverneur in Südwestafrika«
4 »Die Kämpfe der deutschen Truppen in Südwestafrika«, Band 2: »Der Hottentottenkrieg«
5 Kolbe: »Unsere Helden in Südwestafrika«

deutscher Kolonialherrschaft. Der Kampf der Hereros und Namas gegen den deutschen Imperialimus«, verfaßt von Prof. Horst Drechsler, der als DDR-Historiker schon frühzeitig Zugang zu den Akten des früheren Reichskolonialamtes hatte und diese als Grundlage seines – allerdings marxistisch gefärbten – Werkes benutzen konnte. Beide Arbeiten, insbesondere Prof. Drechslers, wurden von mir mehrfach als Quellen herangezogen.

Wie »Sturm über Südwest« weist auch meine vorliegende Arbeit ein Manko auf: Bis auf einige wenige Ausnahmen[6] war es mir nicht möglich, auch relevante Unterlagen oder Aussagen der Gegenseite, das heißt der Aufstandsführer oder einzelner Orlogleute, über die kriegerischen Geschehnisse heranzuziehen, da nach meinen Recherchen in Südwestafrika hierüber keine Hinterlassenschaften der Namakapitäne oder anderer Kriegsteilnehmer der Gegenseite existieren und später auch keine systematische Befragung dieser Leute – wie im Falle des Maji-Maji-Aufstandes geschehen – stattgefunden hat.

6 Hier handelt es sich um die von Seiten der Schutztruppe erfolgten Vernehmungen des Samuel Isaak und des Cornelius Frederick, die sich in den Aktenbeständen des Nationalarchivs (NA) in Windhoek unter Signatur ZBU, DIVm2, Bd. 4, befinden.

1. Kolonialhistorische Einführung

Der koloniale »Spätankömmling« Deutschland – Gründung des deutschen Kolonialreiches – Erschließung der Kolonien – Kolonialverwaltung und Kolonialtruppen

Ebenso wie Belgien and Italien gehörte auch das Deutsche Reich zu den »Spätankömmlingen« unter den Kolonialmächten und konnte daher nicht wie die klassischen Kolonialmächte Großbritannien, die Niederlande, Frankreich, Spanien und Portugal, die ihre Kolonialreiche im Laufe von Jahrhunderten systematisch aufgebaut und entwickelt hatten, an koloniale Traditionen anknüpfen. Mit anderen Worten: Deutschland mußte seine Kolonien erschließen, ohne auf gesammelte Erfahrungen im Umgang mit exotischen Völkern und ohne auf gewachsene koloniale Strukturen in organisatorischen und administrativen Bereichen zurückgreifen zu können.

Was waren die Ursachen für das späte Erscheinen Deutschlands auf der kolonialen Arena?

Aufgesplittert in zahlreiche über die Wahrung ihrer Eigenständigkeit eifersüchtig wachende Einzelstaaten, ein Spielball starker Nachbarvölker, die ihre Kriege immer wieder auf deutschem Boden austrugen, bot Deutschland seit dem Ende des Dreißigjährigen Krieges ein Bild nationaler Zerrissenheit. Immer wieder in Hader mit ihren deutschen Nachbarn verstrickt, hatten die deutschen Landesfürsten ihren Blick nach innen gekehrt, auf die Bewältigung ihrer internen Probleme gerichtet, statt sich, wie es in den zentral geleiteten europäischen Nachbarländern der Fall war, zu einem nationalen Machtblock zusammenzuschließen, um noch an der schon am Ausgang des 15. Jahrhunderts begonnenen Aufteilung der Welt teilhaben zu können. Kraft- und tatenlos sahen sie zu, wie die anderen europäischen Völker, von einem starken nationalen Selbstbewußtsein getragen, dank ihres florierenden Kolonial- und Überseehandels wirtschaftlich und politisch immer mehr an Macht gewannen. Es ließ sie ungerührt, daß Millionen ihrer Untertanen aus wirtschaftlicher Not Deutschland den Rücken kehrten, um in Übersee ihr Glück zu versuchen.

Die Aufteilung der Welt war – mit Ausnahme Afrikas und der Inselwelt der Südsee – bereits nahezu abgeschlossen, da geschah ein die Weltöffentlichkeit überraschendes Ereignis: Deutschland erschien auf der kolonialen Arena und gründete ein eigenes überseeisches Reich! Wie konnte es hierzu kommen?

Als Folge der siegreichen Kriege gegen Dänemark (1864), gegen Österreich (1866) und gegen Frankreich (1870/71) waren die nationale und staatliche Einheit Deutschlands und das deutsche Kaiserreich wiedererstanden. Ein nationales Selbstbewußtsein erwachte. Nun nahmen Handel und Industrie im Lande einen ungeahnten Aufschwung, mehrten sich Wohlstand und Kapital. Rasant wuchs die deutsche Handelsflotte und zeigte, geschützt von Kriegsschiffen der jungen deutschen Reichsmarine, ihre Flagge in allen Teilen der Erde. Der deutsche Überseehandel expandierte, überall in der Welt gründeten deutsche Handelshäuser

Niederlassungen. Schon war Deutschland, bisher überwiegend ein Agrarland, auf dem besten Wege, England und Frankreich, den führenden Wirtschaftsmächten in der Welt, den Rang streitig zu machen.

In Industrie- und Handelskreisen, aber auch im Volke mehrten sich die Stimmen, die gebieterisch auch für Deutschland »einen Platz an der Sonne«, sprich: Kolonien, forderten, damit Siedlungsraum für den deutschen Bevölkerungsüberschuß und Rohstoffquellen für die heranwachsende Industrie des Reiches gesichert würden.

Den Worten sollten schon bald Taten folgen: Am 27. April 1884 erfolgte an den öden Gestaden der südwestafrikanischen Küste in der Bucht von Angra Pequena, dem späteren Lüderitzbucht (heute: Lüderitz), die Grundsteinlegung des deutschen Kolonialreiches, als Reichskanzler Fürst Otto von Bismarck, bisher jedem Gedanken eines deutschen Kolonialengagements abgeneigt, über seinen Konsul Lippert in Kapstadt der britischen Kapregierung amtlich erklären ließ, daß die Besitzungen des Bremer Kaufmanns Adolf Lüderitz vom Oranjefluß nach Norden bis zum 26. Breitengrad, die dieser von dem Kapitän der Bethanier-Nama Josef Frederiks 1883 vertraglich erworben hatte, unter dem Schutz des Deutschen Reiches stünden. Im Juli des gleichen Jahres wurden durch Flaggenhissungen des Kanonenbootes »Möwe« auch Togo und Kamerun unter den Schutz des Reiches gestellt. Wenige Monate später hißten deutsche Kriegsschiffe auch in der Südsee die Reichsflagge und nahmen die Inseln des Bismarck-Archipels, einige weitere kleine Inselgruppen sowie den Nordostteil Neuguineas, das spätere Kaiser-Wilhelm-Land, in deutschen Besitz. (Wesentlich später, 1899 bzw. 1900, wurden auch die Palau-Inseln, die Inselgruppe der Karolinen und der Marianen sowie West-Samoa deutsch.) Im Februar 1885 wurden schließlich auch die Erwerbungen des deutschen Privatmannes Dr. Carl Peters in Ostafrika unter kaiserlichen Schutz gestellt und damit der Grundstein für die Kolonie Deutsch-Ostafrika gelegt.

Durch Abschluß von Grenzverträgen mit den anderen Kolonialmächten wurden dann in den Folgejahren die Umrisse der Schutzgebiete, wie die amtliche Bezeichnung der deutschen Kolonien lautete, festgelegt. Streng genommen, war für sie der Sammelbegriff »Deutsches Kolonialreich« eigentlich unzutreffend, standen sie doch allesamt nicht miteinander in einem territorialen Zusammenhang wie etwa Britisch-Indien oder Französisch-Westafrika.

Die Schutzgebiete trugen ihre Bezeichnung nur in den ersten Jahren nach ihrer Gründung zu Recht: Sie waren im Besitz privater Handelsgesellschaften, mithin Handelskolonien, angelehnt an das Vorbild der britischen »Chartered Companies«, zum Beispiel der East Indian Company, und wurden auch von diesen verwaltet. (Eine Ausnahme bildeten Togo und Kamerun, die von Anfang an Reichskolonien waren.) Seitens der Reichsregierung wurde lediglich der Kaiserliche Schutz garantiert und die Oberhoheit über diese Gebiete ausgeübt. Diese Regelung war ganz im Sinne Bismarcks, der für den Fall einer direkten Inverwaltungnahme der Schutzgebiete durch das Reich – wie sich später zeigte, mit Recht – Verwicklungen mit dem überwiegend kolonialfeindlich eingestellten Reichstag befürchtete.

Dieses System privater Handelskolonien »mit beschränkter Haftung des Reiches« sollte sich jedoch schon nach wenigen Jahren als nicht lebensfähig erweisen, weil das deutsche Großkapital damals wenig Vertrauen in das »unsichere

Kolonialgeschäft« setzte und daher nicht bereit war, in nennenswertem Umfang in den überseeischen Neuerwerbungen des Reiches zu investieren. So blieb dem Reichskanzler letztlich kein anderer Ausweg, als die Kolonien direkt in Reichsverwaltung zu übernehmen mit allen finanziellen Konsequenzen und parlamentarischen Problemen für die Reichsregierung. Damit wurden die Kolonien zu reichsunmittelbaren Kolonien, also Kronkolonien, die ihre Bezeichnung »Schutzgebiete« (Protektorate) indes beibehielten.

In den ersten zwei Jahrzehnten der deutschen Herrschaft machten die Erschließung und die wirtschaftliche Entwicklung der Schutzgebiete sowie der Aufbau ihrer Verwaltung nur ganz geringe Fortschritte und stagnierten schließlich sogar, da weiterhin nur wenig privates Kapital dort angelegt wurde und Gelder aus öffentlichen Händen infolge der zögerlichen kolonialen Finanzpolitik des Reichstages und der Reichsregierung nur sehr spärlich flossen. Eine Dynamisierung im kolonialen Entwicklungsprozeß setzte erst im dritten Jahrzehnt der deutschen Herrschaft ein, nachdem als Folge der großen Aufstandsbewegungen in Deutsch-Ostafrika und Deutsch-Südwestafrika Reichstagsneuwahlen, die sogenannten Hottentottenwahlen, auf die später noch näher einzugehen ist, den Weg zu einer kolonialen Reformpolitik freigemacht hatten.

Noch einige Worte zur Organisation der Kolonialverwaltung in der Metropole und in den Schutzgebieten selbst. Oberste Verwaltungsinstanz war zunächst (ab 1890) die Kolonialabteilung im Auswärtigen Amt in Berlin, die von einem Kolonialdirektor (bis 1894: Kolonialdirigent) geleitet wurde. Erst 1907 wurde ein eigenständiges Ressort, das Reichskolonialamt, geschaffen. Mit der Verwaltung in den einzelnen Schutzgebieten wurden vom Kaiser direkt ernannte Gouverneure (in Südwestafrika bis 1898 Landeshauptmann) betraut. Ihnen nachgeordnet war ein – in den ersten zwei Jahrzehnten noch sehr kleiner – Beamtenapparat. Administrativ waren die Schutzgebiete in Zivilbezirke und – soweit noch nicht befriedet – Militärbezirke untergliedert. (In Deutsch-Südwestafrika waren die Bezirke weiter unterteilt in Distrikte.)

Die Machtmittel im deutschen Kolonialreich bestanden in den großen Schutzgebieten Kamerun, Deutsch-Ostafrika und Deutsch-Südwestafrika aus militärischen »Schutztruppen«, die sich in Südwestafrika ausschließlich aus weißem Personal, in den übrigen beiden Kolonien aus farbigen Soldaten mit weißem Führungskader rekrutierten, sowie Polizeitruppen. In den kleineren Schutzgebieten gab es lediglich farbige Polizeitruppen unter weißer Führung. Dachorganisation der Schutztruppen war das sogenannte »Oberkommando der Schutztruppen«, das in der Kolonialabteilung des Auswärtigen Amtes und später im Reichskolonialamt untergebracht war. Als administratives Kuriosum sei noch angemerkt, daß die Schutztruppen in den einzelnen Kolonien einsatzmäßig nicht dem jeweiligen Kommandeur, sondern dem Gouverneur, der in der Regel Zivilbeamter war, als dem obersten militärischen Vollzugsorgan unterstanden, eine Regelung, die sehr oft zu Reibereien und Querelen zwischen den militärischen und den zivilen Instanzen in der Kolonie und in der Heimat geführt hat.

2. Südwestafrika: Natur und Menschen

Geographie – Ethnographie

(Siehe hierzu Vorsatzkarte und Karte 1)

Auf den ersten Blick machte Deutsch-Südwestafrika auf den Neuankömmling den Eindruck einer ziemlich wertlosen Kolonie, deren trockenem, vegetationsarmem Boden nur der an karge Umweltbedingungen und Entbehrungen gewöhnte bedürfnislose Mensch einen äußerst bescheidenen Lebensunterhalt abzuringen verstand. Und diesen Eindruck der Öde und Dürre, ja oft der Trostlosigkeit und Feindseligkeit erweckt das Land auch heute noch in manchem Besucher, der zum ersten Mal den Boden Namibias, wie Südwestafrika heute heißt, betritt und das Landesinnere mit seinen faszinierenden, oftmals verborgenen oder nur in der Regenzeit sich offenbarenden Naturschönheiten, seinem Kontrastreichtum und seiner Landschaftsvielfalt noch nicht kennengelernt hat.

Für den Reisenden aus Übersee war damals die Küste praktisch einzige Eintrittspforte nach Südwestafrika. Und schon ihr Anblick von See her erregte in ihm, dem doch in seiner Gedankenwelt Afrika als ein Kontinent mit palmenumsäumten Gestaden, immergrünen Urwäldern, grünen Savannen und einer reichen Fauna vorschwebte, herbe Enttäuschung, ja Furcht und Beklemmung und erfüllte ihn mit bangen Erwartungen, was wohl erst das Landesinnere an Schrecknissen bieten würde. Ein Schutztruppler, der 1904 bald nach Ausbruch der Eingeborenenunruhen nach Südwest kam, beschreibt seine Eindrücke beim Anblick der Küste wie folgt: »Das also ist ›Südwest-Afrika‹, das uns schon jetzt so viele Opfer gekostet hat. Soweit das Auge reicht, gelbe Sanddünen, in der Ferne die blauen Kuppen mächtiger Gebirge, kein Hälmchen Gras, kein Strauch, kein Baum zu sehen. Wüste, trostlose Wüste in des Wortes vollster Bedeutung ist das, was wir von der Küste zunächst sehen!«[7]

Tatsächlich zählt die Küstenwüste Südwestafrikas, die Namib, nach der das Land später seinen Namen erhalten hat, zu den trockensten und unwirtlichsten Landstrichen der Erde überhaupt und war im deutschen Kolonialreich das ödeste und menschenärmste Gebiet. Diese Wüste, die teils aus bis zu 300 m hohen Sanddünenketten, teils aus riesigen Geröllfeldern, unterbrochen von bizarren Felsformationen und verwitterten Bergketten, teils aus an die nordamerikanischen Badlands erinnernden »Mondlandschaften« besteht, zieht sich in einer Breite von 100 bis 150 Kilometern vom Kunene, dem Grenzfluß nach Angola, im Norden, über eine Länge von 1400 Kilometern nach Süden bis zum Oranje, dem Grenzfluß nach Südafrika, hin. Eine extreme Regenarmut, äußerst spärlicher Pflanzenwuchs und häufige Nebel, die durch den an der Küste entlangfließenden kalten antarktischen Benguela-Strom und die aus dem Landesinneren zur Küste gelangenden

7 Alverdes, S. 2

heißen Luftmassen hervorgerufen werden, vervollständigen das Erscheinungsbild dieser Landschaft.

Wegen der starken Brandung, des Fehlens schiffbarer Flüsse – selbst die beiden Grenzflüsse Kunene und Oranje sind nicht schiffbar – und der Armut an Buchten, ist die Küste Südwestafrikas äußerst hafenarm. An Häfen gab es damals – und gibt es auch heute noch – lediglich die damals in britischem, später in südafrikanischem Besitz gewesene Walvis Bay, die trotz intensiver Bemühungen seitens der deutschen Regierung für deutsche Truppentransporte nicht freigegeben worden war, das Walvis Bay benachbarte Swakopmund, das aber nur eine offene Reede besaß, und – tief im Süden – Lüderitzbucht, den einzigen Naturhafen der Kolonie.

Hatte der Reisende die beschwerliche und oft gefährliche Ausschiffung hinter sich gebracht – sie geschah in Swakopmund, damals der Hauptschiffahrtsplatz des Schutzgebietes, durch Leichterung auf der Reede, in Lüderitzbucht über eine 1898 errichtete kleine Landungsbrücke – , so erwarteten ihn dann erst die eigentlichen Strapazen: Er mußte die wasser- und vegetationslose Namibwüste durchqueren, um auf das dahinterliegende Hochplateau, das Kerngebiet Südwestafrikas, zu gelangen. Als einziges Transportmittel für ihn kam der schwerfällige und unförmige Planwagen mit seinem bis zu 50 m langen Ochsengespann in Frage. Erst später, 1902, wurde für den über Swakopmund Anreisenden die Fahrt ins Hinterland weniger abenteuerlich, nachdem die Eisenbahn von dort nach dem Regierungssitz Windhuk in Betrieb genommen worden war. Doch auch die Reise mit dieser 60-cm-Schmalspurbahn war noch beschwerlich genug, weil die kleinen Lokomotiven wegen der zu überwindenden gewaltigen Steigung nicht mehr als sechs kleine Waggons ziehen konnten, so daß die Fahrt auf dieser 380 Kilometer langen Strecke bis Windhuk im Normalfall mindestens drei Tage in Anspruch nahm.

Wenn der Reisende die unendlich eintönige, unbewohnte Namib – tagsüber die gleißende Sonne und den stahlblauen Himmel über sich, nachts bei Temperaturen um den Gefrierpunkt vor Kälte fast erstarrend – endlich durchquert hat, so tut sich ihm ein dem Auge doch wenigstens einige Ruhepunkte bietendes Landschaftsbild auf: Das Hochland ist erreicht! Doch trotz seines erträglicheren Klimas, seiner unermeßlichen dürren und grauen Gras- und Dornbuschflächen und seiner riesigen Sand- und Geröllfelder ist auch das Hochland karg und menschenarm.

Dies trifft vor allem auf den südlichen Teil des Hochlandes, das Namaland, zu, das für uns von besonderem Interesse ist, war dieses doch der Schauplatz der hier zu schildernden kriegerischen Ereignisse. Wir wollen deswegen bei der geographischen Beschreibung Südwestafrikas beim Namaland länger verweilen.

Wer nur kurz das südlich des Wendekreises des Steinbocks beginnende Namaland bereist, hat wohl das Empfinden, daß er sich auf einer unendlich einförmigen, ausgedörrten Ebene vorwärtsbewegt, auf die einige isolierte, abgetragene Gebirgsstöcke, so das Tiras-, das Zaris-, das Naukluft- und das Große und das Kleine Karrasgebirge, aufgesetzt sind. Dieser Eindruck wird nur durch das gelegentliche Erscheinen von Straußen, Bergzebras und hier typischen Springböcken gemildert.

Doch ungeachtet seines auf den ersten Blick öden und uniformen Erscheinungsbildes ist das Namaland reich gegliedert. Sein nördlicher Teil besteht aus Hochplateaus, die von in Nord-Süd-Richtung verlaufenden Grabenbrüchen durchzogen sind. Einer dieser Gräben, der »Bersebagraben«, wird von dem Fischfluß durchzogen, der sich weiter südlich in einem gewaltigen, gähnenden Canyon, dem Fischfluß-Canyon, dem zweitgrößten Canyon der Welt, sein Bett genagt hat. Die östliche Begrenzung dieser Hochplateaus bildet der sogenannte Weißrand. Zur Küstenseite hin zieht sich längs dieser Hochlandschaft der sogenannte Schwarzrand.

Östlich vom Weißrand, einer Kalkregion, senkt sich das Land allmählich ab und geht in die imposanten roten Dünenketten der Kalahari über, die allerdings bei weitem nicht die Höhen der Namibdünen erreichen.

Der Südteil des Namalandes ist von zahlreichen tiefen Schluchten gekennzeichnet, die durch die Erosionsarbeit vieler Flüsse zum Oranjefluß hin entstanden sind. Diese Gegend nimmt daher den Charakter einer schroffen, wild zerrissenen Gebirgslandschaft an.

Im Gegensatz zu dem fruchtbareren Hereroland im nördlichen Teil der Kolonie ist das Namaland von der Natur wesentlich kümmerlicher ausgestattet worden. Das Landschaftsbild ist geprägt durch ebene oder hügelige Sand- und Geröllflächen, hier und da unterbrochen von den schon genannten Gebirgsstöcken, von Tafel- und Kegelbergen sowie von bizarren Felsgebilden und gewaltigen Auftürmungen großer Felssteine. Die Vegetation erschöpft sich in tupferartigen Flächen von Futterbusch und Weidegras sowie – sporadisch – in einzeln oder in Gruppen stehenden Trockenbäumen, vor allem Kameldornbäumen und hier typischen Köcherbäumen.

Für die Weidewirtschaft, namentlich die Rinderwirtschaft, ist das Namaland daher denkbar schlecht geeignet. Anders als das zum Großteil von Dornbuschdickicht überzogene Hereroland ist das Namaland eine weitgehend offene und – in den gebirgigen Landstrichen – sehr zerklüftete Region und bietet somit hervorragende Voraussetzungen für die Kleinkriegführung.

Was jeden Besucher des Landesinneren Südwestafrikas entzückt, sind die trockene, klare Luft und der ewig heitere, blaue Himmel. Doch gerade dies sind die Faktoren dafür, daß die klimatischen Gegebenheiten des Landes ungünstig sind, weil sie ihm die Feuchtigkeit, die Voraussetzung für eine üppige Vegetation, vorenthalten. Mit anderen Worten: Südwestafrika ist extrem regenarm. Es gehört zu den regenärmsten Zonen der Erde!

Die augenfälligste Folge der Niederschlagsarmut Südwestafrikas ist die Tatsache, daß es außer dem schon genannten Oranje und Kunene sowie dem Okawango im äußersten Nordosten nur Trockenflüsse, Riviere genannt, das heißt keine dauernd wasserführenden Flüsse, gibt. Die vielfach sehr breiten, mit Geröll und Sand angefüllten Betten dieser Riviere liegen den größten Teil des Jahres über trocken da. Erst mit Einsetzen der sich auf wenige Monate im Jahr zusammendrängenden Regenzeit, wenn bei Gewittern die Wassermassen wolkenbruchartig niedergehen, füllen sich die Riviere überraschend schnell mit Wasser an und werden zu reißenden Strömen, die dann alles, was sich ihnen in den Weg stellt, Steine, Bäume, Geröll, mit sich führen und auch Tiere und Menschen, die ihnen nicht rechtzeitig entfliehen, fortreißen. Nicht selten wurden daher Truppen und Nachschubkolonnen durch solche »abkommenden« Riviere in ihrer Bewegung beträchtlich verzögert.

Sobald der Regen aufgehört hat, fallen die Riviere trocken. Zurück bleiben hier und da, wo der Untergrund nicht verwittert ist, Tümpel in den Rivierbetten und an Stellen mit undurchlässigem Untergrund sogenannte Grundwasserreservoirs in Tiefen bis zu 10 m.

Die Mehrzahl der Wasserstellen in Südwest sind solche Wasserreservoirs und Riviertümpel. Daneben gibt es noch Depressionen mit kalk- oder lehmhaltigen Böden, auch Vleys oder Pfannen genannt, in denen sich während der Regenzeit Wasser fängt. Manche Wasserstellen halten das Wasser monatelang, doch gegen Ende der Dürrezeit sind sie größtenteils ausgetrocknet. Das Wasser muß nun durch Graben gewonnen werden, was oft mit einem erheblichen Arbeitsaufwand verbunden ist, besonders dann, wenn die undurchlässige Grundschicht sehr tief liegt.

Die Niederschlagsmenge, die im Namaland nicht mehr als jährlich 20 cm beträgt, nimmt nach Norden hin zu. In der nördlichen Hochebene, dem Hereroland, wo der Schwerpunkt der weißen Farmwirtschaft liegt, beträgt sie etwa 40 cm und noch weiter nach Norden, in dem schon tropischen Ovamboland, der am dichtesten besiedelten Zone Südwests, sowie im äußersten Nordosten des Schutzgebietes, im Kavangogebiet und im Caprivizipfel, sogar mehr als 60 cm.

Die Unwirtlichkeit der Natur des Kriegsschauplatzes Südwestafrika war durch die Eingriffe des Menschen nur sehr wenig abgemildert. Wasserbohrungen waren bisher kaum vorgenommen worden, die kartographische Vermessung des Landes steckte noch in den Anfängen. Waren Wasserstellen auf den Karten vermerkt, so stimmte deren eingezeichnete Lage oft nicht mit der Wirklichkeit überein. Nirgends auf dem Hochplateau gab es Straßen, die diesen Namen verdienten. Soweit Pfade tatsächlich vorhanden waren, konnte man sie als solche häufig kaum erkennen, weil sie durch tiefen Sand führten, in denen die Räder der Ochsenwagen oft bis zu einem halben Meter tief einsackten. Zwanzig, bisweilen sogar bis zu vierzig Ochsen wurden zum Ziehen der Treckwagen benötigt.

Der Anbau von Agrarprodukten war in der äußerst dünn besiedelten Kolonie auf die wenigen menschlichen Niederlassungen und Farmen beschränkt und reichte knapp für die Lebensmittelversorgung der Bevölkerung aus. Das Land konnte die Truppe daher nicht ernähren, was sich als ein gewaltiges Hemmnis bei allen Operationen erweisen sollte!

Das frühere deutsche Schutzgebiet Südwestafrika, das heutige Namibia, nimmt eine Fläche von etwa 835.000 km^2 ein, ist mithin fast zweieinhalbmal so groß wie Deutschland. Wegen seines überwiegend kargen Bodens kann das Land jedoch nur wenige Menschen ernähren und hat daher auch heute noch eine ganz geringe Bevölkerungsdichte. Die Bevölkerungszahl belief sich nach verschiedenen Schätzungen um die Wende zum 20. Jahrhundert auf ca. 250.000, darunter weniger als 4000 Weiße (1901: genau 3643), so daß auf 3 1/2 km^2 nur etwa ein Mensch kam.

Das Land ist von einer Vielfalt von Völkerschaften rassisch zum Teil völlig unterschiedlicher Herkunft bewohnt. Abgesehen vom weißen Bevölkerungsanteil, unterscheidet man zwei ethnisch-linguistische Gruppen: Die negroiden Bantu im

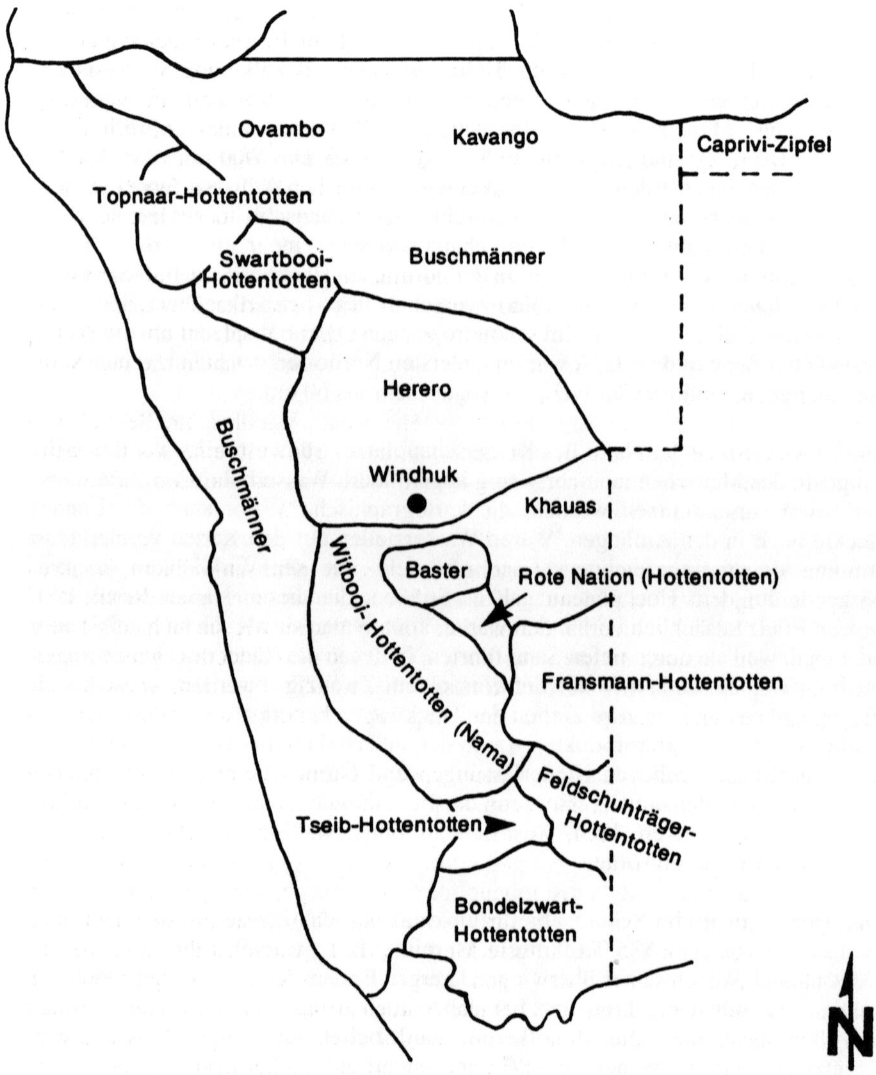

Verteilung der Volksstämme in Südwestafrika

Norden und in der Mitte der Kolonie und die sogenannte Khoisan-Rasse, eine rassisch nur schwer einzuordnende Gruppe von mongolidem Typus.

Die Bantustämme Südwestafrikas teilen sich in zwei Untergruppen: Die Ovambo (ihnen wurden damals auch die im äußersten Nordosten der Kolonie lebenden Kavangostämme und die Caprivianer im Caprivizipfel zugerechnet), die schon damals – um 1900 – fast die Hälfte der Gesamtbevölkerung Südwests ausmachten und im äußersten Norden, dem in der deutschen Zeit nie in direkte Verwaltung genommenen fruchtbarsten Teil des Landes nördlich der Etoschapfanne, lebten. Die Zahl der Ovambo wurde um 1900 mit etwa 100.000 veranschlagt. Weiter südlich bis hin in den zentralen Teil Südwests lebte die zweite Bantu-Untergruppe, das Hirten- und Viehzüchtervolk der Herero, deren Kopfzahl damals auf etwa 80.000 geschätzt wurde.

Ebenfalls im zentralen Teil ansässig war eine weitere kleinere Bantugruppe – wahrscheinlich die älteste negroide Gruppe in Südwestafrika überhaupt –, die Bergdamara, damals auch »Klippkaffern« genannt, deren Kopfzahl um 1900 etwa 30.000 betrug. Sie besaßen keine eigene Sprache, sondern hatten die der Nama angenommen.

Erwähnt sei auch noch das südlich der Hauptstadt Windhuk im Bereich von Rehoboth lebende Volk der Baster, auch »Bastard« genannt, eine aus Bureneinwanderern und Namafrauen hervorgegangene Mischlingsnation. Ihre Zahl wurde damals mit etwa 4000 angenommen.

Kommen wir nun zur zweiten ethnischen Gruppe, den Khoisan-Völkern, die ihren Hauptsiedlungsraum im Süden der Kolonie hatten. Zu ihnen rechnen die um 1900 etwa 20.000 Seelen zählenden Nama oder »Khoi-Khoi«, wie sie sich selbst nennen, die bis heute noch oft mit dem ihnen von den Kapholländern gegebenen eher derogativen Ethnonym »Hottentotten« bezeichnet werden, sowie die Buschmänner, auch Saan genannt, deren Kopfzahl 1900 auf etwa 10.000 geschätzt wurde.

Obwohl diese beiden Khoisan-Untergruppen auf einem sehr unterschiedlichen kulturellen Niveau standen, ähneln sie sich doch in der Sprache und in ihren körperlichen Eigenschaften. Ihnen gemeinsam sind eine gelbliche Hautfarbe, – im Gegensatz zu den großwüchsigen und kräftig gebauten Herero und Ovambo – eine kleine, schmächtige Gestalt, fast mongolide Gesichtszüge, leicht geschlitzte Augen und eine platte, breite Nase.[8] Nur ihr wolliges Haar haben sie mit den negroiden Völkern gemeinsam. Das auffälligste Merkmal dieser Rasse ist ihre Sprache, die sowohl bei den Saan wie bei den Nama eine Reihe von Klick- oder Schnalzlauten aufweist. (Anm. Verf.: Da es in Ost- und Nordostafrika noch heute einige Völker mit Klicklaut-Sprache gibt, zum Beispiel die Sandawe im heutigen Tansania, wird vermutet, daß dort die Ursprungsheimat der Khoisan-Völker liegt.)

8 Nach Angaben in dem britischen Blaubuch »Report on the Natives of South West Africa und Their Treatment by Germany«, S. 68, sollen deutsche Soldaten, die 1900 an der Bekämpfung des Boxer-Aufstands in China mitgewirkt hatten und 1904 zu Beginn des Hereroaufstands nach Südwestafrika gekommen waren, beim Anblick von Nama erstaunt ausgerufen haben: »Nanu, hier sind ja schon wieder Chinesen!«

Über viele Jahrhunderte waren die auf einer sehr archaischen Kulturstufe stehenden pygmäengroßen Buschmänner die einzigen Bewohner auf der südlichen südwestafrikanischen Hochebene. Sie bestritten – und tun das zum Teil auch heute noch – ihren Lebensunterhalt mit der Jagd und dem Sammeln von Feldfrüchten und Kräutern und lebten in abgelegenen und schwer zugänglichen Landstrichen.

Wenden wir uns jetzt den Nama zu, die uns verständlicherweise am meisten interessieren. Etwa um das Jahr 1700 begannen die ersten Nama, die sogenannten »reinen Nama«, in den südlichen Teil Südwestafrikas einzuwandern. Es waren dies die Bondelzwart, die sich um den späteren Ort Warmbad niederließen; die Rote Nation (so genannt wegen der leicht rötlichen Haarfärbung dieser Leute), welche später im Bereich von Hoachanas ansässig wurde; die Feldschuhträger mit Siedlungsgebiet östlich der Großen Karrasberge im Umkreis von Koës; die Franzmann-Nama, deren Siedlungsraum sich im Umkreis des späteren Ortes Gochas befand, sowie die Topnaar-Nama. Letztere teilten sich auf ihrer Wanderung nach Norden: Die Hauptgruppe ließ sich am Unterlauf des Swakop-Riviers nieder, während die andere, kleinere Gruppe weiter nach Norden zog und schließlich ihren Siedlungsraum östlich des Kaokofeldes im Bereich Zesfontein wählte. Nicht weit von den Topnaar-Nama ließen sich wegen der im Folgekapitel zu behandelnden ewigen kriegerischen Konflikte im Namaland die ebenfalls zu den »reinen Nama« zählenden Zwartboois (»schwarze Jungen«) nieder. Dieser aus dem Bereich Rehoboth zugewanderte Volksstamm wählte das Gebiet um den Ort Franzfontein nahe Outjo als Siedlungsraum.

Diese ursprünglichen Nama waren Jäger und Hirten und den Saan, die sie aus den von der Natur stärker begünstigten Regionen in die Wüstengebiete verdrängten, kulturell überlegen, da sie bereits das Eisen kannten. Schon bald entwickelten diese Namastämme höhere gesellschaftliche Strukturen und schlossen sich in ihrer Mehrzahl zu einem lockeren politischen Verbund mit der Roten Nation als Hegemonialstamm zusammen.

Diesen Namastämmen gesellten sich in der ersten Hälfte des 19. Jahrhunderts weitere Namastämme hinzu, die, vor den holländischen Einwanderern zurückweichend, aus der Kapkolonie über den Oranje hinweg in das Namaland emigrierten. Diese Spätankömmlinge waren die sogenannten Orlam-Nama oder Orlam-Hottentotten. Zu ihnen zählten: Die Witboois (»weiße Jungen«, so bezeichnet wegen der als Erkennungszeichen dienenden weißen Tücher an ihren Hüten), deren Wohnsitz zunächst Hornkranz, später Gibeon war; die Khauas-Nama, die sich im Bereich Gobabis ansiedelten; die Berseba-Nama mit dem Hauptsitz Berseba; die Bethanier, die sich im Bethanierland mit Hauptort Bethanien niederließen, und die Afrikaner-Nama, die sich in der Südwestecke der späteren Kolonie ansiedelten. Dank ihrer über Generationen bestandenen Kontakte mit den Kapholländern hatten die Orlam bereits früh den reformierten christlichen Glauben angenommen, deren Sprache zu sprechen gelernt und sich viele Handfertigkeiten, darunter auch den Umgang mit Feuerwaffen und Pferden, angeeignet.

So war es nicht erstaunlich, daß die Orlam nach ihrem Eindringen in Südwestafrika schon bald die militärische Überlegenheit über die alteingesessenen Nama errangen. Einer dieser Orlamstämme, die Afrikaner unter ihrem Häuptling

Jager Afrikaner, löste in der Folge sogar die Rote Nation als Suprematmacht im Namaland ab. Diese politische und militärische Überlegenheit der Orlam hörte allerdings Mitte des vorigen Jahrhunderts allmählich auf, als im wachsenden Maße europäische Händler in das Land kamen und Waffen und Munition auch an die anderen südwestafrikanischen Völkerschaften zu verkaufen begannen.

Die Nama wohnten in Dorfgemeinschaften, den sogenannten »Werften«. Als Behausungen dienten ihnen anfänglich bienenkorbartige Hütten, »Pontoks« oder »Krale« genannt, später gingen sie jedoch zum Bau von Lehmhütten über. Bewaffnet waren sie fast ausschließlich mit Gewehren; Pfeil und Bogen sowie Speere und Schilde hatten sie schon frühzeitig abgelegt.

Ihren Lebensunterhalt bestritten die Nama mit der Haltung von Kleintieren, insbesondere Fettschwanzschafen und Milchziegen, den sogenannten »Bockies«. Rinderhaltung betrieben sie wenig. Im übrigen lebten sie vorwiegend von der Jagd und nebenbei auch von dem Sammeln von »Feldkost«, wild wachsenden Zwiebeln, Knollen und Kräutern. Die Nama waren ausgezeichnete Reiter und hervorragende Schützen, die auf schnell sich bewegende Ziele zu schießen verstanden. Trotz ihres schwächlichen Erscheinungsbildes besaßen sie eine erstaunliche Zähigkeit und Ausdauer im Ertragen von Strapazen und Entbehrungen, besonders in Kriegeszeiten.

Ihre gesellschaftliche Organisation war dezentral. An der Spitze der einzelnen Stämme stand der Häuptling, auch Kapitän genannt, dessen Macht im Stamm jedoch beschränkt war. Die Stellung eines Oberhauptes aller Stämme gab es unter den Nama nicht, wohl aber gewannen in unruhigen Zeiten einzelne Stammeshäuptlinge diktatorische Macht, die sie auch auf Nachbarstämme auszudehnen suchten.

Vermutlich durch ihre frühzeitige Berührung mit Weißen und ihre Christianisierung wie auch durch den engen Kontakt mit den weißen Missionaren, die mitten unter ihnen lebten, standen die Nama kulturell wesentlich höher als die anderen Völkerschaften des Landes. Der Missionar Dr. Heinrich Vedder, der lange Zeit in Südwestafrika gewirkt hatte, beschreibt den Nama wie folgt: »Er begreift und lernt schnell, hat ein gutes Gedächtnis, ist geschickt in leichter Arbeit und anstellig ... Eingehendes Studium läßt dieses Volk als das begabteste von allen südafrikanischen Völkerschaften erscheinen.«[9]

9 Vedder, S. 55

3. Zur Vorgeschichte des Aufstands

Präkoloniale Zeit: Kampf zwischen Nama und Herero um die Vorherrschaft im Lande – Die Aufrichtung der deutschen Schutzherrschaft – Reichskommissar Dr. Göring scheitert mit seinen Bemühungen um Herstellung des Landesfriedens – Landeshauptmann v. François schlägt Hendrik Witbooi bei Hornkranz – Major Leutwein löst Hauptmann v. François als Landeshauptmann ab – Schutztruppe und Verwaltung werden kaiserlich – Hendrik Witbooi schließt Frieden mit dem Reich nach dem Kampf in der Naukluft – Die weiße Besiedelung Südwestafrikas setzt ein – Der Bondelzwartaufstand – Der Große Hereroaufstand – Der Friede zu Kalkfontein

(Siehe hierzu Vorsatzkarte und Karte 2)

Als die Deutschen 1884 von Südwestafrika Besitz ergriffen, fanden sie ein von Stammeskriegen zerrüttetes Land vor: Zwischen den beiden wichtigsten Volksgruppen, den Herero im Norden und den Nama im Süden, tobte schon seit Jahrzehnten ein erbitterter Kampf um die Vorherrschaft im Lande.

Ursprünglich hatten die Nama relativ friedlich mit den anderen alteingesessenen Völkern zusammengelebt. Dies änderte sich um die Mitte des 19. Jahrhunderts, als die von Norden her nach Südwestafrika eingewanderten Herero mit ihren riesigen Rinderherden weiter nach Süden in den mittleren Teil des Landes eindrangen und dabei immer mehr Weideland für ihre ständig wachsenden Herden in Besitz nahmen. Dem übermächtigen Druck der Herero nachgebend, wichen die zahlenmäßig viel schwächeren Nama allmählich nach Süden zurück, bis ihnen schließlich die in der Zwischenzeit über den Oranje ins Land eingewanderten, wesentlich besser bewaffneten Orlam-Hottentotten unter Führung Jonker Afrikaners, des Sohnes des inzwischen verstorbenen legendären Jager Afrikaner, zu Hilfe kamen und die Herero vernichtend schlugen und nach Norden zurückdrängten. Doch dann wandelte sich das Schlachtenglück zugunsten der Herero, als am 5. November 1864 die Nama von den Ovaherero, den Okahandja-Herero, unter Führung Maharero Katjamuahas (Kamaherero) bei Okahandja entscheidend geschlagen wurden.

Auch in den Folgejahren ging der Kampf zwischen den Nama und den Herero um die Vorherrschaft im Lande weiter. Doch dann, 1870, schlossen die beiden rivalisierenden Stämme endlich auf Initiative der seit Jahrzehnten im Lande tätigen Missionare der Barmer Mission (Rheinische Mission) in Okahandja Frieden.

Es sollte ein brüchiger Friede sein, der nur etwa zehn Jahre vorhielt, denn 1880 flammten die Kämpfe erneut auf. Und wieder gewannen die Herero, die sich inzwischen ebenfalls mit Schußwaffen ausgerüstet hatten, die Oberhand, nachdem sie den Nama unter Jan Jonker, einem Sohn des inzwischen verstorbenen Jonker Afrikaner, in der Schlacht bei Otjikango (Groß-Barmen) noch im gleichen Jahr eine schwere Niederlage beigebracht hatten. Jan Jonker floh mit den Trümmern seines Afrikaner-Stammes zum Gamsberg westlich Rehoboth und fristete fortan sein Dasein mit Viehräubereien.

Währenddessen erwuchs den Nama in der Gestalt Hendrik Witboois, des Kapitäns der Witbooi-Nama, eine neue willensstarke Führerpersönlichkeit. Da dieser eine der zentralen Figuren in den hier zu schildernden Aufstandsereignissen war, scheint eine kurze Charakterisierung dieses eigentümlichen Mannes am Platze: Nach den Worten des späteren Landeshauptmanns und Gouverneurs Leutwein, der ihn in vielen Begegnungen genau kennengelernt hatte[10], war Hendrik ein kleiner, untersetzter Mann, der 1904 zu Beginn des Großen Namaaufstands etwa 80 Jahre alt gewesen war. Obwohl er äußerlich keineswegs eine imponierende Erscheinung bot, habe er doch bei näherer Bekanntschaft Eindruck durch seine auf unbeugsame Willensstärke gegründete Ruhe und Festigkeit gemacht. Seine Rede soll langsam und sicher gewesen sein, kein unüberlegtes Wort sei aus seinem Munde gekommen. Er habe Verständnis für die höhere Kultur der Weißen gehabt, ohne deren Träger zu lieben. Eine eigentümliche Mischung von Religiosität, Mystik und weltlicher Herrschsucht habe die Seele dieses Mannes erfüllt. Einer anderen Gewährsquelle[11] zufolge soll Hendrik eine stille, überlegene Natur besessen haben und ein bescheidener Mensch gewesen sein, »dem weder das Demütig-Kriechende, noch das protzen- und geckenhaft sich Überhebende der gewöhnlichen Hottentotten eigen gewesen« sei. Die jahrelangen Kriege hätten ihm Schulung und Disziplin verliehen und die Kenntnis beigebracht, wie der Europäer erfolgreich zu bekriegen sei. Er habe seinen Orlog (Krieg) geführt und seine Gefechte geleitet mit einer Umsicht und einem Verständnis, als wäre er durch die Schule des deutschen Generalstabs gegangen. Mit einer Meisterschaft habe er seine tagelangen Rückzugsgefechte geliefert. Er sei der geborene Kleinkriegstratege gewesen. Auch soll er erstaunliche Führungseigenschaften besessen und es verstanden haben, seine Orlogleute zu begeistern und mitzureißen. Mit Stolz sei jeder Hottentotte Witbooi-Krieger geworden und habe sich mit Freuden unter die Hendrikschen Weißhüte eingereiht.

Unter Hendrik entbrannten die Kämpfe mit den Herero erneut, wobei die Witboois und die mit ihnen verbündeten Namastämme die Aggressoren waren. Es fanden mehrere große Gefechte statt, so 1884 bei Osona und 1886 erneut bei Okahandja, die jedoch jedesmal in Niederlagen für die Nama endeten. Diese Schlappen bewogen den Witbooikapitän dann, das Kriegshandwerk vorerst aufzugeben und sich, wie Leutwein sich ausdrückte, »von jetzt ab auf die bei den Hottentotten so beliebten Viehräubereien zu verlegen, in denen er sich als ein vollendeter Meister erwies.«[12]

Mitten in diesen kriegerischen Auseinandersetzungen zwischen Herero und Nama vollzog sich quasi episodenhaft ein Ereignis, das von entscheidender Bedeutung für die weitere Entwicklung Südwestafrikas werden und das Schicksal seiner Volksgruppen in völlig andere Bahnen lenken sollte: Die Aufrichtung der Schutzherrschaft des Deutschen Reiches in diesem Teil des Dunklen Kontinents. Dies geschah, indem – in Ergänzung der Lüderitzschen Landerwerbsverträge –

10 MA, N559/v. 2: Nachlaß Deimling, Tgb Südfeldzug, S. 24f
11 Burgsdorff-Garath, S. 35f
12 Th. Leutwein, S. 6

durch Bevollmächtigte des Reiches sogenannte Schutzverträge mit den Kapitänen und Häuptlingen der einzelnen Völkerschaften und Stämme abgeschlossen wurden, in denen diese einen Teil ihrer Regierungsgewalt an das Deutsche Reich abtraten und dafür die Zusicherung des Schutzes durch das Reich erhielten.

Den ersten derartigen Schutzvertrag schloß Reichskommissar Dr. Gustav Nachtigal am 28. Oktober 1884 in Bethanien mit dem dortigen Namakapitän Josef Frederiks ab. Diesem Vertragsabschluß folgten bald weitere mit anderen Häuptlingen im Süden des Landes, so in Berseba und Rehoboth, später – 1885/1886 – auch mit verschiedenen Hererohäuptlingen, unter anderem auch mit Maharero (Kamaherero).

Unterdessen hatte Adolf Lüderitz seine Besitzungen durch den Abschluß weiterer Landerwerbsverträge mit Eingeborenenhäuptlingen bis zum Kunene hin und weit in das Hinterland hinein ausdehnen können. Auch diese Lüderitzschen Landerwerbungen fielen kraft des Kaiserlichen Schutzbriefes automatisch unter Reichsschutz. Lüderitz, der alle seine Hoffnungen auf das Auffinden reicher Mineralienvorkommen, insbesondere Gold und Diamanten, gesetzt und sein gesamtes Vermögen hierfür verbraucht hatte, sah sich schließlich vor dem finanziellen Ruin. Er verkaufte daher am 6. April 1885 seinen gesamten Landbesitz und alle seine Minenrechte in Südwest an die inzwischen gegründete Deutsche Kolonialgesellschaft für Südwestafrika gegen eine Abfindung von 500.000 Reichsmark. (Nicht viel später, Ende Oktober 1886, fand er den Tod durch Ertrinken an der Mündung des Oranjeflusses, als er sich mit einem kleinen Faltboot auf einer Expeditionstour befand.) Ganz im Sinne des Bismarckschen Konzeptes privater Handelskolonien »mit beschränkter Haftung des Reiches« wurde dieser Handelsgesellschaft auch die Ausübung der Landeshoheit und damit der Verwaltung und der vollziehenden Gewalt übertragen.

Als Repräsentant den Deutschen Reiches und gewissermaßen als Garant des Reichsschutzes wurde ein Reichskommissar für Südwestafrika bestellt. Dieser erste amtliche Vertreter des Deutschen Reiches in dieser überseeischen Neuerwerbung wurde der frühere Landgerichtsrat Dr. Heinrich Göring, der Vater des späteren Reichsmarschalls Hermann Göring. (Anm. Verf.: Reichskommissar Dr. Gustav Nachtigal war in dieser Eigenschaft lediglich als Bevollmächtigter des Reiches zum Abschluß erster Schutzverträge mit Eingeborenenhäuptlingen nach Westafrika entsandt worden, und zwar zunächst nach Togo und Kamerun und dann nach Südwestafrika. Er starb am 20. April 1885 an Bord des deutschen Kanonenbootes »Möwe« auf der Heimreise nach Deutschland und wurde bei Cap Palmas in Liberia bestattet.) Der Reichskommissar, dem nur ein Kanzler und ein Polizeimeister beigegeben waren und keinerlei Machtmittel zu Gebote standen, traf am 2. September 1885 in Südwest ein und nahm seinen Amts- und Wohnsitz in Otjimbingwe. Er fand dort eine schwierige Lage vor: Zwar herrschte nach den Schlappen, die Hendrik Witbooi aus der Hand der Herero hatte einstecken müssen, gerade wieder eine Art Burgfriede zwischen Herero und Nama, doch traute Maharero Katjamuaha (Kamaherero) diesem Frieden nicht. Er rechnete jederzeit mit erneuten Überfällen der Witboois und war daher auf der Hut.

Tatsächlich waren Mahareros Befürchtungen begründet: Am 15. Oktober – gerade weilte Dr. Göring zu Schutzvertragsverhandlungen bei ihm in Okahandja –

überfiel Hendrik Witbooi mit seinen Kriegern wieder einmal die Viehherden der Ovaherero bei Osona südlich Okahandja. Doch Maharero war gut vorbereitet und schlug mit seinen Orlogleuten die Witboois in die Flucht. Göring und seine Begleiter mußten tatenlos diesem blutigen Geschehen zuschauen. Das einzige, was sie in dieser Lage tun konnten – und sie taten es aufopferungsvoll – war, sich um die verwundeten Krieger zu kümmern.
Eine Woche später, am 21. Oktober, schloß Maharero, des ewigen Kampfes mit den Nama müde, einen Schutz- und Freundschaftsvertrag mit Dr. Göring und erwartete nun – ebenso wie die Namastämme, die schon vorher mit dem Reich solche Verträge abgeschlossen hatten – von den Deutschen den Schutz gegen seine Feinde. Doch der Reichskommissar sah sich außerstande, den im Vertrag verheissenen Schutz zu gewähren, stand doch weder ihm noch der finanzschwachen Kolonialgesellschaft für die Durchsetzung dieses Schutzes irgend welche nennenswerte bewaffnete Macht zur Verfügung.

Schon vor dem Abschluß des Schutzvertrages mit Maharero Katjamuaha hatte Dr. Göring versucht, auch Moses Witbooi, den Vater Hendriks und das Oberhaupt des Witbooistammes, zum Abschluß eines solchen Vertrages mit dem Reich zu bewegen, doch diesem war die Ohnmacht Dr. Görings und der Kolonialgesellschaft wohlbekannt, und so stieß der Reichskommissar hier auf glatte Ablehnung. Moses Witbooi – ebenso wie sein Sohn Hendrik – erkannte die Autorität Dr. Görings im Lande in keiner Weise an und führte, ohne die Deutschen irgendwie zu beachten, gemeinsam mit seinem Sohn den Kampf um die Vormachtstellung im Lande weiter.

So kam es auch nach dem Vertragsabschluß zu Okahandja immer wieder zu Überfällen und Viehräubereien der Witboois im Gebiet der Ovaherero. Und wieder mußten Göring und seine Leute dem Treiben der Witboois ohnmächtig zusehen. 1888 riß Maharero schließlich der Geduldsfaden: Er erklärte den Schutzvertrag mit dem Deutschen Reich für null und nichtig. Wegen der antideutschen Stimmung, die nun im Lande aufkam, mußten sich Göring und seine Mitarbeiter, um ihr Leben fürchtend, am 31. Oktober in das britische Walvis Bay retten. Da sich die Deutsche Kolonialgesellschaft für Südwestafrika wegen ihrer prekären Finanzlage nicht imstande sah, Ruhe und Ordnung in der Kolonie wieder herzustellen, blieb nun dem Reich, um sein Prestige besorgt, keine andere Wahl, als selbst in Südwestafrika tätig zu werden. Die Reichsregierung verfügte daher im März 1889 die Rückkehr des zwischenzeitlich nach Deutschland abberufenen Dr. Göring in die Kolonie und entsandte im Sommer des gleichen Jahres eine kleine Truppe von zunächst 21 weißen Soldaten, die später, im Januar 1890, auf 50 Mann gebracht wurde, unter Führung des bisher in Togo tätig gewesenen Hauptmanns Curt von François nach Südwest, so daß dem Reichskommissar nunmehr ein – wenn auch äußerst bescheidenes – Machtinstrument in die Hand gegeben und damit seine Autorität im Lande etwas gestärkt wurde.[13]

13 Die Truppe hatte einen Vorläufer gehabt: Eine im Frühjahr 1888 aus Mitteln der Deutschen Kolonialgesellschaft für Südwestafrika finanzierte, aus zwei deutschen Offizieren, fünf deutschen Unteroffizieren und zwanzig Eingeborenen bestehende Truppe, die in Otjimbingwe stationiert war. Sie war indes viel zu schwach, um den Eingeborenen gegenüber mit Erfolg auftreten zu können. Sie wurde aufgelöst, als Dr. Göring und seine Beamten sich nach Walvis Bay zurückziehen mußten.

Diese Truppe, die der Deutschen Kolonialgesellschaft für Südwestafrika unterstellt wurde, bezog zunächst Quartier in dem in strategisch günstiger Lage am Baiweg (Frachtfahrerweg) zwischen Windhuk und der Küste und 32 km westlich von Otjimbingwe gelegenen Ort Tsaobis (Wilhelmsfeste) und damit an der »Nahtstelle« der Interessenssphären der Nama und der Herero.

Die Anwesenheit dieser kleinen Truppe machte sich bereits recht bald bezahlt: Schon in dem folgenden Jahr, am 20. Mai 1890, erneuerten die Ovaherero ihren Schutzvertrag mit dem Reich – nicht zuletzt veranlaßt durch Meldungen, wonach Hendrik Witbooi mit seinen Kriegern wieder in Anmarsch sei. (Diese Meldungen erwiesen sich später als haltlose Gerüchte.)

Göring wollte diesmal seinen Schutzverpflichtungen gegenüber den Herero unbedingt nachkommen und schickte noch am Tage der Vertragserneuerung an Hendrik Witbooi ein Schreiben mit dem dringenden Appell, weitere Angriffe auf die Herero zu unterlassen, da er, Göring, sonst gezwungen sei, mit seiner Truppe gegen die Witboois zu Felde zu ziehen.

Der Witbooikapitän ließ sich durch Dr. Görings Schreiben keineswegs einschüchtern, er reagierte vielmehr am 30. Mai mit einem scharf gehaltenen Brief, den er bezeichnenderweise nicht an den Reichskommissar, sondern an Maharero Katjamuaha richtete. In diesem Brief, den Hendrik Witbooi aus seinem neuen Kriegslager bei Hornkranz, etwa 60 km westlich von Rehoboth, abgeschickt hatte, schrieb er unter anderem, daß er, Maharero, es ewig bereuen werde, sein Land und sein Regierungsrecht in die Hände der weißen Menschen abgegeben zu haben.[14] Wie wenig ihm Görings kleine Truppe Respekt einflößte, bewies Hendrik noch im gleichen Jahr, als er mehrfach die Herero in Otjimbingwe angriff and dabei riesige Mengen Vieh erbeutete.

Währenddessen war ein Wechsel in der Kolonialverwaltung des Schutzgebietes eingetreten: In September 1890 wurde Dr. Göring von seinem Posten als Reichskommissar abberufen. Sein Nachfolger wurde Hauptmann v. François. Noch im gleichen Jahr hatte auch das Schutzgebiet seine endgültige Gestalt bekommen, nachdem am 1. Juli ein deutsch-englischer Grenzvertrag abgeschlossen worden war, in dem die Süd- und die Ostgrenze Südwests festgelegt und der nach dem damaligen deutschen Reichskanzler Leo von Caprivi benannte »Caprivizipfel« an Deutschland abgetreten wurden. (Die Nordgrenze der Kolonie war bereits Anfang 1886 durch ein Grenzabkommen mit Portugal festgelegt worden.)

Hendrik Witbooi war sich nun darüber im klaren, daß die Macht der Deutschen im Lande weiter anwachsen und diese schon bald keine vernachlässigbare Größe mehr sein würden, sondern seine Hauptgegner werden könnten. Er bemühte sich daher, Verbündete gegen die Deutschen zu gewinnen. Er ging sogar so weit, Friedensfühler ins Hereroland auszustrecken. Mit Erfolg, wie sich bald zeigen sollte: Zur unangenehmen Überraschung der Deutschen – ihnen waren die Zwistig-

14 NA, RSAW I1.17 1878–1892: Witbooi – Maharero, 30.5.1890; enthalten in: Pool: »Samuel Maharero«, S. 77. Voller Wortlaut des Briefes in Schoen, S. 122ff, und in Hendrik Witbooi: »Afrika den Afrikanern«, S. 89ff.

keiten zwischen Nama und Herero nur recht, konnten sie doch so um so ungestörter und unauffälliger ihre Macht im Lande aufbauen – schloß Hendrik nämlich im November 1892 einen Friedensvertrag mit seinem Erzfeind, Samuel Maharero, der inzwischen die Nachfolge seines am 7. Oktober 1890 verstorbenen Vaters Maharero Katjamuaha (Kamaherero) als Häuptling der Ovaherero und nomineller Oberhäuptling aller Herero angetreten hatte.

Zwischenzeitlich (Dezember 1891) war der Amtssitz François', der später zum Kaiserlichen Landeshauptmann von Südwestafrika ernannt wurde, nach Windhuk verlegt worden[15], das damit Hauptort der Kolonie wurde. Die Schutztruppe – sie war immer noch eine Privattruppe der Deutschen Kolonialgesellschaft – wurde bis zum Frühjahr 1893 auf insgesamt nahezu 250 Mann aufgestockt. Sie war schon früher, im Oktober 1890, von Tsaobis nach Windhuk verlegt worden.

Gleichzeitig mit der Verstärkung der Schutztruppe erging an den Landeshauptmann die Weisung der Reichsregierung, nunmehr mit allen Mitteln den deutschen Herrschaftsanspruch in Südwest durchzusetzen. Da er den Hauptwidersacher der Kolonialmacht in Hendrik Witbooi sah, beschloß François, zunächst einen Schlag gegen diesen auszuführen.

Ohne Kriegserklärung ließ er seine Truppe mit dem Auftrag, »... den Stamm der Witboois zu vernichten«[16], gegen Hornkranz ausrücken. Am 12. April morgens früh erfolgte der Angriff auf die Witbooiwerft, die nach François' Worten »einen höchst friedlichen Anblick bot«. Die schlaftrunkenen Witboois wurden von dem Feuerüberfall völlig überrascht. Zahlreiche Frauen und Kinder kamen in dem Feuerhagel ums Leben, nur wenige Orlogleute fielen.[17] Anschließend wurden auf Befehl des Landeshauptmanns alle Pontoks und Schanzen in Hornkranz niedergebrannt beziehungsweise niedergerissen. Hendrik selbst entkam mit dem Großteil seiner Orlogleute.

Die Truppe kehrte, einen Teil der gefangengenommenen Frauen und Kinder mitführend, nach Windhuk zurück. »Wie immer, zeigte sich Kapitän Witbooi im Unglück am größten«, wie Leutwein in seinen Erinnerungen schrieb[18]: Er raubte der Truppe gleich nach dem Überfall einen Großteil ihrer Pferde vom Weideplatz. »Damit«, so fuhr Leutwein fort, »waren unsere Reiter mangelhaft, die Witboois dagegen gut beritten.«

Befriedigt über seinen Angriff auf Hornkranz meldete der Landeshauptmann der Kolonialabteilung in Berlin: »Der bei Hornkranz erzielte Erfolg ist so bedeutend, daß an ein Widerstandleisten der Witboois nicht mehr zu denken ist.«[19]

Doch v. François sollte sich gründlich geirrt haben: »Ein nicht enden wollender Guerillakrieg war«, so können wir in Leutweins Erinnerungen lesen, »die Folge, in

15 Siehe C. v. François, S. 93.

16 BAB, RKA Nr. 1483, Bl. 41–48, Hauptmann v. François an KA, 16.4.1893. Anm. Verf. hierzu: Mit dem Wort »vernichten« hat v. François als Militär ganz offensichtlich nicht die physische Vernichtung des Stammes, sondern dessen militärische Ausschaltung, d.h. die Brechung seiner Widerstandskraft, gemeint.

17 Siehe hierzu auch ebenda, Bl. 67–70.

18 Th. Leutwein, S. 15

19 BAB, RKA Nr. 1483, Bl. 41–48, François an KA, 12.4.1893

welchem zwar Hendrik Witbooi noch manchen Schlag erlitt, aber doch in seinen und der übrigen Eingeborenen Augen als Sieger dastand.«[20] Friedensfühler, die der Landeshauptmann in der Folge mehrfach ausstreckte, wies Hendrik stets von sich.

Die Initiative ging nun völlig auf den Namakapitän über, während v. François tatenlos in Windhuk dasaß und die Ankunft von weiteren Verstärkungen, insbesondere von Geschützen, abwartete. Durch die unablässigen Überfälle der Witboois auf deutsche Einrichtungen und auf Frachtfahrer lagen Handel und Wandel in der Kolonie bald völlig am Boden. In Windhuk traten sogar Versorgungsschwierigkeiten auf!

Da v. François trotz Verstärkung seiner Truppe um weitere 130 Mann im Schutzgebiet nicht Herr der Lage zu werden vermochte, wurde er schließlich im Juli 1894 auf Heimaturlaub geschickt, von dem er nicht wieder in die Kolonie zurückkehrte. Sein Nachfolger als Kaiserlicher Landeshauptmann wurde Major Theodor Leutwein. (Er war bereits am 1. Januar 1894 in Südwest eingetroffen, zunächst mit der Aufgabe, »die Lage im Schutzgebiet zu prüfen.«[21])

Leutwein fand die Kolonie in einer trostlosen Lage vor: Der Respekt der Eingeborenen vor der Schutztruppe war nach dem Überfall auf Hornkranz wegen des Widerstands der Witboois, die der Kolonialmacht einen geschickten und schonungslosen Kleinkrieg lieferten, welcher die Deutschen so manchen Tropfen Blut kostete, wieder auf dem Nullpunkt angelangt.

Schon bald nach Leutweins Amtsantritt, am 3. Mai 1894, wurde die Schutztruppe, die bis dahin immer noch der Deutschen Kolonialgesellschaft für Südwestafrika unterstanden hatte, durch Kaiserliche Kabinettsorder in eine Kaiserliche Schutztruppe umgewandelt und damit direkt dem Reich unterstellt. Sie wurde im Juli 1894 erneut vergrößert und umfaßte im August des Jahres 15 Offiziere und rund 500 Mann, gegliedert in vier berittene Feldkompanien. Im gleichen Jahr wurde die Deutsche Kolonialgesellschaft von der Aufgabe der Ausübung der Landeshoheit entbunden und eine Kaiserliche Verwaltung eingerichtet.

Um bis zur Ankunft der vom Reich angekündigten Schutztruppenverstärkungen und für den Ausbau des Stationsnetzes Zeit zu gewinnen, aber auch um dem Witbooikapitän einen Überlegungszeitraum zum Einlenken zu geben, vereinbarte der neue Landeshauptmann mit diesem einen Waffenstillstand, der bis zum 1. August 1894 gelten sollte.

Als der Waffenstillstand sich dem Ende näherte und Hendrik immer noch keine Anstalten machte, die deutsche Herrschaft im Namalande anzuerkennen, sondern stattdessen seine Guerilla-Überfälle unbekümmert fortsetzte, beschloß Leutwein, diesem unerträglichen, die Wirtschaft der Kolonie ruinierenden Zustand nun endlich ein Ende zu bereiten und mit bewaffneter Macht den deutschen Herrschaftsanspruch gegenüber den Witboois durchzusetzen.

Am 1. August, dem Tage, an dem der Waffenstillstand ablief, fand sich Leutweins Vorhut vor der Naukluft ein, einem gewaltigen, schluchtenreichen und kahlen Gebirgsmassiv mit geröllübersäten Hängen und Talsohlen, in dem sich Hendrik mit seinem Orlog verschanzt hatte. Wenige Tage später traf auch Major

20 Th. Leutwein, S. 16
21 Külz, S. 133

Leutwein mit dem Gros der Truppe ein. Er versuchte zunächst, den Witbooikapitän im Angesicht des drohenden deutschen Truppenaufgebots mit diplomatischen Mitteln, das heißt durch briefliche und persönliche Kontakte, zur Unterwerfung unter die deutsche Herrschaft zu bewegen. Erst als diese Versuche fehlgeschlagen waren, »griff der Major zum Schwert«.

Am 22. August erfolgte der Sturm auf die Verschanzungen der Witboois in den wilden Schluchten der Naukluft. Schrittweise und unter großen Verlusten ging es vorwärts. Langsam wurden die sich erbittert zur Wehr setzenden Witboois gegen ihre befestigte Hauptstellung gedrückt. Diese wurde dann am 4. September im Sturmlauf mit aufgepflanztem Bajonett erobert. Noch tagelang wogte der Kampf, in dem auf deutscher Seite sogar Kanonen eingesetzt wurden, hin und her, bis sich schließlich die Witboois der überlegenen Waffentechnik der Deutschen beugen mußten und am 15. September mit ihnen Frieden schlossen.

In den Friedensverhandlungen mußte sich Leutwein wegen seiner geringen militärischen Machtmittel zu einer Kompromißlösung durchringen, obwohl er eine bedingungslose Unterwerfung der Witboois sicherlich vorgezogen hätte. Ein solches Ansinnen aber wäre von dem Witbooikapitän sicherlich abgelehnt worden. Dies aber hätte unübersehbare Folgen für die Kolonie gehabt und vor allem die Gefahr eines endlos sich hinziehenden Guerillakrieges im Namaland mit verhängnisvollen Auswirkungen auf die anderen Volksstämme und auf die ohnehin schon daniederliegende Wirtschaft der Kolonie heraufbeschworen.

So waren die Friedensbedingungen recht moderat: Die Witboois durften ihren Kapitän Hendrik behalten, nachdem dieser in einer förmlichen Erklärung die deutsche Oberherrschaft für sich und sein Volk anerkannt hatte. Die Waffen wurden ihnen nicht abgenommen, die Wehrhoheit, eine eigene Verwaltung und eine eigene Gerichtsbarkeit ihnen belassen. Als Dauerwohnsitz wurde Hendrik Witbooi und seinem Stamm Gibeon mit einem entsprechenden Hinterland zugewiesen, und gegen ein jährliches Salär von 2000 Reichsmark wurde der Namakapitän verpflichtet, sein Volk zu einem friedlichen und seßhaften Leben anzuhalten.

In Gibeon wurde bald danach unter Leitung von Olt. Henning v. Burgsdorff eine Militärstation (später Bezirksamt) zur ständigen Kontrolle der Witboois eingerichtet. Diese Kontrolle beschränkte sich auf das unerläßliche Maß, wie es zum Schutz der Weißen und für Ruhe und Ordnung im Raum Gibeon erforderlich war.

Leutwein war überzeugt, daß nun ein dauerhafter Friede ins Land eingekehrt sei. Voll Zuversicht äußerte er 1896 in einem Bericht an das Auswärtige Amt: »An der Vertragstreue des Kapitäns (gemeint ist Hendrik Witbooi – Anm. Verf.) kann jetzt auch das größte Mißtrauen keinen Zweifel mehr aufkommen lassen.«[22]

Mit diesem Friedensschluß, dessentwegen Leutwein herbe Kritik in der Heimat und auch aus den Kreisen der Siedlerschaft in Südwest erntete und den die farbige Bevölkerung des Landes als Zeichen der Schwäche bewertete[23], war der

22 DKZ, Jg. 1904, S. 433

23 In diesem Sinne äußerten sich beispielsweise Herero, die den Großen Aufstand 1904 überlebt hatten, indem sie angaben, sie hätten sich den Deutschen als militärisch ebenbürtig gefühlt. Siehe hierzu NA, ZBU DIVm 1.2, Bd. 4, S. 45, Streitwolf, Gobabis, 24.8.1905; entnommen aus: Pool »Samuel Maharero«, S. 210.

Hauptstörenfried im Schutzgebiet, Hendrik Witbooi, – zumindest vorerst – als Machtfaktor ausgeschaltet. Damit waren auch die Weichen für eine friedlichere Zukunft Südwestafrikas gestellt!

Tatsächlich herrschte nun, von einigen Erhebungen kleinerer Nebenstämme abgesehen, überall im Lande Frieden. Viele unternehmungslustige Deutsche kamen jetzt ins Land, um sich hier eine neue Existenz aufzubauen, und allenthalben, vor allem auf dem nördlichen Hochplateau, im Hereroland, mit seinem gesunden, trockenen Klima, entstanden blühende Farmen.

Am 1. Januar 1903 lebten laut Statistik[24] bereits 4640 Weiße im Lande, davon 2998 Deutsche. Südwestafrika war auf dem besten Wege, eine deutsche Siedlungskolonie zu werden. Allerdings machte man sich in der Heimat vollkommen überzogene Vorstellungen von den Siedlungsmöglichkeiten, die die Kolonie für Weiße bot. So heißt es beispielsweise im »Berliner Tageblatt« vom 12.4.1904: »Vergesse die Reichsregierung doch nicht, daß Südwestafrika für uns vor allem Bedeutung nur als Siedlungskolonie gewinnen kann und muß und dereinst den Überschuß der Bevölkerung, der bisher an das Ausland verloren gegangen ist, aufzunehmen hat.« Tatsächlich jedoch war Südwest wegen seiner kargen Bodenverhältnisse und seiner Wasserarmut als Ackerbaukolonie keineswegs geeignet; das Land bot lediglich für Viehzuchtbetriebe relativ gute Existenzaussichten. Auf keinen Fall aber kam es als Masseneinwanderungsland für Weiße, vergleichbar etwa mit den USA oder Australien, in Frage!

Hendrik Witbooi, der sich wie kaum ein anderer Häuptling im Lande unbedingten Gehorsam in seinem Volk zu verschaffen wußte, entwickelte sich zu einem treuen Verbündeten des Reiches, und bei manchen Unternehmungen der Schutztruppe gegen »unbotmäßige« Nebenstämme, auch Namastämme, leistete er mit seinen Witboois Heeresfolge, zu der er sich in einem 1895 mit Leutwein abgeschlossenen Zusatzabkommen verpflichtet hatte.

Durch das unverbrüchliche Festhalten Hendriks an dem dem Landeshauptmann Leutwein (dieser wurde 1898 Gouverneur des Schutzgebietes) gegebenen Versprechen, er würde die Bedingungen des Friedensvertrages streng beachten, entwickelte sich im Laufe der zehnjährigen Friedensphase von 1894 bis 1904 eine Art Vertrauensverhältnis, das noch mehr gefestigt wurde, als Hendrik selbst nach Ausbruch des Großen Hereroaufstands 1904 sich in seiner unbedingten Loyalität zur Person des Gouverneurs nicht beirren ließ. So war Leutwein bis zuletzt felsenfest davon überzeugt, daß Hendrik ein verläßlicher Partner der Deutschen bleiben und aufgrund seines großen Einflusses auf die übrigen Namastämme der Garant für deren Stillverhalten sein würde.

Ende Oktober 1903 sollte ein scheinbar belangloses Ereignis einen schweren Zwischenfall auslösen, der Anlaß zu einer nachhaltigen Trübung des Verhältnisses zwischen den Deutschen und den Nama und letztlich Mitauslöser des ein Jahr später ausbrechenden allgemeinen Namaaufstands wurde: Der Kapitän der Bondelzwart, Abraham Christian, hatte einer Gruppe von Herero einen Schafbock

24 Th. Leutwein, S. 232

zum eigenen Gebrauch widerrechtlich fortgenommen. Die Herero führten daraufhin Klage beim Distriktchef in Warmbad, Leutnant Jobst. Dieser noch wenig landeskundige Offizier forderte Abraham Christian schriftlich auf, die Herero für den Diebstahl zu entschädigen. Der Namakapitän kam der Aufforderung nach und zahlte den Geschädigten 20 Reichsmark, womit sich diese zufrieden gaben.

Doch damit war für Jobst die Angelegenheit noch nicht aus der Welt geschafft: Obwohl der Streitfall eine interne Stammesangelegenheit war und daher laut dem zwischen dem Reich und den Bondelzwart abgeschlossenen Schutzvertrag nicht in die Gerichtsbarkeit des Distriktchefs fallen konnte, lud dieser den Kapitän nach Warmbad vor. Abraham Christian, der verständlicherweise mit vollem Recht den Streitfall als Stammesangelegenheit betrachtete, kam der Aufforderung Jobsts mit dem Bemerken, er sei krank, nicht nach, schickte jedoch an seiner Statt alle seine Großleute mit dem Auftrag nach Warmbad, dem Distriktchef den Sachverhalt darzulegen. Doch anstatt diese nun anzuhören, ließ Jobst sie allesamt als Geiseln ins Gefängnis werfen.

Noch am gleichen Tage – es war der 25. Oktober – brach der Leutnant dann mit dem ihm zur Verfügung stehenden, für den beabsichtigten Zweck jedoch völlig unzureichenden Machtaufgebot von fünf weißen Polizisten und Polizeihelfern zur Werft des Bondelzwartkapitäns auf, um diesen zu verhaften.

Der deutschen Version zufolge sollen die Bondelzwart, als die deutschen Polizisten sich der Person des Kapitäns bemächtigt hatten und den sich heftig Sträubenden hinter sich herzogen, das Feuer eröffnet haben. Diesem seien Jobst, zwei Polizisten und auch Abraham Christian selbst zum Opfer gefallen.

Anders dagegen die Version des Augenzeugen Jantje Izaak[25]. Danach soll der Bondelzwartkapitän von zwei deutschen Polizisten aus seinem Haus herausgezerrt worden sein. Als er versucht habe, sich aus deren Griff zu befreien, habe einer der beiden, ein Polizeisergeant, seinen Revolver gezogen und Abraham Christian erschossen. Daraufhin hätten die Bondelzwart – sie hatten 60 bis 70 Gewehre! – das Feuer auf die Deutschen eröffnet und den Leutnant, den Sergeanten und noch einen Polizisten getötet. Die beiden überlebenden Deutschen seien dann nach Warmbad geflohen.

In seinen Erinnerungen gibt Gouverneur Leutwein unumwunden zu, daß Jobst mit seiner Handlungsweise eindeutig gegen die Bestimmungen des Schutzvertrages verstoßen und der Bondelzwartkapitän nichts begangen habe, was gegen die deutsche Regierung gerichtet gewesen sei.

Man hätte nun von deutscher Seite eigentlich erwarten dürfen, daß in Anbetracht der Rechtmäßigkeit der Verhaltensweise Abraham Christians und des ungeklärten Hergangs des Zwischenfalls eine Untersuchung eingeleitet worden wäre. Stattdessen wurde jedoch – nicht zuletzt auch um Hendrik Witbooi ruhig zu stimmen – von amtlichen deutschen Stellen erklärt, daß die Bondelzwart zuerst geschossen hätten und damit die Schuld bei ihnen gelegen habe.

Hauptmann von Koppy, der Führer der in Keetmannshoop, dem Hauptort des Südbezirks der Kolonie, stationierten 3. Feldkompanie der Schutztruppe, brach daher nach Erhalt der Nachricht vom Tode Jobsts sofort zu einer Strafexpedition

25 Eidesstattliche Aussage des Jantje Izaak in: »Report on the Natives ...«, S. 92

gegen die Bondelzwart in Richtung Warmbad auf. Diese hatten zwischenzeitlich Warmbad weitläufig umschlossen, wichen dann jedoch vor der heranrückenden Feldkompanie in Richtung Sandfontein zurück, wo sie sich verschanzten. Nach Heranziehen von Verstärkungen – darunter auch 40 Witboois unter Hendrik Witbooi selbst – schlug von Koppy wenig später, am 21. November, die Bondelzwart in ihren Stellungen bei Sandfontein. Diese zerstreuten sich daraufhin und suchten Zuflucht in den schwer zugänglichen Bergen am Oranje.

Von hier aus wurden sie sogar wieder offensiv. So überfielen sie Ende November den deutschen Zollposten Uhabis und drängten eine kleine deutsche Abteilung unter Oberleutnant Böttlin am 12. Dezember bei Hartebeestmund über den Oranje und zwangen sie damit zum Übertritt auf englisches Gebiet, wo sie von der Kappolizei entwaffnet wurde[26].

Gouverneur Leutwein schätzte die Aufstandslage im tiefen Süden des Schutzgebietes als ziemlich bedenklich ein, da auch noch die Bondelzwart in den Großen Karrasbergen unruhig geworden waren und Koppys Operationen im Oranjegebiet sehr langsam vorankamen. Er beschloß daher, fast die gesamte aktive Schutztruppe, zunächst die 1. Feldkompanie und die Gebirgsbatterie (beide in Windhuk stationiert) und etwas später auch noch die 2. Feldkompanie (Standort: Omaruru), zur Bekämpfung der aufständischen Bondelzwart in den Süden zu verlegen. Damit verblieb nur noch eine schwache Feldkompanie, die 4. (Garnisonort: Outjo) im Hereroland. Diese Maßnahme war äußerst riskant und überzogen und sollte sich in der Folge als ein schwerwiegender Fehler erweisen. Damit war nämlich im zentralen Bereich der Kolonie und im Hereroland ein militärisches Machtvakuum entstanden, das auch durch die vom Gouverneur verfügte Einberufung von Reservisten nicht aufgehoben werden konnte.

Zu allem Überfluß machten nun auch noch Verpflegungsschwierigkeiten weitere Operationen gegen die Bondelzwart vorerst unmöglich. Ungeduldig geworden, reiste Leutwein deshalb Ende Dezember 1903 selbst in den Süden, um die Aufstandsbekämpfung dort persönlich in die Hand zu nehmen.

Auf diese einmalig günstige Gelegenheit des Abzugs fast der gesamten Feldtruppe, vor allem der schlagkräftigen 2. Kompanie in Omaruru, weit unten nach dem Süden der Kolonie hatten die Herero seit langem gewartet: Offenbar unbemerkt von den Deutschen, hatte sich seit Beginn des Jahrhunderts im Hererovolk wachsende Erbitterung und Haß gegen die deutsche Herrschaft angestaut, geschürt insbesondere durch das immer stärker zunehmende Hereindrängen weißer Siedler in das Hereroland, durch das wucherische Treiben weißer Händler, die ihre fällig gewordenen Forderungen bei den eingeborenen Kunden rigoros eintrieben und sogar vor eigenmächtigen Pfändungen von Vieh nicht zurückschreckten, und durch die ungleiche, die weiße »Herrenrasse« begünstigende Behandlung Eingeborener seitens deutscher Gerichte. Nun entluden sich Haß und Erbitterung der Herero in der ersten Januarhälfte 1904 in einer blutigen Rebellion des gesamten Volkes gegen die Deutschen.

26 Siehe hierzu BAB, RKA NR. 2137, Bl. 98: Schreiben Foreign Office (ohne Datum)

Von dieser Erhebung völlig überrascht, mußten gleich in den ersten Tagen mehr als hundert Deutsche, überwiegend Händler und Farmer sowie Soldaten auf isolierten Stationen, ihr Leben lassen. Kleine Postierungen der Schutz- und der Polizeitruppe wurden von den Aufständischen im Handstreich genommen, während größere Stationen belagert wurden. Schon war sogar Windhuk, die Hauptstadt der Kolonie, von der Einschließung durch die Herero bedroht und die Eisenbahnlinie zur Küste, die »Lebensader Südwests«, an mehreren Stellen unterbrochen und zerstört worden. Schnellstes militärisches Eingreifen im Zentrum der Kolonie war dringend geboten, um weiteres Unheil zu verhüten! Aber wie? Truppe und Gouverneur befanden sich über 700 Kilometer entfernt im tiefen Süden!

Da die Heliographenverbindung nach Süden hin noch funktionierte, konnte die Schreckensmeldung von der Erhebung der Herero dem Gouverneur innerhalb eines Tages übermittelt werden. Er verfügte die sofortige Rückkehr der noch im Anmarsch in das Bondelzwart-Aufstandsgebiet befindlichen 2. Feldkompanie in das Hereroland und bemühte sich, so rasch wie möglich einen Friedensschluß mit den Bondelzwart herbeizuführen, »denn«, so schreibt er in seinen Erinnerungen, »ein Krieg nach zwei Fronten hätte damals zu einer Katastrophe führen können.«[27]

Der Gouverneur nahm daher sofort Friedensverhandlungen mit dem aufständischen Namastamm auf. An diesen nahmen auch verschiedene Namakapitäne, darunter Hendrik Witbooi, teil, die im Rahmen der vereinbarten Heeresfolge am Kampf gegen die Bondelzwart mitgewirkt hatten. (Anm. Verf.: Hendrik wurde bald darauf für seine Mitwirkung an der Niederwerfung der Bondelzwart vom Reich die Goldene Verdienstmedaille verliehen.[28])

Diese Verhandlungen führten am 27. Januar 1904 zum Frieden von Kalkfontein(-Süd), dem heutigen Karasburg. Bei der Aushandlung der Friedensbedingungen konnte die deutsche Seite unter den gegebenen Umständen keinen harten Kurs verfolgen und mußte der Gegenseite notgedrungen Zugeständnisse machen. Im einzelnen wurde festgelegt, daß die Bondelzwart sämtliche Waffen und alle Munition abzugeben und einen Teil ihres Gebietes in den Karrasbergen als Kronland an das Reich abzutreten hätten. Außerdem wurde die Auslieferung aller Stammesangehörigen, die des Mordes oder Raubes beschuldigt worden waren, verlangt. (Es handelte sich um insgesamt zwölf Leute, die allesamt auf englisches Gebiet ausgewichen waren. Die von den deutschen Behörden geforderte Auslieferung dieser Bondelzwart wurde von der Kapregierung mit der Begründung abgelehnt, es handele sich um »politische Mörder«.[29])

Wenn auch diese Bedingungen von den Bondelzwart in der Folge nur teilweise erfüllt wurden und ihre Durchsetzung deutscherseits vorerst nicht möglich war, so war für Leutwein doch mit diesem Friedensschluß die Gefahr eines Zweifrontenkrieges, zumindest vorläufig, gebannt, so daß die Feldtruppe nunmehr auf den Kriegsschauplatz Hereroland verlegt werden konnte.

27 Th. Leutwein, S. 448

28 Siehe hierzu DKZ, Jg. 1904, S. 422.

29 Siehe hierzu BAB, RKA Nr. 2154, Bl. 61, Kais. Gouvernement an AA, 15.4.1904.

Der Hereroaufstand wird in dem Buch des Verfassers »Sturm über Südwest«[30] ausführlich behandelt. Daher sei an dieser Stelle nur mit einigen wenigen Worten auf diesen Eingeborenenkrieg eingegangen: Nach einer Reihe von Anfangserfolgen in den ersten Aufstandsmonaten wurden die Herero von der bis zum Sommer 1904 allmählich auf Divisionsstärke gebrachten Schutztruppe unter Führung des Generalleutnants Lothar von Trotha, des Nachfolgers des Obersten Leutwein als Truppenbefehlshaber, immer weiter nach Norden abgedrängt und schließlich am Fuße des Waterbergmassivs weitläufig eingeschlossen. Hier unterlag das aufständische Volk am 10./11. August 1904 der überlegenen Waffentechnik und militärischen Taktik der Deutschen. Der Masse der geschlagenen Herero gelang es indes, durch eine Lücke im deutschen Einschließungsring durchzubrechen und nach Osten hin in das nahezu wasserlose Omaheke-Sandfeld zu entkommen. Hier jedoch ist der größte Teil des Volkes auf der Flucht in Richtung zum britischen Betschuanaland durch Verdursten oder Verhungern ums Leben gekommen. Nach verschiedenen Schätzungen sollen mehr als zwei Drittel des Hererovolkes dem Aufstand und seinen Folgen zum Opfer gefallen sein, sei es durch direkte Feindeinwirkung auf dem Gefechtsfeld, sei es durch Verdursten oder Verhungern auf der Flucht durch die Omaheke, sei es durch Entkräftung und Auszehrung in deutscher Kriegsgefangenschaft.

Im Zusammenhang mit den im vorliegenden Buch zu schildernden Geschehnissen ist erwähnenswert, daß Samuel Maharero, der nominelle Oberhäuptling aller Herero und ihr Hauptanführer während des Aufstands, auf der Suche nach Verbündeten im Kampfe gegen die deutsche Kolonialmacht bereits im Januar 1904 auch Hendrik Witbooi in zwei Briefen[31] um militärische Unterstützung gebeten hatte. Diese erreichten ihren Adressaten jedoch nicht: Sie waren in die Hände des Basterkapitäns Hermanus van Wyk gelangt, der von Samuel ebenfalls in zwei Schreiben um Hilfe gebeten worden war. Der Basterkapitän lehnte jedoch Mahareros Hilfeersuchen glatt ab und lieferte die an ihn und an Hendrik Witbooi gerichteten vier Schreiben beim deutschen Distriktkommando in Rehoboth ab.

Hätte Hendrik die beiden Briefe doch erhalten, so wäre seine Reaktion vermutlich die gleiche gewesen wie die des Basterkapitäns: Er hätte sie den deutschen Behörden ausgehändigt. Für diese Annahme spricht schon allein die Tatsache, daß er – genau so wie Hermanus van Wyk – im Rahmen der vertraglich vereinbarten Heeresfolge der Schutztruppe militärische Unterstützung im Kampf gegen die aufständischen Herero leistete (ein Kontingent von etwa 100 Orlogleuten). Somit hatte Leutwein nach dem überstürzten Friedensschluß von Kalkfontein den Rücken frei und konnte sich – vermeintlich unbesorgt – wieder nach Windhuk begeben, um sich dort auf die Aufstandsbewegung im Norden zu konzentrieren.

30 Siehe Quellen- und Literaturverzeichnis.
31 Wortlaut beider Briefe in Th. Leutwein, S. 468.

4. Morenga, der Wegbereiter des Aufstands

Herkunft Morengas – Erste Kämpfe mit ihm – Major Lengerkes Operationen gegen Morenga – Der Rebell schlägt zu: Gefecht bei Kouchanas, Gais und Wasserfall

(Siehe hierzu Karte 2 und 5)

In der Liste der Personen, die die Bondelzwart im Rahmen der in Kalkfontein ausgehandelten Friedensbedingungen wegen begangenen Raubes oder Mordes ausliefern sollten, gehörte auch ein gewisser Jakob Morenga, auch Marinka genannt. Diese schillernde Persönlichkeit besaß eine für einen Afrikaner damals ungewöhnliche Bildung und Begabung und überragende Willenskräfte und Führungsqualitäten. Hauptmann i. G. Bayer, Kriegsteilnehmer im Großen Herero- und im Großen Namaaufstand, beschreibt Morenga mit folgenden Worten: »Dieser Bandenführer vereinigte außerordentliche Verschlagenheit mit energischem Willen und persönlichem Mut. Dabei hat er – etwas Auffälliges bei einem Eingeborenen Südwestafrikas – Beweise eines edlen Charakters gegeben. Alles in allem, eine außergewöhnliche Persönlichkeit, der auch wir als Feinde unsere Achtung nicht versagen können.«[32] Morenga sollte dem Namaaufstand durch seinen den Deutschen gelieferten Kleinkrieg der »Nadelstiche« den Boden bereiten und so »die Flamme an die Aufstandslunte legen« und in dem Aufstand dann – neben Hendrik Witbooi – zur bedeutendsten Führergestalt heranwachsen!

Wer war dieser »Räuberbaron«, wie die Deutschen ihn gern nannten, und woher stammte er? Geboren wurde er als Sohn eines Herero und einer Namafrau am Gainab-Rivier östlich der Großen Karrasberge. Er hatte eine gewisse Schulbildung auf einer deutschen Missionsstation erworben und dann sechs Monate in England in einer Kupfermine gearbeitet. Um die Jahrhundertwende arbeitete er in den Kupferbergwerken von O'kiep im Norden der Kapkolonie. Morenga soll sehr sprachbegabt gewesen sein und mindestens fünf Sprachen, darunter holländisch, deutsch und englisch sowie mehrere Eingeborenensprachen, fließend gesprochen haben. Während seiner Zeit in der Kapkolonie entwickelte sich in ihm ein unauslöschlicher Haß auf die deutsche Kolonialherrschaft in Südwestafrika und der Wille, diese »bis aufs Messer« zu bekämpfen.

Etwa 1903 kehrte er in das deutsche Schutzgebiet zurück. Hier schürte er unablässig den Kampf gegen die Deutschen und forderte, von Werft zu Werft ziehend, die Nama im tiefen Süden der Kolonie in leidenschaftlichen Reden zur Abwerfung des »deutschen Joches« auf. Als die Bondelzwart sich im Oktober 1903 gegen die Kolonialmacht erhoben, schloß Morenga sich ihnen an. Obwohl er wegen seiner Hereroabstammung als Schwarzer galt, denen sich Nama nur mit größtem Widerstreben unterordneten, nahm Morenga wegen seiner Führungsqualitäten und

32 Bayer: »Der Krieg in Südwestafrika …«, S. 30

militärischen Fähigkeiten schon bald eine führende Rolle in der Aufstandsbewegung der Bondelzwart ein. (Der Bezirksamtmann von Keetmannshoop, Zolldirektor Karl Schmidt, bezeichnete ihn sogar als Hauptführer während der Bondelzwarterhebung.[33]) Aufgrund seiner kriegerischen Qualitäten hatte ihn Johannes Christian, der Kapitän der Bondelzwart, zum Feldkornett ernannt und ihm die Karrasberge als »Kriegsbezirk« zugewiesen.[34]

Der erste blutige Zusammenstoß zwischen Morenga und der Schutztruppe während dieser Erhebung hatte sich am 10. Dezember 1903 ereignet, als es zwischen einer unter dem Kommando von Oberleutnant v. Burgsdorff stehenden Witbooiabteilung und einer von Morenga und den beiden Morrisbrüdern (auf diese werden wir später noch zu sprechen kommen) angeführten Bondelzwartgruppe am Südrand der Großen Karrasberge zu einem Feuergefecht gekommen war. Dabei hatte es auf Seiten der Witbooiverbündeten zwei Tote gegeben, darunter einen Neffen Hendrik Witboois, der nach den Angaben Gouverneur Leutweins[35] zunächst verwundet in Morengas Hände geraten und dann von diesem erschossen worden sein soll.

In den folgenden Wochen hatte Morenga als taktisch geschickter Anführer der aufständischen Bondelzwart wiederholt von sich reden gemacht. So schreibt Hauptmann v. Lettow-Vorbeck, Kriegsteilnehmer im Großen Herero- und im Großen Namaaufstand, über Morengas taktische Qualitäten: »... Morenga war aber auch mehr als ein Bandenführer; er hatte des Burengenerals de Wet geschickte Führung im Burenkrieg studiert und führte dessen Ausarbeitung über den Kleinkrieg bei sich. Er handelte taktisch überraschend klar ...«[36] Auch Leutwein zeigte sich äußerst beeindruckt von diesem Rebellenführer: »In seinen (Morengas – Anm. Verf.) Eigenschaften scheint er«, so schreibt der Gouverneur in seinen Erinnerungen, »die Vorzüge beider Stämme zu vereinigen, d.h. die Verschlagenheit und Schlauheit des Hottentotten mit der Tapferkeit und dem Fanatismus des Hereros. Daneben besitzt er auch die stattliche Figur des letzteren ...[37] Leutwein hatte offenbar erkannt, wie gefährlich dieser Meister der Guerillakriegführung der deutschen Kolonialmacht werden könnte und ihn daher – angeblich auf Drängen Hendrik Witboois – wegen der Ermordung von dessen Neffen mit auf die Liste der Auszuliefernden setzen lassen.

Morenga gelang jedoch die Flucht in die unzugänglichen Karrasberge. Daraufhin setzten die deutschen Kolonialbehörden einen Preis von 1000 Reichsmark auf seinen Kopf aus.[38] Doch der Rebellenführer entzog sich den deutschen Nachstellungen und wechselte Ende Mai/Anfang Juni auf englisches Gebiet

33 Siehe hierzu BAB, RKA Nr. 2133, Bl. 80f: Schmidt an Lindequist, 4.9.1904; entnommen aus: Drechsler: »Südwestafrika unter deutscher Kolonialherrschaft ...«, S. 204.

34 Siehe MA, N 103/76: Nachlaß Lettow-Vorbeck, Tgb Dr. Schulz, 15.7.1905. Anm. Verf. hierzu: Dr. Schulz spricht versehentlich von Christian Goliath als Kapitän der Bondelzwart. Ganz offensichtlich aber meint er Johannes Christian. Christian Goliath war Kapitän der Berseba-Nama.

35 Th. Leutwein, S. 321

36 Lettow-Vorbeck: »Mein Leben«, S. 85

37 Th. Leutwein, S. 319f

38 Siehe BAB, RKA Nr. 2133, Bl. 82.

über. Hier hielt er sich mit einer Anhängerschaft von etwa 30 Orlogleuten einige Wochen lang nahe Bisseport (südlich Rietfontein-Nord) an der Westgrenze der Kapkolonie auf der Farm eines gewissen Farmers Spangenberg auf.[39] Doch Anfang Juli kehrte er auf Drängen der Kappolizei mit seinen Leuten wieder auf deutsches Gebiet zurück und schlug am Schambockberg (etwa 120 km östlich der Großen Karrasberge) ein befestigtes Lager auf.

Um sich für die beabsichtigte Wiederaufnahme der Kampfhandlungen gegen die Deutschen mit Waffen, Munition, Reittieren, Verpflegung und Vieh – letzteres zu Tauschzwecken – zu versorgen, unternahm der Rebellenführer von seinem Stützpunkt aus Überfälle auf Farmen von Buren und Deutschen im Bereich östlich der Großen Karrasberge. Auf den Farmen requirierte er – gegen in gutem Kapholländisch ausgestellte Bescheinigungen – alle von seiner Rebellenschar benötigten Bedarfsartikel. Dabei vergriff er sich in keiner Weise an dem Leben der Farmer und ihrer Angehörigen und beließ ihnen das Lebensnotwendige. Einem von ihm ausgeplünderten deutschen Farmer beließ er sogar 600 Reichsmark, damit dieser sich ein Billet erster Klasse für die Heimreise nach Deutschland kaufen könne!

Im Laufe des Juli/August dehnte Morenga, der inzwischen durch die Erbeutung von Reittieren seine Mobilität erheblich hatte steigern können, seinen Aktionsbereich ständig weiter aus und machte schließlich die gesamte Gegend zwischen den Großen Karrasbergen, der Südostgrenze der Kolonie, Heirachabis im Süden und dem Löwenfluß im Norden unsicher. Bei seinen Überfällen hatte der Rebellenführer fast stets leichtes Spiel: Aus Angst um ihr Leben ließen sich die Farmer, vor allem die Buren, meist widerstandslos entwaffnen. Schließlich aber schlossen sie sich auf Anraten der deutschen Behörden in Gruppen zusammen, um sich gegen die Überfälle von Morengas Freischärlern besser zur Wehr setzen zu können. Doch auch diese Maßnahme erwies sich als wenig nützlich: Am 20. Juli überwältigten die Morengaleute neun an der Wasserstelle Holpan östlich des Schambockberges konzentrierte Ansiedler und entwaffneten sie.

Die Meldungen über Morengas kühne Raubzüge sprachen sich wie ein Lauffeuer von Werft zu Werft, von Pontok zu Pontok herum, und immer größer wurde der Zulauf von Orlogleuten, größtenteils Bondelzwart, vereinzelt aber auch Leuten aus anderen Namastämmen, einigen Herero und Farbigen aus der Kapkolonie. So konnte Morenga seine Truppe auf etwa 60 Mann bringen und damit verdoppeln.

Trotz der schon im Frühjahr 1904 wegen des Hereroaufstands wachsenden Verunsicherung der Weißen im Süden der Kolonie hielt der Gouverneur, Oberst Leutwein, die Lage dort für »ungefährdet«[40] und erbat »nur aus politischen Gründen«[41], 150 Reiter und eine Batterie zu vier Geschützen aus Berlin, die die einzige im Süden befindliche Feldkompanie, die 3. unter Hauptmann v. Koppy in

39 Laut NA, Acc. 529 (O. Busch), Brief 10, war Spangenbergs Staatsbürgerschaft undurchsichtig. Mal bekannte er sich als Deutscher, mal als Engländer, je nach Lage der Verhältnisse. Er war Hauptlieferant von Munition und Proviant für Morenga.

40 Siehe Generalstabswerk, Bd. 2, S. 3.

41 Ebenda

Keetmannshoop, verstärken sollten. Indes schätzte man in Berlin die Lage im Namaland doch für wesentlich bedrohlicher ein und veranlaßte die Aufstellung eines ganzen Bataillons zu drei berittenen Kompanien und einer Batterie zu vier Geschützen (7., 8. und 9. Kp. sowie 8. Batt., zusammengefaßt als III. Bataillon des 2. Feldregiments, dessen I. und II. Bataillon bereits auf dem Herero-Kriegschauplatz eingesetzt waren).

Dieser unter dem Befehl des Majors v. Lengerke stehende Verband wurde nach Abgabe einer Kompanie (7. Kp.) an das Etappenkommando in Swakopmund am 2. Juli in Lüderitzbucht ausgeschifft. Der Marsch dieser nun als Südabteilung bezeichneten Truppe ging wegen der durch die Überwindung des 125 km breiten Sanddünengürtels zwischen Lüderitzbucht und Kubub bedingten Verzögerung nur sehr langsam vonstatten und mußte in Staffeln erfolgen. Am 22. Juli war die Abteilung, der auch die Kompanie v. Koppy angegliedert wurde, schließlich vollzählig in Keetmannshoop versammelt.

Am 30. August fand die erste Gefechtsberührung mit Morengas Freischärlern statt: Als sich täglich die Meldungen mehrten, daß Vieh, Reittiere, Waffen und Lebensmittel von Morengas »Räuberbande« durch Überfälle auf Farmen im südöstlichen Namaland geraubt wurden, entsandte v. Lengerke, der inzwischen von Generalleutnant v. Trotha zum vorläufigen Befehlshaber im Südbezirk ernannt worden war, von Keetmannshoop aus einen Voraustrupp von 32 Mann unter Leutnant Baron von Stempel in das südöstliche Grenzgebiet. Stempels Auftrag war eher defensiv: Er sollte sich abwartend verhalten und nur dann aktiv werden, wenn die Gefahr bestand, daß Morenga Anstalten machte, über die englische Grenze zu entweichen. Eine gefahrvolle Mission, da Stempel im Umkreis von 200 km mit keiner Unterstützung rechnen konnte und gezwungen war, zur Beobachtung der Bewegungen Morengas immer wieder Patrouillen zu entsenden!

Eines dieser Patrouillenunternehmen sollte dann auch für Stempels schwache Truppe in einer Beinahe-Katastrophe enden: Der Patrouille war am 29. August bei der Farm des Buren Freyer nahe der Wasserstelle Kouchanas (heute: Gagunas) von Morenga der Rückweg verlegt worden. Als Leutnant v. Stempel durch einen entkommenen Reiter der abgeschnittenen Patrouille von deren mißlichen Lage erfuhr, brach er gleich am nächsten Tage mit 24 Reitern nach Kouchanas auf, um die Patrouille zu befreien. Hierbei stieß er auf Morengas Truppe. Es entspann sich ein heftiges Gefecht, in dessen Verlauf der Leutnant und zwei seiner Reiter fielen. Verfolgt von der weit überlegenen Rebellenschar, gelang es den überlebenden Soldaten, sich nach Platbeen (Garabis) zurückzuziehen. Hier verschanzten sie sich. Am 3. September, als sie gerade einen schweren Angriff von Morengas Leuten abwehrten, wurden sie schließlich durch einen Zug der Kompanie v. Koppy, der auf die Nachricht vom Überfall auf die Abteilung Stempel im Eilmarsch nach Kouchanas vorausgesandt worden war, aus ihrer kritischen Lage befreit.[42]

Nach dem Gefecht bei Freyers Farm gab Morenga seinen Stützpunkt auf dem Schambockberg auf und wechselte in die Großen Karrasberge über, wo er bei

42 Siehe hierzu BAB, RKA Nr. 2133, Bl. 83f: Anlage zu Bericht Nr. 360, 9. Kp., Hasuur, 1.9.1904.

Narudas (heute: Farm Maritz) ein neues Orloglager bezog. In dieser abgelegenen wilden Berglandschaft verlor sich seine Spur für die nächsten Wochen.

Unterdessen war die Südabteilung unter Major v. Lengerke von Keetmannshoop aus in das Unruhegebiet um die Großen Karrasberge vorgerückt. Sie hatte von Oberst Leutwein, der inzwischen von Generalleutnant v. Trotha – neben der Weiterführung seiner Amtsgeschäfte als Zivilgouverneur – mit der vorläufigen militärischen Befehlsgewalt im gesamten Süden des Schutzgebietes betraut worden war, als Einsatzauftrag die »Unschädlichmachung des Rebellen Morenga und seiner Bande« erhalten.

In der Zwischenzeit war Morengas Anhängerschaft noch weiter angewachsen. Im September betrug sie bereits nahezu 150 Mann. Unter diesen befand sich der Großteil der Bondelzwart, die mit ihrem Kapitän Johannes Christian in Fehde lebten, das heißt der Clan April und die Haibab(Haib)-Bondels. Auch zahlreiche Herero hatten sich dem Rebellenführer angeschlossen.[43]

Durch das weitere Anschwellen der Macht Morengas und die Verlegung der Schwerpunkte seiner Tätigkeit weiter nach Süden und Westen in den Bereich der Großen Karrasberge nahm die Unruhe unter den Völkerschaften im tiefen Süden, besonders unter den Bondelzwart in Warmbad, bedenklich zu. Major von Lengerke, der sich jetzt mit dem Gros der Südabteilung in Dewenischpütz aufhielt, forderte daher die Entsendung weiterer Verstärkungen (drei Feldkompanien und fünf Gebirgsgeschütze) an, um genügend Kräfte zum einen für ein offensives Vorgehen gegen Morenga, zum anderen für die Sicherung der Pad Warmbad – Ramansdrift, über die die gesamte in der Kapkolonie aufgekaufte Truppenverpflegung angeliefert wurde, zur Verfügung zu haben.

Da jedoch bis zum Eintreffen der angeforderten Verstärkungen noch geraume Zeit verstreichen würde, beschloß v. Lengerke, als erste Maßnahme bereits jetzt Vorstöße mit seiner schwachen Truppe zu unternehmen, um die östlichen und westlichen Zugangswege zu den Großen Karrasbergen zu erkunden und Morenga das Heraustreten aus dem Gebirge zu verwehren. In diesem Sinne schob er am 19. September zunächst eine kleine, etwa einen Zug starke Abteilung unter Hauptmann Fromm um die südlichen Ausläufer der Großen Karrasberge herum in Richtung auf Dassiefontein (10 km westlich der den Gebirgszug teilenden Kraikluft) und eine weitere kleine Abteilung unter Oberleutnant Ritter v. Rosenthal nach Westen in Richtung Narubis (30 km östlich Narudas) vor.

Die Aktion dieser beiden Abteilungen nahm indes einen wenig günstigen Verlauf: Fromms Abteilung, auf das Südende der Großen Karrasberge vorrückend, wurde am 21. September bei Gais in ein schweres Gefecht mit Morengas Freischärlern verwickelt, die ihr auf ungebahnten Wegen auf der Hochfläche des Gebirges gefolgt waren und sie nun aus überhöhter Stellung angriffen. Die Deutschen gerieten in böse Bedrängnis, konnten sich schließlich aber unter Verlust von fünf Verwundeten vom Gegner lösen. Die Abteilung zog sich geschlagen auf Kalkfontein(-Süd) zurück. Rosenthals Abteilung dagegen kam ungeschoren davon: Sie hatte überhaupt keine Feindberührung.

43 Siehe hierzu ebenda, Bl. 81: Schreiben Schmidt an Lindequist, 4.9.1904.

Mit dem Erfolg bei Gais noch nicht zufrieden, bereitete Morenga der Schutztruppe bald danach eine weitere Schlappe, diesmal einen regelrechten Husarenstreich: »Wie ein genialer Feldherr auf der inneren Linie operierend«[44], warf er seine Kräfte herum, zog auf Schleichpfaden wieder 80 km nach Norden quer durch die wilden Karrasberge und überfiel bei Wasserfall nordwestlich der Kraikluft im Morgengrauen des 5. Oktober, von allen Seiten angreifend, die 8. Kompanie der Südabteilung unter Hauptmann Wehle, die inzwischen von Major v. Lengerke zur Überwachung der Westseite der Großen Karrasberge dorthin detachiert worden war. Es war ein regelrechter Überrumpelungscoup: Ehe sich die noch schlaftrunkenen deutschen Soldaten von ihrer Überraschung erholt hatten und zur Waffe greifen konnten, hatten Morengas Rebellen sich aller Pferde und Esel der Kompanie bemächtigt. »Damit war die Kompagnie«, wie es im Generalstabswerk lakonisch heißt, »nach dem Verlust ihrer Pferde nahezu bewegungsunfähig.«[45] Unter Verlust von zwei Toten und sieben Verwundeten zog sie sich, geleitet von der aus Keetmannshoop zu Hilfe geeilten 8. Batterie unter Hauptmann Kirchner, nach dorthin zurück.

Nach der Devise »Wer den Schaden hat, braucht für den Spott nicht zu sorgen« bekam Hauptmann Wehle von Morenga, der ihm am folgenden Tage einen Brief nach Keetmannshoop nachgeschickt hatte, noch zu hören, »er solle in Zukunft seine Pferde besser füttern, denn so abgemagerte Schinder könne er, Morenga, nicht gebrauchen.«[46]

Mit seinem siegreichen Gefecht bei Kouchanas (Gagunas) hatte Morenga am 30. August die mit dem Frieden von Kalkfontein beendeten Kampfhandlungen gegen die Kolonialmacht im Süden der Kolonie wieder aufleben lassen und damit die dort herrschende gespannte Ruhe gebrochen und die unterschwellige antideutsche Stimmung unter den Nama weiter eingeheizt. Doch als Hereromischling blieb sein Einfluß im wesentlichen auf die Bondelzwart beschränkt. Dieser wirkte sich kaum auf die anderen Namastämme aus, am wenigsten auf den wichtigsten, den Witbooistamm mit seinem Kapitän Hendrik Witbooi. Wenn überhaupt einer, dann wäre nur Hendrik mit seiner überragenden Persönlichkeit und Ausstrahlungskraft geeignet, alle Namastämme zum gemeinsamen Kampf gegen die Kolonialmacht mitzureißen und die schwelende Glut zum lodernden Feuer des Aufstands zu entfachen!

Doch Hendrik blieb von der knisternden Spannung im Namaland – jedenfalls nach außen hin – ungerührt. Wie die Jahre vorher, führte er sein beschauliches und zurückgezogenes Dasein in Gibeon weiter. Nichts deutete auf eine Trübung des vertrauensvollen Verhältnisses zwischen ihm und dem Bezirksamtmann von Gibeon, Oberleutnant v. Burgsdorff, hin.

44 Kolbe, S. 100
45 Generalstabswerk, Bd. 2, S. 12
46 Deimling: »Aus der alten in die neue Zeit«, S. 74

5. Die Glut wird geschürt

Kriegerische Stimmung im Namaland – Eintreffen der neunzehn Witbooi-Deserteure im Witbooiland – »Prophet« Stürmann reizt zum Kampf gegen die Kolonialmacht

Im Hochsommer des Südwester Schicksalsjahres 1904 griff unter der weißen Bevölkerung im Süden des Schutzgebietes eine zunehmende Nervosität um sich. Mit Argwohn beobachtete man das Verhalten der Namabevölkerung. Jeder kleine Fall von Widersetzlichkeit und Aufsässigkeit des farbigen Dienstpersonals, von Streitigkeiten zwischen Namakapitänen und ihren Untertanen, Meldungen über ungewöhnlich häufiges Herumreiten bewaffneter Namatrupps, aufreizende Äußerungen von Eingeborenen, die Meldung, daß die Bondelzwart die Friedensbedingungen von Kalkfontein nicht eingehalten und nur einen Teil ihrer Gewehre, angeblich sogar nur die schlechtesten[47], abgegeben hätten, einzelne Fälle von Farmplünderungen durch Namatrupps, all dies wurde sorgenvoll registriert und als Indiz für eine bedrohlich eskalierende kriegerische Gärung unter den Nama, ja als Anzeichen für einen vielleicht unmittelbar bevorstehenden Aufstand auch des Namavolkes gegen die deutsche Herrschaft gewertet.

Besonderen Auftrieb bekamen die Ängste der Weißen durch Nachrichten über die ständigen und immer dreister werdenden Überfälle Morengas im Bereich der Karrasberge und durch umlaufende Gerüchte vom Kriegsschauplatz im Norden, daß die aufständischen Herero in großer Zahl nach dem Süden der Kolonie zögen. Die Besorgnis, daß an diesen Gerüchten tatsächlich etwas Wahres sein könnte, erhielt im Laufe des August noch weiteren Nährstoff, als bekannt wurde, daß den Herero in der Schlacht am Waterberg der Massenausbruch aus dem deutschen Einschließungsring gelungen war.

Doch behördlicherseits sah man die Dinge gelassener. So glaubte der Bezirksamtmann von Gibeon, Hauptmann d.R. von Burgsdorff (inzwischen zu diesem Dienstgrad befördert), in seinem Bezirk keinerlei Anzeichen irgend welcher Spannungen unter den Witboois festzustellen, und wenn ihm solche tatsächlich gemeldet wurden, dann wollte er sie einfach nicht wahrhaben. So war beispielsweise der Ansiedler Andries de Wet wiederholt im Sommer 1904 bei Burgsdorff vorstellig geworden und hatte ihm über aufsässiges Verhalten und aufrührerische Äußerungen von Nama berichtet. Doch der Bezirksamtmann schenkte diesen Angaben keinen Glauben und ging ihnen nicht auf den Grund.[48] Stellten Neuankömmlinge die bange Frage: »Und die Witboois?«, so war Burgsdorffs ständiger

47 Dies traf allerdings nicht zu. Tatsächlich hatten die Bondelzwart 283 Gewehre abgeliefert, mit ganz wenigen Ausnahmen gute Hinterlader englischen Systems. Siehe hierzu BAB, RKA Nr. 2154, Bl. 125f: Leutwein an KA, 21.5.1904

48 Siehe hierzu BAB, RKA Nr. 2135, Bl. 187–189: Zeugenaussage des Andries de Wet, Farm Bergmann, 5.11.1904.

Tenor: »Die sind durchaus verläßlich, durchaus. Denken Sie doch daran, daß etwa hundert dieser Witboois sich am Waterberg an unserer Seite gut geschlagen haben ... nein, nein, Kapitän Hendrik ist durchaus zuverlässig. Der wird seinen Treuevertrag ganz bestimmt nicht brechen, der alte achtzigjährige Kapitän.« Blieben dem Gesprächspartner dennoch Zweifel, so fügte der Bezirksamtmann wohl noch hinzu: »Während wir am Waterberg kämpften, wäre da nicht für die Witboois die beste Gelegenheit zum Losschlagen gewesen? Doch sie ist ungenutzt geblieben!«

In Keetmannshoop, dem Hauptort des Südbezirks, bemühte sich Bezirksamtmann Karl Schmidt nach Kräften um »Schadensbegrenzung«, indem er diese Meldungen, wenn sie auf Tatsachen beruhten, abzuschwächen oder, wenn es sich um reine Gerüchte handelte, ihnen entgegenzuwirken und die Gemüter zu beruhigen suchte: Er berief die Kapitäne von Koës, Berseba und Keetmannshoop zu sich und ermahnte sie, mäßigend auf ihre Untertanen einzuwirken. Ein Gleiches taten Wasserfall, Distriktchef in Bethanien, und Oberleutnant Graf von Kageneck, Distriktchef in Warmbad. Die vorgeladenen Kapitäne gelobten, die Mahnungen zu beherzigen, für Ruhe, Besonnenheit und Ordnung in ihren Stammesgebieten zu sorgen und ihre Leute anzuhalten, nicht im Felde herumzuziehen.

Doch diese auf eine Dämpfung der aufgeregten Stimmung im Namaland abzielenden Anstrengungen der Regierungsvertreter wurden von Seiten der Weißen unterlaufen und so die Emotionen unter der Namabevölkerung noch weiter aufgeheizt: »Nach deutscher Gepflogenheit, möglichst alles in breitester Öffentlichkeit zu verhandeln«[49], wurde unter den Weißen in der Kolonie und sogar in der »Deutsch-Südwestafrikanischen Zeitung«, wo jeder deutschkundige Nama es lesen konnte, ganz freimütig darüber diskutiert, was mit den Nama nach Niederwerfung der Herero geschehen solle. Allgemeiner Tenor unter den deutschen Siedlern im Süden war: »Nach der Niederschlagung der Herero sind die Nama an der Reihe« oder »nach der Niederschlagung der Herero muß mit den Nama aufgeräumt werden.«

Besonders deutlich äußerte dabei Hauptmann a.D. und Farmer Hugo v. François, ein Bruder des früheren Landeshauptmanns, seine Meinung, indem er schrieb: »Wir dürfen nicht eher unsere Kriegsaxt begraben, als bis alle Stämme entwaffnet sind. Auch mit Hendrik Witbooi muß abgerechnet werden, der unter der Maske heuchlerischer Freundschaft der Mitanstifter zum ganzen Aufstand (Anm. Verf.: Gemeint ist der Große Hereroaufstand) gewesen zu sein scheint.«[50]

Worauf die Forderungen der Weißen im einzelnen hinausliefen, können wir in Gouverneur Leutweins Erinnerungen nachlesen. Er schreibt: »Es wurde von einer erforderlich werdenden Auflösung der Stammesverbände, Beseitigung der Kapitäne und allgemeiner Entwaffnung gesprochen, geschrieben und gedruckt.«[51]

Auch amtlicherseits bestand offenbar die Absicht der totalen Entwaffnung aller Volksstämme in Südwestafrika. So schreibt beispielsweise der Stellvertretende

49 Th. Leutwein, S. 452.
50 DKZ, Jg. 1904, S. 190; entnommen aus Drechsler: »Südwestafrika unter deutscher Kolonialherrschaft ...«, S. 200
51 Th. Leutwein, S. 452.

Gouverneur Regierungsrat Tecklenburg am 31. Mai 1904: »Nachdem der Hereroaufstand niedergeschlagen sein wird, dürfte allerdings eine Revision oder authentische Interpretation des Unterwerfungsvertrages vom 27. Januar dieses Jahres (Anm. Verf.: Gemeint ist der Friede von Kalkfontein mit den Bondelzwart) nicht zu umgehen sein. Auch dann wird erst, nachdem der Norden entwaffnet ist, an die Entwaffnung des Südens heranzugehen sein. Beides zugleich zu versuchen, wäre ein schwerer Fehler ...«[52]

Daß derartige Zeitungsmeldungen den Nama nicht verborgen blieben und sie im höchsten Maße beunruhigten, zeigt das Verhalten Christian Goliaths, des Kapitäns von Berseba: Er erschien Ende September 1904 bei Bezirksamtmann Schmidt, eine Zeitung in der Hand haltend, und fragte diesen: »In der Zeitung steht, wir Kapitäne sollen abgesetzt werden und unsere Leute entwaffnet werden, ist das richtig?«[53]

Vergeblich bemühte sich der Gouverneur, mäßigend auf die deutschen Zeitungsredakteure einzuwirken, und wies warnend darauf hin, daß »anderenfalls die Waffen schließlich im Namaland von selbst losgehen würden.«[54]

Sogar die Missionare beteiligten sich an dieser Stimmungsaufheizung. So verkündete der Missionsbautechniker Holzapfel in Rietmond, der zweiten Residenz Hendrik Witboois, von der Kanzel herab den Witboois, sie würden wegen ihres unchristlichen Lebenswandels alle entwaffnet werden.[55] Noch schärfer äußerte sich Missionar Wandres in einer in Windhuk gehaltenen Predigt, in der er verkündete, die deutsche Regierung werde Isaak Witbooi, den Sohn und Nachfolger Hendriks, ebenso strafen wie sie Abraham Christian, den Bondelzwartkapitän, bestraft hätte.[56]

Die Unruhe unter den Nama steigerte sich noch weiter, als am 2. Juli der bereits im vorigen Kapitel erwähnte Verstärkungstransport der Schutztruppe unter Major v. Lengerke in Lüderitzbucht eintraf. Die schlimmsten Befürchtungen glaubte man nun bestätigt zu finden: Die Vermehrung der deutschen Truppen im Süden, so der allgemeine Tenor, könne nur einen Zweck haben: Die Durchsetzung der inoffiziell bereits angedrohten Maßnahmen, nämlich Entwaffnung der Nama und Absetzung ihrer Kapitäne und damit das Ende der Unabhängigkeit der Stämme im Süden.[57]

Weitere Ursachen für die wachsende Gärung unter den Namastämmen waren die im Gefolge der weißen Besiedlung des Namalandes eingetretenen Einengungen ihrer Freizügigkeit. Die Jagd, der Haupterwerbszweig der Nama, war infolge des enormen Rückgangs der Wildbestände, hervorgerufen durch die rücksichtslose Bejagung, vor allem seitens der eingewanderten Buren, und aufgrund der von der Kolonialregierung daraufhin erlassenen strengen Wildschutzbestimmungen stark

52 BAB, RKA Nr. 2154, Bl. 133f: Schreiben Tecklenburg an KA, 31.5.1904
53 Th. Leutwein, S. 316f.
54 Ebenda, S. 452.
55 Burgsdorff-Garath, S. 104
56 Siehe hierzu BAB, RKA Nr. 2134, Bl. 31: Schreiben Leutwein an KA, 11.11.1904 und Burgsdorff-Garath, S. 104.
57 Zur Frage der Ursachen für die Unruhe unter den Nama siehe auch BAB, RKA Nr. 2133, Bl. 87–91: Schreiben Bezirksamtmann Schmidt an KA; 19.9.1904.

eingeschränkt worden. Der zweite Erwerbezweig der Nama, die Haltung von Kleinviehherden, war ebenfalls erheblich beschnitten worden: Konnten sie in der präkolonialen Zeit noch von Weide zu Weide ziehen, wenn sie nicht gerade durch die häufigen Stammesfehden daran gehindert wurden, so hörte auch dieses ungebundene Umherziehen nach der Errichtung der deutschen Schutzherrschaft im Zuge der Einführung einer geordneten Vieh- und Weidewirtschaft und der durch die weiße Besiedlung hervorgerufenen Verknappung des Weidelandes allmählich auf. Da die Nama – anders als die Herero – in ihrem ariden Lebensraum mit seinen extrem kargen Weidegründen kaum Großvieh halten konnten, verarmten sie zunehmend. Zur Sicherung der Existenz des Stammes waren die Stammeshäuptlinge daher gezwungen, immer mehr Stammesland an Europäer zu verkaufen. Vielen ihrer Untertanen aber blieb nun aus Sorge um ihr tägliches Brot nur die Wahl, im Busch nach Feldfrüchten zu suchen oder Nahrungsmittel bei ihren Häuptlingen oder den christlichen Missionen zu erbetteln oder in die Lohndienste der Weißen zu treten. Letzteres hatte zur Folge, daß sich für viele Nama die tribalen Bindungen lockerten oder ganz verlorengingen. Für den Stamm aber bedeutete diese Entwicklung eine schleichende Einbuße an innerem Zusammenhalt und damit einen langsamen Identitätsschwund.

Ein noch ärgeres Übel war der auch im Namaland langsam anwachsende Handel weißer Wanderhändler. Der Afrikaner, in dem durch die Berührung mit der europäischen Zivilisation neue Bedürfnisse geweckt worden waren, kaufte bedenkenlos und hemmungslos auf Kredit, den die Händler gern gaben, denn bei Auftreten von Zahlungsschwierigkeiten ihrer farbigen Kunden konnten sie sich an den Stammeskapitän wenden, der im Falle der Insolvenz seiner Untertanen mit dem gesamten Stammesvermögen haftbar gemacht werden konnte. (Anm. Verf.: Diese Möglichkeit wurde den Händlern mit der Kreditverordnung der Reichsregierung vom 23. Juli 1903 genommen.[58])

Das Wirken weißer Wanderhändler hatte im Namaland zwar nicht die Ausmaße erreicht wie im Hereroland (Anm. Verf.: Hier waren die Überschuldung der Afrikaner und die rücksichtslose Eintreibung der Schulden durch eigenmächtige Viehpfändungen der Händler sogar eine der Hauptursachen für den Hereroaufstand.[59]), dennoch waren auch im Namaland bei deutschen Gerichten schon zahlreiche Schuldenklagen von weißen Händlern und Kaufleuten anhängig gemacht worden.[60]

Zusätzlichen Nährstoff erhielt die spannungsgeladene Atmosphäre im Süden durch Gerüchte über den schleppenden Verlauf der Kampfhandlungen im Norden. Zweifel an der Leistungsfähigkeit der deutschen Soldaten kamen unter den Nama auf. Selbst die Meldung von der Niederlage der Herero am Waterberg konnte diese

58 Siehe hierzu Nuhn: »Sturm über Südwest«, S. 40f.

59 Siehe ebenda, S. 34f.

60 Siehe hierzu BAB, RKA Nr. 2084, Bl. 51–54: Schmidt an Leutwein, 18.5.1904. Hier heißt es u.a.: »...Nicht unerwähnt möchte ich lassen, daß der Kaufmann Burmeester hier (gemeint ist Keetmannshoop – Anm. d. Verf.) allein in diesem Monat schon Schuldenklagen gegen etwa 200–300 verschiedene Hottentotten beim Bezirksamtmann eingereicht hat...«; entnommen: Drechsler: »Südwestafrika unter deutscher Kolonialherrschaft...«, S. 207.

Zweifel nicht zerstreuen, waren die Herero doch der Vernichtung durch ihren Durchbruch nach Osten entgangen.

Indes glaubte der Gouverneur trotz genügender Warnhinweise nicht an eine allgemeine Erhebung der Nama. Sein Vertrauen in Hendrik Witboois Loyalität war unbegrenzt. Er konnte sich nicht vorstellen, daß der Witbooikapitän gerade in der jetzigen Lage der deutschen Sache untreu werden könnte, hatte er doch einen Teil seiner Orlogleute als Hilfstruppe auf den Herero-Kriegsschauplatz abgestellt und sich damit, so glaubte Leutwein, wieder einmal als ein zuverlässiger Verbündeter der Deutschen erwiesen.

In der Tat hatte es zunächst den Anschein, als ob Leutwein mit seinem Optimismus recht behalten sollte: Um den 20. August erhielt Hendrik Witbooi die Mitteilung, daß neunzehn Orlogleute der Witbooi-Hilfstruppe mit ihren Waffen und ihrer Munition nach der Schlacht am Waterberg in Okawitumbika desertiert waren. Um den Gouverneur zu beruhigen und ihm seine unveränderte Treue zu versichern, reagierte Hendrik sofort: Er schickte Leutwein am 25. August ein Heliogramm mit folgendem Inhalt: »Höre mit Bedauern, daß einige Witboois flüchtig geworden sind. Ich befürchte, daß viele falsche Stories die Schuld tragen. Ich erwarte, daß die Namas, die noch im Felde stehen, treu ihre Pflicht tun werden. Ein Brief von hier geht heute an die Namas ab.«[61]

Den Deserteuren gelang es, durch alle deutschen Absperrlinien hindurchzuschlüpfen und sich nach Gibeon durchzuschlagen. Hier trafen sie Mitte September ein. Und nun erfuhr Hendrik die eigentlichen Beweggründe ihrer Desertion: Sie erzählten, daß sie von den deutschen Soldaten schlecht behandelt worden seien und auch ihnen gegenüber die Drohung ausgesprochen worden sei, daß nach den Herero auch mit den Nama »aufgeräumt« würde. Sie hätten mit ansehen müssen, mit welcher Erbarmungslosigkeit und Gnadenlosigkeit die deutschen Truppen den Krieg im Norden führten. (Zu diesen Äußerungen bemerkt Leutwein in einem Schreiben an die Kolonialabteilung in Berlin: »... Und in den Erzählungen dieser Leute [Anm. Verf.: Gemeint sind die Witbooi-Deserteure] ist nach meiner Meinung unzweifelhaft mit ein Grund zum Aufstand zu sehen. Nicht daß die Leute etwa bei der Truppe mit Absicht schlecht behandelt worden wären, namentlich nicht seitens des Truppenkommandos selbst. Wohl aber geschah solches seitens der neuen Offiziere und Mannschaften vielfach aus Unkenntnis. Diese verständen einen Unterschied zwischen unsern angeworbenen eingeborenen Arbeitern und den freiwilligen Bundesgenossen, welche ihr Leben für eine ihnen fremde Sache einsetzten, nicht zu machen...«[62])

Sicherlich müssen die Aussagen seiner desertierten Orlogleute Hendrik Witbooi auf das höchste erregt und auch verletzt haben: Fast elf Jahre lang hatte er peinlich genau seine Verpflichtungen aus dem Friedensvertrag mit Leutwein eingehalten und den Deutschen die Treue gehalten, stets war er von diesen als ein geachteter Verbündeter behandelt worden, von Leutwein und Burgsdorff sogar als persönli-

61 Zitiert aus Th. Leutwein, S. 455. Wie Leutwein an gleicher Stelle schreibt, sei der in Hendriks Heliogramm angekündigte Brief gleichfalls durch seine, Leutweins, Hände gelaufen und an den Führer des Witbooikontingents, Daniel Pitter, gerichtet gewesen.

62 BAB, RKA Nr. 2134, Bl. 31: Leutwein an KA, 11.11.1904.

cher Freund. Nun aber mußte er hören, daß seine Leute von den deutschen Soldaten nicht als Waffengefährten, sondern als minderwertige Menschen behandelt worden waren!

Es muß etwa in der Zeit zwischen der Absendung von Hendrik Witboois Heliogramm an den Gouverneur und der Ankunft der desertierten Witboois in Gibeon gewesen sein, als sich ein merkwürdiger Besucher bei den Witboois einfand: Ein gewisser Klaas Sheppart Stürmann, ein Mann vom Stamme der den Nama verwandten Kowesin aus Port Elizabeth in Natal[63], der zu Beginn des Sommers von der Kapkolonie her in das Namaland übergewechselt war. Er bezeichnete sich als Prophet Gottes und Sendbote der »Äthiopischen Bewegung«[64]. Deren Ziel sei es, alle Schwarzafrikaner unter dem Dach einer eigenen christlichen Kirche zu einen, um so die Forderung »Afrika den Afrikanern« in die Tat umzusetzen, mit anderen Worten: dem weißen Kolonialismus mit dem Ziel der völligen politischen Freiheit für die Afrikaner den Kampf anzusagen. Sämtliche Europäer sollen aus Schwarzafrika vertrieben werden, das Endziel müsse die Errichtung eines großen schwarzafrikanischen Reiches sein. In Südafrika, besonders in Natal, habe die Bewegung schon eine große Anhängerschar gewonnen, die sich jetzt gegen die britische Fremdherrschaft formiere. Nun gelte es, die Nama vom deutschen Joch zu befreien. Die Zeit sei reif hierfür.

Stürmann zog von einem Namastamm zum anderen, und überall verkündete er seine äthiopische Heilslehre und reizte zum Kampf gegen die Kolonialmacht. Mit demagogischem Geschick verstand er es, seine Zuhörer in seinen Bann zu ziehen und für seine Idee zu begeistern. Doch die Kapitäne zögerten, das Signal zum Losschlagen zu geben. Dieses konnte nur von Hendrik Witbooi gegeben werden, besaß doch nur er die integrative Kraft, die einzelnen Namastämme zum gemeinsamen Kampf gegen die Deutschen aufzurufen.

Wird es der suggestiven Ausstrahlung Sheppart Stürmanns gelingen, die letzten Bedenken des bigotten und tief religiös-mystischen Hendrik Witbooi zu zerstreuen und ihn zu bewegen, die Fackel des Aufruhrs gegen die deutsche Kolonialherrschaft zu entzünden?

63 Siehe hierzu BAB, RKA Nr. 2135, Bl. 16: Schreiben Missionar Wandres an Kais. Gouvernement Windhuk, 31.12.1904.

64 Nach Karl Axenfeldt (Siehe Literaturverzeichnis) steht diese südafrikanische Bewegung in keinem Zusammenhang mit dem Lande Äthiopien. Sie habe ihre Namensgebung aus dem griechischen Urtext des Neuen Testamentes, Apostelgeschichte des Lukas 8, 27, in der ein Mann namens »Aethiops« (in der Lutherbibel als »Kämmerer aus dem Morgenlande« bezeichnet) als erster afrikanischer Christ in Erscheinung tritt. Dieser Aethiops werde von den Anhängern der »Aethiopischen Bewegung« als Apostelvertreter des afrikanischen Christentums angesehen. Der Aethiopismus – so Axenfeldt – sei »das Erwachen der schwarzen Rasse zu dem Anspruche, kulturell event. auch politisch der weißen Rasse nachzukommen, gleichzukommen und sie vielleicht aus dem Schwarzen Erdteile zu verdrängen.« Er habe seine Wurzeln in der Eingeborenenpolitik der Europäer in Südafrika, besonders der Engländer, im Einfluß der amerikanischen »Negerwelt« und in der von den christlichen Missionen betriebenen kulturellen Hebung der Eingeborenen. Unter der Führung schwarzer Missionare aus Amerika sei der Aethiopismus zunächst nur als Anspruch auf kirchliche Gleichberechtigung der Schwarzen mit den Weißen hervorgetreten. Dieser Anspruch griff, wie Axenfeldt weiter ausführt, bald jedoch als Folge des Krieges zwischen den Buren und den Engländern unter dem Kampfruf »Afrika den Afrikanern« in den politisch-sozialen Bereich in Südafrika über.

6. Der Abfall der Witboois

Hauptmann v. Burgsdorff erhält die Kriegserklärung Hendrik Witboois – Todesritt nach Marienthal – Die möglichen Ursachen für Hendrik Witboois Abfall

Man schrieb den 3. Oktober 1904.[65] Das Ehepaar v. Burgsdorff hatte sich gerade zum Nachmittagskaffee in seinem Haus unweit der Stationsfeste von Gibeon niedergelassen. Es war einer der wenigen Tage in der letzten Zeit, an denen der Bezirksamtmann schon am Nachmittag zu Hause weilte; häufig war er erst spät abends von der Arbeit auf der Feste zurückgekommen; manches Mal war er sogar tagelang ausgeblieben, dann war er unterwegs zu den einzelnen Werften in seinem Bezirk. Seine Gattin, Malta v. Burgsdorff, war daher froh, endlich einmal nicht den ganzen Tag allein im Hause verbringen zu müssen, und hatte die Kaffeetafel daher besonders liebevoll gedeckt.

Frau Burgsdorff wollte gerade ein Gespräch mit ihrem Mann beginnen, da klopfte es leise an die Tür. Ihr Mann erhob sich und öffnete sie: Draußen stand ein ihm wohlbekannter Nama, der Unterkapitän der Witboois Samuel Isaak, begleitet von dem Kirchenältesten der Witbooigemeinde, Petrus Jod.

Burgsdorff begrüßte beide freundlich und bat sie ins Zimmer. Die beiden Witboois traten zögernd ein. Ihre Mienen waren ernst. »Ungewöhnlich«, dachte der Bezirksamtmann und ahnte sogleich nichts Gutes. Steif blieb Isaak nahe der Tür stehen und sagte mit stockender Stimme: »Hauptmann, Kapitän Hendrik schickt mich zu Dir. Mein Herz ist schwer, daß ich Dir diesen Brief überreichen muß.« Hastig ergriff Burgsdorff Hendriks Brief und las, was dieser ihm geschrieben hatte: »Ich bin zehn Jahre in deinem Gesetz, hinter deinem Gesetz und unter deinem Gesetz gestanden. Die Rechenschaft, die ich vor Gott zu geben habe, ist sehr groß. Ich warte auf ihn und flehe zu ihm, daß er unsere Tränen trocknet und uns erlöst zu seiner Zeit. So hat jetzt Gott aus dem Himmel selber den Vertrag gebrochen, und darum will ich aufhören, der Deutschen Regierung zu folgen.«

Burgsdorff war wie vor den Kopf geschlagen, mit allem hatte er gerechnet, aber nicht mit einem Abfall Hendriks. Bleich und erregt wandte er sich an Samuel Isaak: »Bist Du Dir darüber im klaren, welch schreckliche Folgen das haben muß?« »Ja«, war die Antwort, »das bedeutet Krieg!«

Dann überreichte der Unterkapitän dem Hauptmann noch eine weitere in kapholländisch verfaßte Mitteilung Hendriks, die an ihn, Isaak, und Petrus Jod gerichtet war: »Wagt Ihr beide nicht hierherzukommen, Ihr werdet mich nicht umstimmen. Man hat den Oberbefehl vom Süden unserem Hauptmann genommen. Es kommt eine höhere, größere Gewalt ins Land. (Anm. Verf.: Mit »Hauptmann«

65 Die nachfolgende Schilderung der Ereignisse im Zusammenhang mit der »Kriegserklärung« Hendrik Witboois und der Ermordung des Bezirksamtmanns v. Burgsdorff stützt sich im wesentlichen auf Bernhard Voigts Buch »Der Farmer vom Seeis-Rivier«, S. 161ff, und Burgsdorff-Garaths Buch »Der Hauptmann«, S. 104ff, ab.

war Burgsdorff gemeint. Hendrik spielt hier offenbar auf eine Äußerung des Bezirksamtmanns ihm, Hendrik, gegenüber an, daß nach ihm, Burgsdorff, »eine stärkere Hand käme.« Zu dieser Äußerung hatte Burgsdorff sich offenbar wegen eines Herzleidens veranlaßt gesehen, das ihn in allernächster Zeit zu einem längeren Heimaturlaub zwinge.[66]) Der Herr hat mir gezeigt, daß es Zeit ist, mein Volk zu erlösen. Ich rufe daher sämtliche Kapitäne des Namalandes auf gegen die deutsche Regierung. Hendrik Witbooi, Kapitän.«

»Nur Du, Hauptmann«, sagten Samuel Isaak und Petrus Jod im beschwörenden Ton zu Burgsdorff, nachdem dieser die Mitteilung gelesen hatte, »bist imstande, unseren Kapitän noch auf andere Dinge zu bringen.« Der Hauptmann blickte zu Boden und überlegte, dann schaute er entschlossen zu Isaak auf: »Isaak, ich reite morgen früh zu Hendrik nach Rietmond, und Ihr beide kommt mit mir!« Der Nama schüttelte den Kopf: »Wir dürfen nicht, Hauptmann, denn wir fürchten, daß Hendrik uns erschießen läßt.« »Kommt mit, ich übernehme Eure Sicherheit«, war Burgsdorffs Antwort.

Anschließend begab sich Burgsdorff zur Feste zurück, um dort alle erforderlichen Angelegenheiten für die Dauer seiner Abwesenheit zu regeln. Er beauftragte den Stationsfeldwebel Beck mit seiner Vertretung und schärfte ihm ein, niemand etwas über Hendriks Schreiben mitzuteilen, damit keine Panik unter den Weißen in seinem Bezirk aufkomme.

Es war spät abends, als der Bezirksamtmann sich schließlich in den Sattel schwang und nach Rietmond zur Residenz Hendriks aufbrach. Er war unbewaffnet. In seiner Begleitung befanden sich Samuel Isaak, Petrus Jod sowie ein farbiger Polizist. Einige seiner letzten Worte an Feldwebel Beck waren: »Beck, ich halte die Sache für sehr ernst, denn der Brief läßt an der Gesinnung des alten Hendrik bald keinen Zweifel mehr übrig. Ich glaube jedoch, wenn ich es schaffe, bis morgen früh beim Kapitän zu sein, es noch nicht zu spät sein wird, um das Ernsteste zu verhüten ...«

Beck verließ dann die Feste, um sich zu seiner Wohnung zu begeben. Unterwegs – die Dunkelheit war bereits hereingebrochen – machte er noch einen Rundgang durch die Namawerft, und hier fiel ihm sogleich auf, daß die Werftbewohner am Packen ihrer Habseligkeiten waren.

Am nächsten Morgen teilte der Wachhabende in der Feste, Sanitätsunteroffizier Thiede, dem Feldwebel mit, daß die Werftbewohner ihre Behausungen verließen und nach Rietmond abzögen. Nur ein Teil der Männer sei noch zurückgeblieben. Auf daraufhin erfolgte Befragung habe man ihm, Thiede, ausweichende Antworten gegeben. Wegen dieser bedrohlichen Anzeichen gab Beck den Befehl, die Stationsfeste in Verteidigungszustand zu versetzen.

Währenddessen ritt Hauptmann v. Burgsdorff seinem Verhängnis entgegen. Er und seine Begleiter waren die ganze Nacht über mit einer einzigen kleinen Pause im Sattel. Erst gegen Mittag des folgenden Tages, des 4. Oktober, erreichte Burgsdorff Marienthal, das noch etwa 15 km von Rietmond entfernt lag. Hier stieß er auf einen Trupp Nama. Nicht ahnend, daß es sich hier um Leute handelte, die der mit stillschweigender Billigung Hendriks von Sheppart Stürmann gebildeten

66 Siehe hierzu BAB, RKA Nr. 2134, Bl. 29: Leutwein an KA, 11.11.1904.

»Heiligen Schar gesalbter Gottesstreiter«, »zum gnadenlosen Kampf« gegen die Deutschen entschlossener Fanatiker, angehörten, zügelte der Hauptmann sein Pferd und fragte einen von diesen, wo er Hendrik Witbooi sprechen könnte. Statt einer Antwort kam die Gegenfrage, ob er den Brief Hendriks gelesen habe. Der Hauptmann bejahte. Im gleichen Augenblick fiel ein Schuß. Tödlich durch die Brust geschossen, sank Burgsdorff zu Boden. Hinter ihm stehend, hatte der Witbooibastard Salomon Sahl den tödlichen Schuß abgegeben. Dieser Schuß war das Signal zur allgemeinen Erhebung der Namastämme im Süden!

Der Widerhall dieses Schusses war weit über die Grenzen des Schutzgebietes zu hören, er schreckte nicht nur die Deutschen in Südwest auf, sondern auch in der Heimat. Noch glaubte man die Herero nicht völlig besiegt, noch befürchtete man, sie könnten sich nach ihrer Niederlage am Waterberg und ihrer Flucht nach Osten Richtung Betschuanaland wieder sammeln und wieder in das Schutzgebiet eindringen und damit die Gefahr eines erneuten Aufflammens der Kämpfe heraufbeschwören, noch war man in Sorge, daß die unlängst erst niedergeworfenen Bondelzwart sich angesichts der mehr als milden Friedensbedingungen erneut erheben könnten, da platzte die Schreckensmeldung von der Ermordung Burgsdorffs und dem Abfall Hendrik Witboois von der deutschen Schutzherrschaft herein!

Nun war praktisch die gesamte Kolonie von der Aufstandsfackel erfaßt! Entsetzen packte breite Schichten des deutschen Volkes, insbesondere die kolonialfreundlichen, war doch das Ansehen der Südwester Schutztruppe wegen der immer länger werdenden Verlustlisten, der sich dahinschleppenden Kämpfe auf dem Herero-Kriegsschauplatz und des Ausbleibens eines entscheidenden Erfolges – auch das Gefecht am Waterberg hatte ja eigentlich nur einen Pyrrhus-Sieg gebracht – fast auf dem Nullpunkt angelangt.

Schon seit Monaten konstatierten die kolonialfreundlichen Kreise mit wachsender Sorge ein immer stärkeres Nachlassen des allgemeinen Interesses in der Heimat an den Kämpfen in Südwest, während außerdeutsche Vorgänge, so der russisch-japanische Krieg, die Gemüter in Deutschland lebhaft beschäftigten. Die Ursachen hierfür glaubte man darin zu sehen, daß sich im Volke immer mehr der Gedanke ausbreitete, die Schutztruppe in Südwest verstünde nicht zu siegen. Und nun zu allem Ungemach auch noch die Hiobsbotschaft von der Erhebung der Hottentotten! Wer könne denn nun noch den großspurigen offiziellen Siegesmeldungen vom Waterberg Glauben schenken? Hätte die Schutztruppe dort tatsächlich einen entscheidenden Sieg über die Herero errungen, so hätten die Hottentotten es wohl schwerlich gewagt, ausgerechnet zu diesem Zeitpunkt zu den Waffen zu greifen!

Selbst im Ausland war das Echo des Schusses von Marienthal vernommen worden. So heißt es in dem englischen Tageblatt »The Times«[67], daß die Nachrichten von der Erhebung der Hottentotten »eine tiefe Niedergeschlagenheit« in deutschen Regierungskreisen hervorgerufen habe und daß die deutschen Sozialdemokraten diese Nachricht »mit kaum verhohlener freudiger Erregung« aufgenommen hätten.

67 »The Times«, 20.10.1904, entnommen: Bridgmann, S. 152

Vom südwestafrikanischen Kriegsschauplatz in die Heimat zurückgekehrte Soldaten hätten in deutschen Zeitungen geäußert, die Pazifizierung Südwests würde nun wohl noch mindestens zwei Jahre dauern.

Es ist viel darüber gerätselt worden, ob Salomon Sahl auf Befehl Hendrik Witboois Burgsdorff ermordet hatte. Leutwein bezweifelt dies. Wie er in seinen Erinnerungen schreibt[68], glaubte er, daß dieser Mord gegen Hendriks Willen von Leuten der Witbooi-Kriegspartei (Anm. Verf.: Damit meinte der Gouverneur offenbar die schon erwähnte »Heilige Schar« des »Propheten« Stürmann Skipper) gewollt war, um – aus naheliegenden Gründen – eine Aussprache zwischen Hendrik und Burgsdorff zu verhindern. Gegen die Annahme, daß Hendrik die Ermordung Burgsdorffs befohlen habe, spricht auch die Aussage des Unterkapitäns Samuel Isaak, die dieser später nach seiner Gefangennahme durch die Deutschen gemacht hatte. Er berichtete: »Als ich nach Rietmond zu Hendrik kam, saß Salomon Sahl bei ihm. Zu ihm sagte Hendrik: ›Ich danke dir, daß du den Hauptmann erschossen hast. Ich hätte es nicht tun können und hätte auch nicht den Befehl dazu geben können. Und was hätte ich sagen sollen, wenn der Hauptmann hierher gekommen wäre und mich gefragt hätte, weshalb ich den Orlog wolle?‹«[69] – Somit war Hendrik Witbooi durch die Mordtat der Notwendigkeit enthoben worden, seinem langjährigen Freund und Berater persönlich Rede und Antwort zu stehen. Nun hatte er Handlungsfreiheit und konnte den Befehl zum Losschlagen geben!

War der Aufstand der Nama – so wie der der Herero – von langer Hand vorbereitet worden? Leutwein verneint diese Frage und begründet dies unter anderem damit, daß die Nama erst nach der Niederlage der Herero am Waterberg, also zu einem für sie ganz ungünstigen Zeitpunkt, losgeschlagen und den Deutschen sogar noch eine Hilfstruppe zum Kampf gegen die Herero zur Verfügung gestellt hatten.[70] Gegen diese Frage spricht auch, daß Hendrik es versäumt hatte, seine Hilfstruppe – es waren immerhin noch über achtzig Orlogleute – rechtzeitig zurückzuberufen, was ihm durch einen Geheimbefehl ohne weiteres möglich gewesen wäre.

»Es müssen daher«, so folgerte der Gouverneur, »spontane Eindrücke überwältigender Art gewesen sein, welche den Kapitän zu einem raschen Entschluß getrieben haben.«[71] Welches aber waren nun diese »spontanen Eindrücke« und Beweggründe, die den Namakapitän veranlaßt haben können, den Befehl zum Losschlagen gegen die Kolonialmacht zu geben, und das fast zwei Monate nach der Schlacht am Waterberg, als deutsche Truppen schon in großer Zahl freigeworden waren?

Major Maercker, den wir in den folgenden Kapiteln noch als Truppenführer kennenlernen werden, war dieser Frage in Verhören von gefangenen Namagroßleuten auf den Grund gegangen. Deren stereotype Antwort habe gelautet: »Der Kapitän

68 Th. Leutwein, S. 460
69 Generalstabswerk, Bd. 2, S. 13.
70 Siehe hierzu Th. Leutwein, S. 454.
71 BAB, RKA Nr. 2089, Bl. 27: Trotha an Leutwein, 27.10.1904, und dessen Antwort hierauf, 30.10.1904.

hat den Orlog befohlen, also wurde er gemacht. Seine Gründe hat er uns nicht gesagt.«[72] »Aber«, so fährt Maercker an gleicher Stelle fort, »aus vielen Andeutungen und Redewendungen habe ich doch die Überzeugung gewonnen, daß es letzten Endes religiöse Gründe waren, die den alten Fuchs (gemeint ist Hendrik – Anm. Verf.) dazu brachten, gegen uns aufzustehen.« Diesen Standpunkt, den auch andere gewichtige Augenzeugen der damaligen Geschehnisse, darunter Gouverneur Leutwein, Oberst Deimling, der spätere Kommandeur der Schutztruppe, Karl Schmidt, der Bezirksamtmann von Keetmannshoop, und Hauptmann i.G. Bayer, vertraten, wollen wir hier näher betrachten.

Zweifellos war Hendrik Witbooi ein tief religiöser, zum Mystischen neigender Mensch, der sich von Gott inspiriert und geleitet fühlte, seine weltliche Macht als Herrscher über seinen Stamm mit geistlicher Macht zu verquicken, um sich damit eine größere Autorität über seine Untertanen zu sichern.[73] Er war von einem göttlichen Sendungsbewußtsein durchdrungen und überzeugt davon, daß er von Gott berufen sei, sein Volk vom Joch der Fremden zu erlösen.[74]

Hendriks auf Gottesgnadentum beruhende Herrschaftsauffassung kommt in seinem bereits in Kapitel 3 erwähnten Brief an Maharero Katjamuaha (Kamaherero) zum Ausdruck, in dem er schreibt: »... Jedes Oberhaupt auf dieser Welt ist nur ein Statthalter unseres allergrößten Gottes und ist dem großen Gott allein Verantwortung schuldig, ihm dem König aller Könige, dem Herrn aller Herren, vor dem wir alle, die wir unter dem Himmel leben, unsere Knie beugen sollen und den wir allein um Hilfe, Kraft und Schutz in allen schweren Lagen des Lebens und um Trost und Rat bitten sollen, denn er gibt allen gern, die ihn darum bitten ...«[75]

Daß die Botschaft des »Propheten« Sheppart Stürmann (Skipper), »auch für die Nama sei nun die Zeit erfüllet, die Herrschaft der Deutschen abzuschütteln«, bei dem alten Hendrik auf fruchtbaren Boden fallen würde, lag bei dessen religiösem Sendungsbewußtsein und seiner tiefen mystischen Veranlagung auf der Hand.[76] Diese Annahme wird noch dadurch erhärtet, daß Hendrik Witbooi Stürmann erlaubte, aus den Witbooikriegern die besten als sogenannte »gesalbte Gottesstreiter« auszuwählen und aus ihnen die schon genannte »Heilige Schar« quasi als Elitetruppe im Kampf gegen die Deutschen zu bilden. Auch in seinen Anfang Oktober 1904 an die Kapitäne der anderen Namastämme und an Gouverneur Leutwein gerichteten Schreiben wird der Einfluß Stürmanns auf den Namakapitän deutlich. (Siehe hierzu Kapitel 7.)

Es mag auch sein, daß Hendrik Witbooi den Ausgang der Schlacht am Waterberg ganz anders gedeutet hat und gerade jetzt den Zeitpunkt zum Losschlagen als gekommen sah. So schreibt der Stellvertretende Gouverneur Tecklenburg in diesem Zusammenhang:

»Ich bin der Überzeugung, daß Hendrik Witbooi das Gefecht am Waterberg, wo die Herero durchbrachen, als Sieg der Herero und die Unmöglichkeit ihrer Gefangennahme im Sandfelde als Schwäche der Deutschen angesehen hat und in

72 Maercker, S. 54.
73 Siehe hierzu Leutwein, S. 301.
74 Siehe hierzu Bayer: »Der Krieg in Südwestafrika ...«, S. 28.
75 Hendrik Witbooi: »Afrika den Afrikanern«, S. 90
76 Siehe auch BAB, RKA Nr. 2135, B. 16–18: Wandres an Kais. Gouvernement, 31.12.1904.

der Meinung, daß nach Entsendung eines Generals und der vielen Tausend Soldaten weitere Nachschübe nicht zu erwarten wären – denn über die Größe der deutschen Armee kann sich auch der gebildetste Hottentott nicht entfernt eine Vorstellung machen – den Augenblick zum Losschlagen für günstig hielt ...«[77]

Es gab wahrscheinlich noch einen weiteren wichtigen Beweggrund für Hendrik Witbooi, sich gegen die deutsche Herrschaft zu empören: Als Gouverneur Leutwein im Juni 1904 das Feldlager bei Owikokorero in Richtung Windhuk verlassen wollte, um seinen Posten als Kommandeur der Schutztruppe an General v. Trotha abzutreten, wurde er von einer Abordnung der Witbooiabteilung gefragt, ob die Witbooikrieger nun auch in ihre Heimat zurückkehren könnten, da Hendrik Witbooi den Heeresfolgevertrag doch nur mit ihm, Leutwein, und keinem anderen abgeschlossen habe. Nur Leutweins Versprechen, wieder zurückzukommen, konnte die Witbooikrieger – vorerst – beruhigen.[78]

Diese für die Farbigen Südwestafrikas typische Auffassung eines ausschließlich auf eine ganz bestimmte Person und auf niemand anderen und schon gar nicht auf eine abstrakte Sache, sprich: einen Staat, bezogenen Treueverhältnisses muß auch Hendrik Witbooi selbst damals bewegt haben: Er wußte, daß Gouverneur Leutwein, dem er sein ganzes Vertrauen geschenkt hatte, durch eine andere Persönlichkeit abgelöst würde, nämlich General v. Trotha, der kein Hehl aus seiner Absicht machte, zum Wohle der Sicherheit der Kolonie alle Eingeborenenstämme zu entwaffnen. Und mit welcher Härte dies geschehen würde, das hatte v. Trotha bereits mit seiner erbarmungslosen Kriegführung gegen die Herero unter Beweis gestellt! Nach dem vollzogenen Personalwechsel in der militärischen Führungsspitze der Kolonie von einem tiefen Argwohn gegen die deutsche Kolonialregierung erfaßt, fühlte der Namakapitän sich jetzt nicht mehr an den 1894 geschlossenen Schutzvertrag gebunden.

Den letztendlichen Anstoß, sich endgültig vom Deutschen Reich loszusagen, – und hier haben wir vielleicht den wichtigsten der von Leutwein vermuteten »spontanen Eindrücke« – gab dem Namakapitän fraglos die Schreckensmeldung über die erbarmungslose Kriegführung der Deutschen gegen die Herero, die die Witbooi-Deserteure Mitte September 1904 in Gibeon verbreitet hatten. Hendrik Witbooi war jetzt überzeugt davon, daß alle bisher von unberufener Seite geäußerten Drohungen, man werde auch die Hottentotten entrechten, sie entwaffnen, ihre Kapitäne absetzen, ihren realen Hintergrund hatten und daß der nunmehrige deutsche Machthaber in Südwest, General v. Trotha, durchaus der Mann war, diesen Drohungen Taten folgen zu lassen!

77 BAB, RKA Nr. 2139: Tecklenburg an KA, Bl. 32f, 23.10.1906
78 Siehe hierzu Th. Leutwein, S. 455.

7. Die Kriegsfurien greifen auf das Namaland über

Hendrik Witbooi fordert die anderen Namakapitäne zur Teilnahme an der Aufstandsbewegung auf – Bezirksamtmann Schmidt, Keetmannshoop, ergreift Maßnahmen zur Begrenzung des Aufstands – Die Witboois schlagen zu: Ermordung zahlreicher Ansiedler, Tod des Missionsbautechnikers Holzapfel – Missionsfrau Berger berichtet über ihre Schreckenserlebnisse im Witbooiland – Feste Gibeon wird verteidigungsbereit gemacht – Belagerung der Heliographenstation Falkenhorst

(Siehe hierzu Karte 2)

Bereits vier Tage vor der Ermordung Burgsdorffs wandte sich Hendrik Witbooi schriftlich an die verschiedenen Kapitäne der Namastämme und forderte sie auf, sich der Erhebung anzuschließen. Ein entsprechendes »Schreiben war auch an den Kapitän der Rehobother Baster, Hermanus van Wyk, gerichtet. Da die Briefe sich im Inhalt ähneln, sei hier nur der an Christian Goliath von Berseba und Paul Frederiks von Bethanien gerichtete zitiert, in dem besonders deutlich wird, daß hier Sheppart Stürmann Skipper mit seiner messianischen Verheißung von der Erlösung der Welt der Afrikaner mit die Feder geführt hat:

»Rietmond, 1.10.04

An meine lieben Söhne und Mitbrüder und Kapitäne Christian Goliath in Berseba und Paul Frederiks in Bethanien.

Weil ich kein Papier habe, so schreibe ich Euer Liebden auf einem Papier, so müssen Euer Edlen Christian lesen und an Paul schnell weiterschicken. Meine Söhne, so wie wir alle wissen, habe ich seit langer Zeit unter dem Gesetz und in dem Gesetz und hinter dem Gesetz gestanden und wir alle mit aller Gehorsamkeit, aber mit der Hoffnung und Erwartung, daß Gott der Vater soll seine Zeit bestimmen, um uns zu erlösen, von den Schwierigkeiten dieser Welt. Denn soweit habe ich mit Frieden und in Geduld ertragen, und alles, was auf mein Herz drückt, vorbeigehen lassen, weil ich auf den Herrn gewartet habe. Aber ich will nicht viele Worte machen für das Schreiben an Euer Liebden, so werde ich nur von zwei Punkten reden, aber ich hoffe, daß Euer Liebden mich verstehen wird. Erstens meine Arme und meine Schultern sind lahm geworden und ich habe gesehen und erkannt, daß die Zeit nun voll geworden ist, daß Gott der Vater die Welt erlösen wird. So gebe ich Euer Liebden diesen Brief zu lesen und dann so schnell, wie es Euer Liebden möglich ist, verlange ich, daß Euer Edlen den Brief auch schnell an Paul weitersenden. Der zweite Punkt ist: Ich habe nun aufgehört, um noch hinterher zu gehen, und ich werde auch an Hauptmann (Anm. Verf.: Gemeint ist v. Burgsdorff) einen Brief geben und sagen, daß ich nun weiße Feder (Anm. Verf.: Gemeint ist Kriegsmann) geworden bin und daß die Zeit nun vorüber ist, da ich hinter Ihm gehen soll. Die Zeit ist abgelaufen und der Heiland will nun selbst handeln und er will uns erlösen durch seine große Gnade und Barmherzigkeit. Ich wünsche, daß

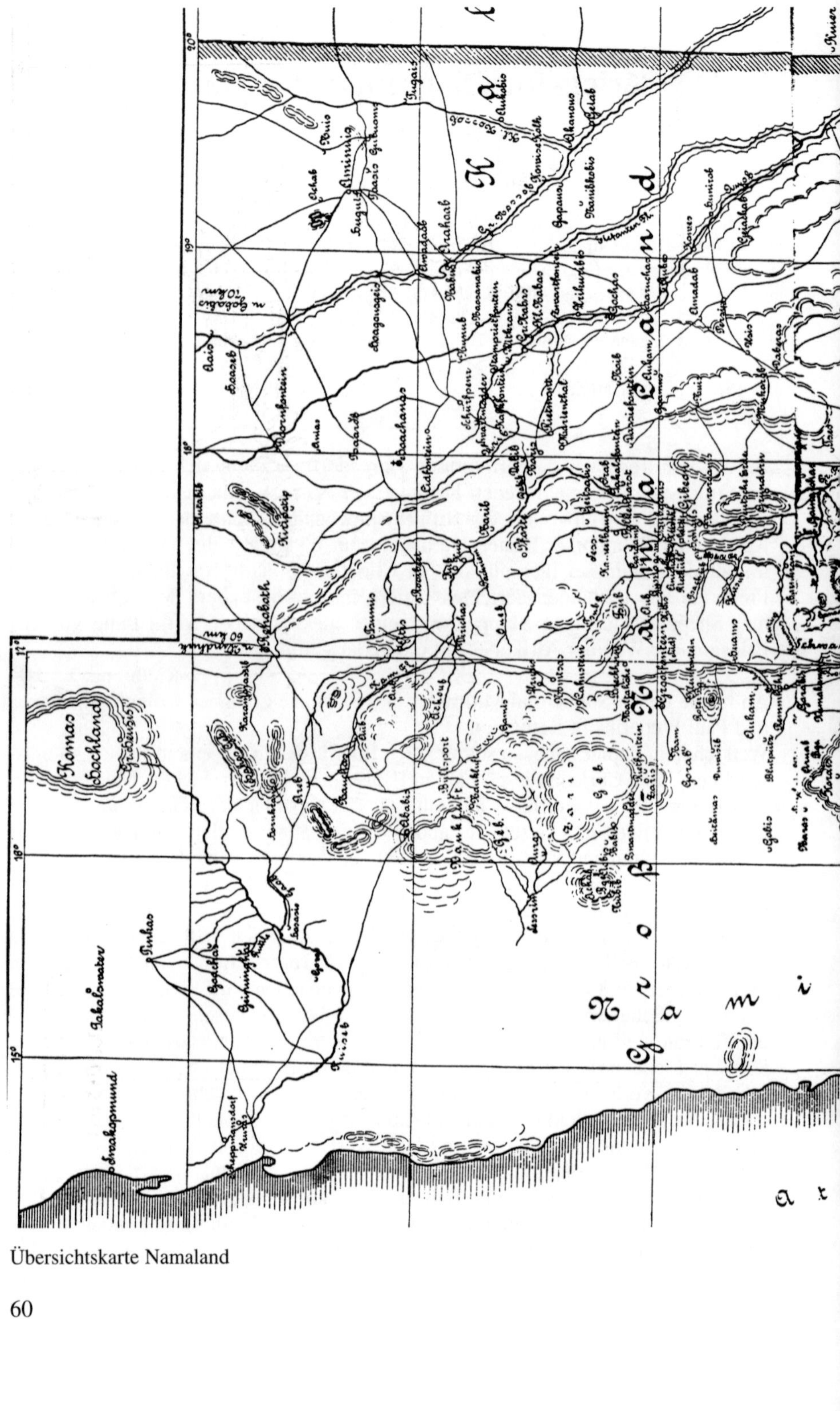

Übersichtskarte Namaland

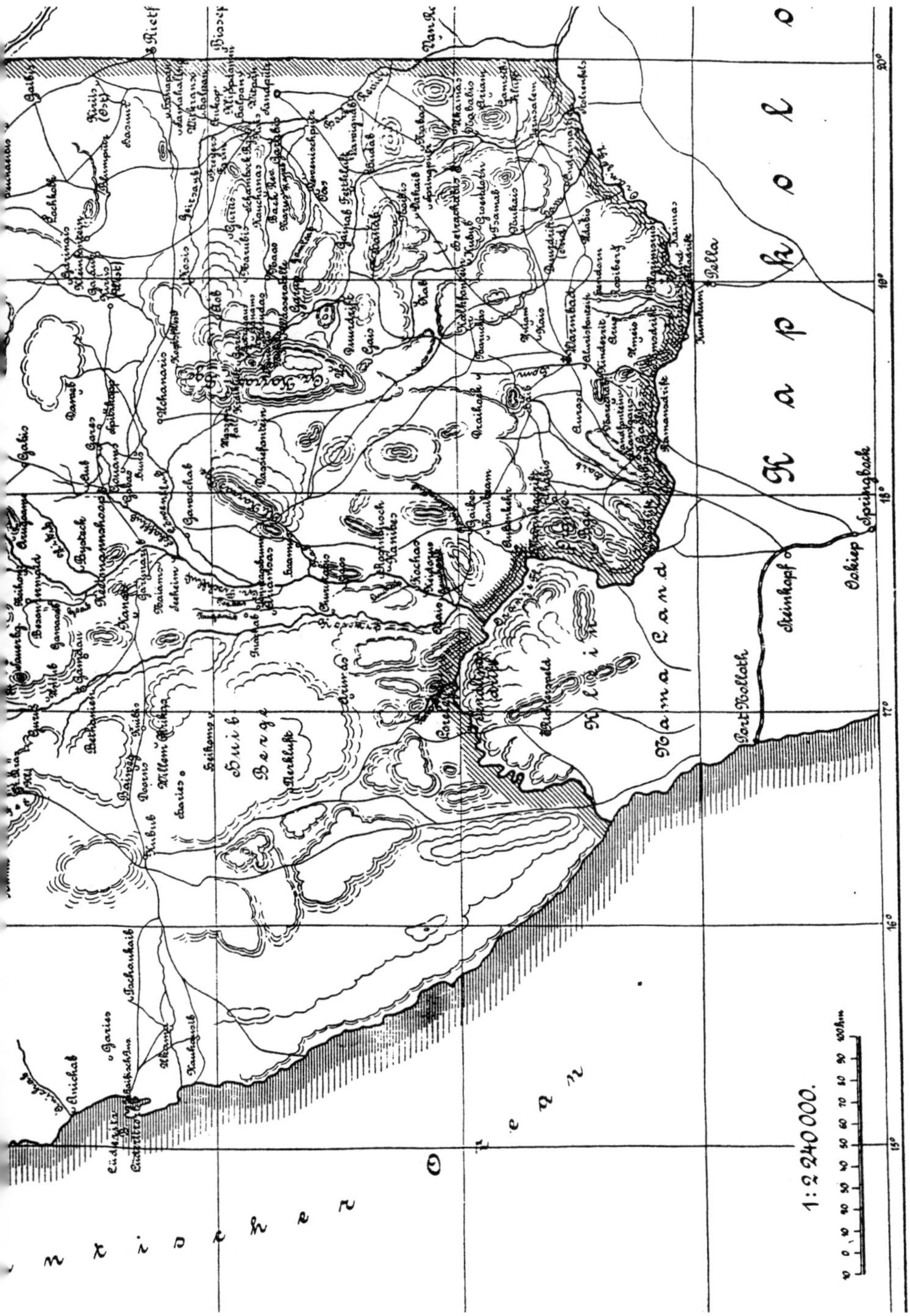
1: 2 240 000.
Port Nolloth
Steinkopf
Ookiep
Springbok
Pella

Ihr an Kapt. Paul auch den Brief schnellstens sendet, denn sobald ich an den Hauptmann den Brief gegeben habe, dann wissen Euer Liebden, was er dann tun wird, dies alles habe ich auch an alle anderen Höfe geschrieben.
Ich schließe mit herzlichen Grüßen und bin Euer Liebden Vater
Kapitein
Hendrik Witbooi«[79]

Dieser seltsam verklausulierten Aufforderung war nur ein teilweiser Erfolg beschieden, der in keinem Verhältnis zu dem Einfluß stand, den man dem Witbooikapitän unter den Namavölkerschaften im allgemeinen zuschrieb: Sofort schlossen sich den Witboois nur die Franzmann-Nama von Gochas unter ihrem Kapitän Simon Kopper mit etwa 120 Orlogleuten an. Erst mit einer gewissen Verzögerung folgten auch die im Bereich Hoachanas lebende Rote Nation unter ihrem Kapitän Manasse Noreseb und die im Bereich von Koës ansässigen Feldschuhträger unter ihrem Kapitän Hans Hendrik. Auch die in den Großen Karrasbergen sitzenden Bondelzwart unter ihren Kapitänen Cornelius Stürmann (Anm. Verf.: Nicht zu verwechseln mit dem »Propheten« Stürmann!) und Claas Matros traten der Aufstandsbewegung bei, indem sie zu Morengas Rebellen überwechselten.

Der Versuch Hendrik Witboois, auch die Namastämme hoch oben im Norden, tief im Süden und im Südwesten auf die gleiche Weise auf seine Seite zu ziehen, mißlang: Die im Bezirk Outjo lebenden Stämme, die Topnaar und die Zwartboois, konnten durch handstreichartiges Eingreifen der dort stationierten Truppen rechtzeitig entwaffnet werden. Die im Distrikt Warmbad ansässigen Bondelzwart konnten sich ebenfalls Hendriks Erhebung nicht anschließen: Als Major v. Lengerke bald nach dem Abfall Hendriks erfahren hatte, daß die Bondels in Warmbad eifrig am Beschlagen ihrer Pferde waren, was er als Indiz für Kriegsvorbereitungen deutete, entsandte er die Kompanie Koppy nach Warmbad und ließ in einer Blitzaktion ihren Kapitän Johannes Christian und siebzig weitere Bondels in Sicherungsverwahrung nehmen und den gesamten Stamm entwaffnen. Allerdings konnte nicht verhindert werden, daß zahlreiche Bondelzwart schon bald danach zu Morengas Rebellen stießen.

Die Bersebaer und der kleinere Teil der Bethanier, nämlich die im südlichen Bereich des Bethanierlandes wohnenden, schlossen sich der Erhebung von vornherein nicht an, da ihre Kapitäne, Christian Goliath beziehungsweise Paul Frederiks, nicht zuletzt unter dem Einfluß der Mission – beide galten als besonders fromm –, dies strikt ablehnten. Allerdings folgte – wenn auch etwas später – der größere Teil der Bethanier, nämlich die am Großen Fischfluß ansässigen Nordbethanier unter ihrem Unterkapitän Cornelius Frederick, dem Schwiegersohn Hendrik Witboois, trotz Widerspruchs ihres Kapitäns Paul Frederiks doch der Aufstandsaufforderung und schloß sich den im Lande herumschweifenden Witbooikriegern an. Auch die Nama in Keetmannshoop nahmen nicht an der Aufstandsbewegung teil, da ihre Werften dauernd unter der polizeilichen Aufsicht des dortigen Bezirksamtes standen.

79 Zitiert aus: K. Schmidt, S. 161f; das Original ist in kapholländisch verfaßt.

Seine Teilnahme am Aufstand verweigerte auch rundweg Hermanus van Wyk. Er überreichte Hendrik Witboois Schreiben sofort dem Distriktchef von Rehoboth, Oberleutnant d. R. v. Brandt, und bekundete diesem seine Treue zum Reich.

Daß die Feldschuhträger und die Nordbethanier erst mit einer gewissen Verzögerung Hendriks Aufforderung Folge leisteten und die Südbethanier und die Bersebaer dieser überhaupt nicht nachkamen, ist neben dem Einfluß der Mission auch zu einem nicht unerheblichem Maße der raschen Reaktion des Bezirksamtmanns von Keetmannshoop, Karl Schmidt, zuzuschreiben.

Schmidt erhielt am 5. Oktober, also bereits einen Tag nach der Ermordung Burgsdorffs, ein Heliogramm von Feldwebel Beck aus Gibeon: »Wittboois aufständig, Bezirksamtmann v. Burgsdorff und viele Farmer ermordet.« Schmidts erster Gedanke war: Die weißen Farmer im Bezirk Keetmannshoop retten! Diese mußten so rasch wie möglich gewarnt und aufgefordert werden, sich in den Schutz der festen Plätze zu begeben. Gleichzeitig mußte unbedingt versucht werden, die Namakapitäne davon abzuhalten, dem Aufruf Hendriks zu folgen, und sie an ihre Bündnistreue zum Reich zu ermahnen. Auf diese Weise könnte der Anschluß der Namastämme im Bezirk an die Aufstandsbewegung, wenn auch vielleicht nicht verhindert, so doch zumindest hinausgezögert und damit kostbare Zeit gewonnen werden!

Zu diesem Zweck entsandte der Bezirksamtmann sogleich zuverlässige einheimische Eilboten zu den verstreut im Lande sitzenden Weißen und den Namakapitänen seines Bezirks, dem Feldschuhträgerkapitän Hans Hendrik, dem Bethanierkapitän Paul Frederiks und dem Bersebaerkapitän Christian Goliath. (Letzteren suchte Schmidt sogar zweimal persönlich auf, da dieser die größten Schwierigkeiten hatte, die »jungen Hitzköpfe« in seinem Stamm von der Teilnahme am Orlog abzuhalten.)

Zu Schmidts großer Erleichterung traf bereits am 6. Oktober ein in kapholländisch geschriebener Brief von Christian Goliath ein, in dem dieser unter anderem mitteilte: »Es wird hierdurch ehrerbietig zur Kenntnis gebracht, daß ich zu meiner größten Betrübnis heute von Witboois Aufstand gehört habe. Auch von Witbooi selbst kriegte ich heute abend einen Brief, den ich Euer Edlen einliegend zusende. – Was mich und meine Bersebaer anbetrifft, so nehme ich und meine Stammesuntertanen Eure Vermahnung an und erkläre: »Wir haben uns seiner Majestät unterstellt und wir bleiben deutsche Regierungsuntertanen.«[80]

Dem Brief beigefügt war das bereits zitierte Originalschreiben Hendrik Witboois an ihn, Christian Goliath, mit der Aufforderung zur Teilnahme an der Erhebung und eine Kopie des Antwortschreibens Christians an Hendrik, in dem er den Witbooikapitän dringend davor warnte, mit dem Reich Krieg zu beginnen, und betonte: »Ich will keinen Krieg zwischen Euer Edlen und der Regierung sehen und ich halte an unserm Bündnis mit der Regierung fest.«[81]

Auch die Warnschreiben Schmidts an Paul Frederiks und Hans Hendrik hatten den erwarteten Erfolg: Beide versicherten, sie würden schutzvertragsgemäß der

80 Ebenda, S. 160
81 Ebenda, S. 163

deutschen Regierung weiterhin die Treue halten. »Zwar«, so hob Schmidt hervor, »konnte man diesen Versicherungen nur eine temporäre Bedeutung beimessen«[82], doch konnte der beabsichtigte Zweck erreicht werden!

Die Feldschuhträger blieben vorerst (bis Ende November 1904) in Koës sitzen, und auch die Nordbethanier unter Cornelius verhielten sich noch abwartend. Somit blieb den Ansiedlern im Bezirk Keetmannshoop ausreichend Zeit, sich auf die befestigten Stationen zu retten – mit dem Erfolg, daß in diesem Bezirk nicht ein einziger Weißer durch Aufständische umgebracht wurde.

Inzwischen nahm mit der Ermordung v. Burgsdorffs das Verhängnis in Schmidts Nachbarbezirk Gibeon, dem Witbooiland, seinen blutigen Verlauf. Da von Seiten der Bezirksverwaltung auf Veranlassung Burgsdorffs die Ansiedler nicht vorgewarnt worden waren, wurden viele von ihnen von den Witboois umgebracht. Auch kleine Patrouillen und Polizeisoldaten auf Einzelposten fielen dem Blutrausch der Witboois zum Opfer.

Das zweite Mordopfer nach v. Burgsdorff war der Missionsbautechniker Holzapfel in Rietmond[83], der sich, wie wir bereits wissen, durch seine aufreizenden Predigten von der Kanzel herab bei den Witboois verhaßt gemacht hatte. Ihm hatte Hendrik am 3. Oktober folgende Aufforderung geschrieben: »Ihr wißt selbst, welche Zeit wir jetzt haben. Ich habe abgebrochen mit der deutschen Regierung, denn die Zeit ist voll. Gott der Vater will die Hottentotten erlösen. So gebt mir alle Patronen und alles Pulver, das Ihr habt!«[84]

Holzapfel kam dieser Aufforderung nicht nach, sondern verbrannte stattdessen das Pulver und vergrub die Patronen. Daraufhin wurde er von Hendrik angewiesen, sofort mit seiner Familie Rietmond zu verlassen und nach Gibeon zu ziehen, wofür ihm ein Ochsenwagen zur Verfügung gestellt wurde. Unterwegs wurde Holzapfel dann von der Witbooi-Begleitmannschaft – angeblich auf Veranlassung des »Propheten« Stürmann – am 4. Oktober nahe Marienthal vor den Augen seiner Frau und seiner Kinder erschossen.[85] Noch am gleichen Tage wurde auch die nur von zwei Soldaten besetzte Station Marienthal von den Witboois erobert und die Besatzung niedergemacht.

In den folgenden Tagen fielen weitere Deutsche, zumeist Farmer, und auch Buren dem Wüten der Witbooikrieger zum Opfer, insgesamt etwa vierzig. Dem größeren Teil der Farmer, da rechtzeitig gewarnt, gelang es allerdings, sich in den Schutz der befestigten Plätze zu retten. Diese konnten sich alle dem bald darauf einsetzenden Ansturm der Witboois und der Franzmann-Nama erwehren. Nur das auf halbem Wege zwischen Maltahöhe und Büllsport gelegene Nomtsas erlag später dem Ansturm der Nordbethanier, die sich unterdes der Aufstandsbewegung angeschlossen hatten. Fünf deutsche Bewohner des Platzes wurden hierbei umgebracht. Einige Ansiedler, die nahe der englischen Grenze wohnten, flüchteten in das benachbarte Betschuanaland.

82 Ebenda, S. 164

83 Holzapfel hatte die Missionskirche in Rietmond gebaut und von seiner Mission die Erlaubnis erhalten, Gottesdienste abzuhalten. Siehe hierzu BAB, RKA Nr. 2139, Bl. 33.

84 Alverdes, S. 258

85 Siehe hierzu DKZ, Jg. 23 (1906), S. 155.

Was die Frauen und Kinder der Ansiedler anbetrifft, so verhielten sich die aufständischen Nama ihnen gegenüber genau so menschlich wie die Herero: Diese wurden durchweg geschont und unter Geleit von Orlogleuten in Ochsenwagen aus dem Aufstandsgebiet in die Nähe der festen deutschen Plätze gebracht. Lesen wir im folgenden, was die Missionsfrau Berger aus Gochas über ihre Erlebnisse an diesen unheilvollen Tagen im Witbooiland zu erzählen wußte:

»Es war am Dienstag, den 4. Oktober 1904, als mein Mann mich und die Meinigen verließ, um nach Gibeon zu reiten. Ich sah ihm wehmütig nach und doch wußte ich damals noch nicht, was uns bevorstand. Am Sonnabend, den 8. Oktober, als ich aus dem Garten ins Haus zurückkehrte, um meine Kinder zu baden, fand ich zu meinem Schrecken Frau Hittcher, die Frau des benachbarten Polizei-Unteroffiziers der Polizei-Station Gochas, im Eßzimmer weinend sitzen. Als sie mich erblickte, schluchzte sie auf: ›Frau Missionar, mein Mann ist tot!‹ Ich sagte: ›Wie ist das möglich?‹, worauf sie erwiderte: ›Die ganze Welt ist aufständisch, Hendrik Witbooi hat die Waffen erhoben, Herr von Burgsdorff ist auch schon tot.‹ Ich war tödlich erschrocken …

Später erfuhr ich dann folgendes: Herr Hittcher hatte am Fuße des Hügels, auf dem die Polizei-Station stand, einen Brunnen graben wollen. Er hatte mit seiner Frau noch gefrühstückt und war eben wieder an seine Arbeit gegangen, als 8–10 Großleute zu Frau Hittcher auf die Veranda traten und sagten: ›Missis, es ist ein großes Unglück geschehen, Mr. Fritz (Herr Hittcher) ist tot, da unten liegt er.‹ Die arme Frau stürzte hinaus und fand ihren Mann auf halber Höhe des Berges mit ganz zerschossenem Gesicht auf der Erde liegen. Sie holte Männer herbei, die ihren Mann ins Haus trugen. Erst hier wurde ihr klar, daß ihr Mann nicht durch einen Dynamitschuß, den er in den Brunnen hatte setzen wollen, verunglückt sei, wie sie erst geglaubt hatte, sondern daß er erschossen war. Sie sah nämlich, wie mehrere Männer die Waffen ihres Mannes hatten und andere die Kisten voll Patronen aus dem Hause schleppten …«[86]

Auf Anraten eines der Franzmanngroßleute suchte Frau Hittcher dann Zuflucht im Missionshaus bei Frau Berger. Während letztere an den folgenden Tagen voll Ungeduld die Rückkehr ihres Mannes aus Gibeon erwartete, mußten die beiden Frauen vom Missionshaus aus ohnmächtig mit ansehen, wie die Nama, unter ihnen Frauen und Kinder und auch viele Kirri-bewaffnete Herero (Anm. Verf.: Ein Indiz dafür, daß es nach dem Kampf am Waterberg offenbar vielen Hererokriegern, insbesondere solchen, die sich der südlichen Fluchtgruppe angeschlossen hatten, auf ihrer Flucht in Richtung Betschuanaland trotz Verfolgung durch die deutschen Truppen gelungen war, sich nach Süden zu den Nama durchzuschlagen[87]), scharenweise die aus den Häusern der Weißen geraubten Gegenstände zu ihren Werften oder zum Hause des Händlers Kohn schleppten, der ebenfalls ermordet worden war.

Am 10. Oktober gesellte sich den beiden Frauen eine weitere Deutsche zu: die Schwester eines ebenfalls getöteten Deutschen, des Farmers Wieprecht. Aus dem

86 Alverdes, S. 232f

87 Siehe hierzu Nuhn: »Sturm über Südwest«, Kapitel 17 und 18.

Munde des Fräuleins Wieprecht erfuhr Frau Berger folgendes über die Ermordung des Farmers Wieprecht:
»Am Sonnabend mittag waren Hottentotten gekommen und hatten Herrn Wieprecht zu sprechen verlangt. Fräulein Wieprecht waren die Leute verdächtig vorgekommen, da sie alle Gewehre trugen und zudem betrunken zu sein schienen. Herr Wieprecht war aber trotz der Mahnung seiner Schwester hinausgegangen, hatte aber kaum zwei Schritte vor die Tür gemacht, als ihn zwei der Eingeborenen ergriffen. Ein Hottentot, den Herr Wieprecht drei Jahre lang als Diener im Hause gehabt hatte, legte auf ihn an. Fräulein Wieprecht, die sich auf ihren Bruder hatte stürzen wollen, wurde mit Riemen an einen Baum festgebunden. Sie rief noch: ›Ach Otto, hilf mir doch!‹ Aber der mußte ihr erwidern: ›Ich kann ja nicht; sie halten mich ja auch fest!‹ Bald krachte ein Schuß und Herr Wieprecht stürzte zu Tode getroffen nieder. Der, der es getan, ein Herero, war der Nachbar des Herrn Wieprecht gewesen. Man hätte ihm nie so etwas zugetraut. Der Diener von Herrn Wieprecht legte auch auf Fräulein Wieprecht an. Doch schlug ihm ein Herero das Gewehr aus der Hand mit den Worten: ›Der Kapitän wird Dich erschießen lassen, denn er will nicht, daß den Frauen ein Leid zugefügt werde.‹ Erst am Abend war Fräulein Wieprecht losgebunden und dann bis Sonntag Abend in einem Pontok scharf bewacht worden. Am Montag früh hatte der Kapitän Befehl gegeben, sie nach Gochas zu bringen. So war sie zu mir gekommen ...«[88]

Auch die Tage darauf verliefen voller Aufregung für die Frauen im Missionshaus. Die Plünderungen nahmen kein Ende, und immer wieder kamen Bewaffnete und schauten sich im Hause um. Am 15. Oktober verlangten sie schließlich die Herausgabe von Munition. Sie durchwühlten alle Schränke, Kisten und Kästen, bis sie endlich Munition fanden und an sich nahmen.

Am 20. Oktober wurde Frau Berger zu Kapitän Simon Kopper geladen. Von diesem erfuhr sie, daß ihr Mann in der Feste Gibeon geblieben sei, ebenso wie Missionar Spellmeyer. Sie seien beide jetzt Soldaten und daher Feinde der Nama. Der Kapitän betonte jedoch: »Missionare erschießen wir nicht!« Dann eröffnete er ihr, daß sie und die beiden anderen Frauen mitsamt ihren Kindern ihre wichtigsten Habseligkeiten packen sollten. Sie würden alle mit einem Ochsenwagen im Geleit von zwanzig Orlogleuten nach Gibeon gebracht.

Frau Berger erinnert sich an die letzten Stunden vor dem Aufbruch:
„Am Freitag (21.) kamen gegen 20 Großleute und baten mich, sie durchs ganze Haus zu führen und ihnen alle Sachen zu zeigen. Ich gab ihnen zu verstehen, daß alle Sachen mein persönliches Eigentum seien. Da läutete die Glocke des Missionskirchleins. Ich wollte nämlich auch noch gerne von der Gemeinde Abschied nehmen und alle, auch die Mörder, noch einmal vermahnen. Bald war denn auch der ganze Hof voller Menschen. Besonders fiel mir die große Zahl der Hererokrieger auf. Ich hielt erst eine kurze Ansprache und sagte dann, daß sie, besonders die Christen, daran denken sollten, was sie einst gelobt hätten, und daß sie, die so tief gefallen seien, wieder umkehren müßten. Der Älteste Kornelius las

88 Alverdes, S. 235f

den 121. Psalm. Dann sangen wir auf Nama noch das Lied: ›So nimm denn meine Hände‹, worauf dann alle einzeln an uns vorbeizogen und uns die Hand zum Gruße reichten. Sehr viele Frauen, auch einige Krieger, weinten, als sie mir Lebewohl sagten. Traurigen Herzens stiegen wir auf den Wagen. Simon Kopper stand auf dem Berge und winkte uns noch zu. Es war schon Abend geworden, als wir abfuhren.«[89]

Nun ging es in mühevollen Trecks über Stock und Stein quer durch den Busch in Richtung Gibeon. Übernachtet wurde bei bitterer Kälte im Feld. Am 25. Oktober wurde schließlich die – ebenfalls von den Aufständischen bereits ausgeraubte – Burenfarm Goamus erreicht. Frau Berger fährt fort:

»Da hieß es plötzlich: So, nun muß alles vom Wagen herunter. Ich bat, mir doch unseren Wagen zu lassen; aber Brander (Anm. Verf.: der Führer der Namaeskorte) war unbeweglich. Er sagte: ›Der Kapitän hat mir den Befehl gegeben, euch nur bis hierher zu bringen und dann den Wagen zurückzubringen, und das muß ich tun.‹ Ich sagte: ›Wie soll ich denn mit den vielen Kindern weiter nach Gibeon kommen; mein Mann hat doch auch keinen Wagen, uns abzuholen.‹ Da antwortete Brander: ›Rund um die Feste stehen Wagen genug von Weißen.«[90]

Die nächsten Tage verbrachten die Flüchtlinge zusammen mit der Eskorte auf der Farm Goamus. Brander und zwei weitere Orlogleute, begleitet von Fräulein Wieprecht, waren inzwischen weitergeritten in Richtung Gibeon, um die Abholung der Frauen und Kinder von Goamus zu veranlassen. 20 km vor Gibeon zügelte Brander sein Pferd und sprach zu Fräulein Wieprecht: »Wir müssen jetzt zurückkehren nach Goamus. Gib uns das Pferd, Du mußt jetzt allein zu Fuß weitergehen nach Gibeon.« – Er nahm ihr das Pferd ab und ritt mit den beiden anderen Nama zur Burenfarm zurück. Spätabends (29. Oktober) gelangte Fräulein Wieprecht schließlich todmüde vom langen Fußmarsch zur Feste.

Am 30. Oktober trafen endlich die Befreier auf Goamus ein. Frau Berger – sie war Wöchnerin und hatte unterwegs ein Kind zur Welt gebracht – fährt in ihrer Berichterstattung fort:

»Am Sonntag (30.) wollte ich zum ersten Male etwas aufstehen, als plötzlich ein Schuß fiel. Bald knallte es von verschiedenen Seiten. Die Kinder spielten draußen. Frau Hittcher holte sie herein und stellte die Fenster zu. ›Das sind Deutsche‹, jubelten wir und konnten durch die Fensterspalten sehen, wie die Hottentotten wie Katzen über die Erde schlichen und einer vom Pferde fiel. Die Kinder verhielten sich ganz still. Endlich hörte das Schießen auf, und schon fürchteten wir, die Patrouille, die es offenbar war, möchte weiter geritten sein, uns allein hier zurücklassend. Doch da klopfte es an die Tür und als Frau Hittcher öffnete, stand ein deutscher Soldat dort. Unsere Freude, wieder einen deutschen Mann zu sehen, war unbeschreiblich. Es war der Postbeamte von Gibeon, Herr Hammerstein … Wieder eine halbe Stunde später hielt ein Ochsenwagen vor dem Hause; mehrere Soldaten kamen herein, luden einige Kisten in den Wagen und etwas Bettwerk, hoben die Kinder in den Wagen und halfen uns beiden Frauen hinein …«[91]

89 Ebenda, S. 241f
90 Ebenda, S. 243f
91 Ebenda, S. 245f

Im Kugelhagel der Nama wurde dann in Richtung Gibeon aufgebrochen. Unterwegs legten sich immer wieder Aufständische vor die deutsche Kolonne und eröffneten das Feuer auf diese. Am Morgen des folgenden Tages wurde endlich die rettende Feste Gibeon erreicht.

Die hoch auf einem Hügel gelegene, burgartig ausgebaute Station Gibeon war gleich nach dem Aufbruch des Hauptmanns v. Burgsdorff auf Befehl des Feldwebels Beck in einen verteidigungsfähigen Zustand versetzt worden: Die gesamte Anlage wurde mit Stacheldraht umgeben und mit sandgefüllten Proviantsäcken, Balken und Wellblech überall Brustwehren angelegt. Da reichlich Proviant vorhanden war, wurden hierfür sogar Mehl- und Reissäcke verwendet. In den nächsten Tagen fanden dann viele Flüchtlinge, unter ihnen 175 Frauen und Kinder, Zuflucht auf der Feste. Die Besatzung war mittlerweile durch wehrfähige Ansiedler auf insgesamt 85 Gewehre gebracht worden.

Samuel Isaak, der währenddessen die Führung der Witbooikrieger übernommen hatte – Hendrik war noch in Rietmond verblieben –, wußte, daß die Station Gibeon wohlverteidigt war. Er versuchte daher zunächst, die Besatzung zur freiwilligen Räumung der Station zu überreden, indem er Feldwebel Beck gleich in den ersten Aufstandstagen eine Botschaft folgenden Inhalts zukommen ließ: »Feldwebel, ich stelle Dir frei, alle Frauen und Kinder auf Wagen nach Lüderitzbucht zu schaffen, damit dieselben nach Deutschland fahren können, auch Männer ohne Waffen mit Witbooi-Abzeichen können sich denselben anschließen und wird ihnen dann nichts geschehen.«[92]

Der Feldwebel ließ die Botschaft jedoch unbeantwortet. Daraufhin rückten die Witboois in zwei Vorhutabteilungen zu je hundert Mann unter Führung Samuel Isaaks gegen Gibeon vor. Beck hatte inzwischen als weitere Verteidigungsmaßnahmen Handbomben aus leeren Konservenbüchsen, gefüllt mit Schrot und Dynamit, herrichten und zusätzlich die Gebäude im Umkreis der Feste unterminieren und mit Dynamit füllen lassen.

Jedesmal, wenn sich nun der Gegner der Feste näherte, ließ Beck eines der Gebäude in die Luft fliegen. Der Eindruck war nachhaltig: Die Witboois trauten sich nicht direkt an die Feste heran und unternahmen keinerlei Angriffsversuche gegen diese.[93]

Hendrik Witbooi, der sich mit dem Gros seiner Krieger bei Freistatt (ca. 60 km nördlich von Gibeon) zum Generalangriff bereithielt, verließ laut späterer Aussage Isaaks der Mut, als er von diesem hörte, daß zu den von den Deutschen in die Luft gesprengten Häusern auch sein Haus und die Missionskirche gehörten. Er zog sich dann mit seinen Kriegern in Richtung Rietmond zurück.[94]

An eine Befreiung des bedrängten Gibeon war allerdings vorerst nicht zu denken: Ein Versuch Hauptmann Kirchners, mit der 8. Batterie von Keetmannshoop aus am 5. Oktober nach Gibeon vorzustoßen, scheiterte. Die Batterie mußte in

92 BAB, RKA Nr. 2133, Bl. 173f: Meldung des Feldwebels Beck vom 12.10.1904.

93 Siehe hierzu NA, ZBU BIVml., Bl. 31–37: Schreiben des Feldwebels Beck an Kais. Gouvernement, Windhuk, 20.3.1905.

94 Siehe hierzu NA, Acc. 541 (Missionar Berger).

Richtung Wasserfall abdrehen, um dort der in Bedrängnis geratenen Kompanie Wehle zu Hilfe zu eilen. (Siehe Kapitel 4, S. 46.) Schließlich gelang es einer von Leutnant Freiherrn von Maltzahn geführten Patrouille, sich am 15./16. Oktober von Norden her nach Gibeon durchzuschlagen, ohne irgendwie behelligt zu werden. Die bisher im Gebiet um den Ort herumstreifenden Witboois und Franzmann-Nama schienen wie vom Erdboden verschwunden zu sein.

Bis dahin war Gibeon völlig von der Außenwelt abgeschnitten gewesen, war doch auch die einzige Nachrichtenverbindung, die Heliographenlinie nach Norden und Süden, nach Windhuk und Keetmannshoop, seit dem 6. Oktober mit der aus Sicherheitsgründen erfolgten Einziehung der auf den Bergspitzen gelegenen Heliographenstationen unterbrochen. (Die letzte Nachricht über Gibeon war ein Kabeltelegramm des Generalkonsulverwesers Jacobs aus Kapstadt an das Auswärtige Amt vom 26. Oktober 1904[95], in dem es unter anderem heißt: »Heliographenverbindung Gibeon - Windhuk seit 6.10. unterbrochen. Gibeon erwartet stündlich Angriff, dort 78 weiße Männer nebst vielen Frauen und Kindern zusammengezogen, Wasserfrage gibt zur Befürchtung Anlaß.« Urheber dieser Meldung dürfte Bezirksamtmann Schmidt, Keetmannshoop, gewesen sein, dem es gelungen war, per Eingeborenenboten über Warmbad – Steinkopf [Kapland] Nachrichten an das Generalkonsulat in Kapstadt zu übermitteln, das diese Meldung telegraphisch oder schriftlich nach Windhuk und Berlin weitergab. – Das Wasserproblem für Gibeon ergab sich dadurch, daß der Brunnen, der die Feste mit Wasser versorgte, 70 m von dieser entfernt lag. Er mußte daher von der Besatzung ständig unter Beobachtung gehalten werden und war deswegen nachts auch mit Laternen erleuchtet. Indes hatten die Witboois nie den Versuch unternommen, das Brunnenwasser ungenießbar zu machen.)

Eine der Heliographenstationen, das ca. 30 km nördlich von Gibeon gelegene Falkenhorst, konnte nicht rechtzeitig eingezogen werden. Ihre Besatzung, drei Soldaten, verteidigte sich zwölf Tage lang verbissen gegen die Angriffe der Witbooirebellen, bis sie schließlich, zu Tode erschöpft, durch die Patrouille des Leutnants v. Maltzahn gerettet wurde.[96]

Am 31. Oktober glückte es schließlich dem neuernannten Bezirksamtmann für Gibeon, Oberleutnant d. R. Brandt, dem vorherigen Distriktchef von Rehoboth, mit einer sechzehn Mann starken Patrouille von Windhuk aus nach Gibeon durchzustoßen, allerdings unter Verlust von drei Reitern, die nahe Sess-Kamelbaum bei einem Überfall von Witbooileuten erschossen worden waren.

Endgültig frei wurde Gibeon am 13. Dezember, als Oberst Deimling mit einem Teil seiner Truppe dort eintraf. (Hierauf werden wir im folgenden Kapitel zu sprechen kommen.)

95 BAB, RKA Nr. 2133, Bl. 65
96 Siehe hierzu Renck-Reichert, S. 326ff.

8. Die Schutztruppe stellt sich dem neuen Gegner

Gouverneur Leutwein wird mit der vorläufigen militärischen Oberleitung im Namaland beauftragt – General v. Trotha schränkt die Machtbefugnisse Leutweins ein und ernennt Oberst Deimling zum Befehlshaber im Süden – Leutweins bewährter Trick: Er entsendet einen Briefboten in das Witbooilager – Scharmützel im Packriem-Rivier – Major Lengerke ergreift Abwehrmaßnahmen im Südbezirk – Die Kampfesweise der Nama – Neuralgischer Punkt für die Schutztruppe: der Nachschub

(Siehe hierzu Karte 2 und 5)

Es war am Morgen des 5. Oktober 1904. Oberst Leutwein – er hatte, wie uns bereits bekannt, nun nur noch die Funktion eines Zivilgouverneurs inne – hatte sich gerade an seinem Schreibtisch im Gouverneurspalast in Windhuk niedergelassen und ein Aktenstück in die Hand genommen, als sein Adjutant mit den Worten »eiliges Heliogramm« ins Zimmer trat. Leutwein nahm die mit drei Kreuzen als »äußerst dringlich« gekennzeichnete Meldung entgegen. Sie stammte aus Gibeon und war von Feldwebel Beck aufgegeben worden. Von einer bösen Ahnung erfaßt, las der Gouverneur: »An den Gouv. Windhuk. Witbois scheinen aufständig, haben den Platz verlassen. Feindseligkeiten laut Mitteilung des Gibeoner Missionars stündlich zu erwarten. Bezirksamtmann seit dem 3. noch in Rietmont. Weiße Einwohner in Station versammelt, letztere verschanzt. gez. Beck, Feldw.«

Leutwein erbleichte. Erregt maß er die Länge seines Zimmers mit Schritten, hielt den Lichtspruch in der Hand, las ihn noch einmal, starrte seinen erschrockenen Adjutanten fassungslos an. War dies das Ende seines Südwester Lebenswerkes, das er so mühsam in langen Jahren aufgebaut hatte? Erst im Norden die Herero, dann im tiefen Süden Morenga mit seinen Bondels und nun auch Hendrik? – Ein schwerer Schlag für ihn, wo er doch stets felsenfest an die Treue des alten Hendrik geglaubt hatte!

Er hörte sie schon, die Kolonialkritiker im Reichstag, hörte die Zwischenrufe vom Zentrum und von den Linken, ahnte schon die mehrspaltigen Überschriften der oppositionellen Blätter: »Zusammenbruch unserer kolonialen Regierungsmethoden in Südwestafrika!«

Leutweins erste Maßnahme war die Weiterleitung dieser Hiobsbotschaft mittels Heliographen an General v. Trotha, der, auf dem Rückmarsch nach Windhuk befindlich, mit seinem Hauptquartier zu dem Zeitpunkt gerade in Sturmfeld (Otjunda) (ca. 30 km nördlich Gobabis gelegen) angelangt war. Trotha, der vom Abfall der Witboois ebenfalls völlig überrascht wurde, handelte prompt: Er übertrug dem Gouverneur in seiner heliographischen Antwort die vorläufige militärische Oberleitung im Süden und bat ihn, sich zu diesem Zweck in das Namaland zu begeben. Als militärische Bedeckung wurde dem Gouverneur die 2. Ersatzkompanie zugeteilt. Außerdem dirigierte Trotha die 7. Feldkompanie (2. Feldregiment) am 7. Oktober aus dem östlichen Hereroland (Raum Gobabis) nach Hoachanas, dem Hauptsitz der ebenfalls schon unruhig gewordenen Roten Nation, zur Sicherung der dort angesammelten großen Viehherden der umliegenden Farmen. Darüberhinaus sagte er Leutwein die Zuführung weiterer Truppenteile zu, sobald diese auf dem Herero-Kriegsschauplatz freigeworden wären.

Leutwein reiste daraufhin zunächst nach Rehoboth, wo er am 13. Oktober eintraf. Hier fand er bereits die 2. Ersatzkompanie vor. (Diese wurde bald darauf, aufgesplittert in mehrere Detachements, näher an den Witbooi-Kriegsschauplatz heran in den Bereich Kub verlegt.)

In Rehoboth fand der Gouverneur alles friedlich vor, da die Baster, wie wir bereits wissen, der Kolonialmacht treu geblieben waren. Leutwein war sich darüber im klaren, daß er mit seinen schwachen Machtmitteln sich nur defensiv verhalten konnte. Dies, so glaubte er, sei auch vorerst ausreichend, da er den Angriffsgeist der Nama gering einschätzte. In diesem Sinne drahtete er am 22. Oktober an den Generalstab in Berlin: »Verteidigung; Zersplitterung der Kräfte Hottentotten gegenüber wenig gefährlich, weil diese ungern zum Angriff übergehen. Halte daher mit einer einzigen Kompanie (Anm. Verf.: der 2. Ersatzkompanie) gedeckt, was noch zu decken war.«[97]

Im Basterland wollte Leutwein nun das Eintreffen der zugesagten Verstärkungen abwarten. Mit diesem Faustpfand in der Hinterhand, wollte er dann zunächst versuchen, die Witboois auf politischem Wege zum Einlenken zu bewegen, und erst danach, wenn dieser Versuch fehlschlagen sollte, gegen den Stamm militärisch vorgehen. Indes sollte ihm schon wenig später eine herbe Enttäuschung bereitet werden. Am 27. Oktober nämlich änderte General v. Trotha plötzlich seine Meinung über die Befehlsführung im Süden und wies den Gouverneur an, »sich vorläufig jeder politischen Einwirkung im Namaland zu enthalten, nachdem die Verhältnisse die bedauerliche Wendung genommen haben.«[98] Und um einem eventuellen militärischen Alleingang Leutweins einen Riegel vorzuschieben, teilte er diesem mit, daß er den militärischen Oberbefehl im Süden dem Kommandeur des 2. Feldregiments, dem Obersten Deimling, übertragen habe, »und« so betonte er, »dabei müsse es bleiben.« »Im übrigen aber«, so führte Trotha in seinem Schreiben weiter aus, »wäre er dem Gouverneur dankbar, wenn er, Leutwein, die Wirkung seines persönlichen Erscheinens in Keetmannshoop dazu benutzen wolle, um ein Übergreifen der aufrührerischen Ideen im äußersten Süden in Keime zu ersticken.« Für diese Mission sagte der General dem Gouverneur die 2. Feldkompanie/1. Feldregiment (Oberleutnant Ritter) und eine Halbbatterie (Oberleutnant Stuhlmann) zu.

Die Zeit bis zur Ankunft der zugesagten Truppenteile wollte Leutwein nicht ungenutzt verstreichen lassen. Er beschloß, zunächst erst einmal die Lage im Witbooilager zu sondieren, obwohl dies nach den neuen Weisungen Trothas nicht mehr zu seinen Aufgaben gehörte. Zu diesem Zweck entsandte er nach schon bei früheren Aufständen angewandter, bewährter Methode einen als »Briefboten«

97 BAB, RKA Nr. 2133, Bl. 52: Leutwein an Generalstab, 22.10.1904.
98 BAB, RKA Nr. 2089, Bl. 27–29: Trotha an Leutwein, 27.10.1904.

getarnten Kundschafter, den Baster Jan Beukes, zu Hendrik Witbooi mit der Anfrage, was die Gründe für dessen Abfall seien. Nicht zuletzt aber erhoffte sich der Gouverneur auf diese Weise auch Informationen über die Stärke und Verteilung des Witbooi-Orlogs und über die Stimmung im gegnerischen Lager.

Die Antwort ließ lange auf sich warten. Erst um den 5. November herum traf Beukes wieder in Rehoboth ein. Er hatte ein Antwortschreiben Hendriks mit Datum 3. November mitgebracht. Dessen Inhalt bestätigte im wesentlichen die Vermutung Leutweins, nämlich daß religiöse Motive eine ausschlaggebende Rolle in Hendriks Entschluß zum bewaffneten Kampf gegen die Deutschen gespielt hatten.

Mehr Aufschluß – besonders in militärischer Hinsicht – brachten dem Gouverneur die Beobachtungen, die Beukes, obwohl streng bewacht, im Feindlager gemacht hatte: Der Witbooikapitän halte sich nach wie vor in seinem Haus in Rietmond auf; der »Prophet« Stürmann, der sich ebenfalls in Rietmond befände und dem alle Witboois glaubten, habe ihm, Beukes, erklärt, er habe 50 Witboois gesalbt und werde mit diesen alle Deutschen aus dem Lande treiben; es sei nichts getan zur Befestigung des Ortes, auch seien keine Wachen zur Sicherung Rietmonds aufgestellt; auch die Leute in Gochas seien aufständisch geworden; die Masse der Witboois säße bei Marienthal; alle Krieger seien gut mit Waffen und Munition versehen.

Weitere Informationen aus dem gegnerischen Lager und eigene Patrouillen-Unternehmungen bestätigten die Angaben des Baster-Kundschafters. Das Gros der Witboois, ca. 800–900 Krieger, hatte sich in den Raum Marienthal – Rietmond zurückgezogen – wahrscheinlich als Reaktion auf das Eintreffen der 2. Ersatzkompanie in Kub und der 7. Feldkompanie/2. Feldregiment in Hoachanas. Hier, im Bereich Rietmond, so soll Sheppart Stürmann den Orlogleuten erklärt haben, seien sie sicher vor deutscher Verfolgung, denn »nach Rietmond werde der Kampf nicht kommen.«[99]

Von Rietmond/Marienthal und ihren vorgeschobenen Posten bei Kalkfontein (-Nord), Narib, Packriem und Sess-Kamelbaum aus unternahmen die Witboois nun ab etwa 20. Oktober Vorstöße und Überfälle auf deutsche Magazine und Vieh- und Pferdeposten und lauerten deutschen Patrouillen auf. Das einzige nennenswerte Gefecht fand am 27. Oktober statt, als ein Teil der 2. Ersatzkompanie und der 1. Feldtelegraphen-Abteilung im Packriem-Rivier auf eine etwa 80 Mann starke Witbooiabteilung stieß. Ganz gegen ihre bisherige Gewohnheit nahmen die Witboois diesmal das Gefecht an, wohl in der Absicht, die Deutschen von ihren Pferden fortzulocken, um diese dann zu erbeuten. Die Truppe vereitelte jedoch den Versuch und schlug den Gegner, der sich daraufhin in Richtung Rietmond zurückzog.

In dem riesigen Südbezirk (Bezirk Keetmannshoop) beschränkte sich der dortige Militärbefehlshaber, Major v. Lengerke, ebenfalle auf passive Maßnahmen, da die ihm unterstellte Südabteilung für aktive, offensive Aufgaben bei weitem nicht ausreichte. Diese mußte nämlich nun nicht nur – wie bisher – ausschließlich Front

99 Aussage des von Rietmond nach Keetmannshoop entflohenen Basters Martin Wimmer. Siehe hierzu BAB, RKA Nr. 2133, Bl. 159: Trotha an Generalstab Berlin, 19.11.1904.

gegen die Morengarebellen, sondern auch noch gegen die anderen Namastämme im Südbezirk machen, mit deren Übertritt auf die Seite der Aufständischen jederzeit gerechnet werden mußte.

Das Gros seiner Abteilung (2 Kompanien und 1 1/2 Batterien) faßte Lengerke am 9. Oktober – an diesem Tage erhielt er die Meldung vom Abfall Hendrik Witboois – im Bereich Warmbad – Kalkfontein(-Süd) zusammen, der für Einsätze nach allen Richtungen auf dem Kriegsschauplatz im Südbezirk zentral gelegen war. Den Bezirksort Keetmannshoop, wo währenddessen zahlreiche Deutsche und Buren Zuflucht gesucht hatten, glaubte der Major mit einer durch Einberufung von Reservisten auf 160 Mann aufgestockten Garnison ausreichend gesichert. In Anbetracht der schwierigen Verkehrsverhältnisse zwischen Lüderitzbucht und dem Landesinneren war die Offenhaltung der von Warmbad über Ramansdrift – Steinkopf in die britische Kapkolonie führende Pad ein vordringliches Anliegen für den Major, mußte doch von dort her der größte Teil der Lebensmittel für die in Erwartung des Eintreffens weiterer Verstärkungen einzurichtenden Proviantmagazine herangeführt werden. Zu diesem Zweck wurden in Warmbad, Sandfontein und Ramansdrift ausreichende Besatzungen belassen.

Mit der Erhebung der Nama wurde die Schutztruppe im Vergleich zu den Gegebenheiten auf dem Herero-Kriegsschauplatz vor eine völlig neue Situation gestellt. Zwar waren die Nama numerisch viel schwächer als die Herero – man schätzte ihre Gefechtsstärke auf höchstens 2500 Krieger – doch glichen sie diesen Nachteil durch ihre ganz andersartige Kampfesweise, die sogenannte Kleinkrieg- oder Guerillakriegführung, wieder aus, die sie schon im Witbooikrieg 1893/94 mit Erfolg angewandt hatten. Während nämlich die Herero, im Bestreben, ihre riesigen Rinderherden und ihre Werften zu decken, den Kampf im offenen Gelände, den Massenkampf, durchaus nicht scheuten, mieden die Nama nach Möglichkeit diese Kampfesart Mann gegen Mann und ließen sich nicht zu einem Entscheidungskampf herausfordern. »Wir hatten«, so drückte sich der spätere General von Lettow-Vorbeck, den wir als Einheitsführer im Namaaufstand noch kennenlernen werden, »einen Gegner vor uns, der schwer greifbar war und der einem unter den Fingern verkrümelte, sich weit entfernte, manchmal in unsrem Rücken wieder zusammenfand, ohne daß wir es merkten...«[100]

Da den Nama als umherschweifendes Jäger- und Sammlervolk die enge Bindung an Hab und Gut fehlte – größere Viehherden besaßen sie nicht, ihre Werften schoben sie notfalls über die nahe englische Grenze ab oder überließen sie dem Gegner –, führten sie den Krieg so, wie sie das Wild, den Kudu, den Springbock oder den Strauß, zu jagen pflegten: Sie ließen ihren Gegner in zumeist halbkreis- oder hufeisenförmig angelegte Hinterhalte laufen, fast immer an einem Weg, den dieser, da landesunkundig, zu benutzen gezwungen war, und bekämpften ihn dann aus sicherer Deckung. Dabei nutzten sie meisterhaft ihre vortrefflichen Kenntnisse des für den deutschen Neuling kaum Orientierungspunkte bietenden so gleichförmigen und weiträumigen Terrains. Mal schlangengleich sich durch das Buschlabyrinth windend, mal von Busch zu Busch springend, immer wieder

100 Lettow-Vorbeck: »Mein Leben«, S. 84.

hinter Klippen Deckung suchend, pirschten sich die Namakrieger auf günstige Schußentfernung an den Gegner heran, seien es Patrouillen, Nachschubkolonnen oder kleine Truppenverbände, und schossen sie zusammen, um dann rasch wieder zu verschwinden, oft ohne Spuren zu hinterlassen. So wußte der Gegner selten, wo sie geblieben waren. Eine lange, zermürbende Suche begann!

Nur selten stellten sie sich zum Kampf, und dann auch nur, wenn sie einen eindeutigen Vorteil für sich sahen und wenn sie aus einer starken Höhenstellung heraus den Feind bekämpfen konnten. Wurden sie tatsächlich einmal überraschend zum Gefecht gezwungen, so kämpften sie nur hinhaltend und suchten sich so rasch wie möglich vom Gegner zu lösen. Gelang ihnen dies, so zerstreuten sie sich sofort in alle Himmelsrichtungen, um sich später dann an einer vorher verabredeten Wasserstelle zur Fortsetzung des Kampfes wieder zu vereinen.

Da – im Gegensatz zum Herero-Kriegsschauplatz – kein Hunderte von Kilometern breites Sandfeld sie vom britischen Gebiet trennte, und der Kriegsschauplatz zumeist ohnehin im menschenleeren grenznahen Bereich lag, konnten die Nama fast überall jederzeit über die von den Deutschen aus Personalmangel so gut wie überhaupt nicht bewachte Grenze ausweichen, um sich den deutschen Verfolgern zu entziehen – kaum behelligt von den wenigen Dutzend britischen Grenzpolizisten, die Hunderte von Meilen Grenze zu überwachen hatten und daher Grenzverletzungen nur selten verhindern konnten.

Die Nama waren hervorragende Schützen und zumeist gut bewaffnet. Um ihre zahlreichen Raubzüge gegen Nachbarstämme, insbesondere Herero, durchzuführen, brauchten sie schon frühzeitig Feuerwaffen, und diese hatten sie systematisch seit den sechziger Jahren des 19. Jahrhunderts angesammelt – trotz des schon zu Beginn der deutschen Zeit verhängten Einfuhrverbots für Gewehre und Munition und der verfügten Waffenstempelung.[101] Darüberhinaus konnten sie durch Überfälle auf Farmen und gegnerische Patrouillen und Versorgungstrecks – auch hierin waren sie wahre Meister – ihr Waffenarsenal jederzeit erweitern und ergänzen. Anders als die Hererokrieger waren daher praktisch alle Namakrieger mit Schußwaffen ausgerüstet, und zwar größtenteils mit Hinterladern. Die Verwendung von Schlagwaffen (Kirris), wie sie die Herero 1904 noch vielfach benutzten, kannten sie schon lange nicht mehr.

Der deutsche Soldat dagegen – mit wenigen Ausnahmen Neuling in Südwest – mußte unter wesentlich ungünstigeren Bedingungen kämpfen. Schon das Namaland selbst mit seinen unendlichen Einöden und kahlen, zerklüfteten Gebirgsformationen bot ihm enorme Schwierigkeiten. Außerdem war das Namaland im Gegensatz zum Hereroland den Deutschen nur wenig bekannt, hatte es doch wegen seiner Unfruchtbarkeit und extremen Wasserarmut bisher nur wenige weiße Ansiedler und wegen der geringen Viehbestände der Nama auch nur wenige Wanderhändler angezogen.

Ein weiterer Nachteil für den Schutztruppler war seine Abhängigkeit von einer geregelten Versorgung: Der Namakrieger war in seiner Nahrungsaufnahme bedürf-

101 Man schätzt, daß durch den Waffenschmuggel 20.000 bis 30.000 Gewehre ins Land gelangt sind. Siehe hierzu MA, N103/77: Nachlaß Lettow-Vorbeck, S. 13

nislos. Er konnte im Notfall auch von Gras- und Baumsamen, Wurzeln, Knollenfrüchten (zum Beispiel Tschamas), Heuschrecken und dergleichen wochenlang leben oder auch tagelang ohne Nahrung auskommen, wenn er vorher nach einem erfolgreichen Beutezug große Mengen Nahrung vertilgt hatte. Der deutsche Soldat dagegen brauchte die ihm von der Heimat her gewohnte Ernährung und war von einem regelmäßigen Verpflegungsnachschub abhängig, um leistungsfähig zu bleiben.

Ähnlich verhielt es sich mit der Wasserversorgung: Während der Nama, der völlig mit dem Lande verwachsen und vertraut war, selbst in schlimmsten Dürrezeiten ein geradezu unheimliches Gespür im Auffinden von Wasserlöchern und unterirdischen Wasseradern besaß, war der deutsche Soldat, da zumeist unerfahren mit dem Land und seinen Tücken, auf bekannte und kartographierte Wasserstellen oder auf die Heranführung von Wasser mittels Ochsentreck angewiesen.

Mit anderen Worten: Für die deutsche Kriegführung im Namaland war der ununterbrochene Nachschub an Munition, Verpflegung und Wasser sowie an Futter, insbesondere Hafer für die Pferde, unverzichtbar. Hier jedoch ergab sich ein enormes Problem: Das karge Namaland bot der Truppe so gut wie keine Hilfsmittel, eine Eisenbahnverbindung von der Küste in das Landesinnere bestand im Süden noch nicht, und die einzige Eisenbahnlinie im Norden von Swakopmund nach Windhuk konnte wegen der enormen Entfernung zum südlichen Kriegsschauplatz (mit Ausnahme des Bezirks Gibeon) nicht genutzt werden.

So blieb nichts anderes übrig, als den Nachschub in mühseligen, extrem zeitaufwendigen Ochsentrecks, deren Nutzlast gering, deren personeller Aufwand einschließlich der militärischen Bedeckung dagegen groß war, über ungeheure Entfernungen und unter unsäglichen Terrainbedingungen entweder von Lüderitzbucht über den bis nach Keetmannshoop führenden Baiweg – keineswegs eine feste Straße, sondern lediglich eine durch die Ochsengespanne der Händler von langer Zeit her ausgefahrene Wagenspur – oder aus dem Kapland über Ramansdrift zur kämpfenden Truppe heranzuführen.

Diese Abhängigkeit vom Nachschub und von dem hierfür erforderlichen Etappenwesen machte die Truppe im Vergleich zum hochbeweglichen Gegner, der zumeist gut beritten und – im Gegensatz zu den Herero mit ihren riesigen Viehherden – mit keinem Troß belastet war, außerordentlich schwerfällig und zwang sie nicht selten zum Stillstand in ihren Operationen, wenn der Nachschub ausblieb.

Bedenkt man nun noch, daß der Schutztruppler, der in vielen Fällen nicht einmal aus der reitenden Truppe in der Heimat stammte, nach einer völlig unzureichenden heimischen Kurzeinweisung in diese nahezu wasserlose, vegetationsarme und fast wegelose exotische Umwelt geschickt worden war und hier praktisch ohne die Möglichkeit einer Eingewöhnung in die Landesverhältnisse sogleich in Marsch gesetzt und an den Feind geführt wurde, so kann man sich einen Begriff davon machen, welch enorme Anforderungen an sein Leistungsvermögen ihn auf diesem Kriegsschauplatz erwarteten.

9. Die deutschen Gegenmaßnahmen laufen an: Offensive Aktionen gegen die Witboois, Bethanier, Bondelzwart und Feldschuhträger

Reaktionen in der Heimat auf die Nachricht von der Erhebung der Nama – Truppendispositionen Trothas – Die Odyssee der Witbooihilfskrieger der Schutztruppe – Deimlings Truppe im Anmarsch – Die Querelen zwischen Deimling und Leutwein – Gouverneur Leutwein tritt zurück – Deimling holt zum Schlage aus – Gefecht bei Kub und bei Lidfontein – Patrouillengefechte bei Rietmond – Das Gefecht bei Naris – Hendrik Witbooi weicht dem Kampfe aus und zieht sich in Richtung Kalahari zurück – Major Meisters Vorstöße zum Auob – Eintreffen von Truppenverstärkungen im Namaland – Die Nordbethanier unter Cornelius Frederick greifen zu den Waffen – Das Gefecht bei Uibis – Morenga wird im Bereich Warmbad aktiv: Gefecht bei Alurisfontein – Reiter Heinz berichtet über seine Gefangenschaft in Morengas Lager – Morenga greift Warmbad und Ramansdrift an – Lengerke schlägt die Feldschuhträger bei Koës

(Siehe hierzu Karte 2 und 5)

Die Nachrichten von der Erhebung der Witboois trafen die deutsche Öffentlichkeit völlig überraschend. Noch kurz vorher, Ende September, war der Brief, den Hendrik Witbooi im Zusammenhang mit der Desertation der neunzehn Witbooisoldaten an Daniel Pitter, den Führer der Witbooiabteilung im Hereroland, gerichtet und in dem er diesen dringend zur Treue gegenüber dem Deutschen Reich ermahnt hatte[102], in deutschen Zeitungen veröffentlicht worden. Dies hatte in der Heimat sehr zur Beruhigung der Gemüter beigetragen, glaubte man doch jetzt, daß die immer wieder heraufbeschworene Gefahr eines Übergreifens der Eingeborenenunruhen in Südwest auch auf den Süden der Kolonie nunmehr in den Hintergrund getreten sei.

Wie eine Bombe wirkte daher das kurze Telegramm, das am 7. Oktober in der Kolonialabteilung in Berlin eintraf und die Mitteilung enthielt, daß die Witboois Gibeon in Richtung Rietmond wahrscheinlich in kriegerischer Absicht verlassen hätten und die Station Kuis am Fischfluß von Witbooikriegern angegriffen worden sei. Diese Schreckensmeldung erfuhr in einem ebenfalls an die Kolonialabteilung gerichteten zweiten Telegramm aus Windhuk mit dem Wortlaut der Kriegserklärung Hendrik Witboois ihre Bestätigung. Kolonialdirektor Dr. Stübel, der Leiter der Kolonialabteilung, war entsetzt: Er war voller Zuversicht gewesen, daß nach dem erfolgreichen Schlag Trothas gegen die Herero am Waterberg und deren Flucht in die wasserlose Omaheke der Krieg in Südwest sich seinem Ende nähere und damit der Dauerdruck, dem er seitens des Reichstages wegen der ständig steigenden Kriegskosten in Südwest ausgesetzt war, nun nachlassen würde.

102 Siehe Fußnote 61.

Jetzt aber war mit der Kriegserklärung des Oberkapitäns der Nama das genaue Gegenteil eingetreten: In Anbetracht des großen Ansehens, das Hendrik Witbooi überall in Namaland genoß, war zu befürchten, daß weitere Namastämme sich dem Witbooikapitän anschließen und damit ein Guerillakrieg auf unabsehbar lange Zeit die Truppe in Südwestafrika in Atem halten würde, waren doch, wie sich bereits in früheren Kämpfen gezeigt hatte, die Nama Meister in dieser Art der Kriegführung und viel zähere und verschlagenere Gegner als die Herero.

Die Schutztruppe befand sich bei Ausbruch des Namaaufstands in einer relativ günstigen Lage. Ein Teil ihrer Kräfte konnte sofort für den Einsatz im Namaland freigemacht werden, weil an eine Verfolgung der völlig geschlagenen und demoralisierten Herero in die Omaheke hinein – wie einige fehlgeschlagene Versuche bezeugten – vorerst nicht zu denken war, wenn nicht die Truppe sich selbst der Gefahr des Verdurstens aussetzen wollte, und weil die Truppenführung sich infolgedessen auf die Besetzung der Wasserstellen am Süd- und Westrand des Sandfeldes beschränken mußte, um so ein Zurückweichen der Herero nach Westen und Süden nach Möglichkeit zu unterbinden.

Trotha ordnete daher an, daß nur das 1. Feldregiment (ohne die 2. Feldkompanie) im Hereroland verbleiben sollte. Das 2. Feldregiment (sowie die 2. Feldkompanie des 1. Feldregiments) setzte er dagegen zum Einsatz auf dem neuen südlichen Kriegsschauplatz in Marsch.

Da der General sich bewußt war, daß dieses Truppenaufgebot wegen der zu erwartenden Aufsplitterung des neuen Kriegsschauplatzes in mehrere Einzelkriegsschauplätze keineswegs ausreichen würde, forderte er weitere Verstärkungen aus der Heimat an, darunter die gerade aufgestellte 4. Ersatzkompanie und 2. Ersatzbatterie, fürs erste insgesamt etwa 1500 Mann.[103] Später, bis Mitte Januar 1905, sollten dann nochmals 2500 Soldaten nach Südwest geschickt werden.

Die Reichsregierung kam den Anforderungen des Truppenkommandos in Südwestafrika sofort nach, obwohl erhebliche Etatüberschreitungen dadurch unvermeidlich waren. Da der Reichstag jedoch gerade seine Sitzungsperiode beendet hatte und vorläufig nicht tagte, glaubte die Regierung, dies riskieren zu können, und stellte so das Parlament vor vollendete Tatsachen.

Ein weiteres vordringliches Anliegen Trothas war die Entwaffnung der im Gefolge der Truppe am Waterberg eingesetzten noch etwa 80 Mann starken Witbooiabteilung. Hendrik Witbooi hatte sie offenbar regelrecht vergessen, als er die Kriegsfackel gegen die Deutschen entzündete! Jedenfalls waren die Witbooihilfskrieger, auch ihr Führer Daniel Pitter, völlig überrascht und ahnungslos, als sie durch eine List von Schutztrupplern regelrecht überrumpelt wurden – sie tränkten in Otjosundu gerade ihre Pferde und hatten ihre Waffen beim Gepäck zurückgelassen, so daß diese mühelos eingesammelt werden konnten.[104]

Diese Witbooikrieger machten in der Folge einen unsäglichen Leidensweg durch: Sie und ein Teil ihrer Angehörigen, insgesamt 119 Nama, wurden zunächst im November 1904 aus Sicherheitsgründen in die Verbannung nach Togo gebracht.

103 Siehe BAB, RKA Nr. 2093, Bl. 42: Trotha an KA, 19.10.1904.
104 Siehe hierzu Bayer: »Mit dem Hauptquartier …«, S. 214.

Infolge des für sie ungewohnten schwülwarmen Tropenklimas und der ungewohnten Ernährung (vor allem Mangel an Frischfleisch) war ihre Krankheits- und Sterberate dort sehr hoch: Mitte September 1905 waren von den 119 Nama noch 49 am Leben. Aufgrund wiederholter Beschwerden der Kolonialbehörden in Lome (Togo) veranlaßte die Kolonialverwaltung in Berlin noch im September 1905 die Verbringung der überlebenden Nama nach Kamerun, doch auch hier ging das Sterben unter nahezu gleichen Klima- und Ernährungsbedingungen weiter. Trotzdem wurden die Witboois hier zu Arbeiten beim Bau der Manengubabahn eingesetzt.[105] Doch schon bald erkannte man, daß sie wegen ihres hohen Krankenstandes hierfür kaum noch zu verwenden waren, und so drängte Puttkamer, der Gouverneur von Kamerun, wiederholt auf Rückführung dieser »teuren Kostgänger« nach Südwestafrika. Erst nach monatelangem Telegrammwechsel stimmte schließlich im Februar 1906 der neue Gouverneur von Deutsch-Südwest, von Lindequist, der Rückführung der überlebenden Witboois in das Schutzgebiet zu. Es waren gerade noch 42 der ursprünglich 119 Witboois, die im Juni 1906 wieder heimatlichen Boden betraten.[106]

Während Trotha vorerst in Windhuk – hier traf er am 24. Oktober ein – verblieb, um von hier die Oberleitung auf allen drei Kriegsschauplätzen (Hereroland, Bezirk Gibeon und Bezirk Keetmannshoop) in die Hand zu nehmen, brach Oberst Deimling am 10. Oktober von Otjimanangombe am Epukiro-Rivier zum Marsch über Windhuk nach dem Witbooiland mit drei Feldkompanien und 1 1/2 Batterien auf. Der Oberst selbst eilte mit seinem Regimentsstab seiner Truppe voraus und traf bereits am 31. Oktober in Rehoboth ein. Hier schlug er sein vorläufiges Hauptquartier auf.

Bis Anfang Dezember wurden dann folgende Kräfte im nördlichen Namaland, größtenteils im Raum Kub – Kuis, versammelt: Die bereits dort befindliche 2. Ersatzkompanie (Hauptmann von Krüger), die Basterabteilung (Oberleutnant Böttlin), die 2. Feldkompanie/1. Feldreg. (Oberleutnant Ritter), 1/2 Gebirgsbatterie, Major Meister mit Stab II. Bataillon des 2. Feldregiments, die 4. Feldkompanie (Oberleutnant v. Kleist) und die 5. Feldkompanie (Hauptmann Stahl), beide 2. Feldreg., die 5. Feldbatterie und die Hälfte der 1. Feldbatterie (1. Ersatzbatterie) sowie die bereits eingetroffene und in Hoachanas stehende 7. Feldkompanie/2. Feldreg. (Die 6. Feldkompanie/2. Feldreg. war bei der Abteilung Lengerke verblieben.)

Während Oberst Deimling das Heranrücken der ihm zugeteilten Truppenverbände aus dem Norden erwartete, nahm er, um sich über die Kriegslage im Bezirk Gibeon zu orientieren, Verbindung mit Gouverneur Leutwein auf, der, wie wir schon wissen, ebenfalls in Rehoboth weilte und auf die Ankunft der ihm von Trotha für sei-

105 Siehe hierzu die Zeugenaussagen in »Report on the Natives …«, S. 99.

106 Siehe hierzu BAB, RKA Nr. 2090, Bl. 5: Tecklenburg an AA, 21.10.1904; ebenda, Bl. 20: Schlettwein (Bezirksamt Lome) an AA, 27.6.1905; ebenda, Bl. 22: Tecklenburg an KA, 4.7.1905; ebenda, Bl. 28: Stationsleiter Preil an AA, 15.7.1905; ebenda Bl. 34: Trotha an KA, 24.7.1905; ebenda, Bl. 45f: Puttkamer an KA, 23.9.1905; ebenda, Bl. 49f: Bericht des Gärtners Derstil, 6.10.1905; siehe ferner Drechsler: »Südwestafrika unter deutscher Kolonialherrschaft…«, S. 212ff.

nen Marsch südwärts nach Keetmannshoop zugesagten Truppeneskorte (2. Feldkompanie/1. Feldreg. und eine Halbbatterie) wartete. Der zunächst freundliche Meinungsaustausch zwischen dem Gouverneur und dem Obersten artete jedoch bald in eine heftige Kontroverse aus, die schließlich darin gipfelte, daß sie beide nur noch schriftlich miteinander verkehrten, obwohl sie sich am gleichen Ort aufhielten. Streitobjekt war die Leutwein von General v. Trotha versprochene Truppeneskorte. Deimling, von Trotha mit der Leitung der militärischen Operationen im gesamten Süden der Kolonie beauftragt, glaubte, unter Zusammenfassung aller verfügbaren Kräfte mit raschen Schlägen zunächst die Witboois und Franzmann-Nama (Gochas-Hottentotten) niederwerfen und danach sofort auch noch den Südbezirk (Bezirk Keetmannshoop) pazifizieren zu können. Und zu diesem Zweck wollte er alle im Witbooiland zusammengezogenen Truppenverbände, darunter auch die dem Gouverneur zugesagte 2. Feldkompanie und die Halbbatterie (Oberleutnant Stuhlmann), an sich ziehen.

Der Gouverneur dagegen, eingedenk seiner Erfahrungen aus den früheren Hottentottenkriegen, sah einen langwierigen Bandenkrieg voraus. Er glaubte daher, daß Deimling die rasche Niederwerfung der aufständischen Witboois unmöglich sein werde. Dies aber würde bedeuten, daß der Oberst noch lange Zeit im Witbooiland mit seiner Truppe gebunden und somit vorerst nicht in der Lage sein werde, auch noch in dem isoliert gelegenen Bezirk Keetmannshoop tätig zu werden. Deswegen wäre sein, Leutweins, persönliches Erscheinen in diesem Bezirk zur Beruhigung der Lage dort weiterhin erforderlich, doch könne er dieser Aufgabe nur »durch militärische Einwirkung« gerecht werden. Hierzu aber brauche er die ihm von Trotha zugesagten beiden Truppenverbände. Die Weisung Trothas vom 27. Oktober 1904[107], sich jeder politischen Einwirkung zu enthalten, ignorierte Leutwein, der sich als Zivilgouverneur als alleinzuständig für alle politischen Angelegenheiten in der Kolonie betrachtete, mit den Worten: »Die Weisung des Herrn Truppenkommandeurs ... werde ich dagegen als von nicht zuständiger Seite ausgehend, nicht befolgen.«[108]

Das Tauziehen um die Verfügungsgewalt über die 2. Feldkompanie und die Halbbatterie ging weiter: Leutwein, in der Befürchtung, der Oberst wolle seinen, Leutweins, Vormarsch auf Keetmannshoop vereiteln oder zumindest verzögern, verbietet dem Chef der 2. Feldkompanie, Oberleutnant Ritter, Deimlings Befehl zum Abrücken in Richtung Kriegsschauplatz Witbooiland zu befolgen. Deimling, um seine Autorität in der Truppe fürchtend, kontert und erteilt Ritter die strikte Weisung, seinem, Deimlings, Befehl zum Abmarsch unter allen Umständen nachzukommen, und ersucht den Gouverneur in einem eisigen Ton, vorerst auf die 2. Kompanie zu verzichten, da er ja ohnehin die Reise nach Keetmannshoop noch nicht angetreten habe.

Um endlich klare Verhältnisse zu haben und eine endgültige Regelung der Kommandokompetenzen im Süden zu erreichen, beschließt Leutwein, nunmehr Trotha persönlich in Windhuk aufzusuchen Nach wie vor glaubt er nämlich, daß der General zum Einlenken bereit sei, »da die Lage des Schutzgebietes jetzt derart

107 BAB, RKA Nr. 2089, Bl. 28: Schreiben Trothas vom 27.10.1904
108 Ebenda, B. 34f: Leutwein an KA, 6.11.1904

geworden war, daß Raum zu selbständiger Betätigung für beide (Gouverneur und General – Anm. Verf.) vorhanden und ein einziger Mensch die Sache nicht mehr leiten kann.«[109]

Als er Mitte November in Windhuk eingetroffen war, stieß der Gouverneur jedoch zu seiner Enttäuschung auf einen unnachgiebigen von Trotha. Diesem waren die politischen Alleingänge Leutweins schon lange ein Dorn im Auge, von denen er, Trotha, erst auf dem Umweg über den Generalstab in Berlin erfuhr, da Leutwein, als Zivilgouverneur der Kolonialabteilung des Auswärtigen Amtes nachgeordnet, nur dieser Behörde direkt Bericht erstattete. Unter anderem hatte es der General dem Gouverneur – wie aus einem seiner Schreiben an diesen hervorgeht[110] – besonders übel genommen, daß dieser die militärisch doch sehr wichtigen Mitteilungen des in Hendrik Witboois Lager von ihm, Leutwein, geschickten Boten Beukes (siehe Kapitel 8, S. 71f) erst dem Reichskanzler statt erst ihm, Trotha, zur Kenntnis gebracht und den Boten ohne vorherige Absprache mit ihm, Trotha, entsandt hatte.

Wie groß Trothas Mißtrauen gegenüber Leutwein war, spiegelt sich auch in einem in dem obigen Schreiben enthaltenen Satz wider: »Ich wiederhole meine Auffassung, daß ich keinerlei politische Abmachung mit irgend einem Stamm sanktioniere.« Am Schluß dieses Schreibens forderte Trotha dann Leutwein nachdrücklich auf, »den Nachrichtenverkehr, soweit er nicht Verwaltungssachen betrifft, mit dem Auswärtigen Amt zu unterbrechen, solange ich das Kommando habe.«

Trotha ließ sich in Windhuk auf keine längeren Gespräche mit Leutwein ein. Ohne Umschweife erklärte er diesem, daß keine Vertrauensbasis mehr zwischen ihnen beiden bestünde und er ein weiteres gedeihliches Zusammenarbeiten mit ihm in Anbetracht der unüberbrückbaren Gegensätze sowohl in den Ansichten über die Art der Kriegführung als auch über die Behandlung der Eingeborenen für unmöglich halte.

Der Gouverneur erkannte, daß seine Stellung in der Kolonie nunmehr endgültig unhaltbar geworden war. Auf niemanden konnte er sich mehr abstützen, nicht einmal auf die Siedlerschaft. Auch diese hatte ihm weitgehend das Vertrauen entzogen: Man warf ihm vor, daß er zu sanft mit den Eingeborenen im Schutzgebiet umgegangen sei, daß er »von einem verhängnisvollen Optimismus geleitet werde.« Immer lauter war in letzter Zeit aus den Kreisen der Siedler der Ruf »nach einem bestimmten Nachfolger« Leutweins geworden, womit der damalige Generalkonsul von Kapstadt, v. Lindequist, gemeint war, der früher bereits in Südwest als Gerichtsassessor gearbeitet hatte und dem man entschieden mehr Härte im Umgang mit den Eingeborenen der Kolonie nachsagte. Daß man ihn, Leutwein, bisher noch auf seinem Posten als Zivilgouverneur belassen hatte, sei, so hieß es, zweifellos nur aus Gründen der politischen Vernunft geschehen, da, wie man glaubte, ein Wechsel in der höchsten Funktion des kolonialen Verwaltungsapparates sich, solange der Hereroaufstand noch nicht niedergeworfen war, verheerend auf das Verhalten der anderen Völkerstämme Südwests ausgewirkt hätte,

109 Ebenda, Bl. 95: Leutwein an KA, 19.11.1904.
110 Ebenda, Bl. 91: Trotha an Leutwein, 10.11.1904.

galt Leutwein doch durch seine engen freundschaftlichen Bande zu Hendrik Witbooi, dem einflußreichsten Kapitän im Namaland, als der Garant für Ruhe und Ordnung im Süden des Schutzgebietes. Diese Bande aber waren nun, mit dem Abfall Hendriks, zerrissen und er, Leutwein, damit seines letzten politischen Haltes in der Kolonie verlustig gegangen! Sein in vielen Jahren so mühsam aufgebautes politisches System in Südwest war Makulatur geworden!

Da gab der Gouverneur dieses für ihn unwürdig gewordene Spiel auf. Am 26. November übergab er die Gouvernementsgeschäfte an General v. Trotha und trat den ihm von der Kolonialabteilung bereits genehmigten Heimaturlaub an – um nie mehr in die Kolonie zurückzukehren.

Deimlings Kriegsplan sah vor, die bei Rietmond versammelten Hauptkräfte der Witboois unter ihrem Kapitän Hendrik von drei Seiten, mit der Hauptmacht von Kub, mit der 7. Kompanie/2. Feldreg. von Kalkfontein(-Nord) und mit der Besatzung der Station Gibeon von Falkenhorst – Jakobsfontein aus, in die Zange zu nehmen und zum Entscheidungskampf zu zwingen.

Da die für Oberst Deimling bestimmten, aus dem Hereroland heranmarschierenden Verbände, die durch die Verfolgung der flüchtenden Herero im Sandfeld arg gelitten hatten, erst der Auffrischung in Windhuk bedurften, nahm deren Heranführung zum neuen Kriegsschauplatz geraume Zeit in Anspruch und würde voraussichtlich erst Mitte November zum Abschluß gebracht werden. (Ein Mitwirken der im Raum Kalkfontein-Süd konzentrierten Abteilung Lengerke bei der geplanten Operation gegen die Witboois schied aus, zum einen aus räumlichen Gründen – sie stand fast 600 km weiter südlich –, zum anderen, da sie zur Abwehr der ständigen Überfälle der Morengarebellen und zur Sicherung der Verbindungswege zur Kapkolonie benötigt wurde.)

Auf das Heranschließen dieser Verbände aber wollte Oberst Deimling nicht warten. Er brach am 18. November mit der 4. Feldkompanie/2. Feldreg. von Rehoboth in Richtung Kub-Kuis auf, wo inzwischen ein Versorgungsdepot für die Operation gegen die Witboois angelegt worden war.

Nach dreitägigem Marsch bei großer Hitze und mit wenigen Ruhepausen steht Deimling mit der 4. Kompanie vor Kub. Um die Lage voraus zu erkunden, trennt sich der Oberst mit seinem Stab von der Kompanie. Nach einstündigem Ritt ist plötzlich aus Richtung Kub heftiges Gewehrfeuer zu hören. Gleich darauf sprengt auf schweißbedecktem Pferd ein Bure heran und meldet Deimling in höchster Erregung, die Hottentotten seien da.

Was war geschehen? Hendrik Witbooi war das allmähliche Eintreffen der deutschen Truppen nicht entgangen, doch hatte er deren abwartende Haltung als Schwäche ausgelegt und wollte diese jetzt ausnutzen. Angespornt durch den »Propheten« Stürmann, beschloß er, Kub mit seinen reichen Vorratslagern und den Viehbeständen der geflüchteten Farmer anzugreifen. Der Namakapitän schien sich seiner Sache sicher zu sein, denn er rückte mit zwölf leeren Ochsenwagen an, um den in Kub lagernden Proviant gleich aufladen zu können.

Mit 250 Reitern erschien Hendrik in den frühen Morgenstunden des 22. November überraschend vor dem Ort, wo inzwischen die 2. Kompanie/1. Feldreg. sowie eine Hälfte der 2. (Geb.) Batterie und die halbe 2. Ersatzkompanie Quartier bezogen hatten. Zunächst trieben die Witboois die Pferde und Esel der Gebirgsbatterie ab. Als ihnen das geglückt war, griffen sie den Ort selbst an.

Die 2. Kompanie warf sich den Angreifern entgegen, sah sich allerdings schon bald von vorn und von beiden Flanken umfaßt und »konnte sich nur mit großer Mühe der Wilden, die mit fanatischer Wut kämpfen, erwehren.«[111]

Da erhielt die Kompanie noch gerade zur rechten Zeit Entlastung in ihrer bedrängten Lage durch die 4. Feldkompanie, die, von Deimling alarmiert, nun durch ihr Eingreifen das Kampfgeschehen zugunsten der Deutschen entschied und die Witboois zum raschen Rückzug nach Rietmond zwang.

Indes ließen sich die Witboois trotz ihrer Niederlage bei Kub nicht entmutigen und griffen sechs Tage später, am 28. November, die von Hoachanas nach Lidfontein vorgeschobene 7. Feldkompanie an, wurden jedoch abgewiesen. Die Angreifer zogen sich dann nach Kalkfontein zurück, wohin ihnen die 7. Kompanie folgte.

Deimlings größte Sorge war nun, daß der Feind sich nach diesen beiden Schlappen nicht mehr zum Entscheidungskampf im Raum Rietmond stellen, sondern nach Osten in die Kalahari entweichen würde. »Wir dürfen aber«, so schrieb er, »die Hottentotten nicht abziehen lassen, sondern wir müssen sie vorher fassen, um sie zu vernichten.«[112]

Da auch einsetzender Hafermangel einen baldigen Beginn der Operationen zwingend machte, brach der Oberst mit allen verfügbaren Kräften (2. Kp./1. Feldreg., 4. Kp./2. Feldreg. sowie 5. Batt.; die 5. Kp./2. Feldreg. war noch im Anmarsch von Norden) bereits am 1. Dezember von Kub aus mit Vormarschrichtung Rietmond wieder auf, nachdem er zur Verstärkung der von Kalkfontein gegen die Hauptkräfte der Witboois angesetzten 7. Feldkompanie einen Teil der 2. Ersatzkompanie (Hauptmann v. Krüger) dorthin detachiert hatte.

Am 2. Dezember erreichte Deimlings Truppe, über Narib marschierend, die Wasserstelle Dabib. Hier wartete sie das Heranschließen der 5. Kompanie ab. Zwischenzeitlich entsandte Deimling zur Erkundung der Feindlage um Rietmond eine stärkere Patrouille unter Leutnant von der Marwitz.

Diese Patrouille rückte am 2. Dezember bis an den Höhenrand von Rietmond vor und stieß hier auf den Gegner. In dem sich entspinnenden Gefecht fielen v. d. Marwitz und fünf Reiter. Ein zweiter Offizier, Leutnant Auer von Herrenkirchen, wurde schwer verwundet. Es gelang ihm jedoch, den Rest der Patrouille nach Dabib zurückzuführen.

Stärkere Verluste traten auch bei anderen Patrouillen auf, die mangels eingeborener Späher von Deimling zu Erkundungsunternehmungen ausgesandt werden mußten. Hier zeigte sich wieder einmal, wie sehr die deutschen Reiter im afrikanischen Busch durch ihre Unerfahrenheit benachteiligt waren gegenüber den Nama, die jeden Schlupfwinkel ihres Landes kannten und so den Deutschen überall Hinterhalte legen konnten!

Immerhin aber hatten diese mit soviel Wagemut und Opfern vorgetragenen Erkundungsunternehmen dem Obersten Deimling die Gewißheit gebracht, daß der

111 Kolbe, S. 114.

112 MA, N559/v. 7: Nachlaß Deimling, KTB Stab 2. Feldreg., Südfeldzug, Anlage 74.

Gegner immer noch im Bereich Marienthal-Rietmond stand, offenbar entschlossen, den Kampf aufzunehmen. Daraufhin nahm der Oberst am 4. Dezember mittags mit der Hauptabteilung, an die unterdessen die 5. Kompanie herangeschlossen hatte, den Vormarsch von Dabib aus in Richtung Rietmond wieder auf, obwohl er zu dem Zeitpunkt noch keine Gewißheit über die vorgesehene Mitwirkung der Abteilung des Hauptmanns v. Krüger von Kalkfontein aus hatte, da mit ihr noch kein Kontakt hatte hergestellt werden können.

Über die nun folgenden Ereignisse erfahren wir aus der Feder eines Augenzeugen, des evangelischen Feldgeistlichen Max Schmidt: »Die Stimmung war ein kampfesfroher, nüchterner Ernst. ›Wenn sie nur nicht auskneifen!‹ hörte man mehrfach. Doch wußte jeder, daß die Witboois in ihrer klippenreichen Heimat keine verächtlichen Gegner sind. Einige trugen einem guten Kameraden abseits oder leise noch Aufträge und Grüße an die Heimat auf, falls das Todeslos sie träfe.

In der heißesten Mittagshitze (1° N) mußte der Vormarsch angetreten werden. Als Marschordnung war befohlen, daß die 2. Komp. die Spitze bilden und bei dem Haupttrupp die beiden Batterien zwischen der 4. und 5. Kompagnie marschieren sollten.

Im Schritt vorwärts! Afrikas Dezembersonne brennt sengend auf die Scheitel. Doch darauf achtet heute niemand. Der schmale Pfad läßt nur für zwei Reiter nebeneinander Raum. Er führt über ein weites, mit Steingeröll übersätes Steppengelände, auf dem mannshohes, auch höheres Buschwerk regellos zerstreut steht. Wo ein trockener Wasserlauf die Steppe durchquert, sind die Buschbestände sofort dichter und gefährlicher. Um so schärfer lugt dann die meist schweigende Truppe nach beiden Seiten.

Oberst Deimling reitet mit seinem Stabe an der Spitze des Haupttrupps. Zwei Buren aus Kub, die er als Ortskundige mitgenommen hat, und ein eingezogener Regierungsbeamter, den frühere Reisen nach Rietmond geführt haben, müssen oft die Fragen des Führers über die Gestaltung des Geländes beantworten. Wir kommen bereits der Wasserstelle Naris näher, die hinter den Höhenrücken und Bergkuppen vor uns in der Tiefe eingebettet sein soll. Klippige Seitenschluchten mehren sich, überragende Höhen treten hervor. Das richtige Hottentottengelände! Wie genau muß es jeder Witbooi kennen! Hier hatten sie, wie ein verwunderter Unteroffizier nachher treffend äußerte, ein ihnen so vertrautes Kampfgelände, als ob wir daheim unseren eigenen Exerzierplatz zu halten hätten. In diesem steinigen, schluchtenreichen Hügellande Rietmond zu verteidigen, erklärten nachher der Oberst wie alle Offiziere für die bestmögliche Maßnahme des Gegners.

Schon fallen – es ist 3 N. – die ersten Schüsse; die Spitze erhält Feuer von den klippenreichen Höhen. Die Gebirgsbatterie greift ein. Bald jagt sie weiter vor. Die 4. Kompagnie wird rechts auf den Höhenrücken angesetzt, von dem ihr heftiges Feuer entgegenprasselt. Plötzlich flüchtige Staubwolken auf der linken Seite! Die Witboois versuchen ihre beliebten Umfassungen. Die 5. Kompagnie wird ihnen entgegengeworfen. Bald erscheint derselbe Feind auf der rechten Seite und bedroht die in hartem Kampfe liegende 4. Kompagnie, der sofort die 5. Kompagnie Hilfe bringt.

Der Oberst, der von einer Anhöhe das Gefecht leitet, schickt nun auch den ersten Zug der 5. Batterie (Leutnant Overbeck) (richtig: Leutnant Oberbeck – Ann.

Verf.). Ein Treffer fährt in die Klippen; die Witboois lassen ihre Toten und laufen einer rückwärts liegenden Stellung zu, während die von der verlassenen Höhe bislang stark beschossene 4. Kompagnie den Erfolg mit freudigen: ›Bravo! Hurra!‹ begleitet. Wir gewinnen Raum und rücken vor.

Der Feind hält sich zähe hinter seinen schützenden Klippen, aber nach zwei- bis dreistündigem Gefechte ist die Wasserstelle Naris und, wie sich bald zeigen sollte, zugleich Hendriks Hauptsitz Rietmond erobert. Es war das erste Mal, daß Hendrik mit einem ›Grootrohr‹, mit unseren Feldgeschützen Bekanntschaft machte. Seine Umgehungsversuche hatten so wenig gefruchtet, wie die kleinen Kriegslisten seiner Witboois, die z.B. ihren Hut recht sichtbar an eine Stelle legten, von der sie sich selber in gehöriger Entfernung hielten, oder einer mannsgroßen Aloe einen Witbooi-Hut aufstülpten, um das deutsche Feuer auf solche ungefährlichen Stellen abzulenken…«[113]

Die Witboois zogen sich nach diesem Gefecht in Richtung Rietmond zurück, über 50 Tote auf dem Kampffeld zurücklassend. In ihrer Absetzbewegung zeigten sie sich als wahre Meister, wie Leutnant Graf von Hardenberg staunend zu berichten wußte: »Sie gingen von Höhe zu Höhe, sprungweise fechtend, zurück, das geraubte Vieh deckend, das in ihrem Rücken auf Rietmond abgetrieben wurde… Sie setzten sich mit kolossaler Schnelligkeit ab, beeindruckend die Selbständigkeit jedes einzelnen in der Aufklärung und im Gefecht …«[114]

Die Abteilung Deimling hatte in diesem dreistündigen Gefecht drei Gefallene und neun Verwundete zu beklagen. Da die Dunkelheit inzwischen hereingebrochen war, wurde von einer Verfolgung des Gegners abgesehen. Die Truppe biwakierte die Nacht über an der Wasserstelle Naris.

Am folgenden Tage, den 5. Dezember, setzte die Abteilung den Vormarsch Richtung Rietmond fort. Doch die Hoffnung, Hendrik Witbooi würde sich an seinem Stammsitz zum Entscheidungskampf stellen, erwies sich als falsch: Bei Annäherung an den Ort kam die Meldung von der Spitze der Marschkolonne, daß der Feind im eiligen Aufbruch aus Rietmond abzöge. Nur einige Granaten konnte die vorstürmende 5. Batterie dem sich entfernenden Staub noch hinterher feuern. Wie überstürzt die Witboois Rietmond geräumt haben müssen, konnte die Truppe an der Menge der Beute ersehen, die ihr in die Hände fiel: Es waren nicht nur 15.000 Stück Vieh, die die Witboois in ihrer Werft zurückgelassen hatten, sondern auch Waffen und Schießbedarf, Ochsenwagen und vielerlei Gerätschaften.

Hendrik Witboois Wohnhaus – eines der fünf Backsteinhäuser des Ortes, der sonst nur Pontoks aufwies – zeugte von panikartiger Flucht des alten Kapitäns, wie Oberst Deimling feststellte: »… Dicht am Eingang stand noch sein Lehnstuhl mit Decken und Fellen, wie er gerade benutzt worden war. Auf dem großen Tisch lagen seine Briefschaften, Patronen, Taschenuhr und seine Bibel. Auch mehrere Gewehre sowie erbeutete deutsche Offiziersdegen hatte er zurückgelassen. Selbst sein Sparkassenbuch war liegengeblieben. Wie ich daraus ersah, hatte er noch im

113 M. Schmidt, S. 78ff.
114 NA, Acc. 151 (Hardenberg)

September in die Sparkasse Gibeon 1600 Mark eingezahlt. Über seinem Bett hingen Bilder vom Kaiser und dem Gouverneur Leutwein …«[115]

Die Spuren der Witboois wiesen nach Norden in Richtung auf die Wasserstelle Kalkfontein. Deimling brach daher noch am Abend des 5. Dezember zur Verfolgung des Gegners auf – in der Hoffnung, daß Hauptmann v. Krüger inzwischen weisungsgemäß mit seiner Abteilung über Schürfpenz-Kalkfontein hinaus nach Süden vorgerückt war und nun die Witboois mit zwei Zangenarmen, von Norden und Süden her, gepackt werden könnten.

Doch die Hoffnung trog: Der Abmarsch der Abteilung Krüger hatte sich um zwei Tage verzögert, da v. Krüger erst die Ankunft einer Verstärkungstruppe, der Halbbatterie Stuhlmann, glaubte abwarten zu müssen. Aber Hendrik Witbooi dachte auch gar nicht daran, sich in die Zange nehmen zu lassen und sich mit den kräftemäßig und in der Feuerkraft weit überlegenen Deutschen auf einen Entscheidungskampf einzulassen, dessen Ausgang nur in der Vernichtung der Witboois liegen konnte. Der Namahäuptling hatte jetzt erkannt, daß mit dem unaufhörlichen Zustrom deutscher Truppen ins Land seine einzige Chance nur noch im Kleinkrieg liegen konnte, in der Hit-and-Run-Taktik, das heißt dem überraschenden Zuschlagen aus der gedeckten Stellung und dem sofortigen Abbrechen des Gefechts gegenüber überlegenen gegnerischen Kräften. Nur so sah Hendrik für sich eine Möglichkeit, die Schutztruppe nicht zu Atem kommen zu lassen und sie in einem langwierigen Ringen kräfte- und materialmäßig zu verschleißen.

Hendriks Kalkül sollte aufgehen: In einem jahrelangen Guerillakrieg mit sprunghaft steigenden deutschen Verlustzahlen mußte das Reich immer mehr Truppen nach Südwest entsenden. Es entstand die groteske Situation, daß bis zu 15.000 deutsche Soldaten im Namaland einem Phantom-Gegner hinterherjagten, der anfänglich etwa 2000–2500 Mann und später, in der Endphase des Namakrieges, nur noch wenige hundert Mann stark war.

Statt den Deutschen bei Kalkfontein in die Arme zu laufen und dort zu einem Entscheidungskampf herausgefordert zu werden, wich der Witbooikapitän nach Osten und Südosten aus, so daß die beiden deutschen Stoßkeile Deimling und v. Krüger bei Kalkfontein ins Leere stießen.

So hatte Oberst Deimling mit dem erfolgreichen Gefecht bei Naris nur einen Pyrrhus-Sieg davongetragen: Seine Absicht, die Witboois doch noch zu fassen und zu vernichten, war fehlgeschlagen!

Da der Nachschub ausgeblieben war – es mangelte nun an Proviant, Artilleriemunition und Hafer –, mußte der Oberst jetzt eine Zwangspause in den Operationen einlegen. Diese Pause, so hoffte Deimling, der weiterhin an einen Entscheidungskampf mit den Witboois glaubte, könnte der Feind zum Sammeln und erneuten Festsetzen nutzen. Dann habe er, Deimling, »ein um so besseres Angriffsobjekt.«

Vorerst aber war der Gegner von der Bildfläche verschwunden. Seine Spuren wiesen in Richtung Auob-Rivier nach Osten und Südosten.

115 Deimling: »Aus der alten in die neue Zeit«, S. 76.

Deimlings Truppe erreichte am 6. Dezember die Wasserstelle Kalkfontein. Hier vereinigte sie sich mit der Abteilung Krüger. Da wegen des Ausbleibens des Nachschubs an eine energische Verfolgung der Witboois mit der Masse der Truppe nicht zu denken war, beauftragte der Oberst nur eine Abteilung hiermit, die aus der 4., 5. und 7. Kompanie (alle 2. Feldregiment) sowie der 5. Batterie formiert wurde. Geführt wurde sie von Major Meister. Die übrigen Truppenteile gingen nach Rietmond beziehungsweise Gibeon zurück. Oberst Deimling selbst marschierte mit seinem Regimentsstab sowie der Halbbatterie Stuhlmann nach Gibeon ab (der Ort war fernmeldemäßig günstig an der Heliographenlinie Keetmannshoop – Windhuk gelegen), da er von dort »das fernere Zusammenwirken seiner getrennten Abteilungen (Anm. Verf.: Hierzu gehörte auch die Abteilung Lengerke, auf die wir gleich noch zu sprechen kommen) am besten regeln könnte.«[116]

Am 13. Dezember traf Deimling auf der Feste Gibeon ein, erleichtert begrüßt von den dorthin geflüchteten Ansiedlern, die sich nun endgültig befreit fühlten.

Major Meister, dem von Deimling eingeschärft worden war, »dem am Auobtal sich wieder sammelnden Gegner nicht ohne Not durch Patrouillen zu beunruhigen, damit dieser sich in Ruhe wieder sammeln könne«, unternahm mit seiner Abteilung an 8./9. Dezember zunächst einen Vorstoß nach Witcranz am Auob, da nach Aussage eines gefangengenommenen Nama Hendrik dort mit seiner ganzen Macht stünde. Dieser Vorstoß endete jedoch in einem »Luftstoß«: Die Witboois hatten rechtzeitig die Stellung geräumt und sich weiter Auob-abwärts zurückgezogen, wahrscheinlich um sich in Gochas mit Simon Koppers Leuten zu vereinigen und dort festzusetzen.

Im Zeitraum November bis Anfang Dezember 1904 traf die erste Staffel der von Trotha angeforderten Verstärkungen in Lüderitzbucht ein. Es waren dies die 3. Ersatzkompanie (Oberleutnant v. Livonius), die 4. Ersatzkompanie, die 9. (Gebirgs-)Batterie, eine Eisenbahnkompanie (Hauptmann Trott), ferner mehrere Feldtelegraphenabteilungen sowie das neu formierte Etappenkommando Süd (Major Lequis) mit dem entsprechenden Nachschub- und Etappenpersonal, insgesamt etwa 940 Mann . Diese Verstärkungsverbände – ebenso wie die bis Mitte Januar 1905 eingetroffenen weiteren Verstärkungen in Höhe von nochmals mehr als 3000 Mann, darunter das IV. Bataillon des 2. Feldregiments – rekrutierten sich vom einfachen Soldaten bis hin zum Stabsoffizier aus Freiwilligen aller Heeresregimenter und aus wieder zur Fahne geeilten Angehörigen des Beurlaubtenstandes. Sie waren auf dem Truppenübungsplatz Munsterlager in die Gegebenheiten der afrikanischen Umwelt und in die Grundzüge der afrikanischen Kriegführung, das heißt des Buschkrieges, eingewiesen und zu Einheiten notdürftig zusammengeschweißt worden. Viele der Freiwilligen, da nicht aus berittenen Einheiten stammend, mußten sogar erst noch das Reiten lernen und in Pferdepflege unterwiesen werden. Dies geschah in Kurzlehrgängen von ein bis maximal drei Wochen Dauer – eine viel zu kurze Zeitspanne, wenn man bedenkt, welch unglaubliche Strapazen und Entbehrungen und welch blutige Kämpfe mit den an Land und

116 MA, N559/v. 2: Nachlaß Deiling, S. 39.

Klima gewöhnten, im hohen Maße mit Naturinstinkten begabten Eingeborenen diesen afrikanischen Neulingen abverlangt wurden!

In Lüderitzbucht eingetroffen, sollten diese Verstärkungstruppen daher eigentlich erst einmal akklimatisiert und auf ihre schwere Aufgabe auf diesem fremdartigen Kriegsschauplatz vorbereitet werden. Doch dazu blieb zumeist keine Zeit.

So kam die Eisenbahnbaukompanie sofort zum Einsatz: Sie mußte zwei ganz vordringliche Projekte in Angriff nehmen: Den Ausbau der für die so enormen Truppenanlandungen überhaupt nicht ausgelegten Landungsanlagen in Lüderitzbucht und die Wassererschließung längs des Baiweges von der Küste bis nach Kubub.

Sofort gebraucht wurde auch die 3. Ersatzkompanie. Sie wurde bereits Anfang November in das Bethanierland vorgeschoben, wo sich durch das Auftauchen von Witbooikriegern eine erhebliche Unruhe unter den Bethaniern bemerkbar gemacht hatte und schon erste kriegerische Handlungen stattgefunden hatten. (Siehe Kapitel 7, S. 64) Ein Teil dieser Kompanie hatte die erste Feindberührung am 8. November, als er bei Umub nahe dem Ort Bethanien eine Gruppe Nordbethanier beim Viehraub überraschte und in die Flucht trieb. Diese wichen nach Norden aus, so daß die Gefahr von Überfällen auf die Hauptnachschubroute, den von Lüderitzbucht ins Landesinnere führenden Baiweg, vorerst abgewendet war.

Die Kompanie nahm anschließend die Entwaffnung der noch nicht abgefallenen Südbethanier vor und bezog danach Dauerquartier in Berseba im Nordbethanierland.

Schon wenig später sollte Nordbethanien zu einem weiteren Kriegsschauplatz im Süden der Kolonie werden: In der Nacht zum 16. Dezember erhält Oberst Deimling in Gibeon die heliographische Meldung, daß sich die Nordbethanier-Nama unter ihrem Kapitän Cornelius Frederick am Hudup-Rivier, einem linken Nebenarm des Leber-Riviers, in Stärke von etwa 150–200 Gewehren gesammelt hätten und die Station Maltahöhe bedrohten.

Deimling veranlaßt die sofortige Alarmierung der 2. Feldkompanie (Oberleutnant Ritter) und der Halbbatterie Stuhlmann und setzt sie in das nördliche Bethanierland in Marsch. Der Auftrag für diese neue von Oberleutnant Ritter geführte Abteilung lautet: Das Hudup-Rivier bis Maltahöhe vom Feind säubern!

Am 19. Dezember abends brach die Abteilung von Freistatt aus zum Marsch gegen die Corneliusleute auf. (Diese hatten am gleichen Tage eine empfindliche Niederlage erlitten, als sie versuchten, einen Angriff auf Maltahöhe zu unternehmen, und dabei in einem siebenstündigen Gefecht von der Stationsbesatzung geschlagen wurden.)

Nach ununterbrochenem Marsch durch wegeloses und äußerst schwieriges Gebirgsgelände stieß die Abteilung am 21. bei Uibis am Hudup auf das Kriegslager des Gegners. Dieser wurde völlig überrascht. Lesen wir hierzu aus dem Gefechtsbericht des Oberleutnants Ritter:

»Nach kurzem Artilleriegefecht wurde zum Angriff vorgegangen gegen die stark verschanzte, vorzüglich gewählte Stellung des Gegners. – Es entwickelte sich ein 10stündiges, schweres Gefecht. Gegner wechselte fortwährend die Stellung, was ihm durch das, durch tief eingeschnittene Reviere, unübersichtliche Gelände erleichtert wurde u. suchte die nur 63 Gewehr starke Kompagnie fortwährend zu umgehen. Jede der feindlichen Stellungen mußte mit dem Bajonett genommen werden, was mit großer Bravour ausgeführt wurde. Die Artillerie unterstützte dieses Vorgehen durch vorzüglich geleitetes Feuer wirksam … Feind vollständig zerstreut, floh in Hauptrichtung S.O. …«[117]

Nachdem er sich vergewissert hatte, daß die Gegend um Maltahöhe feindfrei war, kehrte Ritter mit seiner Abteilung nach Gibeon zurück, wo er am 28. Dezember wieder eintraf.

Wegen der Lageentwicklung im äußersten Süden und in Witbooiland mußte Oberst Deimling den Vorgängen dort vermehrte Aufmerksamkeit widmen, so daß die kriegerischen Ereignisse auf dem Kriegsschauplatz Bethanierland zwangsläufig etwas in den Hintergrund traten. Die Folge war, daß für längere Zeit nur wenig Truppeneinsätze gegen die Nordbethanier, deren Zahl sich durch das Hinzutreten einer nach Westen entwichenen Gruppe von Witboois unter Führung des Unterkapitäns Elias jetzt auf etwa 600 Mann erhöht hatte, unternommen werden konnten. Diese blieben deswegen vorerst wenig behelligt.

Wir wollen uns nun wieder den Kriegshandlungen in Bezirk Keetmannshoop (Südbezirk) zuwenden. Hier hielten sich Morenga und die beiden Morrisbrüder (Abraham und Eduard) immer noch mit ihren Kriegern in dem zerklüfteten und unzugänglichen Massiv der Großen Karrasberge verborgen und unternahmen von dort aus weiterhin ihre »Requisitionszüge«. Morenga hatte inzwischen weiteren Zulauf an Kriegern, vor allem Feldschuhträgern aus der Gegend von Koës, erhalten, so daß seine Macht nunmehr Anfang November etwa 300 Gewehre betrug. Er wurde jetzt immer kühner und dehnte seine Kriegszüge bis tief in den Süden aus.

Um den 10. November herum erfuhr Major v. Lengerke, der Kommandeur der Südabteilung und Truppenbefehlshaber im Bezirk Keetmannshoop, gerüchteweise, daß Morenga gegen Keetmannshoop vorzugehen beabsichtige – eine geschickt ausgestreute »story« und Finte des Rebellenführers, wie sich wenig später herausstellen sollte. Der Major, der sich mit den Gros seiner Truppe im Bereich Warmbad – Kalkfontein befand, reagierte auf dieses Gerücht, indem er mit der Abteilung Fromm (70 Mann, 2 Geschütze) nach Keetmannshoop eilte. Zur Sicherung der Nachschubpad Warmbad – Ramansdrift und zur Bewachung der in Warmbad einsitzenden Bondelzwart (siehe Kapitel 7, S. 62) beließ Lengerke den Rest seiner Truppe, die (3.) Kompanie v. Koppy, in Warmbad.

Auf diese günstige Gelegenheit der Schwächung der deutschen Position im äußersten Süden hatte der schlaue Taktiker Morenga nur gewartet. Nur zu genau kannte er die enorme Bedeutung Warmbads für die Heranschaffung der Bedürfnisse sämtlicher im Süden der Kolonie stehenden deutschen Truppenverbände, war der Ort doch Hauptumschlagplatz für den Nachschub aus der Kapkolonie. Hier wurden riesige Mengen an Proviant und anderen Versorgungsgütern zwischengelagert. Welchen gewaltigen Verlust würde es für die Deutschen bedeuten, wenn es ihm, Morenga, gelänge, diese Mengen an Gütern zu erbeuten und die gefangenen Bondels zu befreien!

117 MA, N559/v. 7: Nachlaß Deimling, KTB Stab 2. Feldreg., Südfeldzug, Anlage 91.

Mit großer Geschicklichkeit und Umsicht ging der Rebellenführer zu Werke: Er inszenierte am 25. November mit seinen Orlogleuten südlich von Warmbad mehrere Raubüberfälle auf Vieh. Der von ihm verfolgte Zweck war hierbei, einen Teil der Garnison Warmbad fortzulocken und so diese noch weiter zu schwächen, um den Ort um so leichter überfallen zu können. Tatsächlich ließ sich auch Oberleutnant von Kageneck, der stellvertretende Distriktchef von Warmbad (Hauptmann v. Koppy, der Distriktchef und Führer der in Warmbad stehenden 3. Feldkompanie, war mit einigen Reitern zur Bestellung von Proviant auf dem Wege nach Ramansdrift), dazu verleiten, zwei Patrouillen in Richtung Wasserstelle Alurisfontein (10 km südlich Warmbad) zur Verfolgung der Viehdiebe zu entsenden.

Während die eine der beiden Patrouillen ohne Feindberührung blieb, wurde die andere am 25. November bei Alurisfontein in ein schweres Gefecht mit dem Gegner verwickelt. Sie mußte sich, von mehreren Seiten beschossen, auf eine Kopje zur Rundumverteidigung zurückziehen. Dabei gelang es jedoch einem der Reiter, den Ring der Morengakrieger trotz heftigen Beschusses zu durchbrechen und v. Kageneck in Warmbad Meldung zu erstatten. Dieser machte sich noch am gleichen Abend (25. November) mit 25 Reitern und einem Geschütz auf den Weg, um den Bedrängten zu Hilfe zu eilen.

Kagenecks Reitertrupp hatte sich den auf der Kopje verschanzten Kameraden schon auf Rufweite genähert und durchquerte gerade ein Rivierbett, als ihm in der anbrechenden Dämmerung plötzlich aus den umliegenden Klippen ein heftiger Feuerhagel entgegenschlug. Die Reiter igelten sich sofort um das Geschütz herum ein. Ihre Lage war äußerst prekär: Auf dem glühendheißen weißen Flußsand liegend oder kauernd, waren sie schutzlos dem Feuer der Morengaleute ausgesetzt. Die Nacht zog dahin, und mit Sonnenaufgang fand das erbitterte Gefecht seine Fortsetzung. Alle Pferde fielen dem gegnerischen Feuer zum Opfer, und unsäglich litten die Reiter unter der sengenden Sonne an Durst. Keiner glaubte mehr an Rettung, und doch war diese nahe!

Hauptmann v. Koppy war in der Nacht zum 26. November in Begleitung eines Unteroffiziers auf dem Rückweg von Ramansdrift, als er nahe Alurisfontein aus geringer Entfernung heftig beschossen wurde. Nur mit Mühe entkamen er und sein Begleiter dem Gegner und erreichten im scharfen Ritt Warmbad. Hier erfuhr der Hauptmann von der mißlichen Lage, in die die eine der beiden Patrouillen bei Alurisfontein geraten war, und daß Kageneck mit einem Teil der Garnison dieser zu Hilfe geeilt sei. Ohne lange zu überlegen, raffte Koppy den Rest seiner schwachen Kompanie – 28 Reiter und ein Geschütz – zusammen und brach noch am gleichen Mittag zum Entsatz der beiden Reitertrupps nach Alurisfontein auf.

Auf halbem Wege zur Wasserstelle kam es zum ersten Zusammenstoß mit dem an einem Klippenrand in Stellung gegangenen Gegner. Im schnellen Anlauf, unter Mitwirkung des Geschützes, wurde dieser geworfen. Aus der eroberten Höhenstellung beobachtete v. Koppy gleich danach, wie ein Teil der weichenden Morengaleute sich nach Norden, Warmbad entgegen, wandte. Doch »einige gut sitzende Schüsse aus der mitgebrachten Kanone sprengten den feindlichen Schwarm glücklicherweise sofort auseinander, und nunmehr gelang es, nachdem die unerschrockenen Reiter das einsam im trockenen Flußbett stehen gebliebene Geschütz, trotz des Feuers der Wilden, auf die Höhe gebracht hatten, die Patrouillen aus ihrer gefährlichen Lage zu befreien ...«[118] Als die Dunkelheit heranbrach, gab Morenga den Kampf auf und zog nach Süden hin ab.

Weit schlimmer als den bei Alurisfontein eingeschlossenen beiden Reitertrupps war es zwei weiteren Patrouillen ergangen, denen der Leutnante v. Heydebreck und Schmidt, die gemeinsam in der Frühe des 26. November Ramansdrift in Richtung Warmbad verlassen hatten. Unweit Alurisfontein geriet dieser Reitertrupp gegen Abend in einen gegnerischen Hinterhalt und wurde nahezu aufgerieben. Die beiden Offiziere und vier Reiter fielen. Drei Reitern gelang es, sich nach Warmbad durchzuschlagen. Ein weiterer Reiter, Hermann Heinz, geriet verwundet in die Gefangenschaft der Morengarebellen. Über seine Gefangennahme, die Behandlung in der Gefangenschaft und seine Rückkehr nach Warmbad berichtet er:

»Mit Kugeln überschüttet, traf mich ein Schuß in den rechten Oberarm. Mein Gewehr entflog mir im großen Bogen. Gleich darauf brach ich hinter einem Busch zusammen. In dem Augenblick erreichte mich einer der Wilden, lud sein Gewehr und zielte bei einer Distanz von drei Schritt auf meinen Kopf. Mein ganzes Leben ging mir nochmals durch mein Gehirn. Da – noch ehe der Todesschuß abgegeben war, wurde ich von hinten gepackt, das Gewehr senkte sich, und in kurzer Zeit war ich meiner Kleider beraubt. Und weiter ging es dann, nicht meinem Wunsch gemäß ans Wasser, sondern vorbei an unserm geliebten Herrn Leutnant Schmidt, der gestern sein Leben, durch eine Kugel durch die tapfere Brust, dem Vaterland geopfert hatte und entkleidet am Boden lag. – Dann eine Anhöhe hinauf zu dem berühmten Eingeborenenhäuptling Jakob Morenga.

Ermüdet ließ ich mich auf einen Stein nieder, umschwärmt von Männern, Frauen und Kindern, welche spotteten und sich über mich lustig machten. Erstaunt erblickte ich zwei unserer Eingeborenensoldaten, die auch die Gefangenen ihrer Stammesgenossen waren. Es machte mich einer auf den Führer Morenga aufmerksam, der stolz auf mich zuschritt, mich von allen Seiten besah und mich fragte, ob ich Hunger oder Durst hätte. Indem ich Hunger verneinte, ließ er mir Wasser bringen, woran ich mich erquickte. Gleich darauf verschwand er mit etwa 25 Reitern ...

Als ich eine geraume Zeit gesessen hatte, fragte ich einen unserer schwarzen Soldaten, ob ich gehen könnte. Dieser riet mir dazu. Ich verlangte meine Stiefel, welche er mir brachte, jedoch ohne Schäfte. Er band mir ein Tuch zum Schutz gegen die Sonne um den Kopf und gab mir eine gefüllte Feldflasche. So machte ich mich auf den Weg nach Warmbad, welches ich im Sande und brennender Hitze in fünf Stunden erreichte ...«[119]

In großer Sorge um das Schicksal von Warmbad eilte v. Koppy mit seiner Kompanie sofort dorthin zurück. Hier fand er zu seiner großen Erleichterung noch alles unversehrt vor. Er ließ sofort Verschanzungen um die Militärstation, die

118 Kolbe, S. 104.
119 Ebenda, S. 72.

Mission und die Kirche errichten – gerade rechtzeitig genug, denn schon am gleichen Abend (27. November) griffen die Morengaleute Warmbad heftig an, konnten jedoch unter hohen Verlusten für sie – 13 Gefallene – abgewiesen werden. Sie wiederholten den Angriff am folgenden Tage, jedoch ebenfalls ohne Erfolg.

Nach diesem Fehlschlag gegen die deutsche Versorgungsbasis Warmbad versuchten die Morengarebellen in der Nacht zum 3. Dezember einen weiteren Angriff auf die Nachschublinie in das Kapland, diesmal am südlichen Ende, auf Ramansdrift, wo nur eine schwache Postierung von 12 Mann lag. Doch auch dieser Angriff konnte abgewiesen werden.

Nun gab Morenga seine Aktionen vorerst auf und zog sich mit seinen Kriegern, alles erbeutete Vieh mit sich führend, nach Norden in seine Schlupfwinkel in den Großen Karrasbergen zurück.

Ende November schlossen sich auch die Feldschuhträger bei Koës offen der Aufstandsbewegung an, indem sie den schwachen Truppenposten Kabus angriffen und dort Pferde und Vieh erbeuteten. Major v. Lengerke, der immer noch mit der Abteilung Fromm in Keetmannshoop weilte, beschloß daraufhin, diesen Aufstandsherd durch einen Angriff auf Koës, die Hauptwerft der Feldschuhträger, baldmöglichst auszuräumen.

Er wartete noch die Ankunft einer Verstärkungstruppe, einer halben Kompanie, ab. Diese setzte er zur Sicherung Keetmannshoops ein und brach dann am 12. Dezember mit der 8. Feldkompanie/2. Feldreg. und der 3. Feldbatterie nach Koës auf. Am Morgen des 15. stand er mit seiner Abteilung vor der gegnerischen Hauptwerft. Die Überraschung gelang vollständig. Schrapnells sausten in die Pontoks; »wie ein Bienenschwarm schwärmten die Bewohner aus.« Bis zum Mittag wogte der Kampf. Erst als viele der Werftbewohner mit dem aufgepflanzten Seitengewehr von den Soldaten niedergestochen waren, wandten sich die überlebenden Feldschuhträger zur Flucht, 54 Tote auf dem Gefechtsfeld zurücklassend. Riesige Mengen an Groß- und Kleinvieh fielen der Truppe in die Hände. Stolz meldete der Major in seinem Gefechtsbericht: »... die Feldschuhträger hatten aufgehört, als Stamm zu existieren.«[120] Die Mehrzahl der Überlebenden, unter ihnen ihr Kapitän Hans Hendrik, zog sich in Richtung Große Karrasberge zurück, um Anschluß an Morengas Rebellen zu suchen; ein kleinerer Teil schloß sich den Witboois an.

Lengerkes Truppe verblieb noch einige Tage in Koës. Am 23. Dezember erhielt der Major von Oberst Deimling aus Gibeon die heliographische Weisung, mit seiner Truppe, die inzwischen um die 3. Ersatzkompanie und eine Gebirgsbatterie verstärkt worden war, nicht nach Keetmannshoop zurückzukehren, sondern stattdessen an der für Anfang Januar 1905 geplanten Offensive gegen die am Auob-Rivier stehenden Witboois mitzuwirken. Dabei sollte ein kleinerer Teil seiner, Lengerkes, Truppe zur »defensiven« Absperrung die wichtigen Wasserstellen Persip, Amadab und Kowes besetzen, um ein Entweichen der Witboois nach Süden mit der drohenden Möglichkeit einer Vereinigung mit den Morengaleuten zu vereiteln.

120 Ebenda, S. 90.

10. Kämpfe am Auob-Rivier: Die Witboois werden in die Zange genommen

Deimling setzt seine Truppen gegen die Witboois an – Kampf um Haruchas – Gefecht bei Gochas und bei Stampriet – Der Kampf um die Wasserstelle Groß-Nabas – Gefecht bei Zwartfontein (Kurikuribis) – Deimling stellt die weiteren Operationen gegen die Witboois vorerst ein und sperrt das Auob-Rivier ab – Hendrik Witboois Vorstöße aus der Kalahari – Gefechte bei Schürfpenz, Kiripotib und Nunub – Die Moral der Witboois sinkt – »Prophet« Stürmann trennt sich von den Witboois

(Siehe hierzu Karte 2, 3 und 4)

Gegen Ende Dezember durchgeführte Erkundungsunternehmen hatten ergeben, daß Hendrik Witboois Macht trotz seiner Niederlage bei Naris keineswegs gebrochen war, und er sich offenbar lediglich aus taktischen Erwägungen nach Osten in den Bereich von Gochas, der größten Wasserstelle im Tal des Auob-Riviers und dem Hauptsitz der von Simon Kopper geführten ebenfalls abtrünnigen Franzmann-Nama, zurückgezogen hatte. Da auch noch Splittergruppen der geschlagenen Herero unter Friedrich Maharero, einem Sohn Samuel Mahareros, sowie Feldschuhträger und Manasseleute (Angehörige der um Hoachanas lebenden Roten Nation unter ihrem Kapitän Manasse Noreseb) zu Hendrik gestoßen waren, war die Kriegsmacht des Witbooikapitäns nun sogar stärker denn je: Sie umfaßte jetzt gut 1000 Gewehre.

Hendrik Witboois Offensivgeist war ungebrochen. Das zeigte sich bereits, als er am 18. Dezember bei Stamprietfontein einen Überfall auf eine deutsche Aufklärungsabteilung durchführte, die diesen jedoch abwehren konnte.

Oberst Deimling sah sich als Oberbefehlshaber sämtlicher Truppen im Süden des Schutzgebietes einer äußerst schwierigen Aufgabe gegenüber: Er hatte es in dem riesigen Einsatzraum Namaland mit drei ernst zu nehmenden Gegnern zu tun, die alle auf verschiedenen, räumlich weit voneinander getrennten Einzelkriegsschauplätzen operierten, nämlich den Witboois, den Corneliusleuten und den Morengaleuten. Solange die angekündigten Verstärkungen noch nicht in nennenswertem Umfang auf dem südlichen Kriegsschauplatz eingetroffen waren, blieb dem Oberst daher keine andere Wahl, als die Gegner nacheinander zu schlagen und zunächst unter Zusammenfassung aller Kräfte zum Schlag gegen den gefährlichsten dieser drei Gegner auszuholen.

Dieser Gegner war zweifellos Hendrik Witbooi mit seiner vereinigten Macht von Witboois, Franzmann-Nama, Feldschuhträgern und Manasseleuten, die schon rein zahlenmäßig weit stärker waren als die Corneliusleute und die Morengaleute. Für den vorrangigen Einsatz gegen die Witboois sprach auch, daß sich die Orlogs Cornelius Fredericks und Morengas – im Gegensatz zu den Witboois – nach den erlittenen Schlappen relativ ruhig verhielten.

Deimling beschloß deswegen, die im Auobtal versammelten gegnerischen

Kräfte baldmöglichst anzugreifen. Um Gewähr für einen diesmal erfolgreichen Schlag gegen diese zu haben, wollte der Oberst alle in erreichbarer Nähe stehenden Truppenteile hierfür ansetzen. Auch die Masse der Abteilung Lengerke (III. Bataillon / 2. Feldreg.), die, wie wir bereits aus dem letzten Kapitel wissen, noch bei Koës stand, wollte er für diese Offensive heranziehen. Dies glaubte Deimling verantworten zu können, da das IV. Bataillon/2. Feldreg. von Lüderitzbucht aus im Anmarsch war.

Damit standen dem Oberst drei Abteilungen für den Vorstoß in Richtung Auob-Rivier zur Verfügung:
Die Abteilung Meister mit 2 3/4 Kompanien (4., 5. und 7. Kp./2. Feldreg.) und einer Feldbatterie (5. Batt.) in Kalkfontein-Nord; die Abteilung Ritter mit einer Kompanie (2. Kp./1. Feldreg.) und einer Halbbatterie (Stuhlmann), die noch geschlossen im Gibeon stand, wo sich auch Deimling mit seinem Stab aufhielt; die Abteilung Lengerke mit 1 1/2 Kompanien (8. Kp./2. Feldreg. und 1/2 3. Ersatzkompanie), einer Feldbatterie (8. Batt.) und einem Zug Gebirgsgeschütze (9. Batt.) in Koës. (Den Rest seiner Verbände, das heißt die andere Hälfte der 3. Ersatzkompanie und zwei Züge der 9. Batterie, mußte Lengerke zur Besetzung der Wasserstellen Persip, Amadab und Kowes detachieren – siehe hierzu Schluß Kapitel 9.)

Alle drei Abteilungen sollten von ihren jeweiligen Standorten aus zu unterschiedlichen Zeitpunkten aufbrechen, konzentrisch auf den mittleren Auob zumarschieren und sich am 4. Januar in Gochas vereinigen.

Das geplante konzentrische Vorgehen aus drei Himmelsrichtungen, Norden, Westen und Süden – ein Vorgehen auch von Osten, von der Kalahari her, verbot die Wasserlosigkeit des Nossob- und des Elefanten-Riviers – stellte, so glaubte Deimling, die einzige Chance dar, den äußerst wendigen Gegner doch noch zu fassen und zum Kampf zu zwingen, obwohl der riesige Raum und die großen Entfernungen zwischen den vorrückenden drei Abteilungen den Witboois auch hier noch genügend Möglichkeiten zum ungehinderten Durchschlüpfen boten.

Kurz vor seinem Aufbruch Richtung Gochas verfügte Deimling noch eine Änderung im Operationsplan: Die Vereinigung der drei Kolonnen sollte nun am 4. Januar nicht in Gochas, sondern südlich davon erfolgen. Zu diesem Zweck erhielt Major Meister den Befehl, bereits am 3. Januar Gochas zu besetzen, »alles, was sich ihm in den Weg stellte, unverzüglich anzugreifen«[121] und am 4. weiter Auob-abwärts vorzustoßen. Diesem Befehl lag die letzte Feindlagemeldung des Majors Lengerke aus Koës zu Grunde, wonach – aufgrund der Mitteilungen des Farmers Robert Duncan in Persip – Hendrik mit seiner Hauptmacht südlich Gochas stünde. Ein tragischer Irrtum, wie sich bald herausstellen sollte, denn tatsächlich stand der Witbooikapitän mit der Masse seiner Kräfte viel weiter nördlich bei Zwartfontein!

Am 24. Dezember meldete Deimling dem Hauptquartier in Windhuk seinen für den 4. Januar beabsichtigten Angriff auf Gochas und brach am 1. Januar mit seinem Stab und der Abteilung Ritter von Gibeon aus in Richtung mittlerer Auob auf.

121 Generalstabswerk, Bd. 2, S. 40.

Der Weg führte bei glühender Hitze zunächst zur Wasserstelle Ankam. Hier begannen nun die Marschschwierigkeiten mit der mühsamen Überwindung der 10–20 m hohen Dünenkämme, weswegen die Halbbatterie Stuhlmann vor den Dünen zurückgelassen werden mußte. Am 3. gegen Mittag wurde schließlich die mitten im hier 400 m breiten Auob-Rivier gelegene Wasserstelle Haruchas erreicht.

Der Platz war frei vom Feind. Die Pferde wurden getränkt, die Truppe ging zur Ruhe über. Zur Sicherung des Biwaks wurden nach Süden und Norden sowie zum Ostufer des Auob mehrere Sicherungen vorgeschoben.

Gegen 14 Uhr meldete einer der Vorposten das Herannahen zahlreicher Kopperleute (sie waren an ihren gelben Kopfbinden zu erkennen) von Süden her, die wahrscheinlich den Vormarsch der Abteilung durch einen Überfall auf das Lager aufhalten wollten. Über das, was nun geschah, erfahren wir aus der Feder Deimlings:

»... Oberleutnant Kirsten und der Regimentsadjutant Ahrens mit einigen Leuten des Regimentsstabes besetzten alsbald eine mehrere hundert Meter vom Lager entfernte Sandkuppe, um den Feind aufzuhalten, bis die Kompanie gefechtsbereit war. In dem sich entspinnenden Feuergefecht fiel Oberleutnant Ahrens durch einen Schuß in die Oberlippe. Er richtete sich noch einmal hoch auf und mit den Worten: ›Ach Du mein Gott‹ fiel er um und starb einen tapferen Soldatentod.

Inzwischen hatte sich die Kompagnie, die nach Detachierungen auf das östliche Auobufer nur noch 50 Gewehre stark war, zum Gefecht klar gemacht. Die Hottentotten – es waren 200–300 Simon Copperleute von Gochas – suchten durch Ausdehnung ihres rechten Flügels die Kompagnie links zu umfassen und es entstand im Laufe des Gefechts allmählich eine sehr kritische Lage für das kleine Häuflein der Deutschen. Um 4 Uhr Nachmittags schickte ich Befehl an die Artillerie, mit Aufbietung aller Kraft auf das Gefechtsfeld zu kommen. Unteroffizier Brehm von der Feldsignalabteilung war mit dieser Order zurückgejagt, verfolgt von den Schüssen der Hottentotten.

Bange Stunden vergingen; die Gefahr wuchs zusehends; werden wir die Stellung halten können bis zum Eintreffen der Artillerie? Da um 7 Uhr abends fuhren die ersten Granaten über uns hinweg in die Hottentottenlinie. Die Halbbatterie war unter Führung des Oberleutnant Stuhlmann und des Leutnant v. Gilsa eingetroffen und griff alsbald sehr wirksam in das Gefecht ein. – Sogar in die Schützenlinie fuhren nachher die Geschütze vor und feuerten mit Kartätschen. Die Wirkung war so gut, daß um 8 Uhr abends der Gegner auf der ganzen Linie abbaute und nach Norden eiligst verschwand. In sechsstündigem Kampf hatte die kleine Abteilung Ritter den Plan des Feindes, die deutsche Abteilung vereinzelt zu schlagen, vereitelt ...«[122, 123]

Mit dem siegreichen Ausgang dieses Gefechtes stand einer Vereinigung der mittleren Kolonne (Abteilung Ritter) mit der südlichen Kolonne (Abteilung Lengerke) nichts mehr im Wege. Letztere traf dann auch pünktlich am folgenden Tage (4. Januar) in Haruchas ein – nach einem überaus strapaziösen Marsch, hatte sie doch von allen drei Abteilungen die längste Strecke, nämlich 200 km, zurück-

122 MA, N559/v. 2: Nachlaß Deimling, Tgb Südfeldzug, S. 45ff.

123 Über den Einsatz seiner Halbbatterie berichtet Oberleutnant Stuhlmann in seinem Tagebuch. Siehe hierzu NA, Acc. 108, S. 165ff.

zulegen, wobei die erste Hälfte durch wasserloses Gebiet führte. Mit der Vereinigung der beiden Abteilungen war Deimlings Truppe nun stark genug, um jeden Angriff des Gegners abschlagen zu können.

Wo aber blieb die Abteilung Meister? Sie sollte doch bereits am 3. in Gochas sein und über diese Wasserstelle hinaus am 4. nach Süden, Haruchas entgegen, weiter vorstoßen!

Auch am 5. Januar zeigte sich immer noch keine Spur vom Herannahen der Abteilung Meister. Deimlings Sorge wuchs: Sollte die Abteilung auf ernsten Widerstand gestoßen sein, den sie nicht hatte brechen können?

Von Unruhe gequält, brach der Oberst noch am gleichen Tage um 2 Uhr nachmittags mit seinen beiden Abteilungen (ohne die Halbbatterie Stuhlmann, die in Haruchas zurückblieb) nach Gochas zu auf. Schon nach einer Marschstunde stieß die Truppe südlich Gochas auf eine größtenteils von Kopperleuten besetzte, vorzüglich ausgebaute Stellung am Westufer des Auob. Ein mehrstündiger heftiger Kampf setzte ein. Die Nama, etwa 200 Mann stark, verteidigten ihre Stellung verbissen. Selbst als Deimling zur Unterstützung der in Bedrängnis geratenen Feldkompanien die Halbbatterie Stuhlmann herangeholt hatte, wichen die Nama nicht, »sondern leisteten zum Teil nur 100 bis 150 m von den Geschützrohren entfernt, zähen Widerstand«[124] und erwiderten das Artillerie- und Infanteriefeuer »aufs vortrefflichste.« Erst bei einbrechender Dunkelheit entschloß sich der Gegner zum Rückzug und setzte sich Auob-aufwärts ab.[125] (Nach späteren Aussagen Samuel Isaaks vereinigten sich die Kopperleute nach diesem Gefecht bei Zwartfontein mit den Witboois.[126])

Die deutsche Seite hatte ihren Sieg teuer erkauft: vier Gefallene und 14 Verwundete hatte der Kampf gekostet. Der Gegner wurde bis kurz vor Gochas hin verfolgt, dann bezog die Truppe ein Biwak. Am 6. früh wurde Gochas erreicht und feindfrei vorgefunden. Von der Abteilung Meister aber war immer noch keine Kunde eingegangen. Dabei hätte die Abteilung doch schon vor drei Tagen in Gochas sein müssen! Alle Versuche, mit Patrouillen oder dem Heliographen Kontakt mit Meister aufzunehmen, waren fehlgeschlagen.

Deimlings Sorgen um das Schicksal dieser Abteilung wuchsen weiter: »Was war vorgefallen, hatte Hendrik Witbooi, auf der inneren Linie operierend, uns bei Haruchas und Gochas durch die Simon Copperleute aufhalten lassen und sich inzwischen mit seiner Hauptmacht auf die Abteilung Meister gestürzt? Und ihr vielleicht eine Katastrophe bereitet?«[127] Diese bangen Fragen bewogen den Oberst, seiner Truppe nur wenige Stunden Ruhepause zu gönnen und sie noch am gleichen Tage Auob-aufwärts weitermarschieren zu lassen.

Bevor wir Deimlings weiteren Vormarsch verfolgen, wollen wir uns dem Schicksal der Abteilung Meister zuwenden. Hier sollten sich die schlimmsten Befürchtungen des Obersten bewahrheiten!

124 MA, N550/v. 7: Nachlaß Deimling, KTB Stab 2. Feldreg., Südfeldzug, S. 32.

125 Über dieses Gefecht berichtet auch Oberleutnant Stuhlmann in seinem Tagebuch. Siehe hierzu NA, Acc. 108, Tgb Stuhlmann, S. 171ff.

126 Siehe NA, ZBU-Akten, DIV m2, Bd. 4.

127 MA, N559/v. 2: Nachlaß Deimling, Tgb Südfeldzug, S. 48.

Anders als von Deimling angenommen, hatte Hendrik Witbooi seine Hauptkräfte nicht südlich, sondern nördlich von Gochas bei Zwartfontein konzentriert und nach Süden hin lediglich schwache Kräfte, meist Kopperleute, geschickt. »Als ob er mit Erfolg die Kriegsakademie besucht hätte, operierte Hendrik Witbooi jetzt gegen die drei von Nord, West, Süd anmarschierenden Kolonnen auf der inneren Linie.«[128] Während die Kopperleute, als Schützenschleier südlich Gochas angesetzt, lediglich die Aufgabe hatten, die von Süden und Westen her anrückenden deutschen Stoßkeile aufzuhalten, wollte Hendrik sich mit seiner Hauptmacht auf den gefährlichsten, da am nächsten stehenden, Gegner, die von Norden her vorstoßende Abteilung des Majors Meister, werfen und sie vernichten, um sich erst danach der Bedrohung im Süden und Westen zuzuwenden.

Major Meister trat befehlsgemäß am 31. Dezember nachmittags mit seiner 223 Gewehre zählenden Abteilung den Vormarsch von Kalkfontein auf Gochas an. Zurück blieb ein Heliographenposten mit einer kleinen Bedeckung. Nach eineinhalbstündigem Ritt näherte sich die Truppe der von den Witboois ausgeraubten und zerstörten Farm und Wasserstelle Stamprietfontein. Da erhielt die Spitze Feuer von der Wasserstelle und einer steil in das Rivierbett vorspringenden Klippe, wo sich starke feindliche Kräfte festgesetzt hatten. Ein harter Kampf begann, während ein schweres Gewitter einsetzte. (Wie später bekannt wurde, wurde der Witbooi Salomon Sahl, der Mörder des Hauptmanns v. Burgsdorff, dabei von einem Blitzstrahl getroffen. Er blieb in den Dünen gelähmt liegen und verdurstete.) Mit der bald darauf einsetzenden völligen Dunkelheit kam das Gefecht schließlich zum Erliegen. Noch in der Nacht räumten die Nama ihre Stellungen und wichen zurück.

Dieses Gefecht hatte die Truppe zwei Tote und sechs Verwundete gekostet; auf der Gegenseite waren keine Verluste eingetreten. Die Soldaten verblieben während der sehr kalten Nacht, völlig durchnäßt und vor Kälte zitternd, mit dem Gewehr im Arm, in der Schützenlinie. Das war die Sylvesternacht von Stamprietfontein!

Vergeblich versuchte Meister noch in der Nacht, mit dem Heliographen Verbindung zur Abteilung Ritter aufzunehmen, die ja noch gar nicht von Gibeon aufgebrochen war. Dagegen klappte die Verbindung mit dem 350 km entfernten Hauptquartier der Schutztruppe in Windhuk. Dieses erhielt bereits am folgenden Tage über die Heliographenlinie Kalkfontein – Kub – Rehoboth – Windhuk Mitteilung vom Sylvestergefecht Meisters, ohne indessen wegen fehlenden heliographischen Kontaktes in der Lage zu sein, diese äußerst wichtige Meldung an Oberst Deimling weiterzuleiten, da die Heliographenlinie nach Gibeon immer noch unterbrochen war.

Am frühen Morgen des Neujahrstages 1905 wurde der Vormarsch in Richtung Witcranz – Groß-Nabas unter großen Strapazen fortgesetzt. Statt auf dem hier fast 400 m breiten Bett des Auob-Riviers rückte die Truppe dicht am zerklüfteten östlichen Steilufer des Trockenflusses entlang vor, um dem Gegner so wenig wie möglich ein Ziel zu bieten. Dieser wich überall zurück, hielt sich jedoch immer in der Nähe der Truppe auf, so daß diese in ständiger Gefechtsbereitschaft verbleiben mußte. Halbwegs zwischen Witcranz und Groß-Nabas wurde die Nacht zum 2. Januar ohne Behelligung durch den Gegner verbracht.

128 Deimling: »Südwestafrika – Land und Leute ...«, S. 35

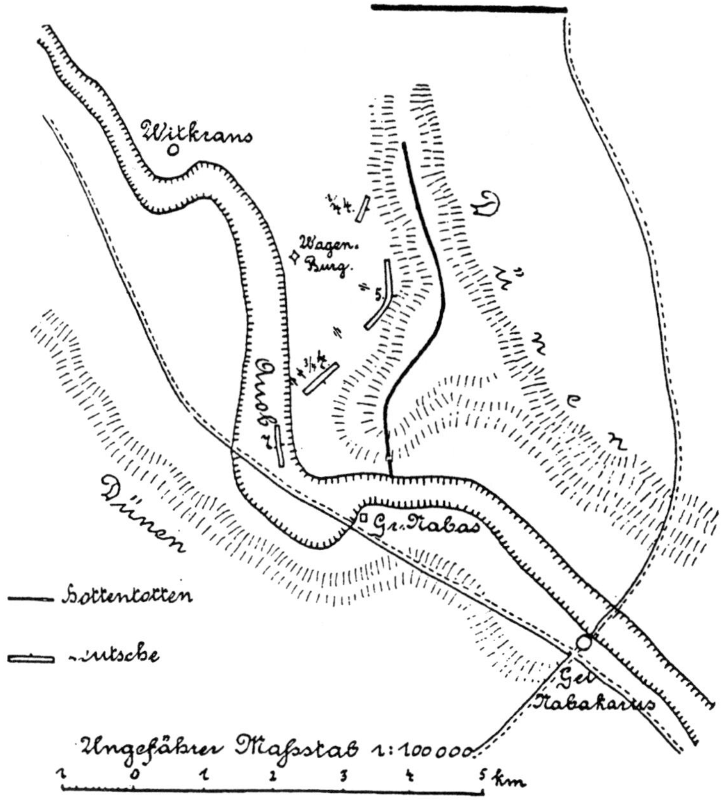

Gefecht bei Groß-Nabas

Am folgenden Morgen wurde in aller Frühe wieder aufgebrochen. Ein glühend heißer Tag brach an. Glücklicherweise war es mittels des mitgeführten Schöpfgeräts gelungen, die Wasserwagen, Wassersäcke und Feldflaschen wenigstens teilweise zu füllen. Und wieder führte der Marsch am steinigen und unübersichtlichen Steilrand des Auob-Riviers entlang.

Nach einer Marschpause stieß man erneut auf den Gegner, der jedoch bald wich, um sich dann auf einem klippenreichen, praktisch sturmfreien Höhenzug am östlichen Steilufer des Riviers zu setzen. Nun versteifte sich sein Widerstand. Hier hatte sich – wie später bekannt wurde – der »Prophet« Stürmann mit einem Teil der Orlogleute und seinen »Gottesstreitern« verschanzt. Weite zurückgesetzt – im Dünengelände – stand währenddessen Hendrik Witbooi mit dem größten Teil des Orlogs, bereit, die linke deutsche Flanke zu umfassen. Hinter der Stürmannschen Frontlinie, mitten im Rivierbett, lag die Wasserstelle Groß-Nabas.

Im ganzen umfaßte die gegnerische Streitmacht etwa 1000 Gewehre und war somit der Truppe zahlenmäßig um mehr als das Vierfache überlegen.

Von dem nun folgenden schweren Ringen um Groß-Nabas, dem schwersten Kampf, den die Schutztruppe im Namafeldzug zu bestehen hatte, erfahren wir aus der Feder des Obersten Deimling:

»Der dreitägige Kampf, der jetzt begann, war außerordentlich schwer und verlustreich und brachte das kleine Häuflein des Major Meister der Gefahr des Verdurstens nahe. Die gesamte feindliche Linie hatte durch immer weiteres Umfassen der deutschen linken Flanke nach und nach eine Ausdehnung von 4–5 km erhalten. In dem umfassenden Feuer nahmen die Verluste mehr und mehr zu. Namentlich die Batterie (Anm. Verf.: Die Geschütze der Batterie waren bis in die Schützenlinie vorgeführt worden.) hatte schwer zu leiden; sie verlor kurz hintereinander 4 Offiziere, den Major von Nauendorf, die Oberleutnants v. Neubronner und Lauteschläger sowie Leutnant Oberbeck. Ein fünfter Offizier, der Leutnant d. Res. Semper, harrte, obwohl am rechten Arm verwundet, bei der Batterie aus. Am Nachmittag ist auch er durch einen Schuß in den Unterleib getötet worden.

Die Sonne brannte glühend heiß hernieder. Im Laufe des Nachmittags begannen sich die Wassersäcke und die auf den Wagen mitgeführten Wasserfässer zu leeren.

Gegen 5 Uhr nachmittags wurde der letzte Trunk Wasser gereicht – nun stellte der schrecklichste Feind südafrikanischer Kriegführung, der Durst, die Widerstandskraft der braven Truppe auf eine harte Probe.

Mit Einbruch der Dunkelheit wurde das Feuer auf beiden Seiten schwächer, um wieder aufzuflackern, sobald irgend eine Bewegung beim Gegner bemerkt wurde.

Gegen 10 Uhr abends bezog sich der Himmel mit schweren, dunklen Wolken; es schien ein Gewitter niedergehen zu wollen.

Um den erhofften Regen aufzufangen, wurden alle Zeltbahnen ausgespannt, und manch heißes Gebet um Regen ist zum Himmel emporgestiegen. Allein es erhob sich ein sturmartiger Wind und zerstreute die Wolken.

Die Truppen verbrachten die Nacht, das Gewehr im Arm, in der Schützenlinie.

Der Morgen des 3. Januar begann kaum zu grauen, als das Gefecht von beiden Seiten von neuem entbrannte.

Ein heißer Tag hatte wieder begonnen, die Sonne brannte erbarmungslos auf die am Boden liegenden Schützen hernieder und vermehrte die Qualen des Durstes.

Schon in der ersten Morgenstunde wurden einige Leute vor Erschöpfung und Durst in der Schützenlinie bewußtlos.

Im Laufe des Vormittags gestaltete sich die Lage immer ernster, die Geschützmunition begann auszugehen, die Bedeckung der Geschütze war stark gelichtet und nur noch von Zeit zu Zeit feuerte eins von ihnen.

Das feindliche Feuer nahm an Heftigkeit zu, der Gegner schien über große Munitionsmengen zu verfügen.

Der Zustand der in der prallen Sonne, in nahezu 30stündigem, ununterbrochenem Kampfe liegenden halbverdursteten Schützen begann bedenklich zu werden. Mehrere Leute hatten angefangen, das Blut getöteter Pferde zu trinken; manche aßen in der Verzweiflung Ameisen; abends nahmen sie kühle Steine in den Mund.

Eine Anzahl Hitzschläge waren eingetreten, einzelne Leute wurden vor Durst wahnsinnig und stürzten, delirierend und Gebete ausstoßend vor, um die Wasserstelle allein zu stürmen.

Leutnant von Bockelberg, der vor Durst in irren Zustand verfallen war, rannte trotz des Zurufs seiner Leute delirierend in den Feind und wurde am anderen Tage, von Kugeln durchsiebt, tot aufgefunden.

Der Feind höhnte noch obendrein die Halbverdursteten, indem er die eigenen, wohlgefüllten Wassersäcke emporhaltend, laut hinüberrief: ›Dütschmann sehr durstig – gutes Wasser hier.‹

Am meisten hatten die Verwundeten unter dem Durst zu leiden. Der Feldprediger Schmidt, der die Abteilung begleitet hatte, stand ihnen voll Aufopferung bei, sprach ihnen zu und suchte sie zu beruhigen.

Hier beim Verbandplatz lag auch der durch einen Schuß in den Unterleib gleich zu Beginn des Gefechts schwer verwundete Major von Nauendorf. In seinen entsetzlichen Qualen bot er zehntausend Mark für einen Schluck Wasser. Er konnte ihn nicht erhalten. Da kommt ein schwer verwundeter Sergeant zu seinem Major herangekrochen und bietet ihm einen Rest Rotwein aus seiner Feldflasche an.

Der Major aber weist nach kurzem Kampf mit sich selbst den Trunk zurück: ›Behalten Sie den Wein für sich selbst, Sie müssen zurück zum Geschütz,‹ sagte er, ›mit mir ist es ja doch vorbei.‹

Die ernste Lage erreichte ihren Höhepunkt, als nachmittags bald nach 2 Uhr der Feind einen Vorstoß machte, um die der Bedeckung beraubten rechten und linken Flügelgeschütze wegzunehmen.

Die in der Nähe der bedrohten Geschütze liegenden Offiziere rafften jedoch ihre Schützen zusammen und warfen sich den einbrechenden Hottentotten mit dem Bajonett entgegen. Nach hartnäckigem Ringen wurde der Feind geworfen.

Nach diesem aufregenden Vorfall ließ der Kampf auf beiden Seiten an Heftigkeit nach und das Feuer wurde nur noch matt unterhalten.

Es trat ein Zustand fast bewußtloser Erschöpfung ein. Da, als die Not am größten war, kam die Rettung! Major Meister hatte schon um Mittag durch Versprechen hoher Belohnung einige eingeborene Ochsentreiber bewogen, im Flußtal weiter rückwärts Wasser zu suchen.

Einem dieser Eingeborenen war es gelungen, 1 1/2 Stunden rückwärts eine Rinne angestauten Regenwassers zu finden.

Ein mitgeführter Wasserwagen wurde gefüllt und zur Truppe vorgeführt. Als die ersten Wassersäcke in die Schützenlinie gebracht und becherweise gespendet wurden, da kehrten den ermatteten Leuten neues Leben, Mut und Kraft zurück.

Ein Offizier sagte mir: ›Das Wasser sah aus wie Kartoffelsuppe, geschmeckt hat es aber besser als das schönste Glas Pilsener zu Haus …!‹

Die Sonne neigte sich schon zum dritten Mal dem Horizont zu, und noch immer wogte der Kampf um Groß-Nabas. Ungebrochen schien die Widerstandskraft der Witboois. Sehnsüchtig richteten sich die Blicke der Soldaten immer wieder nach Süden, von wo Rettung kommen mußte. Doch keine Staubwolke, die auf das Nahen der Kolonne Deimling schließen ließe, zeigte sich am Horizont.

Da, als die Sonne bereits verschwunden war und die Dunkelheit der Nacht sich auf das Gefechtsfeld niederzusenken begann, war plötzlich dumpfer Kanonendonner aus weiter Ferne vernehmbar. Oberst Deimling nahte heran! (Anm. Verf.: Der Kanonendonner dürfte durch das Eingreifen der Halbbatterie Stuhlmann in das Gefecht bei Haruchas verursacht worden sein.)

Neue Kraft und frischer Mut erfaßte die Kämpfer. Noch immer hielt das gegnerische Feuer an; erst gegen Mitternacht erstarb es. Nun kehrte endlich die Stille der Nacht ein.

Als die Sonne am 4. Januar sich wieder am wolkenlosen Himmel erhob, nahm der Kampf seinen Fortgang, doch war das gegnerische Feuer schwächer geworden. Von der hohen Düne auf der linken Flanke fiel kein Schuß mehr. Hatte der Gegner diese beherrschende, für ihn äußerst günstige Stellung geräumt? Hatte er einen Teil seines Orlogs in der Nacht abgezogen, dem gestrigen Kanonendonner entgegen? Oder war es nur eine Kriegslist? Eine ausgesandte Patrouille brachte bald Gewißheit: Die Düne war tatsächlich feindfrei!«[129]

Über die Gründe, die Hendrik Witbooi zur überraschenden Räumung der Düne bewogen haben, schreibt Deimling:

»... Was war die Ursache dieser auffallenden Maßregel? Hierüber berichtete später der bei Hendrik befindliche Lucas: In der Nacht kam ein Bote von Stürmann, der Kapitän möge zu ihm kommen. Der Kapitän wollte aber nicht. Darauf kam Stürmann zu ihm und beide gingen nun zum Wasser. Dort sagte Stürmann, die Deutschen seien schon halb verdürstet, sie hätten solchen Durst, daß sie sicher noch in dieser Nacht versuchen würden abzuziehen. Der Kapitän solle mit seinen Leuten auf die Pad nach Stampriet gehen, um ihnen dort den Rückzug zu verlegen.

Hendrik ging auf diesen Vorschlag ein; noch in der Dunkelheit räumte er mit seinen Orlogleuten die Dünen und ritt, an der Wasserstelle den Fluß kreuzend, auf dem westlichen Uferrand nach Stamprietfontein zu ...«[130]

Major Meister erkannte rasch die ungeheure Gefahr, die sich seiner Abteilung nun im Rücken auftat. Jetzt wurde ihr auch der Rückzug zur Wasserstelle Stamprietfontein verlegt, der ihr bisher für den Fall offengeblieben war, daß sich die Wasserstelle Groß-Nabas als uneinnnehmbar erweisen und der Abteilung so der Zugang zum lebensnotwendigen Naß dort verwehrt bleiben sollte!

Dann wäre die Abteilung völlig vom Wasser abgeschnitten und dem Untergang geweiht!

In dieser äußerst kritischen Lage faßt der Major als letzten und einzigen Ausweg den Entschluß, den Befehl zur Erstürmung der Wasserstelle Groß-Nabas zu geben.

Über diesen verzweifelten Sturmangriff schreibt Feldprediger Maximilian Schmidt:

»... Der Kommandeur berät mit einigen Offizieren, ob der Zustand in ihren Reihen das Wagnis eines Sturmes noch irgend gestatte. Die Truppe soll möglichst mit Wasser versorgt werden und ihre letzte Kraft zum Sturmangriff sammeln. Es muß gewagt werden ...

Es war eine bange Stunde, die wir pochenden und doch gehobenen Herzens durchlebten. Die beiden Geschütze, für die noch Bedienung und Munition übrig war, erhoben wieder ihre langvermißte eherne Stimme und halfen mit einigen Treffern zum Gelingen des Sturmangriffs. Die anfangs zäh und heftig feuernden

129 MA, N559/v. 2: Nachlaß Deimling, Tgb Südfeldzug, S. 50–53.

130 Ebenda, S. 54. Siehe auch NA, ZBU-Akten, DIV m2, Bd. 4: Aussage des Lucas Hans über das Gefecht von Nabas, S. 2f.

Feinde flohen schreiend vor den blitzenden Bajonetten davon, und Geschütze wie Sturmkolonnen stießen erfolgreich nach.

Die Wasserstelle Groß Nabas war gestürmt, die furchtbare Felsenfeste des Feindes in unseren Händen! ... Der Kampf hat uns 24 Tote und 47 Verwundete gekostet, ein Drittel unserer Stärke, und etliche Verwundete waren sehr schwer verletzt!«[131]

Der Gegner gab den Gedanken an weiteren Kampf vorerst auf. Er setzte sich, Groß-Nabas in großem Bogen umgehend, in südliche Richtung, Zwartfontein entgegen, ab. Dieser Absetzbewegung schloß sich auch Hendriks Orlog an, der auf die überraschende Kunde der Erstürmung von Groß-Nabas sofort dorthin Kehrt gemacht hatte.

Major Meister verblieb am 4. und 5. noch in Groß-Nabas und führte dann am 6. Januar seine völlig erschöpfte Abteilung nach Stamprietfontein zurück, nachdem alle Versuche gescheitert waren, Kontakt mit Oberst Deimling aufzunehmen.

Dieser hatte am 6. Januar mittags 1 Uhr mit den vereinten Kolonnen Ritter und Lengerke den Vormarsch von Gochas aus in nördlicher Richtung wieder aufgenommen, ohne auf den geringsten Widerstand zu stoßen, ohne aber auch irgend welche Lebenszeichen von der Abteilung Meister erhalten zu haben. Alle Bemühungen, durch Patrouillen oder Heliographen Verbindung zu bekommen, blieben erfolglos. Schwer lastete die Sorge um das Schicksal dieser Abteilung auf Deimling. Von Unruhe getrieben, drängte er rastlos vorwärts, und so wurde bis spät am Abend weitergeritten. Gegen 18 Uhr wurde 10 km südlich Zwartfontein das Nachtlager aufgeschlagen.

Um diese Zeit wurden in weiter Ferne Staubwolken sichtbar, die sich nach Süden hin, der Kolonne Deimling entgegen, bewegten. Das müßte die Abteilung Meister sein! Erleichtert atmete man auf! Sogleich ließ der Oberst eine Patrouille Richtung Wasserstelle Zwartfontein entsenden, um die Verbindung herzustellen. Doch bald kehrte diese im gestreckten Galopp unverrichteter Dinge zurück und machte die enttäuschende Meldung, daß sie in Zwartfontein weder auf Freund noch auf Feind gestoßen sei.

Daraufhin beschließt der Oberst, am nächsten Morgen (7. Januar) den Vormarsch nach Norden am Auob entlang fortzusetzen. Vor dem Aufbruch wird zur Aufklärung die Halbkompanie Livonius (3. Ersatzkompanie) in Richtung Zwartfontein entwickelt. Gegen 7 Uhr morgens kommt von Leutnant Karl Fürbringer, dem Führer der Signalabteilung, der sich der Halbkompanie angeschlossen hatte, die alarmierende Meldung, daß Zwartfontein und die nahegelegene Werft Kurikuribis jetzt vom Gegner stark besetzt seien! Überall im Buschgelände zwischen dem Auob und der in einem Abstand von anfangs 1500 m spitzwinklig zum Rivier verlaufenden Düne säßen feindliche Schützen. Auch auf der anderen Seite des Reviers habe sich der Gegner festgesetzt.

Tatsächlich waren dies, wie sich später herausstellte, Hendrik Witboois Orlogleute, die sich inzwischen mit den vor Deimling zurückgewichenen Simon-Kopper-Leuten vereinigt hatten. Zusammen waren es gut 1300 Krieger, die sich bei Zwartfontein versammelt hatten, offenbar fest entschlossen, sich doch noch den Deutschen zum Entscheidungskampf zu stellen.

131 M. Schmidt, S. 107ff.

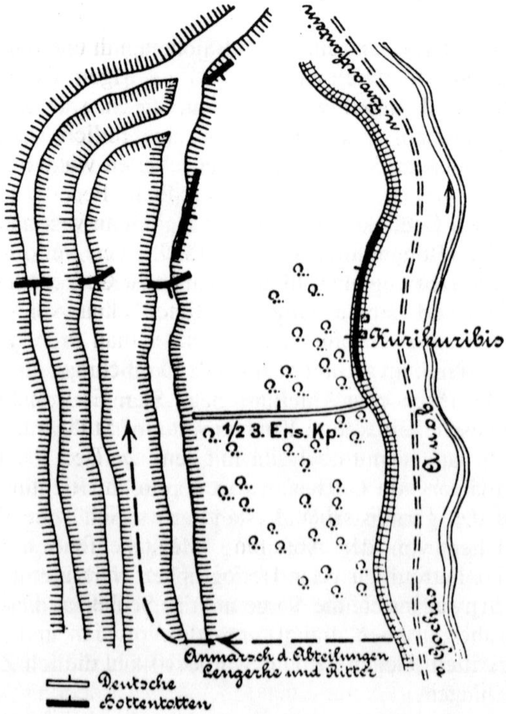

Gefecht bei Zwartfontein

Deimling überdachte die Lage, und rasch wurde ihm klar, was der »schlaue Fuchs« Hendrik im Sinne hatte. Im Kriegstagebuch des 2. Feldregiments heißt es hierzu: »... Es war die Absicht des Gegners unverkennbar, das Detachement in den durch die Düne und das Rivier gebildeten Winkel zu locken ...«[132]

Während die Kompanie Livonius zwischen Düne und Rivier die Aufklärung fortsetzt und laufend Meldung über die gemachten Beobachtungen schickt, tritt Deimlings Gros, westlich ausholend, den Vormarsch auf die Wasserstelle entlang der Düne an. Über das sich nun entwickelnde Gefecht berichtet der Augenzeuge Oberleutnant Groos, Zugführer in der 9. Gebirgsbatterie:

»... Plötzlich schlugen von vorn die ersten Kugeln ein. Die Avantgarde, Kompagnie Ritter, schwärmte aus, die Artillerie sollte auf der Düne rechts auffahren.

Doch kaum zeigten sich hier die ersten Köpfe, als auch vom Auob her die feindlichen Geschosse geflogen kamen. Es war eine Freude, zu sehen, wie eifrig die Leute in den Rädern arbeiteten, um die letzte Steigung zu nehmen. Reiter Gorny wurde verwundet. Man achtete kaum darauf. Nur der Sanitätssergeant waltete im Kugelregen seines Amtes. Im Nu war die Munition von den Protzen und der Karre

132 MA, N559/v. 7: Nachlaß Deimling, KTB Stab 2. Feldreg., Südfeldzug, S. 34.

herangebracht, und dann begann ein eifriges Suchen, mit und ohne Glas, nach dem Feind. Aber menschenleer schien die weite, mit niedrigem Dornbusch bestandene Ebene. Nicht einmal das geringste Rauchwölkchen war zu sehen. Nur die Richtung, aus der die Schüsse kamen, fühlte man deutlich heraus. Das war auch vorerst genug. Mit Schrapnells-Brennzündern feuerten wir dorthin und legten so lange an Entfernung zu, bis auf einmal das feindliche Feuer schwieg. Jetzt hatten wir sie. Noch ein paar Schüsse, dann Feuerpause! Denn was half es, gegen Leute zu schießen, die sich hinter unsichtbaren Deckungen verkrochen. Günstigere Gelegenheiten mußten kommen! Daß dies das letzte Gefecht sein werde, konnte man sehr bezweifeln, und an einen Ersatz der ohnehin knappen Munition war nicht zu denken. Und richtig, nach einiger Zeit bekam man drüben wieder Mut und schoß, wenn auch vorsichtiger. Da fegten wieder die Schrapnells hin, bis Ruhe eintrat. Nun erhielten wir Feuer aus der linken Flanke. Es war eigentlich der dort kämpfenden Kompagnie Ritter und der Halbbatterie Stuhlmann zugedacht, ging aber über diese hinweg. Alle entbehrlichen Leute der Bedienung mußten nun in den Geschützzwischenräumen ausschwärmen, um mit dem Karabiner wegzuschießen, was sie vom Feinde sahen; denn einzelne Schützen mußten ganz nahe liegen. Gleichzeitig wurde dadurch gegen das Flankenfeuer ein schmaleres Ziel gebildet. Im trockenen Dornbusch raschelte es jetzt häufiger, immer zahlreicher wurden die kleinen Sandwölkchen, die um uns aufwirbelten. Das leise, geschwinde Zischen des modernen Kleinkalibers mischte sich mit dem Sausen der Geschosse älterer Konstruktion. Dann hoben sich wohl die Leute vom Boden und meinten grimmig: ›Wenn man nur einen sähe, dem würde man's schon geben!‹

Der feindliche rechte Flügel verlängerte sich inzwischen bis in unsern Rücken hinein, und bald kamen auch von dort die Kugeln. Ab und zu konnten wir dort sogar einen Witbooi sehen. In solchen Fällen hat man den sehnlichen Wunsch, den unverschämten Kerlen eins auf die Nase zu geben, besonders wenn man seinen eigentlichen Feind nicht sieht und sich ihm überlegen weiß. Unsere Wünsche gingen bald in Erfüllung.

›Die 8. Kompagnie greift den feindlichen rechten Flügel an. Die Gebirgsartillerie begleitet den Angriff!‹ So hieß der freudig begrüßte Befehl. Jetzt ging es in die zweite Stellung, in die Schützenlinie der braven Kompagnie! Auch hier wurden wir im Auffahren heftig beschossen. Ein Kaffer, der beim ersten Geschütz als ›Tauleiter‹ das vordere Ochsenpaar führte, fiel vor Schreck auf die Erde. Doch ruhig setzte der Gespannführer, ein langer Bur mit deutschem Namen, seine riesige Peitsche in kreisende Bewegung. Klatschend traf sie, und der Schwarze flog mit ungeahnter Elastizität wieder empor.

Kaum waren wir in Stellung, da setzte der Feind einen Gegenangriff an. Endlich konnte man gegen sichtbare Ziele schießen, und bald machten die Hottentotten kehrt. Im Zurückweichen mußten sie eine Düne überschreiten. Dies sah die Batterie, ließ von ihrem bisherigen Ziele ab und verwandelte mit ihren wirksamen Brennzündersalven den feindlichen Rückzug in Flucht.

Die Gebirgsgeschütze hatten nun ihre Feuertaufe erhalten ...«[133]

133 Dincklage-Campe, S. 450f. Über dieses Gefecht berichtet auch Oberleutnant Stuhlmann; siehe hierzu NA, Acc. 108: Tgb Stuhlmann, S. 181ff.

Mittags gegen 13.30 Uhr ist Zwartfontein in deutscher Hand. Die meisten Witbooikrieger flohen nach Norden auf die Wasserstelle Nunub zu, der Rest und fast alle Kopperleute über den Elefantenfluß und die Wasserstelle Nanibkobis hinaus der Kalahari entgegen. – Zwei Tote und sieben Verwundete hatte die Truppe beim Kampf um die Wasserstelle Zwartfontein zu beklagen.

Die Nacht über lagerte die Kolonne Deimling nördlich von Zwartfontein. Am Morgen des 9. Januar brachte ein von Leutnant Karl Fürbringer geführter nächtlicher Erkundungstrupp die erlösende Meldung, daß er in Stamprietfontein Major Meister mit seiner Abteilung angetroffen habe. Dorthin brach Deimling noch am gleichen Tage auf, und hier vereinigten sich dann am 10. Januar alle drei Abteilungen.

Eine Ausnutzung des errungenen Sieges durch Verfolgung des Gegners in die Kalahari hinein erwies sich wegen der sehr ungünstigen Wasserverhältnisse dort als undurchführbar. Als weitere Gründe hierfür wurden noch der stockende Verpflegungsnachschub – die Truppe mußte schon auf Beutevieh zurückgreifen, Mehl war gänzlich zur Neige gegangen – und die unter den Pferden, Eseln und Maultieren ausgebrochene Sterbe genannt.

Deshalb beschloß Deimling, von den Witboois und Kopperleuten, von denen nur die Fluchtrichtung, nicht aber die schließlichen Aufenthaltsorte bekannt waren, vorerst abzulassen, ihnen jedoch den Rückweg in das Auobtal und über dieses hinweg nach Westen zu verwehren und damit eine Gefährdung der deutschen rückwärtigen Verbindungen auszuschließen. Er ordnete daher an, daß die Abteilung Meister die Auoblinie zwischen Stamprietfontein und Kalkfontein und die Abteilung Lengerke die Linie Persip – Gochas – Zwartfontein sperren sollten. Der Abteilung Ritter erteilte er den Befehl, nach Gibeon zurückzumarschieren, um von dort aus die Operationen gegen Cornelius Frederick und seine Nordbethanier wiederaufzunehmen, die sich am Hudup-Rivier erneut festgesetzt hatten.

Zum Befehlshaber an der Auobfront ernannte Deimling den Major v. Lengerke. Diesen wies er an, für die Besetzung aller wichtigen Wasserstellen an den Sperrlinien Sorge zu tragen. Der Oberst selbst brach am 14. Januar mit seinem Regimentsstab nach Keetmannshoop auf, um dort eine Offensive gegen den zweiten Hauptfeind im Süden, Morenga, vorzubereiten. Der Zeitpunkt für einen Schlag gegen diesen Rebellenführer schien Deimling günstig: Morenga war im Dezember verhältnismäßig ruhig geblieben. (Dies hatte, wie sich später herausstellte, seinen Grund im Mangel an Munition, deren Nachschub aus dem Kapland offenbar stockte.) Außerdem war sein Aufenthaltsort bekannt: Er hatte sich mit seinen Werften in der Narudasschlucht am Ostrand der Großen Karrasberge festgesetzt.

Mit der Besetzung aller wichtigen Wasserstellen am Westrand der Kalahari durch Deimlings Truppe war den in diese Einöde geflüchteten Witboois »der Wasserhahn zugedreht« worden. Sie wußten sich jedoch zu helfen, indem sie ihren Flüssigkeitsbedarf durch den Verzehr einer sehr wasserhaltigen Wüstenfrucht, der sogenannten Tschamas, deckten, die offensichtlich gar nicht so übel schmeckte, wie Samuel Isaak zu berichten wußte: »Dort (Anm. Verf.: am Elefantenfluß) habe ich zum ersten Mal gelernt, daß der Mensch drei Wochen lang ohne Wasser, nur von Tschamas leben kann. Der Kaffee, aus Tschamaswasser gekocht, schmeckte erst scheußlich; aber wir gewöhnten uns daran, und schließlich schmeckte er uns so schön wie Kakao.«[134]

Nachdem sich die Witboois und Simon-Kopper-Leute wieder gesammelt und ihre Munitions- und Proviantvorräte bei nahe der Grenze auf englischem Gebiet sitzenden englischen und sogar auch deutschen Händlern durch den Verkauf erbeuteten Viehs Mitte Januar ergänzt hatten, war ihr Offensivgeist bereits Ende des Monats wieder etwas aufgelebt.

Ihr Hauptaugenmerk richteten sie nun auf die Störung der Verbindungswege nach Windhuk, um auf diese Weise den Nachschub für die am Auob stehenden deutschen Truppen zu beeinträchtigen. So unternahmen sie unter Führung Hendriks mehrere Vorstöße nach Westen. Hierbei kam es zu zwei Gefechten, einem am 24. Januar bei der Wasserstelle Schürfpenz, dem anderen am 29. Januar bei Kiripotib 70 km östlich von Rehoboth, die beide für die Nama erfolglos verliefen.

Bald nach diesen Gefechten, am 5. Februar, stieß eine deutsche Kolonne unter Führung von Hauptmann Morath bei Nunub in eine sich hier zum Durchbruch nach Westen sammelnde mehrere hundert Köpfe umfassende Gruppe von Witbooikriegern und zersprengte sie in alle Himmelsrichtungen. Nennenswerter Widerstand wurde bei diesen kriegerischen Zusammenstößen nicht geleistet. Der Feind, nun wieder aufgelöst in zahlreiche Gruppen, wich noch weiter nach Osten und Südosten aus, dem Gebiet zwischen dem Großen Nossob und dem Elefantenfluß entgegen. Nach den neuesten Feindlagemeldungen schienen diese Gruppen jetzt dem Bereich der Kalkpfanne Nanibkobis östlich Gochas zuzustreben, vermutlich in der Absicht, sich dort wieder zu vereinigen,

Mit der Stimmung unter den Witbooikriegern muß es jetzt nicht mehr zum Besten gestanden haben. Ihr Vertrauen in die Sendung des »Propheten« Stürmann schien erschüttert und viele von ihnen waren offenbar des Kampfes müde, wie späteren Äußerungen des Unterkapitäns Samuel Isaak zu entnehmen war. Nach dessen Worten hatte der »Prophet« nach den Kämpfen am Auob mit seinen »Gottesstreitern« einen Vorstoß nach Seeis unternommen, wo er – allerdings vergeblich – die Trümmer des geschlagenen Herero-Orlogs zur Wiederaufnahme des Kampfes gegen die Deutschen zu bewegen versucht hatte. Als er dann unverrichteter Dinge zu den Witboois zurückgekehrt sei, habe er das schwindende Vertrauen in seine Person und seine Mission zu spüren bekommen. Um seine Autorität im Stamm wieder zu stärken, habe er daraufhin während des Marsches von Nunub nach Nanibkobis eine Ansprache an die Krieger gehalten. Dabei habe er unter anderem folgendes gesagt:

»Verflucht sei derjenige, der glaubt, daß ich nur Kaffer aus Griqualand bin, verflucht derjenige, der nicht glaubt, daß mich Gott gesandt hat. Daß uns bisher nichts geglückt ist, das ist durch Euren Unglauben, Euren Ungehorsam, Eure Zweifelmütigkeit gekommen. Jetzt ist alles vorbei, Ihr seid von Gott gestraft. Warum flieht Ihr denn? Gibt es denn auf der Welt einen Ort, wo der Mensch nicht vom Tode ereilt wird?![135]

134 Kolbe, S. 131f.
135 Generalstabswerk, Bd. 2, S. 64.

Anschließend soll Stürmann dann seine Widersacher aufgefordert haben, offen gegen ihn aufzutreten. Er, Isaak, habe diese Herausforderung angenommen und den »Propheten« beschuldigt, der Urheber für all das Unglück zu sein, das über die Witboois hereingebrochen sei. Eine hitzige Kontroverse zwischen ihnen beiden sei gefolgt, die erst dann beendet worden sei, als der alte Hendrik sich eingeschaltet habe. Dieser habe ihm, Isaak, zwar recht gegeben, Stürmann aber ›sehr geschont‹, vermutlich weil er weiterhin volles Vertrauen in den »Propheten« setzte.

Damit endete dieser eigenartige Meinungsstreit zwischen Stürmann und Isaak. Stürmann trennte sich dann im Groll von den Witboois und zog mit der Familie seiner Schwiegereltern zum Großen Fischfluß. (Nach Angaben Samuel Isaaks soll sich Stürmann später auf englisches Gebiet nach Heichab begeben haben.)

Der Krieg gegen die Deutschen aber nahm trotz des geschwundenen Vertrauens der Mehrzahl der Orlogleute zu Stürmann seinen Fortgang. Ein Ende des Krieges war nicht abzusehen – jedenfalls so lange nicht, wie der alte Hendrik noch an sein eigenes Sendungsbewußtsein und an die messianische Verheißung des »Propheten« glaubte.

Die Leistungen der gegnerischen und der eigenen Seite würdigend, schreibt Oberst Deimling in seinem Bericht an das Hauptquartier in Windhuk:
»Bemerkenswert ist der besonders zähe Widerstand, den die Hottentotten in allen Gefechten gezeigt haben, und ferner die ganz vortreffliche Art, mit der sie das Gelände als Schützen auszunutzen verstehen, wodurch die Wirkung unserer Artillerie, welcher sich nur schwer sichtbare Einzelheiten bieten, herabgemindert wird.

Bemerkenswert ist auf der anderen Seite die große Bravour, mit der sich unsere Truppen bei außerordentlichen Strapazen geschlagen haben. Es gilt dies nicht nur für die Kolonne Meister, sondern auch für die Truppen des Majors v. Lengerke und Oberleutnant Ritter, von denen ich nach jedem der drei überstandenen schweren Gefechte trotz glühendster Hitze alsbaldigen Weitermarsch unter Aufbietung aller Kräfte verlangte, um an die Kolonne Meister heranzukommen und sie zu entlasten.«[136]

Der Oberst vergaß, diesem Bericht eine Bilanzanalyse zuzufügen. Für ihn endete nämlich die Auob-Operation enttäuschend. Die Begründung hierfür ist naheliegend: Das von ihm angestrebte Operationsziel, die Witboois und die mit ihnen verbündeten Simon-Kopper-Leute so zu schlagen, daß ihre Widerstandskraft gebrochen war und sie sich nicht mehr zum erneuten Kampf aufraffen konnten, war nicht erreicht worden! Stattdessen waren sie, wenn auch angeschlagen, mit der ihnen eigenen Flexibilität in die Kalahari ausgewichen. Hier, nahe der englischen Grenze, dem Zugriff der Deutschen entzogen, konnten sie sich fürs erste geborgen fühlen und frische Kräfte für den weiteren Kampf gegen die deutsche Kolonialmacht sammeln. Auch der Nachschub an Waffen, Munition und Proviant war sichergestellt: Er konnte vom Betschuanaland herangeführt werden!

136 MA, N559/v. 2: Nachlaß Deimling, Tgb Südfeldzug, S. 58.

11. Deimling verlagert eigenmächtig den Schwerpunkt der Kriegsanstrengungen: Die Kämpfe gegen Morenga im März 1905

Trothas und Deimlings unterschiedliche Ansichten über die weitere Kriegsführung – Deimling ringt sich befehlswidrig zum Losschlagen gegen Morenga durch – Operation »Große Karrasberge« beginnt – Morengas Abwehrmaßnahmen – Gefecht bei Narudas (Abteilung Kamptz) und bei Garup (Abteilung Koppy) – Beinahe-Vernichtung der Abteilung Kirchner bei Aob – Deimlings optimistische Einschätzung der Lage nach den Kämpfen in den Großen Karrasbergen – Morenga sammelt seine zersprengten Orlogleute zur Fortsetzung des Kampfes: Gefecht bei Garis und bei Uchanaris – Deimling kehrt nach Deutschland zurück

(Siehe hierzu Karte 5, 6, 7, 8 und 12)

Drei Tage vor seinem Abmarsch von Stamprietfontein nach Keetmannshoop, am 11. Januar 1905, unterrichtet Oberst Deimling das Hauptquartier in Windhuk heliographisch von seiner Absicht, von Hendrik Witbooi vorerst abzulassen, um sich jetzt gegen den in den Großen Karrasbergen sitzenden Rebellenführer Morenga zu wenden. Gleichzeitig gibt der Oberst seinen bereits ausgearbeiteten Plan für dieses offensive Unternehmen nach Windhuk durch. Zur Begründung seines Entschlusses schickt er am 8. Februar ein weiteres Heliogramm hinterher: »Beurteile Lage am Auob dahin, daß sich für großen Schlag mit vereinten Kräften kein Ziel mehr bietet. Feind ist durch Niederlage am Auob zersprengt und wird sich geschlossen nicht mehr stellen, wie Nunub beweist ...«[137]

Trotha indes schien eine völlig andere Vorstellung von der weiteren Kriegführung im Süden zu haben. Er brauchte einen spektakulären Erfolg und wollte daher alle verfügbaren Kräfte »zu einem großen Schlag gegen die Witboois zusammennehmen«.[138] Hinzu traten für den General logistische Bedenken: Die Verpflegungszufuhren aus der Kapkolonie waren durch Grenzsperrung seitens der englischen Behörden ins Stocken geraten, so daß sich gerade für tief im Süden operierende größere Truppenteile gravierende Versorgungsengpässe ergeben würden, zumal die wegen des zu überwindenden wasserlosen Wüstengürtels wenig leistungsfähige Nachschubstrecke Lüderitzbucht – Kubub nur wenig zur Verpflegungszufuhr beitragen konnte.

Erst am 10. Februar erhielt Deimling, der am 23. Januar in Keetmannshoop eingetroffen war, die Antwort des Generals. Sie lautete enttäuschend für den Oberst: »Offensive gegen Morenga bis auf Weiteres verschieben, da Öffnung der Grenze

137 MA, N559/v. 7: Nachlaß Deimling, KTB Stab 2. Feldreg., Südfeldzug, Anlage 8.
138 Generalstabswerk, Bd. 2, S. 66.

Übersichtskarte zu den Operationen im Südosten des Schutzgebietes

nicht zu erwarten steht. Beschränken Sie sich darauf, Morenga zu beobachten, räumen Sie inzwischen mit Witbooi auf.«[139]

Doch ungeachtet dieses Befehls verbleibt Deimling, in dem Glauben, als Befehlshaber vor Ort die Verhältnisse im Süden besser beurteilen zu können als General v. Trotha im 500 km entfernten Windhuk, bei seinem Entschluß zum sofortigen Losschlagen gegen Morenga. Die Verpflegungslage sieht er dabei keineswegs so besorgniserregend wie der General. Am 13. Februar heliographiert er seine Antwort auf Trothas Direktiven vom 10. nach Windhuk: »Telegramm erhalten, wonach Angriff gegen Morenga verlegt und er nur beobachtet werden soll. Bitte gehorsamst Nachstehendes unterbreiten zu dürfen. Morenga ist seit acht Monaten beobachtet und niemals angegriffen. Verlängerung dieses Zustands ins Ungewisse halte ich für hochgradig bedenklich. Morenga gewinnt immer mehr Zuwachs und Ansehen und ist unbesiegt ein Rückhalt auch für die Wittbois. Bitte daher ... Morenga Anfang März angreifen zu dürfen. Ist bis dahin Grenzsperre nicht aufgehoben, so muß und wird die eigene Verpflegung genügen, zumal wenn Lengerke mit gefüllten Fahrzeugen vom Auob abrückt (Anm. Verf.: Die Abteilung Lengerke wollte Deimling ebenfalls für das Karrasunternehmen heranziehen) und ich aus dem reichlich verproviantierten Gibeon noch Einiges herausholen darf. Die bisher übliche ganze Verpflegung habe ich schon jetzt auf 2/3 herabgesetzt ... Verfolgung (Anm. Verf.: Gemeint: der Witboois) in die Wüste hinein halte ich zumal in der jetzigen Jahreszeit für ebenso aufreibend als zwecklos, da sich die Hottentotten geschlossen nicht mehr stellen. Beweis: Nunub ... Operationen im Süden konnten bisher gelingen, weil mir freie Hand gelassen wurde, wofür ich in hohem Maße dankbar bin, bitte auch fernerhin um freie Hand.[140]«

Vier Tage später, am 17. Februar, lehnt das Hauptquartier Deimlings Antrag endgültig ab. In dem betreffenden Heliogramm[141] heißt es unter anderem, daß die Witboois auch jetzt noch nicht in ihrer Gefechtskraft unterschätzt werden dürften, weswegen die Abteilung Lengerke weiterhin am Auob erforderlich sei; daß gegen die Witboois, wenn sie sich nicht mehr geschlossen stellten, Streifzüge einzelner Abteilungen unternommen werden sollten; daß die Operationen gegen Morenga erst begonnen werden dürften, wenn die Grenzsperre aufgehoben werde. Trothas Heliogramm schloß mit der unmißverständlichen Aufforderung an Deimling, nunmehr endlich die Direktiven des Hauptquartiers zu befolgen.

Dieser Befehl ist eindeutig und läßt keinen Widerspruch mehr zu. So sieht sich Deimling zum Einlenken genötigt. Noch am gleichen Abend (17. Februar) antwortet er dem Hauptquartier, daß er den Angriff gegen die Karrasberge aufschieben werde.[142]

Einen Tag später jedoch erhält der Oberst ein Heliogramm, das ihm schlagartig die Lage in einem völlig anderen, bedrohlichen Licht erscheinen läßt und ihm Anlaß gibt, sein Nachgeben vom Vortage zu bereuen: Der Kapitän Christian Goliath teilt ihm aus Berseba mit, daß einige Angehörige seines Stammes, die sich

139 MA, N559/v. 2: Nachlaß Deimling, Tgb Südfeldzug, S. 63.
140 MA, N559/v. 7: Nachlaß Deimling, KTB Stab 2. Feldreg., Südfeldzug, Anlage 96.
141 Ebenda, Anlage 12.
142 Ebenda, Anlage 13.

den aufständischen Witboois angeschlossen hatten, nach Berseba zurückgekehrt seien und ihm unter anderem folgendes mitgeteilt hätten:

»... Die Uneinigkeit unter den Wittboys selbst und den anderen Kapitänen ist sehr groß. Eine große Anzahl der unzufriedenen Wittboys sind mit einigen Bersebaern nach Hudub gegangen. Die übrigen Wittboy und die Kapitäne wollen nach den Karrasbergen gehen, sobald Samuel Isaak mit Munition von der englischen Seite zurückgekehrt. Mangel an Munition und Proviant ist sehr groß. Die Absicht Hendrik Wittboys und seiner Männer ist, die Herrschaft aller Stämme zu erringen, ihr nächstes Ziel sind Karrasberge und den lästigen Anhang von Frauen, Kindern, Rindvieh und kleinem Vieh nach einem guten Bergungsort zu bringen, um von da aus einen Guerillakrieg zu treiben.«[143]

Am 26. Februar wird diese alarmierende Mitteilung durch Nachrichten von den an der Auobfront stehenden Abteilungen Lengerke und Meister bestätigt: Große Teile der Witbooi-Hottentotten marschieren in südwestlicher Richtung auf die Karrasberge ab!

Deimling überdenkt die neue Lage und die möglichen Konsequenzen: »Gelänge den Witboois die Vereinigung mit den Morengaleuten, dann hätten wir in den Karrasbergen eine feindliche Streitmacht von 1500 bis 2000 Gewehren sitzen. Die Wegnahme der Karrasberge würde dann aber für uns ein sehr schwieriges und blutiges Unternehmen werden. Denn dieses Gebirge ist bekannt als ein schluchtenreiches, zerklüftetes und schwer zugängliches Gelände, welches in ganz hervorragendem Maße für die Fechtweise der Hottentotten geeignet ist und durch die überall sich bietenden überragenden Stellungen in Klippen von einer Minderheit leicht verteidigt werden kann.«[144]

Für den Oberst stand jetzt fest: »Meine unabweisbare Pflicht ist nunmehr zum Angriff gegen die Karrasberge zu schreiten, bevor Zuzug von Hottentotten aus dem Norden stattfindet.«[145] Bestärkt wurde Deimling in seinem Beschluß durch Meldungen, wonach mit Bestimmtheit darauf zu schließen war, daß Morenga und die Morrisbrüder sich mit ihren Werften in der Narudasschlucht gerade vereinigt hätten.

Diese gegnerische Kräftekonzentration mußte unbedingt ausgeschaltet werden, und zwar ehe die Witboois herannahten! Ein weiteres Zuwarten würde die Erfolgschancen nur mindern. Das Gebot der Stunde könnte daher nur lauten: Sofort zupacken! Die Zahl der für diesen Schlag verfügbaren Truppen, so glaubte der Oberst, sei vollkommen ausreichend; »sie würde Ende März oder im April auch nicht stärker sein als jetzt.«[146] So rang sich Deimling zum sofortigen, selbständigen Handeln gegen den ausdrücklichen Befehl Trothas durch, obwohl dieser seinen Befehl in einem Ergänzungstelegramm am 23. Februar noch einmal wiederholt hatte.[147]

Als erste Maßnahme heliographierte Deimling schon am 20. Februar einen Befehl an Major Lengerke in Gochas, mit einem Teil seiner Abteilung (1 Kom-

143 Ebenda, S. 37f.
144 MA, N559/v. 2: Nachlaß Deimling, Tgb Südfeldzug, S. 65.
145 Ebenda, S. 65.
146 Ebenda, S. 66.
147 MA, N559/v. 7: Nachlaß Deimling, KTB Stab 2. Feldreg., Südfeldzug, Anlage 107.

panie, 1/2 Feldbatterie und 1 Zug Gebirgsartillerie) sofort nach Koës zu marschieren und sich dort mit der von Keetmannshoop nach Norden vorgeschobenen 11. Kompanie/2. Feldreg. mit dem Auftrag zu vereinigen, »alle bei Koës vorbeiziehenden Hottentottenbanden anzugreifen und ihnen den Eintritt in die Karrasberge zu verwehren.«[148] In einem Zusatz-Heliogramm an Lengerke[149] befiehlt er diesem ergänzend drei Tage darauf, für die Besetzung aller Wasserstellen zwischen Koës und Hasuur Sorge zu tragen, da der Feind wahrscheinlich in diesem Bereich durchbrechen werde. Sechs Tage später, am 26. Februar, schickt Deimling erneut ein Heliogramm an Lengerke[150] mit dem Befehl, sich an der Aktion in den Karrasbergen mit der 11. Kompanie und zwei Gebirgsgeschützen zu beteiligen und sich dorthin sofort in Marsch zu setzen. Der Rest seiner Abteilung solle als Sperriegel gegen die vermutlich von Norden her anrückenden Witboois im Bereich Koës – Hasuur verbleiben.

Am 1. März gab Oberst Deimling, der sich immer noch in Keetmannshoop aufhielt, den Plan für die Operation »Große Karrasberge« heraus. Er beruhte auf den topographischen Angaben eines Jahre zuvor in den bisher fast überhaupt noch nicht kartographierten Großen Karrasbergen tätig gewesenen Feldvermessers, wonach dieser Gebirgszug vier Hauptzugänge hatte, die durch vier Trockenflüsse ungefähr nach den vier Himmelsrichtungen kreuzförmig eingeschnitten waren. Daher sollte in vier Abteilungen angegriffen werden, die getrennt aus allen vier Himmelsrichtungen in das Gebirge eindringen und durch ihr Zusammenwirken die Rebellen in der Narudasschlucht zum Kampf zwingen sollten.

Im einzelnen sah der Plan vor: Die Abteilung Koppy (zwei Kompanien und vier Geschütze) sollte von Süden, von Kalkfontein-Süd, dem heutigen Karasburg, aus, die Abteilung Kamptz (zwei Kompanien, vier Geschütze und vier Maschinengewehre, in Keetmannshoop formiert) von Westen, die Abteilung Kirchner (eine Kompanie, zwei Geschütze und zwei Maschinengewehre) von Norden über Kosis(-West) – Aob und die Abteilung Lengerke (eine Kompanie mit zwei Geschützen) von Osten angesetzt werden. Die ersten drei Abteilungen sollten so marschieren, daß sie am 11. März früh die Wasserstelle Narudas erreichten, während die vierte Abteilung, Abteilung Lengerke, bis Kouchanas am Back-Rivier vorrücken sollte, um hier einen Sperriegel zu bilden.

Wieder einmal handelte es sich – genau wie im August 1904 am Waterberg gegen die Herero und später im Januar 1905 am Auob gegen die Witboois – um ein konzentrisches Vorgehen, »wie es charakteristisch war für die Kriegführung in Südwestafrika«. Deimling, das Generalstabswerk zitierend, bemerkt hierzu: »Hierbei handelt es sich nicht darum, den Gegner einzuschließen und zur Waffenstreckung zu zwingen. Bei der Weite des Kriegsschauplatzes und der zahlenmäßigen Schwäche der deutschen Truppen mußte es dem Gegner stets gelingen, an irgend einer Stelle durchzuschlüpfen, wie dies auch am Waterberg der Fall gewesen ist. Wenn trotzdem immer wieder zu dem Mittel konzentrischer Operatio-

148 Ebenda, Anlage 103.
149 Ebenda, Anlage 106.
150 Ebenda, Anlage 108a

nen gegriffen wurde, so geschah es nur zu dem Zweck, einen Gegner, der jeder Entscheidung auswich, und dessen Stärke in seiner Beweglichkeit und der ungeheuren Ausdehnung des Kriegsschauplatzes lag, zum Kampf zu stellen und seine Widerstandskraft zu brechen.«[151]

Deimling bricht am 6. März mit seinem Regimentsstab von Keetmannshoop in Richtung Große Karrasberge auf. Noch am gleichen Tage schließt er sich der Kolonne Kamptz an. Am 7. wird die Wasserstelle Uchanaris erreicht. Von hier aus teilt der Oberst am Abend Trotha heliographisch unter anderem folgendes mit: »Morenga und beide Morris mit Weib, Kind und Vieh sitzen in und bei Narudas, ...« (Anschließend gab er ihm den Angriffsplan durch und fuhr dann fort:) »Ich werde die augenblickliche Versammlung des Feindes ausnutzen und angreifen ... Sämmtliche Kolonnen gegen Karrasberge bereits in Marsch, Koppy erwartet am achten, Kamptz am neunten erste Berührung mit vorgeschobenen Werften des Feindes. Ich befinde mich bei Kolonne Kamptz.«[152]

Damit hatte Oberst Deimling sich die ihm verweigerte Handlungsfreiheit selbst genommen und den noch im fernen Windhuk weilenden Oberkommandierenden vor vollendete Tatsachen gestellt. In der beruhigenden Gewißheit, nun vorerst nach eigenem Gutdünken schalten und walten zu können, schreibt Deimling in seinen Erinnerungen: »Bei der Kürze der Zeit und der Weite der Entfernung war dem Hauptquartier eine Einwirkung auf den Gang der Ereignisse jetzt nicht mehr möglich.«[153]

Der Schauplatz der jetzt zu schildernden kriegerischen Ereignisse, das Bergland des Großen Karras, war vorher noch von fast keinem Weißen betreten worden. Fast unberührt lag die Wildnis da, nur bewohnt von einigen wenigen Nama. Dieser schroffe und spärlich bewachsene Gebirgsstock, in der Größe etwa dem Harz entsprechend, erhebt sich südöstlich von Keetmannshoop jäh aus der mit spitzen Kopjes bedeckten, wellenförmigen Landschaft und erreicht mit dem Gipfel des Lord Hill eine Höhe von über 2000 m. Vom Lord Hill aus bietet sich dank der fast immer klaren Luft ein ungehinderter Fernblick über eine Distanz von etwa 80 km bis nach Keetmannshoop.

Auf diesem Gipfel hatte Morenga seine Beobachtungsposten nach allen Seiten verteilt. Diesen Spähern konnte – mit Hilfe der deutschen Gefallenen abgenommenen scharfen Ferngläser – das Herannahen der deutschen Kolonnen nicht verborgen bleiben, verrieten diese sich doch stets schon über große Entfernungen durch die aufgewirbelten Staubwolken.

Durch diese Späher und andere im Vorgelände des Gebirgsmassivs postierte Kundschafter war Morenga schon frühzeitig über den getrennten Anmarsch von vier deutschen Abteilungen und über deren Stärke genau informiert. (Wegen Morengas offenbar ganz genauer Kenntnis über die deutschen Absichten und Truppenbewegungen bestand deutscherseits sogar der Verdacht, daß er die deut-

151 MA, N559/v. 2: Nachlaß Deimling, Tgb Südfeldzug, S. 67f.
152 MA, N559/v. 7: Nachlaß Deimling, KTB Stab 2. Feldreg., Südfeldzug, Anlage 114.
153 MA, N559/v. 2: Nachlaß Deimling, Tgb Südfeldzug, S. 69

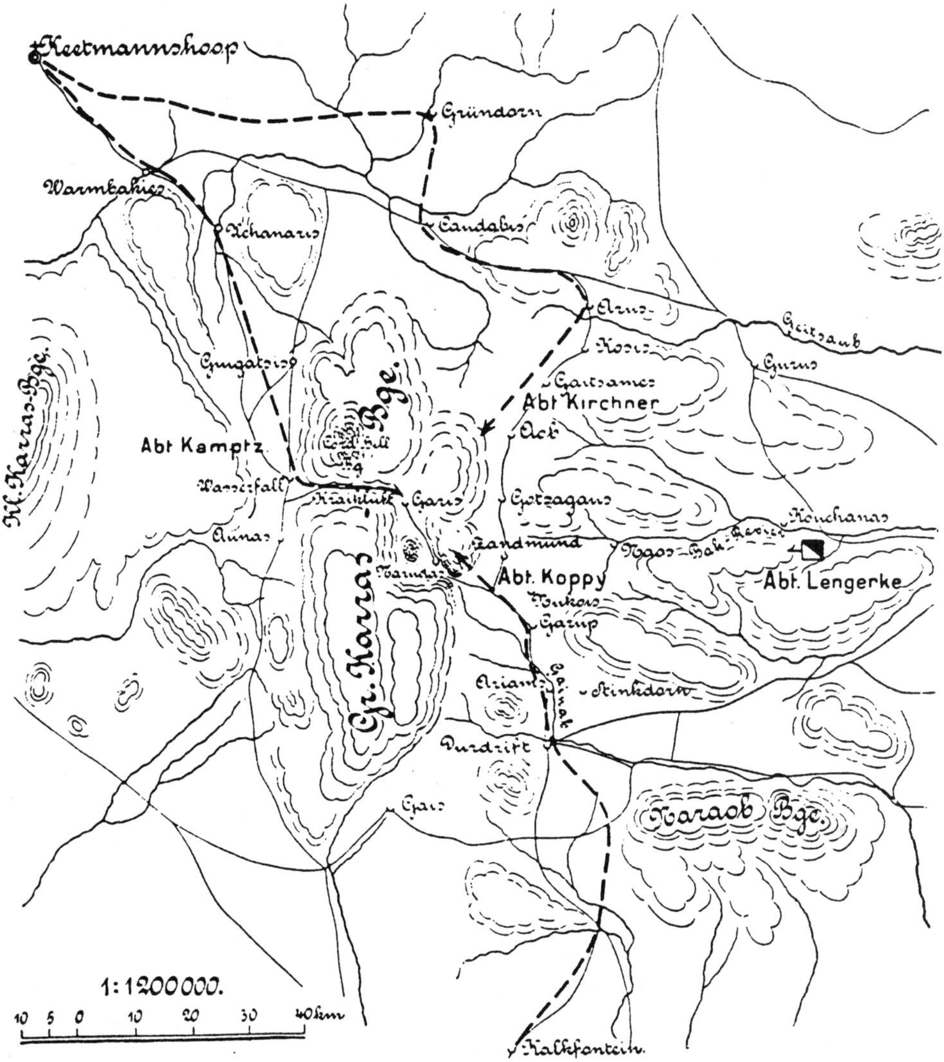

Übersichtskarte zu den Gefechten in den Großen Karrasbergen

schen Blinksignale lesen konnte.[154] Mit dem klaren Verstand des Naturmenschen erfaßte er sogleich die Blöße, die sich die Deutschen durch diese Kräfteaufsplitterung gaben, und die sich ihm nun bietende günstige Gelegenheit zum Zuschlagen. Und diese Gelegenheit verstand er, wie wir gleich sehen werden, geschickt zu nutzen! Er faßte seine Kräfte zusammen und, »auf der inneren Linie vorgehend«, setzte sie gegen die getrennt marschierenden deutschen Kolonnen an, in der Absicht, sie nacheinander zu schlagen.

Der Rebellenführer brach am 9. März mit dem Gros seiner Streitmacht nach Norden in Richtung Wasserstelle Aob auf, um sich der dort vorrückenden schwächsten deutschen Abteilung, der Abteilung Kirchner, entgegenzuwerfen und sie zu vernichten, ehe die beiden anderen deutschen Abteilungen, die Abteilung Koppy und die Abteilung Kamptz, zur Stelle sein konnten. Diese sollten zunächst durch zwei schwächere Nama-Kräftegruppen aufgehalten werden, von denen die eine unter Führung des Kapitäns Cornelius Stürmann in der Kraikluft und die andere unter Führung der Morrisbrüder bei der Wasserstelle Garup Aufstellung nehmen sollten.

Hauptmann i. G. Bayer kommentiert Morengas taktische Absicht wie folgt: »Ein ausgezeichneter Kriegsplan, ausgedacht von einem Hererobastard, der zwar keine taktische Ausbildung genossen hatte, dem aber die unschätzbare Gottesgabe eines gesunden Menschenverstandes in die Wiege gelegt worden war.«[155]

Nachdem Deimling mit seinem Heliogramm vom 7. März dem Hauptquartier praktisch bis auf weiteres den Gehorsam aufgekündigt hatte, marschierte er noch am gleichen Tage mit der Kolonne Kamptz durch das hügelige Vorgelände nordwestlich des Großen Karrasmassivs nach Süden und gelangte schließlich am 9. morgens nach Wasserfall, einem durch die zur Regenzeit wild herabstürzenden Wassermassen eines Riviers tief ausgewaschenen Kessel. Hier beginnt eine quer von West nach Ost verlaufende, das Gebirgsmassiv in zwei Hälften teilende Schlucht, die sogenannte Kraikluft, an deren östlichem Ende sich die Wasserstelle Garis befindet, wo weiter nach Süden die Narudasschlucht ihren Anfang nimmt.

Noch am gleichen Tage rückte die Kolonne Kamptz in die Kraikluft ein. Nun konnte der Weitermarsch nur noch zu Fuß in Kolonne zu Einem erfolgen, da das Vorwärtskommen nur noch auf einem schmalen, steilen und äußerst steinigen Saumpfad, der sich zum Plateau hochwand, möglich war. Aus diesem Grunde mußten fast alle Pferde zurückgelassen und die Geschütze und Maschinengewehre auf Maultiere verlastet werden.

Schon bald verzögerte sich der Vormarsch in Richtung Garis, weil nirgends in der Kraikluft Wasser zu finden war. Dieses mußte daher erst von Wasserfall herangeholt werden. Während auf die Wasserholer gewartet wurde, erfolgte – es war am Mittag des 10. März – eine erste Feindberührung: Namakrieger gingen auf den die Kraikluft umschließenden Höhen vor, konnten jedoch durch die dort aufgestellten Posten vertrieben werden. Dies waren die von Cornelius Stürmann geführten Orlogleute, die sich der Abteilung Kamptz vorlegen sollten, um deren Vormarsch zu verzögern.

154 Siehe hierzu Grumpelt, S. 249.
155 Bayer :»Mit dem Hauptquartier «, S. 234.

Nach diesem mißlungenen Versuch begnügte sich der Gegner damit, in der Marschrichtung Narudas das Gras anzuzünden – in dem vergeblichen Bemühen, die Kolonne Kamptz damit aufhalten zu können –, und wich zum Nordwesteingang der Narudasschlucht zurück.

Am 11. bei Tagesanbruch ging es weiter über steiniges Geröll und durch stark zerklüftetes Terrain. Deimling bemerkt hierzu: »Eisenbeschlagene Bergschuhe wären hier das Richtige gewesen. Statt dessen hatten Offiziere und Mannschaften verbrauchte, noch knapp zusammenhaltende Stiefel. Manche ›Feldschuhträger‹ – wie der trotz allem immer noch lebendige Humor der Kameraden sie nannte – hatten ihre Schuhe mit Lederstreifen aus frischen Kuhhäuten verschnürt.«[156]

Um 7 Uhr morgens stieß die Truppe auf eine – wider Erwarten – ergiebige Wasserstelle. Es war Garis. Hier wurden die Tragtiere getränkt. Bei mäßiger Steigung ging es dann weiter über eine breite, klippen- und geröllreiche Hochfläche. Endlich, gegen 10 Uhr, wurde der Nordwestausgang der Narudasschlucht erreicht, die, von steilen Quertälern unterbrochen, sich bis zu 250 m Tiefe senkrecht in das Gebirgsmassiv einschneidet und »somit der Kampfesweise der Hottentotten die größten Vorteile bietet.«[157]

Nun ging es in die Narudasschlucht hinein. Hier sollte die Abteilung ihre zweite Feindberührung bekommen. Überlassen wir jetzt dem Augenzeugen Maximilian Schmidt das Wort:

»... Der qualvolle Marsch hatte bereits acht Stunden gedauert, als eine tiefe, klippige Seitenschlucht von Nurudas (Anm. Verf.: gemeint ist Narudas) erreicht ward. Eine Seitenpatrouille meldete, daß diese Schlucht und naheliegende Klippen besetzt seien. (Anm. Verf.: Hierher, in eine vorzüglich vorbereitete Stellung hatte sich Stürmann mit seinen Leuten zurückgezogen.) Das Gefecht begann. Zwei Kompagnien, zwei Geschütze wandten sich gegen das heftig ihnen entgegenprasselnde Feuer. Ein Reiter fiel, ein Leutnant und ein Wachtmeister wurden verwundet. Der Führer ließ seine übrigen Truppen, von einer langen Mulde gedeckt, nach links eine Umgehung ausführen und zwang dadurch den Feind zum Rückzug.«[158]

Dann wurde in Richtung Süd zu beiden Seiten der engen Schlucht von Narudas (Anm. Verf.: Namawort – zu deutsch: »Schlucht zum Herabrutschen«) unter größten Anstrengungen weiter vorgerückt. Eindrucksvoll beschreibt Pastor Schmidt die Qualen dieses Marsches:

»...Wieder über Steinflächen und Geröll! Eine Seitenschlucht, deren Umgehung zu viel Zeit geraubt hätte, wird durchklettert. Nach kurzer Zeit noch eine zweite, eine dritte! Sah man von oben auf den steilen Abstieg und das Geklüft der Felsblöcke, so schien es unmöglich, mit den bepackten Tragtieren hinab- und ebenso mühsam wieder emporzuklimmen. Aber vorwärts, zu zweifelnden Erwägungen bleibt keine Zeit. Wohl war's ein beängstigender Anblick, wenn die gelbe Heeresschlange von Schlucht zu Schlucht kopfüber in die Tiefe tauchte und sich in steilem Emporklemmen wieder hinaufwand, aber Wille und Pflichtgefühl siegten.

156 MA, N559/v. 2: Nachlaß Deimling, Tgb Südfeldzug, S. 71.
157 Kolbe, S. 253.
158 M. Schmidt, S. 148.

Schlimmere Märsche hat schwerlich ein Heer selbst bei den berühmten Märschen über die Alpenpässe (Anm. Verf.: Hier spielt Pastor Schmidt auf den Marsch des Karthagerheeres unter Hannibal über die Alpenpässe im Jahre 218 vor Christi an.) bestanden.«[159]

Von den Kolonnen Koppy und Kirchner war noch nichts zu hören, auch kein Kanonendonner. Von der Kolonne Lengerke war ebenfalls noch keine Nachricht eingegangen.

Es war gegen 16.30 Uhr, als ein Höhenrand erreicht wurde, der einen weiten Ausblick in die lange Hauptschlucht bot. Kaum war man oben angekommen, als plötzlich auf dem jenseitigen Höhenrand »Hottentottenschwärme« gesichtet wurden, die, aus südlicher Richtung kommend, Vieh abtrieben. Die Gebirgsartillerie fuhr auf und nahm sie unter Wirkungsfeuer.

Bald darauf nahm die Truppe ihren Vormarsch wieder auf. Auch jetzt waren immer noch Hottentotten auf dem jenseitigen Höhenrand zu erkennen, die in nördlicher Richtung flüchteten. Deimling deutete diese Beobachtung als »erstes Anzeichen von einem glücklichen Gefecht, welches die Abteilung Koppy am Südausgang der Narudasschlucht gehabt haben mußte.«[160] Er sollte sich nicht getäuscht haben!

Der Abend brach heran, da »sah man bereits auf halber Höhe der gegenüberliegenden Hänge einen Heliographenspiegel blitzen.« Es war der Lichtfernsprecher der Abteilung Koppy! Er meldete den glücklichen Ausgang zweier Gefechte, die die Abteilung gegen Morenga und die Morrisbrüder bei der Wasserstelle Garup zu bestehen gehabt hatte.

Die Abteilung Koppy hatte, von Süden her über Duurdrift(-Nord) – Ariams heranrückend, am 10. März gegen Mittag Garup erreicht. Hier, an den steilen Bergabhängen südlich der Narudasschlucht, hatte sich die von den Morrisbrüdern geführte Orloggruppe – etwa hundert Mann – verschanzt, die Morenga mit dem Auftrag hierher vorgeschoben hatte, Koppys Truppe so lange aufzuhalten, bis er selbst mit seinen Kriegern nach Vernichtung der Abteilung Kirchner zur Unterstützung herbeigeeilt sei, um dann auch dieser Abteilung das gleiche Schicksal zu bereiten.

Koppy, der den Gegner bei Garup erwartet hatte, war mit den dortigen Terrainverhältnissen durch seine Teilnahme an den Operationen gegen Morenga im September/Oktober 1904 gut vertraut. (Siehe Kapitel 4.) Sein Angriffsplan stand daher fest: Statt frontal die Stellung der Nama anzugreifen – hier waren sie nahezu unangreifbar –, entsandte der Hauptmann seine Reiter mit den Geschützen in die rechte Flanke des Gegners, das heißt in dessen Rückzugsrichtung. Der Hauptmann hatte richtig kalkuliert: Als die Morrisleute die drohende Umgehung ihrer westlichen Flanke erkannten, zogen sie sich kampflos in Richtung Wasserstelle Narudas zurück. Nun schien der Abteilung Koppy der Weg in die Narudasschlucht offen zu stehen!

Die Truppe verblieb die Nacht zum 11. März bei der Wasserstelle Garup. Am nächsten Morgen wurde wieder aufgebrochen. Marschrichtung Narudas. Von den

159 Ebenda.
160 MA, N559/v. 2: Nachlaß Deimling, Tgb Südfeldzug, S. 72f.

nun folgenden dramatischen Geschehnissen erfahren wir aus den Aufzeichnungen Deimlings, die dieser anhand der Mitteilungen niedergeschrieben hatte, welche v. Koppy ihm zwei Tage darauf gemacht hatte:

»Am Morgen des 11. März war die Abteilung nach dem glücklichen Vorgefecht bei Garup im Vormarsch nach Narudas. Hauptmann v. Koppy, Leut. v. Gersdorff und Unteroffizier Schütze, ein alter Schutztruppler, ritten 1 km vor der Abteilung voraus, da gewahrten sie plötzlich große Staubwolken: ›das muß die Abteilung Kirchner sein. Das klappt ja wie im Manöver!‹, sagten sie.

Als Koppy aber sein Fernglas auf die Staubwolke richtete, wurde er doch mißtrauisch; am Ende könnten es doch Hottentotten sein. Leut. v. Gersdorff reitet im Galopp vor, um besser beobachten zu können. Im selben Augenblick löst sich auch von den Anmarschierenden ein einzelner Reiter ab, wohl der Führer, der ebenfalls zur Erkundung vorsprengt. Er trägt einen Truppenhut, blauen Rock und weiße Armbinde und reitet einen Falben. – ›Das ist Morenga‹, ruft Leut. v. Gersdorff und sprengt mit der Meldung vom Anmarsch des Feindes zurück.

In der Tat war es dieser bewegliche Führer selber, der nach einem glücklichen Kampf, den er gestern gegen die Kolonne Kirchner gehabt (davon wußten wir aber damals noch nicht) voll Siegeszuversicht nach Süden eilte, Koppy entgegen.

Von beiden Seiten begann nun ein Wettrennen nach dem Eingang der Schlucht und dem sie umgebenden klippenreichen zum Kampf sehr günstigen Gelände. Wer es zuerst in Besitz bekam, beherrschte taktisch die Lage. Und das waren die Deutschen, dank der Schnelligkeit mit der ihr Führer die Lage überschaute und die nötigen Anordnungen getroffen hatte. Morenga kam zu spät.«[161]

Koppy hatte blitzschnell reagiert: Seine an der Spitze marschierende Fußabteilung hatte er mit den Befehl vorausgeschickt, so rasch wie möglich eine rechts in der Vormarschrichtung liegende Anhöhe zu besetzen, an der die Morengaleute vorbeireiten mußten, wenn sie den Eingang der Schlucht gewinnen wollten. Sie müßten dann, wenn die rechtzeitige Besetzung der Anhöhe gelänge, an den deutschen Schützen vorbeireiten und könnten unter wirksames Feuer genommen werden.

Dies gelang: »Aus etwa 800 m Entfernung prasselte ein vernichtendes Feuer in die Reihen der Namareiter!« Viele von ihnen wurden aus den Sätteln geworfen und mußten sich zum Kampf stellen. Einigen gelang die Flucht zu den Morrisleuten, die den westlichen Höhenrand besetzt hielten, andere, darunter Morenga, retteten sich zum östlichen Höhenrand und verschanzten sich dort. Oberst Kolbe schildert das nun sich entwickelnde Gefecht wie folgt:

»... Gegen den rechten Flügel der Hottentotten wurde nunmehr die berittene Abteilung eingesetzt, und unter dem Feuer der dicht hinter der Schützenlinie aufgefahrenen Artillerie, das von Oberleutnant v. Rosenthal so gut geleitet wurde, daß kein Eingeborener mehr den Kopf über die Deckung zu heben wagte, gelang es dem Hauptmann v. Koppy, die Schützen ohne erhebliche Verluste vorwärts zu tragen. Als dann noch die Reserven auf dem linken Flügel eingesetzt wurden, begann das Feuer derart überwältigend zu werden, daß der rechte Flügel, die Morrisleute, zum größten Teil die Flucht ergriffen.

161 Ebenda, S. 75f.

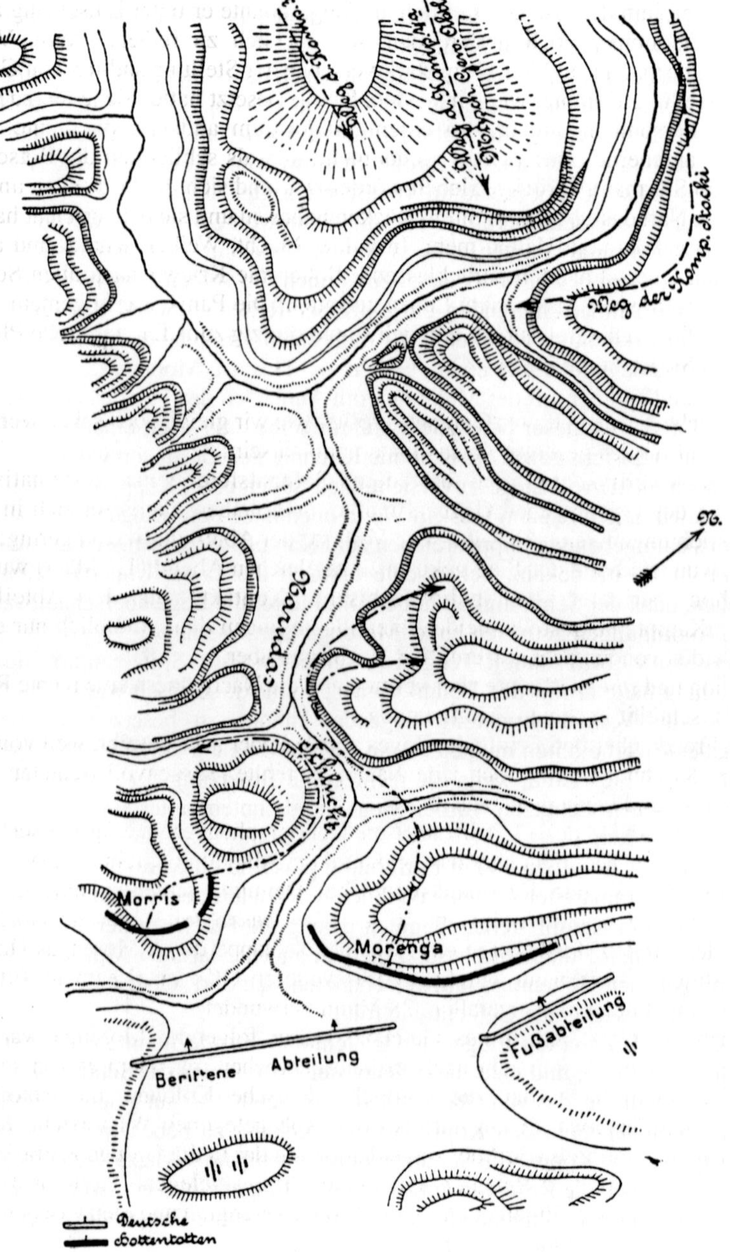

Gefecht bei Narudas

Noch aber gab Morenga den Kampf nicht verloren, und solange Stürmann mit seinen Leuten ihm den Rücken freihielt, so lange konnte er unter Einsetzung aller seiner Kräfte immer noch hoffen, den Sieg an sich zu reißen. (Anm. Verf.: Cornelius Stürmann stand am 11. in stark verschanzter Stellung südlich von Garis, das die Abteilung Kamptz, wie wir wissen, bereits besetzt hatte. Siehe hierzu weiter vorn.) Persönlich eilte er von einem Flügel zum anderen, die Leute zum Ausharren anfeuernd; aber es half nichts mehr, und als schließlich die Botschaft eintraf, daß Stürmann zurückgetrieben worden war und sich die Deutschen unaufhaltsam der Narudasschlucht in ihrem Rücken näherten und sie bald erreicht haben würden, da gab es kein Halten mehr. In wilder Flucht, Weiber, Kinder und alles Vieh in den Querschluchten zurücklassend, flohen die Krieger nach allen Seiten davon, um wenigstens das nackte Leben zu retten. Die Panik war allgemein, und mehr als 8000 Stück Groß- und Kleinvieh sowie fünfzig zum Teil gesattelte Pferde fielen dem Sieger in die Hände.«[162]

Der siegreiche Ausgang dieses Gefechtes sollte, wie wir gleich noch sehen werden, entscheidend für das gesamte Karras-Unternehmen sein!

Koppys Abteilung verblieb auf dem Gefechtsfeld; eine systematische Verfolgung des geschlagenen Gegners mußte unterbleiben, da dieser sich in alle Himmelsrichtungen verstreut hatte. Die Verluste der Abteilung waren gering; nur neun Verwundete hatte der Sieg gekostet. Am gleichen Abend (11. März) wurde, wie schon berichtet, der heliographische Kontakt mit der Abteilung Deimling/Kamptz hergestellt. Beide Abteilungen gingen dann, räumlich nur etwa 1 1/2 Stunden voneinander entfernt, zur Nachtruhe über.

Deimling und seine Offiziere aber vermochten die Nacht über keine rechte Ruhe finden. Er schreibt in seinen Erinnerungen:
»Unsere Freude über den Erfolg des Tages wurde leider sehr getrübt, weil von der Abteilung Kirchner immer noch jede Nachricht fehlte. Sorgenvoll richteten sich unsere Blicke und Gedanken nach Norden.«[163]

Endlich, am Abend des 13., trifft über die Heliographenverbindung Wasserfall – Kraikluft die erste Meldung über das Schicksal der Abteilung Kirchner, abgegeben vom Etappenkommando Keetmannshoop, bei Deimling ein. Sie lautet niederschmetternd: Die Abteilung hat am 10. bei der Wasserstelle Aob am Nordosteingang der Großen Karrasberge eine schwere Schlappe durch Morengas Hauptmacht erlitten. Hauptmann Kirchner, ein weiterer Offizier (Leutnant Edzard Fürbringer) und neun Mann gefallen, 28 Mann verwundet.

Die näheren Umstände dieses Gefechts waren folgende: Morenga war am 9. März mit seiner Hauptmacht nach Aob aufgebrochen, nachdem er von seinen Spähern erfahren hatte, daß die nördliche deutsche Kolonne, die Abteilung Kirchner, sich der etwa 25 km nordwestlich Aob gelegenen Wasserstelle Kosis (-West) nähere. Nördlich von Aob, zu beiden Seiten der in die Großen Karrasberge führenden Pad, hatte der Rebellenführer eine günstig gelegene Stelle ausfindig gemacht, wo sich zwei Hügelketten trichterförmig verengten und die zwischen die-

162 Kolbe, S. 159f.
163 MA, N559/v. 2: Nachlaß Deimling, Tgb Südfeldzug, S. 74.

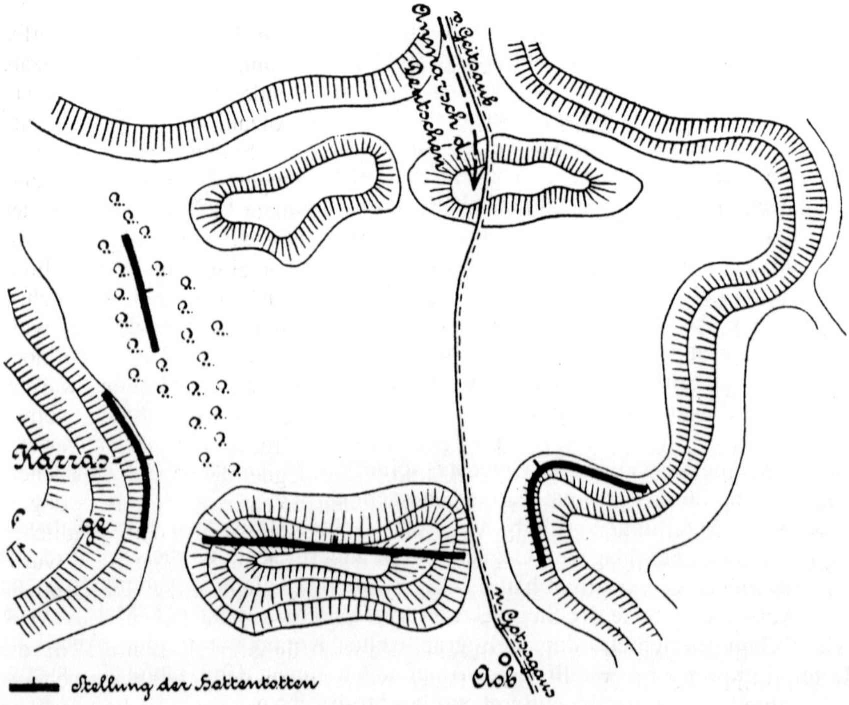

Gefecht bei Aob

sen gelegene Fläche durch einen querliegenden Höhenzug fast abgeriegelt wurde. Hier ließ er Verschanzungen errichten, in denen er seine Krieger in Erwartung des Gegners verteilte.

Ohne von dem im Hinterhalt liegenden Gegner auch nur das Geringste bemerkt zu haben, war Kirchners Abteilung am 10. März früh am Nachmittag bis in die Nähe von Aob gelangt. Was nun geschah, erfahren wir aus der Feder eines Gefechtsteilnehners, des Oberleutnants Freiherrn Grote:

»... Um 3 Uhr erreichte die Spitze eine Fläche, zirka 800 Meter nördlich der Wasserstelle Aob, und erhielt plötzlich von vorn und aus den Flanken ein überraschendes Feuer. Ein Moment des Stutzens, dann aber ertönen scharf die Befehle des Führers, und nicht zwei Minuten sind verstrichen, da knattern die Gewehre der beiden bereits entwickelten Infanteriezüge, da rattern die Maschinengewehre, und dumpf erdröhnen die ersten Kanonenschüsse. Keine Feinde! Nur der scharfe Knall der feindlichen Gewehre, das Zischen und Pfeifen der Geschosse, und ab und zu ein Rauchwölkchen auf der zirka 300 Meter gegenüberliegenden Höhe verriet die Stellung des vorzüglich gedeckten Gegners. Sprungweise schob sich nun die Infanterie näher heran. Diesen Moment benutzte der Gegner, um auch von den Flanken her ein wohlgezieltes Feuer gegen die vorwärtsstrebenden Truppen zu richten. Hierbei fielen die Reiter Bähr, Reuter, Schmelzer, Simmeit, und auch der

Matrose Glück, der seinem Herrn freiwillig gefolgt war, brach tödlich getroffen zusammen. Beim weiteren Vorwärtsdringen fielen dann der Leutnant Edzard Fürbringer, der todesmutig seinen Leuten, ein leuchtendes Beispiel, weit voraus war, ferner die Reiterr Stern und Struß. – Eine große Anzahl war schwer verwundet worden, Batterie und Maschinengewehre waren abschnittsweise ebenfalls näher herangekommen, letztere auf dem rechten Flügel, die Flanke deckend. Hauptmann Kirchner, welcher sich mit dem Oberleutnant Freiherr Grote bei den Maschinengewehren aufhielt, gab nun das Zeichen zum Sturm. Auch die Maschinengewehre drangen soweit wie möglich vor. Von einer günstigen Stellung aus unterstützten sie den Sturmlauf. Hierbei fiel der Reiter Schneider, und mehrere Leute des Maschinengewehrzuges wurden verwundet. Der Gegner ging wohl aus der ersten Schanzenstellung zurück, aber dicht dahinter lag eine zweite, noch stärker verschanzte Stellung. Beim Eindringen in die feindliche Stellung war der Hauptmann Kirchner tödlich verwundet worden. Beim Versuch, seinen Hauptmann zurückzutragen, fiel der Sanitätsgefreite Brüstle. Inzwischen war es 6 Uhr geworden. Inmer mehr wurde es klar, daß der Gegner die so viel schwächere Abteilung zu umzingeln versuchte. Ein Maschinengewehr war sogar gezwungen, nach rückwärts zu schießen, um einem von rückwärts drohenden feindlichen Angriff entgegenzutreten; bei den weiter rückwärts stehenden Fahrzeugen wurde ein feindlicher Sturmanlauf mit der blanken Waffe abgewiesen. Oberleutnant Freiherr Grote (er übernahm das Kommando nach den Tode Kirchners – Anm. Verf.) gab der Artillerie den Befehl, alle verfügbaren Kanoniere in die Schützenlinie zu schicken ... Das Feuer wurde nunmehr gegen Einbruch der Dämmerung schwächer, auch beim Feinde, der ebenfalls starke Verluste erlitten hatte ...«[164]

Gegen Mitternacht verstummte das Feuer gänzlich. Gegen 1 Uhr nachts trat die Abteilung, nachdem die Toten und Verwundeten geborgen worden waren, den Rückmarsch nach Kosis(-West) an. Dort angekommen, bezog Freiherr Grote mit der auf dreißig Gefechtsfähige zusammengeschmolzenen Abteilung ein befestigtes Lager und meldete – unter Anforderung von Verstärkung – die Lage heliographisch an das Etappenkommando Keetmannshoop.

Dieses handelte sofort und entsandte die angeforderte Verstärkung – 3 Offiziere und 30 Reiter – von Keetmannshoop aus nach Kosis und gab, wie wir bereits wissen, die Meldung von dem unglücklichen Gefecht an die Abteilung Deimling/Kamptz weiter. Daraufhin schickte Oberst Deimling Hauptmann v. Erckert mit einer Kompanie am 14. März mit den Auftrag nach Norden, Verbindung mit der Abteilung Kirchner herzustellen. Erckert traf die Reste dieser Abteilung bei der Wasserstelle Arus an, wohin diese wegen des in Kosis herrschenden Wassermangels weiter zurückgegangen war. Beide Abteilungen marschierten dann vereint nach Narudas, wo sie am 22. März eintrafen.

Morenga, in der Gewißheit, die nördliche deutsche Kolonne nahezu aufgerieben zu haben, wandte sich noch in der Nacht zum 11. März mit der Masse seines Orlogs dem Südausgang der Narudasschlucht zu, um sich der Abteilung Koppy entgegen-

164 Dincklage-Campe, S. 147f.

zuwerfen, und beließ lediglich einen Schützenschleier in der Stellung bei Aob zurück.

Im äußersten Galopp ritt der Orlog zur Südpforte der Narudasschlucht. Diese wollte Morenga unbedingt vor Ankunft der den bei Garup besiegten Morrisleuten scharf nachsetzenden Abteilung Koppy in Besitz nehmen. Ein wildes Wettrennen setzte ein. Der Ausgang dieses Rennens ist uns bereits aus der weiter vorn im Kapitel gebrachten Schilderung des Gefechts der Abteilung Koppy an der Südpforte der Narudasschlucht bekannt: Morenga kam zu spät und verlor den Kampf. Sein Orloghaufen und der der Morrisbrüder wurden geworfen, die Reste zerstreuten sich in alle Himmelsrichtungen.

Ein Teil der geschlagenen Krieger wandte sich aufgelöst nach Osten und lief bei der Wasserstelle Gurus einem Detachement der Abteilung Lengerke in das Feuer. (Diese Abteilung hatte befehlsgemäß Kouchanas an Back-Rivier und das etwa 25 km weiter nördlich gelegene Gurus besetzt.) Diese »Hottentottenschwärme« – bei einem von ihnen befand sich angeblich auch Morenga – wurden derart unter Beschuß genommen, »daß sie wie Spreu im Winde zerstoben.«[165] Der größte Teil der Rebellen aber dürfte durch den Nordeingang der Großen Karrasberge entwichen sein, war doch durch das unglückliche Gefecht bei Aob eine Lücke in dem Einschließungsring, der um Morenga gelegt werden sollte, entstanden.

Triumphierend heißt es in den deutschen Berichten: »Morengas so gut durchdachter Kriegsplan war gescheitert, seine Orlogleute waren zersprengt, sie hatten mindestens 150 Gefallene zu beklagen und fast ihr gesamtes Vieh verloren. Die Karrasberge waren in deutscher Hand!«

Auch Deimling sah den Ausgang des Kampfes in den Großen Karrasbergen als einen vollen Erfolg an: Bilanz ziehend, meldete er am 25. März in einem Telegramm an das Hauptquartier: »Morenga ist meines Erachtens als eine geschlossene Macht nicht mehr anzusehen, seine Leute vielmehr auseinandergesprengt. Des größten Teils seines Viehs beraubt, ist auch kaum anzunehmen, daß es ihm gelingen wird, erhebliche Kräfte wieder um sich zu sammeln. Einzelne Banden werden sich naturgemäß immer wieder bilden, gegen sie werden die in den Karrasbergen gelassenen Besatzungen ... durch dauernde Beobachtung und Säuberung der Hauptreviere vorgehen ...«[166]

Deimling ergänzt diese Meldung in einem weiteren Bericht wie folgt: »... Der Nimbus, der sich bei allen Hottentotten – auch den Witboois – um die Karrasberge und ihre Uneinnehmbarkeit gebildet hat, ist mit der Eroberung der Narudasschlucht, die jetzt in unsrer Hand, endgültig zerstört. Sollten die Witboois jetzt noch vorhaben, in die Karrasberge zu ziehen, so sind wir ihnen zuvorgekommen...«[167]

»Das Hauptquartier aber war«, wie der Oberst mit Enttäuschung vermerkte, »mit diesem Erfolg wenig zufrieden. Es blieb bei seiner Meinung, dass man erst die Witboois hätte völlig niederwerfen müssen, bevor man gegen Morenga losschlug. Man würde dann gegen diesen viel stärkere Kräfte zur Verfügung gehabt haben und damit mehr Aussicht auf einen durchschlagenden Erfolg.«[168]

165 Kolbe, S. 164.
166 MA, N559/v. 7: Nachlaß Deimling, KTB Stab 2. Feldreg., Südfeldzug, Anlage 129.
167 Ebenda, S. 31f.
168 MA, N559/v. 2: Nachlaß Deimling, Tgb Südfeldzug, S. 80.

Auch das von Deimling zur Begründung seines befehlswidrigen Vorgehens gegen die Großen Karrasberge vorgebrachte Argument, ihm seien Meldungen zu Ohren gekommen, daß die Witboois nach Süden durchbrechen wollten, um sich mit den Morengarebellen zu vereinigen, wollte Trotha nicht gelten lassen. Er vertrat vielmehr die Ansicht, daß die Witboois keineswegs nach Süden hatten durchbrechen wollen und Deimling »stories« aufgesessen sei, die vom Gegner zur Irreführung der Deutschen bewußt ausgestreut worden seien. Die Richtigkeit der Ansicht des Generals wurde bei späteren Verhören von Gefangenen bestätigt. Diese sagten aus, daß Hendrik Witbooi mit seinen Leuten am Elefantenfluß verblieben und nur ein geringer Teil der auf Seiten der Witboois kämpfenden Feldschuhträger nach Süden gezogen sei. (Letztere liefen dann Anfang März an dem deutschen Sperriegel zwischen Koës und Hasuur auf und wurden in zwei Treffen zersprengt.)

Trothas Meinung über den nicht zufriedenstellenden Ausgang der Kämpfe in den Großen Karrasbergen schloß sich auch Oberst Kolbe an. Er schreibt:
»Die letzten Ereignisse lehrten, wie recht das Hauptquartier gehabt hatte, den Feldzug gegen Morenga noch nicht ins Werk zu setzen. Wie der General v. Trotha vorausgesagt hatte, so war es auch eingetroffen. Ein durchschlagender Erfolg war durch den Oberst Deimling nicht erzielt worden. Es waren wohl einige Siege erfochten, doch hatte daneben eine Abteilung eine recht empfindliche Niederlage erlitten, ohne daß es gelungen war, Morenga unschädlich zu machen.

Nicht nur, daß Hendrik Witbooi mit seinen Banden über ein großes Gebiet zerstreut, ungestört seine Kräfte wieder sammeln, sich mit Munition versehen und auf den kommenden Kleinkrieg sehr vorteilhaft vorbereiten konnte, nein, auch die Hottentotten waren nunmehr in kleine Schwärme zersprengt, die sich bald über den südlichen Teil der Kolonie verbreiteten. Da ihnen nichts mehr genommen werden konnte, sie ihres ganzen Viehs beraubt waren, so waren sie in der ihnen schon an und für sich eigenen, großen Beweglichkeit noch weniger behindert als bisher, und es war vorauszusehen, daß sie nunmehr entschlossen waren, den Kampf bis aufs äußerste fortzuführen.

Notgedrungen war jetzt auf dem ganzen Grenzgebiete von der Kalahariwüste an bis zum Orangefluß hinab und an demselben entlang, auf eine Ausdehnung von 700 bis 800 km ein hartnäckiger Guerillakrieg zu erwarten, der die Niederwerfung der Aufständischen weit hinausschieben und Deutschland neue, große Opfer an Blut und Gut auferlegen mußte,«[169]

Daß Morenga tatsächlich noch gar nicht daran dachte, sich geschlagen zu geben, das sollte sich nur allzubald zeigen!

Nach Abschluß der Kämpfe in den Großen Karrasbergen beließ Oberst Deimling nur die Abteilung Koppy und die Reste der Abteilung Kirchner unter dem Oberbefehl des Majors Lengerke in dem Gebirge und erteilte diesem den Auftrag, mit diesen Truppenteilen die Großen Karrasberge und die dortigen Wasserstellen zu sichern und den gesamten Südbezirk zu »säubern«.

169 Kolbe, S. 169f.

Die übrigen Truppenteile, die Kompanie des Oberleutnants d.L.v. Stocki und eine Hälfte der 2. (Gebirgs) Batterie stellte er unter das Kommando des Majors v. Kamptz und setzte sie am 18. März zur Verwendung gegen die Nordbethanier in Richtung Keetmannshoop in Marsch. Dorthin sollte der Verband auch das gesamte Beutevieh treiben.

Und nun zeigte sich, wie rasch Morenga seine zersprengten Orlogleute wieder um sich zu scharen verstand und welch lebenswichtige Rolle das Vieh für seine Kriegführung spielte: Zweimal griffen seine Krieger in Stärke von mehreren hundert Mann, zunächst von Morenga selbst geführt, die durch das Abtreiben des Beuteviehs schwerfällige Kolonne Kamptz auf dem Wege nach Keetmannshoop an, um ihr Vieh wieder zurückzugewinnen. Das erste Mal bei Garis am 18. März, wobei sie, obwohl stets abgewiesen, ihre Angriffe verbissen wiederholten, ein Beweis dafür, »von welchem Kampfesmut sie beseelt waren und wie schmerzlich ihnen der Verlust des Viehes, ihrer ganzen Habe, war.«[170] In diesem Gefecht wurde Morenga durch einen Granatsplitter am Unterleib schwer verwundet.

Trotz dieses mißlungenen Angriffs bei Garis gaben die Morengarebellen noch nicht auf: Am 21. März griffen sie in Stärke von hundert Reitern und mehreren hundert Mann Fußvolk die Kolonne Kamptz bei der Wasserstelle Uchanaris erneut mit großer Verbissenheit zweimal an, um sich in den Besitz des Viehs zu setzen. Auch diese beiden Angriffe konnten von der Abteilung abgewehrt werden, wenn auch unter Verlust von sechs Gefallenen. – Am 24. März erreichte die Abteilung schließlich Keetmannshoop.

Hierhin war inzwischen auch bereits Oberst Deimling zurückgekehrt. Unmittelbar nach seiner Ankunft dort, am 22. März, bat er General v. Trotha unter Hinweis auf ein ärztliches Attest um die Erlaubnis zur sofortigen Heimreise nach Deutschland, »da sein Gesundheitszustand sich dauernd verschlechtere.«[171] (Deimling litt seit einen Sturz vom Pferd an einem Schultergelenkleiden.) Trotha, froh, sich dieses unbequemen und eigenwilligen Truppenführers mit seinen dem Oberkommando entgegengesetzten Ansichten über die Art der Kriegführung im Namaland auf diese unauffällige Weise entledigen zu können, entsprach der Bitte Deimlings bereits zwei Tage später.

Bald danach, am 23. März, verabschiedete sich Deimling von seiner Truppe, um dann am 2. April zum Kurieren seines Leidens die Heimreise über Lüderitzbucht anzutreten. Sein Nachfolger als Kommandeur im Süden wurde interimistisch Major i. G. Gräser.

170 Ebenda, S. 168.
171 MA, N559/v. 7: Nachlaß Deimling, KTB Stab 2. Feldreg., Südfeldzug, S. 61.

12. Der Feldzug gegen die Nordbethanier unter Cornelius Frederick (Frühjahr/Sommer 1905)

Trotha verlegt sein Hauptquartier in das Namaland – Seine Proklamation an die aufständischen Nama – Reaktionen im In- und Ausland – Die bisherigen Operationen gegen Cornelius – Cornelius geht zur Störung der deutschen rückwärtigen Verbindungen über – Gefecht bei Besondermaid – Beginn der Operationen gegen Cornelius – Gefecht bei Huams – Abteilung Zwehl schlägt Cornelius am Ganachab-Rivier – Kompanie Koppy überfällt das Corneliuslager bei Gaos – Die Bondelzwart unter Johannes Christian und Abraham Morris schließen sich den Nordbethaniern an – Leutnant Thilo v. Trothas Friedensmission und Tod – Major Gräser nimmt die Verfolgung der Corneliusleute auf – Die Gefechte bei Keidorus – Verfolgung der Corneliusleute Fischfluß-abwärts – Gefecht bei Gersdorffhöhe – Der Personalverschleiß der Schutztruppe – Cornelius wird am Nachschubweg Warmbad – Ramansdrift aktiv – Gefecht bei Kawigaus – Oberstleutnant van Semmern wird Befehlshaber im Südbezirk – Vorläufige Einstellung aller Verfolgungsoperationen gegen Cornelius

(Siehe hierzu Karte 2, 9, 10 und 11.

Auf dem nördlichen Kriegsschauplatz drangen im Winter und Frühjahr 1905 mehrere Patrouillen der Abteilung Mühlenfels auf der Suche nach restlichen Widerstandsgruppen des geschlagenen Hererovolkes bis weit in die Omaheke hinein vor, ohne dabei noch auf irgendwelche nennenswerte Gegenwehr zu stoßen. Damit stand fest, daß die Widerstandskraft der Herero so gut wie erloschen war. Ein Großteil von ihnen war im Sandfeld dem Durstod oder auf andere Weise den Strapazen der Flucht erlegen. Reste des Volkes hatten sich entweder in das benachbarte britische Betschuanaland zurückgezogen oder waren durch die deutschen Absperrungen am West- und Südrand der Omaheke durchgesickert und ergaben sich nun der Schutztruppe oder stellten sich auf den inzwischen eingerichteten Sammelstationen der Rheinischen Mission. Damit konnten die Kampfhandlungen im Hereroland als abgeschlossen betrachtet werden.[172]

Nun brauchten nur noch geringe Kräfte als Besatzungstruppe im Norden belassen zu werden. Der überwiegende Teil der Schutztruppe war mithin für den Einsatz auf dem südlichen Kriegsschauplatz freigeworden. General v. Trotha beschloß daher, seine Befehlszentrale nach dem Namaland zu verlegen. Am 21. April 1905 traf er mit seinem Stab in Gibeon ein und übernahm nun selbst die Leitung der Operationen im Süden.

Ungeachtet der Empörung, die seine am 2. Oktober 1904 in Osombo-Windimbe erlassene, in die Geschichte Südwestafrikas als sogenannter »Vernichtungsbefehl«

172 Siehe hierzu Nuhn: »Sturm über Südwest«, Kapitel 18.

eingegangene Proklamation an das Hererovolk[173] in der Heimat, im Reichstag und auch im Ausland hervorgerufen hatte[174], erläßt der General schon gleich nach seinem Eintreffen in Namaland, am 22. April 1905, eine weitere Proklamation, diesmal gerichtet an die aufständischen Namastämme, in der er diese zur bedingungslosen Kapitulation auffordert. Der Wortlaut dieses in drei Sprachen, deutsch, nama und kapholländisch abgefaßten Aufrufes war wie folgt:

»An die aufständischen Hottentotten.

Der mächtige, große deutsche Kaiser will dem Volk der Hottentotten Gnade gewähren, daß denen, die sich freiwillig ergeben, das Leben geschenkt werde. Nur solche, welche bei Beginn des Aufstandes Weiße ermordet oder befohlen haben, daß sie ermordet werden, haben nach dem Gesetz ihr Leben verwirkt. Dies tue ich Euch kund und sage ferner, daß es den wenigen, welche sich nicht unterwerfen, ebenso ergehen wird, wie es dem Volk der Hereros ergangen ist, das in seiner Verblendung auch geglaubt hat, es könne mit dem mächtigen deutschen Kaiser und dem großen deutschen Volk erfolgreich Krieg haben. Ich frage Euch, wo ist heute das Volk der Hereros, wo sind heute seine Häuptlinge? Samuel Maharero, der einst Tausende von Rindern sein eigen nannte, ist gehetzt wie ein wildes Tier, über die englische Grenze gelaufen; er ist so arm geworden, wie der ärmste der Feldhereros und besitzt nichts mehr.[175] Ebenso ist es den anderen Großleuten, von denen die meisten das Leben verloren haben, und dem ganzen Volk der Hereros ergangen, das teils im Sandfeld verhungert und verdurstet, teils von deutschen Reitern getötet, teils von den Ovambos ermordet worden ist. Nicht anders wird es dem Volk der Hottentotten ergehen, wenn es sich nicht freiwillig stellt und seine Waffen abgibt. Ihr sollt kommen mit einem weißen Tuch an einem Stock mit Euren ganzen Werften, und es soll Euch nichts geschehen. Ihr werdet Arbeit bekommen und Kost erhalten, bis nach Beendigung des Krieges der große deutsche Kaiser die Verhältnisse für das Land neu regeln wird. Wer hiernach glaubt, daß auf ihn die Gnade keine Anwendung findet, der soll auswandern, denn wo er sich auf deutschem Gebiet blicken läßt, da wird auf ihn geschossen werden, bis alle vernichtet sind. Für die Auslieferung an Ermordung Schuldiger, ob tot oder lebendig, setze ich folgende Belohnung: Für Hendrik Witboi 5000 Mark, Stürmann 3000 Mark, Cornelius 3000 Mark, für die übrigen schuldigen Führer 1000 Mark.

gez. Trotha.«

Der Aufruf wurde hektographiert und an die Truppe mit der Weisung verteilt, »sie auf jede mögliche Weise den Hottentotten in die Hände zu spielen.«

Wenn auch diese Proklamation in einem gemäßigteren Ton als die an die Herero gerichtete abgefaßt war, zeugte sie doch ebenfalls von Härte und war auch hier wieder von Vernichtung die Rede. Bemerkenswert ist auch, daß Trotha Morenga,

173 In dieser Proklamation heißt es unter anderem: »... Innerhalb der deutschen Grenzen wird jeder Herero mit und ohne Gewehr, mit oder ohne Vieh erschossen, ich nehme keine Weiber oder Kinder mehr auf, treibe sie zu ihrem Volk zurück, oder lasse auf sie schießen ...« Siehe hierzu Nuhn: »Sturm über Südwest«, S. 282f.

174 Der Reichstagsabgeordnete Bebel sprach von »einer Kriegführung, die jeder Metzgergesell treiben kann, dazu braucht man nicht General oder hoher Offizier zu sein.« Siehe hierzu Noske, S. 113.

175 Siehe Nuhn: »Sturm über Südwest«, S. 291f.

der doch immerhin zu den wichtigsten Häuptern der Aufstandsbewegung zählte, bei der Kopfgeldauslobung unberücksichtigt ließ. Sollte ihn die Achtung vor dem taktischen Geschick und der humanen Kriegführung Morengas hierzu veranlaßt haben?

Das Echo auf Trothas Proklamation in Deutschland, insbesondere in den Reihen der Gegner dieses Krieges, war äußerst heftig. Ledebour, sozialdemokratischer Reichstagsabgeordneter, sprach von einer »ungeheuerlichen Infamie«, sein Fraktionskollege Bebel forderte, »es solle alles aufgeboten werden, um den Rest der Bevölkerung (der Kolonie – Anm. Verf.) am Leben zu erhalten und ihr klarzumachen, daß man sie nicht in unmenschlicher Weise ausrotten werde, sondern bereit sei, ihr eine menschliche Existenz möglich zu machen.«[176]

In der englischen Presse rief die Proklamation Erstaunen und Widerspruch hervor. Die britische Zeitung »Globe« schätzte sie als ein Zeichen der Schwäche der deutschen Führung ein und wies die Kapregierung gleichzeitig warnend darauf hin, daß »eine weitere Unterstützung der Deutschen (durch Lieferung von Verpflegung für die Schutztruppe – Anm. Verf.) leicht einen Massenaufstand der Schwarzen Südafrikas zur Folge haben könne.«[177]

Noch ärger reagierte die englische Presse auf die von Trotha auf die Aufstandsführer ausgesetzte Kopfprämie, indem sie den deutschen Kaiser, in dessen Namen die Proklamation erlassen wurde, direkt angriff. So schrieb das kapländische Blatt »The Owl« am 2. Juni 1905: »Der Große Mächtige etc. etc. scheint trotz seiner Größe und Macht sich zu einem der schlimmsten und verschlagensten Tricks mittelalterlicher Barbarei, das heißt der Aussetzung eines Preises auf die Köpfe seiner Feinde, herabgelassen zu haben ...«[178]

Reichskanzler v. Bülow, ungehalten über die negative Resonanz, die die Proklamation im Ausland hervorgerufen hatte, veranlaßte bald darauf, daß diese, wie schon vorher die an die Herero gerichtete, zurückgenommen wurde.[179] Ohnehin hatte sie auf die aufständischen Nama offenbar überhaupt keinen Eindruck gemacht, denn nicht ein einziger Namakrieger hatte sich den deutschen Truppen gestellt!

Die Proklamation hatte übrigens noch eine deutscherseits unbeabsichtigte und unangenehme Wirkung: Der in Warmbad gefangengehaltene Bondelkapitän Johannes Christian und seine ebenfalls inhaftierten Orlogleute (siehe Kapitel 7, S. 62) wurden infolge einer mißverständlichen Auffassung des Aufrufs von den dortigen Behörden freigelassen[180] und schlossen sich dann den aufständischen Nordbethaniern an.

Als General v. Trotha erkannt hatte, daß die Nama von seinem Aufruf unbeeindruckt geblieben waren und somit auf friedlichem Wege eine Beendigung des Aufstandes nicht zu erwarten war, griff er seinen ursprünglichen, von Oberst

176 Noske, S. 113.

177 BAB, RKA Nr. 2135, Bl. 135: Schreiben Botschafter Bernstorff (London) an Bülow, 19.5.1905; entnommen: Drechsler: »Südwestafrika unter deutscher Kolonialherrschaft...«, S. 216.

178 BAB, RKA Nr. 2136, Bl. 8: Zeitungsausschnitt »The Owl«.

179 Siehe Spellmeyer, S. 107.

180 Nach Rohrbach, S. 368, sollen Johannes Christian und alle seine Leute freigelassen worden sein, um so die Friedensverhandlungen günstig zu beeinflussen. Siehe hierzu Kapitel 13.

Deimling mit dessen Alleingang gegen Morenga jedoch durchkreuzten Kriegsplan wieder auf, gegen die Witboois den entscheidenden und vernichtenden Schlag zu führen. Doch ehe dieser Plan zur Ausführung kommen konnte, galt es, zum einen die hierfür erforderlichen, zum Teil noch im tiefen Süden stehenden Truppenteile im Auobbereich zu sammeln und den in der Kalahari spurlos untergetauchten Gegner ausfindig zu machen, zum anderen zur Gewährleistung des Nachschubs die rückwärtigen Verbindungen zu sichern. Letzteres war zu einem vordringlichen Anliegen geworden, da die Verbindungswege, vor allem der neuralgische Baiweg, in den letzten Monaten zunehmend durch die Corneliusleute gefährdet wurden.

Diese waren, wie uns von Kapitel 9 her bekannt ist, am 21. Dezember 1904 von Oberleutnant Ritter bei Uibis geschlagen und nach allen Richtungen auseinandergesprengt worden. Doch schon bald danach war es Cornelius und Elias gelungen, ihre Krieger im Bereich des Leber- und des Hudup-Riviers wieder zu sammeln. Daraufhin war eine von Hauptmann von Zwehl geführte Kräftegruppe, bestehend aus der 10. Kp./2. Feldreg., der 2. Kp., 1. Feldreg. und der 2. Ersatzkompanie, aus verschiedenen Richtungen gegen die erneute gegnerische Ansammlung vorgegangen. Dabei war es zwar in strapaziösen Verfolgungsunternehmungen geglückt, verschiedene Bethaniergruppen zu zersprengen, doch war ein durchschlagender Erfolg der Truppe versagt geblieben. Cornelius war es nämlich im letzten Augenblick gelungen, sich aus der Schlinge zu ziehen, die Hauptmann v. Zwehl gerade zuziehen wollte. Infolge dieser andauernden Verfolgungsjagden war Zwehls Truppe so zermürbt worden, daß der Hauptmann sich Mitte März dazu entschließen mußte, die Operationen abzubrechen und seine Soldaten zur Wiederherstellung der Kräfte nach Gibeon zurückzuführen.

Cornelius aber hatte aus diesem ihm höchst willkommenen Stillstand der deutschen Unternehmungen gegen ihn rasch Nutzen gezogen: Er erweiterte sein Operationsfeld und ging nun zu blitzartigen Überfällen auf deutsche Sicherungsposten, Nachschubkolonnen und Patrouillen entlang den Nachschubwegen über. Dank dieser Überfälle gelangte er in den Besitz großer Mengen von Munition, Waffen und Proviant sowie vieler Pferde.

Seinen spektakulärsten Überfall, dem am 7. April bei Besondermaid (Gawaoab) eine von Leutnant Bandermann geführte Patrouille zum Opfer fiel, schilderte er später selbst:

»Als ich hörte, daß eine deutsche Patrouille von Bethanien kam, ging ich ihr entgegen. Die Patrouille war ein Offizier, etwa dreizehn Reiter und ein Schwarzer stark. Wir hatten uns bei Gawaoab vorgelegt und eröffneten auf 70 m das Feuer. Der Leutnant sprang sofort vom Pferde und gab Befehle. In einem Augenblick fielen fünf Reiter, der Leutnant hat noch sechs Schüsse aus seinem Gewehr abgegeben. Als er am linken Arm verwundet war, hat er sich mit dem Revolver gewehrt und dabei meinen Bruder Ruben am Rücken verwundet. Dann ist er gefallen. Er war ein sehr tapferer Mann. Ich habe fünf Gewehre erbeutet. Die Pferde bekam ich nicht, sie waren alle erschossen. Der Leutnant ist nicht begraben worden. Ich habe nicht erlaubt, daß er entkleidet wurde.«[181]

181 Kolbe, S. 247.

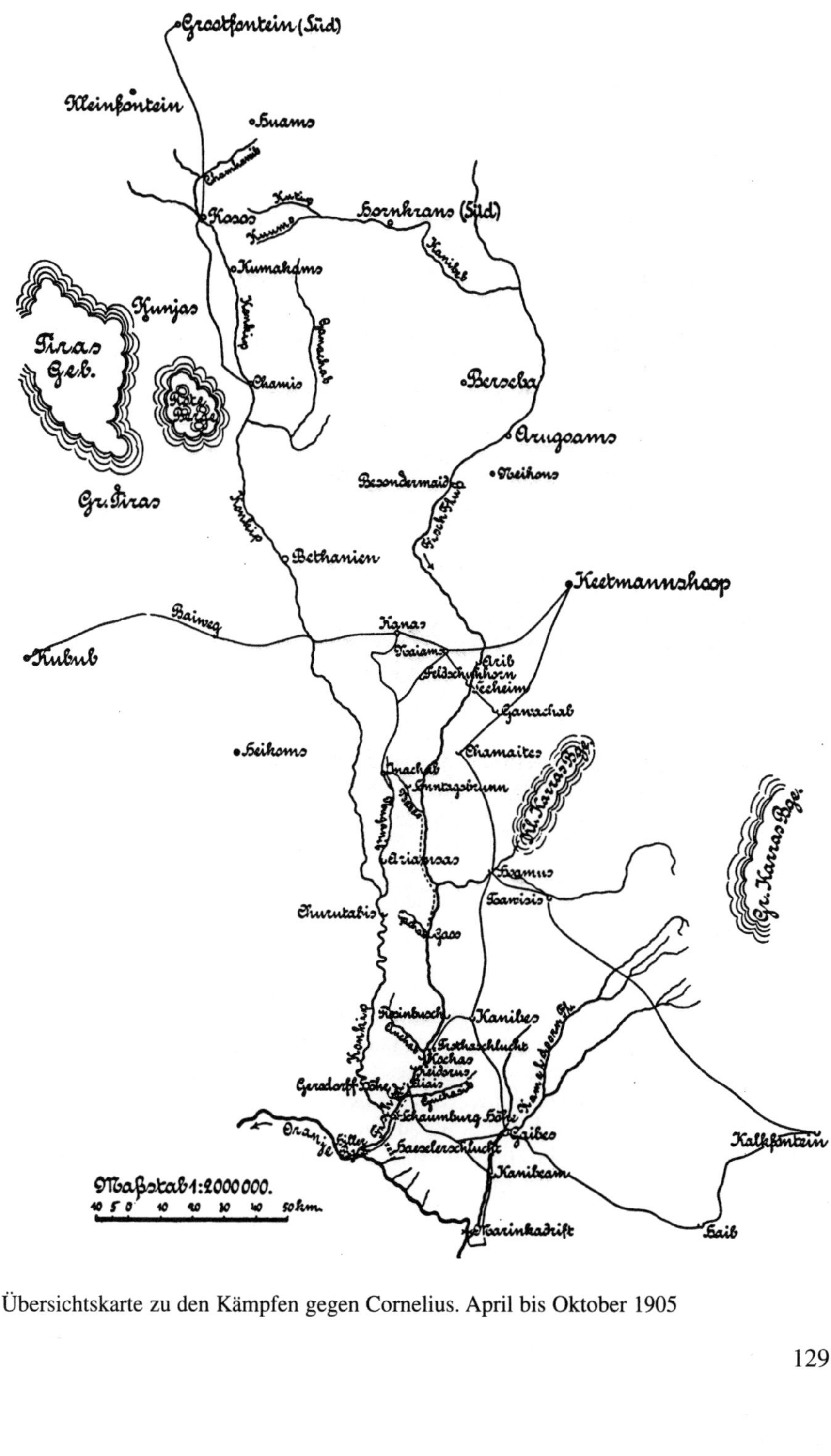

Übersichtskarte zu den Kämpfen gegen Cornelius. April bis Oktober 1905

In Anbetracht dieser immer ärger werdenden Bedrohung im Rücken der Truppe beschloß Trotha Ende April, den beabsichtigten Hauptschlag gegen Hendrik Witbooi vorerst auszusetzen und zunächst in einem konzentrischen Vorgehen Cornelius' Freischärler auszuschalten. Mit der Durchführung dieser Operation beauftragte der General den Major Täubler. Dieser setzte die ihm zur Verfügung gestellten Kräfte wie folgt an:

- Von Norden, von Grootfontein-Süd her, eine aus zwei Kompanien (10. Kap./2. Feldreg., 2. Ers.-Kp.) und einer Halbbatterie (1. Batt.) bestehende und von Hauptmann v. Zwehl geführte Abteilung;
- von Osten, vom Auob-Rivier her, eine aus zwei Kompanien (1. und 2. Kp./2. Feldreg.) bestehende und von Major Täubler selbst geführte Abteilung;
- von Süden, vom Baiweg her, alle verfügbaren Truppen der Südetappe, darunter die 1. Etappenkompanie unter Hauptmann v. Rappard und eine von Oberleutnant v. Dewitz geführte schwache Abteilung von 45 Mann.

(Zeitweilig wurden die Abteilung Zwehl und die Abteilung Dewitz von Major Buchholtz, dem Generalstabsoffizier des Etappenkommandos Süd, geführt, als jede Nachrichtenverbindung zur Abteilung Täubler unterbrochen war.)

Was aber sollte die Zielrichtung dieses Unternehmens sein? Um diese wichtige Frage zu beantworten, mußte ermittelt werden, wo sich der Gegner denn überhaupt zur Zeit aufhielt. Mit dieser gefahrvollen und äußerst schwierigen Aufgabe wurden mehrere Offizierspatrouillen betraut. Eine von diesen – sie wurde von Oberleutnant Siegfried von Bülow geführt, der lange Zeit in Kamerun gewirkt hatte – sichtete schließlich am 27. April bei Huams den Gegner. Sie wurde dabei in einen sehr schweren Kampf verwickelt. Über dieses Gefecht erfahren wir aus der Feder des Kriegsteilnehmers Alverdes. Er schreibt:

»Mehrere Wochen war die Truppe (Anm. Verf.: Es handelte sich um die Abteilung Zwehl) in dem überaus schwierigen Gelände zwischen Hudup und Kutib (Anm. Verf.: Riviere) hin- und hermarschiert, ohne auf die Bande des Cornelius zu stoßen, der seinen Verfolgern stets geschickt auswich. Ihn mit einer Patrouille von 2 Offizieren und 33 Mann aufzusuchen, erhielt Oberleutnant v. Bülow, auf seinen Wunsch, den Auftrag des Abteilungs-Führers, während der Rest der Abteilung, ermüdet von den bisher erfolglosen, anstrengenden Märschen, ein Lager bei der Station Maltahöhe bezog.

Bereits nach wenigen Tagen glückte es dem energischen alten ›Kameruner‹, in der Nähe der Wasserstelle Huams, die frischen Spuren einer starken Hottentottenbande aufzufinden. Man hatte den langgesuchten Gegner endlich vor sich. An der Wasserstelle nächtigte die Patrouille, um am andern Morgen behufs Herbeiholung der Abteilung zurückzureiten.

Am frühen Morgen, bevor die ersten Strahlen die langgestreckten Bergkämme im Osten in einem feurigen Rot erstrahlen ließen, machte sich die Patrouille zum Abmarsch fertig. Leutnant Fischach ritt mit einigen Reitern voraus, um die Spuren in der Nähe des Lagers noch einmal festzustellen. Kaum aber hatte die kleine Reiterschar sich ungefähr 1000 m von dem Lagerplatz entfernt, als ihr aus nächster Nähe ein furchtbares Feuer entgegenschlug. Hinter jedem Busch, hinter jeder Klippe zuckte der blendende Feuerstrahl auf, während von dem versteckten Gegner nicht eine Hutspitze zu erspähen war.

Einige Reiter stürzten mehr oder weniger schwer verwundet von den Pferden, anderen wurden die Tiere unter dem Sattel erschossen ... Die wenigen Unverletzten oder Leichtverwundeten sprangen wie der Blitz von den Pferden herunter, deckten sich, so gut es im Augenblick dieser völligen Überraschung ging, und nahmen dann energisch das Feuer gegen den übermächtigen Gegner auf ... Im Lager hörte man das plötzliche, stark einsetzende Feuer und ohne zu zögern sprengte Oberleutnant v. Bülow mit 14 Reitern seinen bedrängten Kameraden zu Hülfe, dem Rest der Patrouille die Verteidigung der Wasserstelle aufgebend.

Dem mutigen Oberleutnant gelang es in kürzester Zeit, an die von den Hottentotten fast eingeschlossene, in schwerem Feuergefecht liegende Patrouille heranzukommen und auf dem gefährdetsten Flügel Luft zu schaffen. In wenigen Minuten trafen den tapferen Führer jedoch zwei Schüsse, die ihm den rechten Oberschenkel fast völlig zerschmetterten.

Trotz grimmigster Schmerzen behielt er aber das Kommando und leitete das Feuer seiner Leute ruhig weiter. Da erhielt der Ärmste einen dritten Schuß in denselben Oberschenkel, und zwei weitere Schüsse durchbohrten den Unterleib. Wohl sinkt nun der tötlich getroffene Offizier unter furchtbarsten Schmerzen um, verblieb aber dennoch bei voller Besinnung und leitete den Feuerkampf klaren Geistes weiter, obwohl der Körper schon versagte.

Das Gefecht ging weiter. Über 100 Hottentotten lagen dem Dutzend noch gefechtsfähiger deutscher Reiter gegenüber ...

Stunde um Stunde verrann in dem hartnäckigen Ringen. Immer höher stieg die Sonne und brannte unbarmherzig auf den nackten Felsboden und die nach kühlem Wasser lechzenden Verwundeten herab. Ein braver Sanitätsgefreiter versuchte trotz des Höllenfeuers, das sofort einsetzte, sobald sich eine Reitergestalt aus der Deckung hob, den letzteren so gut wie möglich beizustehen. Nur sein Führer lehnte ... jede Hülfeleistung ab. Er sah dem unvermeidlichen Tode ruhig entgegen, der ihn endlich in den ersten Nachmittagsstunden von seinen qualvollen Verletzungen erlöste ...«[182]

Der Kampf wogte weiter, und immer enger schloß sich der Kreis der Corneliusleute um die Reiter. Glücklicherweise gelang es am Nachmittag zweien der Reiter, durch den Einschließungsring unentdeckt durchzubrechen und den Weg zur Wasserstelle, wo die Abteilung lagerte, zurückzufinden. Von dort aus wurde sofort eine Entsatztruppe losgeschickt, um die Patrouille aus ihrer schlimmen Lage zu befreien. Dies gelang, da der Gegner bei Annäherung der Truppe den Rückzug antrat.

Wenig später brachen die Nordabteilung (v. Zwehl) und die Südabteilung (v. Dewitz) zur Verfolgung des Cornelius in Richtung auf das Kuums- und Kutib-Rivier auf. Dorthin, so vermutete man, war der Bethanierkapitän nach dem Gefecht bei Huams ausgewichen. Tatsächlich aber stand dieser bereits weiter südwärts, denn am 8. Mai stieß die ebenfalls von Süden her angesetzte 1. Etappenkompanie des Hauptmanns v. Rappard im Tal des oberen Ganachab-Riviers (Akazienfluß) mit Cornelius' Kriegsleuten heftig zusammen. Da an Kräften weit überlegen,

182 Alverdes, S. 186ff.

gelang es dem Bethanier dabei, den Deutschen erhebliche Verluste – sechs Gefallene und fünf Verwundete – zuzufügen. Schwer angeschlagen, mußte Rappards Kompanie nach Chamis hin ausweichen, der Nordabteilung entgegen. Zurück blieben die Verwundeten und eine kleine Bedeckung, die sich hinter einer rasch errichteten Steinbarrikade verschanzten.

Die Nordabteilung war indessen – nach ergebnisloser Suche im Bereich des Kutip/Kuums-Riviers – den Spuren der Nordbethanier am Ganachab-Rivier entlang nach Süden gefolgt und holte nach eineinhalbtägigem, pausenlosem Gewaltmarsch am frühen Morgen des 9. Mai die Corneliustruppe nahe der Gefechtsstelle vom Vortage ein. Ohne vom Gegner bemerkt zu werden – Cornelius hatte es versäumt, Feldwachen aufzustellen –, eröffnete die Abteilung sofort das Feuer auf den noch im tiefen Schlaf liegenden Gegner. Dieser, obwohl dreihundert Gewehre stark, stellte den Widerstand nach kurzem Kampf ein und floh in östlicher Richtung, Berseba entgegen.

Von Osten, vom Großen Fischfluß her, rückte derweil die Abteilung des Majors Täubler heran. Sie erreichte am 13. Mai das Ganachab-Rivier und marschierte von dort aus am Ostrand der Zwiebelhochebene entlang auf die Wasserstelle Besondermaid (Gawaoab) weiter vor, in deren Umkreis Cornelius mit seinen Leuten inzwischen ausgewichen sein soll. Dieser Vorstoß, an dem auch andere Detachements der Täubler unterstellten Kräfte im konzentrischen Zusammenwirken teilnahmen, erwies sich als »Luftstoß«: Cornelius war wieder einmal aus der ihm geworfenen Schlinge geschlüpft und weiter nach Süden ausgewichen.

Endlich, am 23. Mai, entdeckte Leutnant d. R. Thilo v. Trotha, ein Neffe des Generals, Cornelius am Nabas-Rivier, einem kleinen linken Nebenrivier des Großen Fischflusses, fast 150 km südlich der Stelle des vorherigen Gefechte im Ganachab-Tal.

Der mit seiner Kompanie in der Nähe, in Inachab, befindliche Hauptmann v. Koppy, der auf Befehl Trothas das Ausweichen des Cornelius in die Kleinen Karrasberge verhindern sollte, handelte sofort: Er brach mit seiner Kompanie noch in der Nacht zum 24. Mai zum Schlupfwinkel des Bethanierkapitäns auf. Dort angekommen, mußte er jedoch feststellen, daß das Nest leer war. Wieder einmal war dem schlauen Fuchs die rechtzeitige Flucht geglückt! Seine Spuren wiesen das Nabas-Rivier abwärts.

Koppy nahm sofort die Verfolgung der Nordbethanier auf. Die Truppe stieg zu dem von zahlreichen Klippen übersäten Rivierbett hinab und rückte unter größten Mühsalen in Richtung Großer Fischfluß vor, den Spuren der Corneliusleute folgend. Am 25. Mai war der Fischfluß erreicht. Weiter ging die Hetzjagd, obwohl das Vorwärtskommen in dem unwegsamen Gelände ständig schwieriger wurde. Unterwegs stießen die Reiter auf zurückgelassenes Vieh und umherliegende schlappe Pferde, ein Zeichen, daß den Verfolgten langsam der Atem ausging.

Weiter ging die zermürbende Jagd. Endlich, bei Anbruch des nächsten Tages, des 26., wurde von der Vorhut der Truppe an der Mündung des Gachab-Riviers nahe der Wasserstelle Gaos der weithin sichtbare Schein zahlreicher Lagerfeuer erkennbar. Das feindliche Lager war nahe. Die Reiter der Vorhut saßen ab und schlichen sich mit größter Vorsicht an das gegnerische Lager heran. Sie krochen zwischen den Lagerfeuern hindurch auf einen Höhenrücken und besetzten ihn. Auf

ein Zeichen Koppys hin wurde dann Schnellfeuer auf die Lagerstellen der Corneliusleute gegeben. Was nun geschah, erfahren wir aus dem Generalstabswerk:
»Die Wirkung war verblüffend: erst lautes Schreien und Fluchen, wildes Durcheinanderlaufen, hier und da ein wirres Menschenknäuel, dann stob alles, wie wahnsinnig rennend, auseinander; eine unbeschreibliche Verwirrung war in die Reihen des Gegners getragen; in wilder Flucht jagte er, alles zurücklassend, jeder nur auf seine eigene Rettung bedacht, den den Fluß begleitenden Bergen zu.«[183]

Teile der geschlagenen Rebellen zogen sich, »als sie sich von ihrem ersten Schreck erholt hatten«, auf einen nahegelegenen hohen Bergrand zurück. Als sie bei Tagesanbruch von dort aus auf das Gefechtsfeld zurückschauten, erkannten sie, »vor welch kleinem Häuflein deutscher Soldaten sie zurückgewichen waren.« Von großem Zorn erfaßt, unternahmen sie nun einen heftigen Gegenangriff, um wenigstens wieder in den Besitz ihres zurückgelassenen und von den Deutschen erbeuteten Viehs zu gelangen. Schon wurde die Lage der wenigen Reiter brenzlich, da nahte das Gros der Kompanie und brachte Entlastung. Leutnant Götz von Olenhusen befand sich beim Gros. Er beschreibt seine Eindrücke von dem nun beginnenden Kampf wie folgt:
»Vor uns lag eine Schlucht, an deren Ende man das Gefecht toben hörte. Ich galoppierte also in diese Schlucht hinein, meine Leute hinter mir. Wir jagten in wüstem Tempo über brennende Lagerfeuer, Leichen, Berge von Sachen, Decken, Bokkies usw. hinweg. Ab und zu ging eine Kugel mit eigentümlichem Ton über unsere Köpfe hinweg. Als auch Geschosse dicht bei uns einschlugen, stoppte ich ab und ritt hinter einen großen Felsen, der den Pferden Deckung bot. Wir sprangen in Eile ab und ließen die völlig ausgepumpten Tiere in Obhut eines Reitern stehen.

Es war noch nicht Tag, der Mond schien noch; vor uns lag eine lange Schützenlinie der Unseren. Ich sah, daß ich am linken Flügel war, und befahl also ›Schwärmen‹. Sobald wir ins Freie kamen, ließ ich laufen und erreichte im ›marsch-marsch‹ unsere Schützenlinie, die ich nun mit meinen Leuten nach links verlängerte. Es mischten sich übrigens auch andere, Koppy'sche Leute unter die meinigen. Rechts von mir lag Gersdorff (Anm. Verf.: Ein Offizier in Koppys Kompanie). Ich rief: ›Welches Visier habt ihr?‹ und man antwortetet ›300 m.‹ Nun gab ich in Ruhe das Kommando: ›Geradeaus – Schützen Visier 300 – Schützenfeuer!‹

Auf der Höhe uns gegenüber blitzten Schüsse auf, und auf den Feuerblitz zu sauste von uns aus ein Schnellfeuer hinüber. Ich schrie deshalb in den Lärm hinein: ›Langsamer feuern! Noch langsamer feuern!‹ Dann, als allmählich Ordnung in die Sache kam, griff ich zum Gewehr und schoß auf den Feind, der ab und zu blitzschnell auftauchte. Die Gewandtheit der Hottentotten in Ausnutzung des Geländes war wirklich staunenerregend. Ich selbst schoß während des Gefechtes 28mal auf einen wirklich sichtbaren Feind, könnte aber nicht beschwören, ob ich auch nur ein einziges Mal getroffen habe. Der Feind verschwand blitzartig nach jedem Schuß,

183 Generalstabswerk, Bd. 2, S. 116.

aber da er dauernd durch unser Feuer zugedeckt blieb, taten seine Schüsse keinen Schaden, sondern gingen über uns hinweg.«[184]

Olenhusen beobachtete dann, daß sich die Nordbethanier von dem Höhenrand, auf dem sie sich festgesetzt hatten, langsam Mann für Mann zu lösen begannen und »fast unmerklich zurückkrochen, um eine weiter rückwärts gelegene Höhenstellung zu besetzen.« Auch diese wurde im Sturm von der Truppe genommen.

In kleinen Trupps floh der sich auflösende Gegner weiter und zerstreute sich schließlich nach allen Richtungen im Gewirr der Tafelbergschluchten des Großen Fischflusses, verfolgt von den Schrapnells der deutschen Geschütze.

Da die geschlagenen Corneliusleute nach allen Seiten auseinandergelaufen waren, war eine einheitliche Verfolgung nicht möglich. Die Kompanie kehrte daher nach Inachab zurück. Die Hoffnung aber, daß Cornelius durch seine Niederlage bei Gaos entscheidend geschlagen war, sollte sich schon sehr bald als irrig erweisen! Bereits wenige Tage später hatte er seine zerstreuten Orloghaufen bei Kochas am Großen Fischfluß wieder gesammelt. Hier schlossen sich ihm auch der Bondelzwartkapitän Johannes Christian, der, wie wir schon wissen, voreilig von den deutschen Behörden in Warmbad freigelassen worden war, und der ältere der beiden Morrisbrüder, Abraham, an, der sich von Morenga losgesagt hatte.[185] (Der jüngere Morris, Eduard, war, wie sich erst später herausstellte, in dem Gefecht bei Aob gefallen.)

Um nun zuverlässige Nachrichten über den Verbleib der Corneliusleute und ihren Zustand zu erhalten, »die eine sichere Grundlage für die weiteren Entschließungen bieten könnten«[186], griff General v. Trotha – wie vorher schon Gouverneur Leutwein – in die »Trickkiste«: Er entsandte Leutnant d. R. Thilo v. Trotha, der Cornelius aus der Zeit des Hereroaufstands persönlich kannte, als ihm ein kleines Bethanierhilfskorps unterstellt war, mit drei farbigen Begleitern an den unteren Fischfluß, wo der Rebellenführer vermutet wurde, mit dem Auftrag, diesen in seinem Lager aufzusuchen und ihm einen Brief mit der Aufforderung zur Kapitulation auszuhändigen.

In Ausführung seines Auftrags stieß Leutnant v. Trotha am 14. Juni auf eine gegnerische Abteilung und ließ sich von dieser unbewaffnet in das nahe der Wasserstelle Kochas gelegene Lager des Cornelius bringen.

Die Verhandlungen Trothas mit dem Bethanierkapitän verliefen zunächst wider Erwarten günstig. Überlassen wir Cornelius jetzt selbst das Wort über den Gang der Verhandlungen und ihr jähes Ende:

»Morris ritt zu mir voraus und teilte mir mit, daß Leutnant v. Trotha mich sprechen wolle. Wir kannten uns sehr gut. Er war im Hererofeldzug mein Leutnant gewesen, wir waren viel zusammen Patrouille geritten und er war immer sehr gut zu mir gewesen. Gegen Sonnenuntergang kam Trotha selbst an. Er war nicht bewaffnet. Als ich ihm sagte, daß auch Johannes Christian da sei, ließ ihn Trotha rufen. Wir banden dann die Pferde an meinen Wagen, setzten uns ans Feuer und begannen zu

184 Tgb Olenhusen, aus: »Mitteilungsblatt«, Tr. V., Nr. 76, April 1995, S. 15 u. 17.

185 Truppenstation Wasserfall meldete am 25. Juli an das Hauptquartier, Abraham Morris befände sich nach Eingeborenenaussagen bei Cornelius am Fischfluß. Siehe hierzu MA, N103/74: Nachlaß Lettow-Vorbeck, Eintragung vom 25.7.05.

186 Generalstabswerk, Bd. 2, S. 118.

verhandeln. Ich war sehr froh, daß Trotha da war. Ich glaubte, daß er mit dem wahren Frieden zu mir käme. Trotha brachte mir einen Brief Sr. Exzellenz mit. Darin stand, mir würde nichts geschehen, wenn ich die Gewehre und Munition abgäbe. Ich antwortete dem Leutnant: ›Heute sollen Sie sprechen. Lassen Sie mir aber Zeit bis morgen, damit ich mit Johannes Christian sprechen kann. Ich werde Ihnen morgen antworten. Sie kennen mich und wissen, daß ich keine schlechte Antwort geben werde.‹ Trotha hat dann sehr ernst mit mir gesprochen und mir gesagt: ›Du mußt hier Frieden machen. Ich gehe nicht weg von hier. Wenn du nicht Frieden machst, dann kannst du mich hier totschießen.‹ Ich antwortete: ›Sie müssen bis morgen warten. Ich werde Ihnen eine gute Antwort geben. Warum soll ich auf Sie schießen? Sie sind doch immer gut zu mir gewesen und haben mir Kost und Tabak und Kaffee gegeben.‹ Trotha hat mir eine Flasche Rum, etwas Tabak und Kaffee mitgebracht. Wir haben uns hingesetzt und zusammen getrunken. Er sagte mir: ›Wenn du dich ergibst, dann gehen wir zusammen nach Kanibes. Dort sollst du genug Kost bekommen.‹ Trotha sagte auch noch: ›Du mußt Johannes Christian etwas von dem Mitgebrachten abgeben; ich habe nicht gewußt, daß er hier ist, sonst hätte ich auch für ihn etwas mitgebracht.

In diesem Augenblick hörten wir plötzlich Schüsse fallen. Die Morrisleute kamen mit geraubtem Vieh an. Sie waren von deutschen Reitern eingeholt, die sich mit ihnen herumschossen. Ich sagte zu Trotha: ›Bitte bleiben Sie bei mir, ich kenne Sie, aber die Bondels kennen Sie nicht.‹ Ich packte rasch die von Trotha mitgebrachten Sachen zusammen.

Als ich die Sachen zusammengepackt hatte, sah ich, daß der Leutnant ein paar Schritte zurückgegangen war. In diesem Augenblick wurde von vorn gerufen, ein Bondel sei gefallen; unmittelbar darauf krachte dicht hinter mir ein Schuß; der Leutnant taumelte und fiel hin. Ich sprang zu ihm, aber er lag schon im Sterben. Ich sprach noch zu ihm, aber er verstand mich nicht mehr. Ich konnte mich nicht mehr lange aufhalten, schon pfiffen die Kugeln um mich.

Als ich nach dem Gefecht fragte, ob Trotha von einer deutschen Kugel oder von uns erschossen sei, meldete sich der Bethanier Christoph Lambert und sagte, er habe den Leutnant erschossen. Er habe geglaubt, dieser sei nur gekommen, um uns in Sicherheit zu wiegen und uns dann überfallen zu lassen. Die Leiche habe ich am anderen Morgen begraben lassen …

Ich bin überzeugt, daß es ohne den Tod von Trotha zum Frieden gekommen wäre, denn Johannes Christian hatte auch Vertrauen zum Leutnant.«[187]

Bei der deutschen Abteilung, die durch ihr Erscheinen die offenbar einen so guten Verlauf nehmenden Friedensgespräche mit Cornelius auf so jähe und tragische Weise beendet hatte, handelte es sich um die vertretungsweise von Oberleutnant v. Rosenthal geführte Kompanie Koppy (9. Kp./2. Feldreg.), die sich auf der Verfolgung einer Gruppe von Morrisleuten befand, welche zwei Tage vorher bei Kanibes Vieh erbeutet hatten, und keine Kenntnis von der Mission des Leutnants von Trotha hatte.

Cornelius soll der Tod des jungen Offiziers sehr nahe gegangen sein. Nun, nach diesem Unglücksfall, sah er die Möglichkeit zu einem Friedensschluß dahin-

187 Kolbe, S. 259ff.

schwinden und glaubte, daß er jetzt um sein Leben fürchten müßte, wenn er sich in die Hände der Deutschen begäbe.

Da nun an weitere Friedensverhandlungen mit dem Bethanierkapitän vorerst nicht zu denken war, befahl General v. Trotha die alsbaldige Wiederaufnahme der Verfolgung des Cornelius, der, dem Vernehmen nach, noch über zweihundert keineswegs kriegsmüde Orlogleute bei sich hatte. Mit den Verfolgungsoperationen wurde Major Gräser beauftragt. Zu diesem Zweck wurden ihm drei Kompanien (9. und 10. Kp./2. Feldreg., 1. Etappen-Kp.) sowie Teile von zwei Feldbatterien zur Verfügung gestellt. Sein Hauptquartier bezog Gräser in Kanibes. Hier traf er am 19. Juni ein. – Nach der letzten Feindlagemeldung hielt sich Cornelius nach wie vor mit seiner Werft, seinen zweihundert Kriegsleuten und den Morrisleuten in Kochas auf.

Major Gräser ließ in zwei Kolonnen, eine von Osten, die andere von Westen aus, gegen Kochas vorgehen. Um ein Entweichen des Gegners den Fischfluß aufwärts oder abwärts zu verhindern, ließ der Major im Fischflußtal bei Rosinbusch im Norden und Aiais im Süden starke Feldwachen postieren. Da der Unterlauf des Großen Fischflusses bis zum Oranje in einem tief eingeschnittenen, vielfach gewundenen Tal fließt, das von steilen, wild zerklüfteten und 200 bis 600 m hohen Felswänden eingeschlossen wird, blieb der Truppe keine andere Wahl, als mühsam und im Schrittempo im Felstrümmer übersäten Flußbett vorzurücken. – Der Angriff sollte dann von beiden Kolonnen gemeinsam bei Tagesanbruch am 27. Juni erfolgen.

Die von Hauptmann Pichler geführte östliche Abteilung (9. Kp./2. Feldreg., 1. Ers.Kp.) erreichte am 26. Juni als erste Kochas, fand die Wasserstelle jedoch feindfrei vor. Da eine Patrouillenmeldung ergab, daß der Feind bis zu der 10 km südlich Kochas gelegenen Wasserstelle Keidorus ausgewichen war, beschloß Pichler, die ihm gebotene günstige Gelegenheit, den Gegner zu schlagen, sofort zu nutzen und nicht erst die Ankunft der von Major Gräser selbst geführten Westabteilung abzuwarten. Noch in der Nacht rückte Pichler mit seiner etwa 150 Gewehre starken Abteilung gegen Keidorus vor, wobei er es bei seinem Aufbruch versäumt hatte, Gräser Meldung über sein Vorgehen zu machen.

Pichler war mit seiner Abteilung noch in der gleichen Nacht (zum 27.) dicht an die hellodernden Lagerfeuer des Gegners bei Keidorus herangekommen. Schon glaubte der Hauptmann, daß der Überfall glücken würde, da schlug den Reitern »auf ein scharfes Kommando in Hottentottensprache hin«[188] ein vernichtendes Feuer aus überhöht liegenden Steinschanzen entgegen. Sofort traten erhebliche Ausfälle in den deutschen Reihen ein. Hauptmann Pichler und der Abteilungsarzt, Dr. Horn, wurden durch Kopfschüsse sofort getötet. Daraufhin befahl Oberleutnant Dannert, der nun das Kommando übernommen hatte, den sofortigen Rückzug, zumal der Gegner zur Überflügelung links und rechts ansetzte. Die Abteilung, aufgelöst in mehrere Gruppen, wich unter Mitnahme der Verwundeten über das Bett des Fischflusses hinweg zurück. Dabei wurde sie von den heftig nachdrängenden Namakriegern verfolgt und mußte sich immer wieder zum Kampf stellen. Ein

188 Ebenda, S. 264.

Kilometer jenseits des Flußbettes, in Richtung auf Kochas, wurde schließlich eine günstig gelegene Aufnahmestellung eingenommen, wo sich die einzelnen Gruppen der Abteilung nacheinander wieder einfanden. Hier wurde nun voll Ungeduld das Herannahen der Westabteilung abgewartet.

Inzwischen war der Signalunteroffizier Freistein in Eigeninitiative noch am gleichen Abend (27. Juni) nach Kochas zurückgeritten. Hier war Major Gräser mit der Westabteilung schon eingetroffen, jedoch stehengeblieben, da er an der Wasserstelle weder den Feind, noch die Abteilung Pichler vorgefunden hatte. Aus dem Munde des Unteroffiziers erfuhr Gräser nun von der prekären Lage, in die die Ostabteilung geraten war.

Der Major brach daraufhin noch in der Nacht zum 28. mit seiner Truppe wieder auf und erreichte morgens früh die Abteilung Pichler in deren Aufnahmestellung. Nach kurzer Rast befahl Gräser den Weitermarsch in Richtung Wasserstelle Keidorus. Hören wir jetzt aus dem Bericht eines Augenzeugen, des Gefreiten Moßner, über die nun folgenden Ereignisse:

»Eine Stunde ließen wir unsere müden Tiere ruhen. Als unsre Führer alles besprochen hatten, machten sich die beiden Abteilungen vereint fertig. Die Spitze wurde vorausgeschickt, und Seitenpatrouillen deckten unsre Flanken. Nicht lange hatte es gedauert, als die Spitze von dem noch immer seine Stellung bei Keidorus behauptenden Feind Feuer erhielt. Unser Leutnant Bender, welcher die Batterie (Anm. Verf.: 1/2 1. Batt.) führte, ritt im Galopp nach vorne, suchte eine passende Stelle und kommandierte: ›Meine Batterie hier auffahren!‹ In schnellster Gangart fuhren wir in Feuerstellung. Mit einem heftigen Kugelregen wurden wir begrüßt. Doch es dauerte nicht lange, da fingen unsere Kanonen zu sprechen an. Die Infanterie war auf die Berge geklettert und hatte auch schon das Feuer auf die feindliche Stellung eröffnet. Auch das Maschinengewehr und die Gebirgsgeschütze waren schon in Tätigkeit getreten. Gesehen hatten wir kaum einen Farbigen – gelegentlich einen Kopf. Aber daß sie da waren, hörten wir aus dem fatalen Gesange der Kugeln. Ungefähr zwei Stunden währte das Gefecht. Länger vermochte der hartnäckige, sehr hinterlistige Feind nicht standzuhalten und suchte das Weite. Die Verfolgung wurde sofort aufgenommen, und am Abend erreichten wir noch die Wasserstelle Aiais …«[189]

Auf beiden Seiten des Flusses von der Truppe verfolgt, suchten die Namakrieger ihr Heil in der Flucht nach oben, indem sie die steilen Uferhänge emporkletterten und sich dann nach allen Seiten zerstreuten. Einen Großteil ihres Viehs mußten sie zurücklassen; er fiel in die Hände der Truppe.

Die Gefechtsverluste der Deutschen in diesem zweitägigen Ringen um Keidorus betrugen drei Gefallene, darunter zwei Offiziere, und zehn Verwundete.

Am übernächsten Tag, den 30. Juni, setzte Gräser die Verfolgung der geschlagenen Corneliusleute den Fischfluß abwärts über Aiais hinaus fort. Gefreiter Moßner schreibt:

»Unaufhaltsam marschierten wir weiter, auf des Feindes Fährte, der vor unserer Macht zurückwich. Einmal versuchten die Hottentotten uns an einem Felspasse

189 Dincklage-Campe, S. 30f.

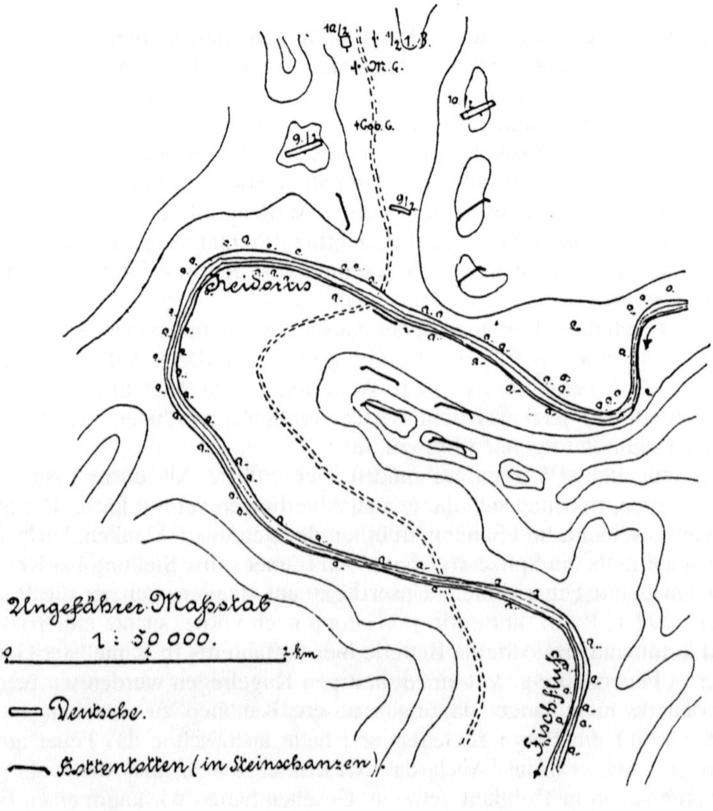

Gefecht bei Keidorus

aufzuhalten, schossen auch zwei Mann der Spitze nieder, flohen dann aber. Alle Tage mußte mehrfach der Fischfluß durchquert werden. Das Wasser ging bis über die Rohre und wir Fahrer wurden naß. Bei Tage ging das, aber die Nächte waren kalt ...«[190]

Am vierten Marschtag (3. Juli) wurden an der Einmündung des Konkip-Riviers in den Fischfluß Steinschanzen auf den Höhenzügen zu beiden Seiten des Flusses festgestellt: Hier war der Feind in Stellung gegangen. Überlassen wir wieder dem Augenzeugen Moßner das Wort:

„An einem der folgenden Tage (3. Juli – Anm. Verf.) trafen wir einmal wieder auf den Feind. Major Gräser ließ abprotzen und einige Freundschaftsgrüße hinübersenden. Daraufhin keine Antwort. Wir protzten auf und marschierten weiter. Unsere Spitze war kaum in das Loch (Einmündung Konkip in den Fischfluß – Anm. Verf.) hineingekommen, und schon wurde von drei Seiten von den Bergen her das Feuer gegen sie eröffnet. Die Geschütze fuhren in Stellung, die

190 Ebenda, S. 31.

Maschinengewehre fingen an zu feuern, und die Infanterie erkletterte so schnell wie möglich auf beiden Seiten des Ufers die Berge, um uns vor jedem Umgehen zu schützen.

Ein unheimliches Krachen wurde hörbar – der Widerhall von dem Geschützdonner, von den hohen, zerrissenen Bergen zurückschallend, gab einen Lärm, daß man nicht imstande war, nur ein Wort von seinem Nebenmann zu verstehen ... Es dauerte ungefähr drei Stunden, bis das Feuer anfing zu stoppen. Die Gelegenheit benutzte unsre Infanterie, um einen Sturmangriff mit aufgepflanztem Bajonett in die Flanke des Gegners zu machen. Dieser Stoß war auch das Ende des Gefechts. Die Hottentotten zogen flußabwärts unter Zurücklassung vieler Toten. Auch einiges Vieh wurde erbeutet. Die Verfolgung wurde fortgesetzt bis zum Anbruch der Nacht ...«[191]

Sehr wesentlich zum Erfolg des Tages hatte Leutnant v. Gersdorff beigetragen, indem er mit einem Zug der 9. Kompanie »in entschlossenem Vorgehen eine kaum besteigbare Anhöhe am Westrand des Fischflusses erklomm und damit das Gefecht entschied«.[192] Deswegen erhielt dieser Berg die Bezeichnung »Gersdorffhöhe«, nach der auch das Gefecht benannt wurde.

Gleich nach diesem Kampf setzte Major Gräser die Verfolgung flußabwärts fort. Wie unendlich schwierig sich diese gestaltete, erfahren wir aus der Feder des Hauptmanns Bayer:

»Kletternd und rutschend bahnten sich die Verfolger ihren Weg, das Nachführen der Geschütze verursachte unendliche Mühe. Die Reitpferde wurden zurückgelassen; die Wagen konnten nicht folgen. Dabei mußten die Deutschen fortgesetzt eines Feuerüberfalls von den Felsenwänden gewärtig sein.

Langsam bewegte sich die Kolonne weiter und trieb in kleinen Gefechten den Feind vor sich her. Täglich konnte etwa eine deutsche Meile (ca. 7,5 km – Anm. Verf.) zurückgelegt werden. Da der Fischfluß sich in großen Windungen durch die Felskuppen zwängt, dauerte der Marsch von Kanibes bis zur Fischflußmündung zehn Tage. ›Sendet Stiefel, Hufeisen, Nägel, Strümpfe‹, hieß es in einem Heliogramm des Majors Gräser an das Hauptquartier.«[193]

Die Verfolgung wurde erst am 6. Juli mit Erreichen des Oranjeflusses eingestellt, nachdem sich herausgestellt hatte, daß Cornelius diesen Fluß aufwärts ausgewichen und nunmehr in der Lage war, jederzeit auf englisches Gebiet überzuwechseln. (Wie bald danach eingegangene Meldungen besagten, hatte Cornelius tatsächlich schon gleich nach Erreichen des Oranjeflusses das erbeutete Vieh und die Werften auf die englische Seite abgeschoben, wodurch sein Orlog erheblich an Beweglichkeit gewonnen hatte.)

Ein zweiter Grund für die vorläufige Einstellung der Operationen gegen Cornelius war die bedenklich gewordene Verpflegungslage der Abteilung. Sie hatte ihre Ursache darin, daß der reibungslose Nachschub von dem nun über achtzig Kilometer entfernten Verpflegungslager Kanibes wegen der ungemein schwierigen Wegeverhältnisse nicht mehr gewährleistet war.

191 Ebenda,, S. 32
192 Generalstabswerk, Bd. 2, S. 129.
193 Bayer: »Mit dem Hauptquartier ...«, S. 260f.

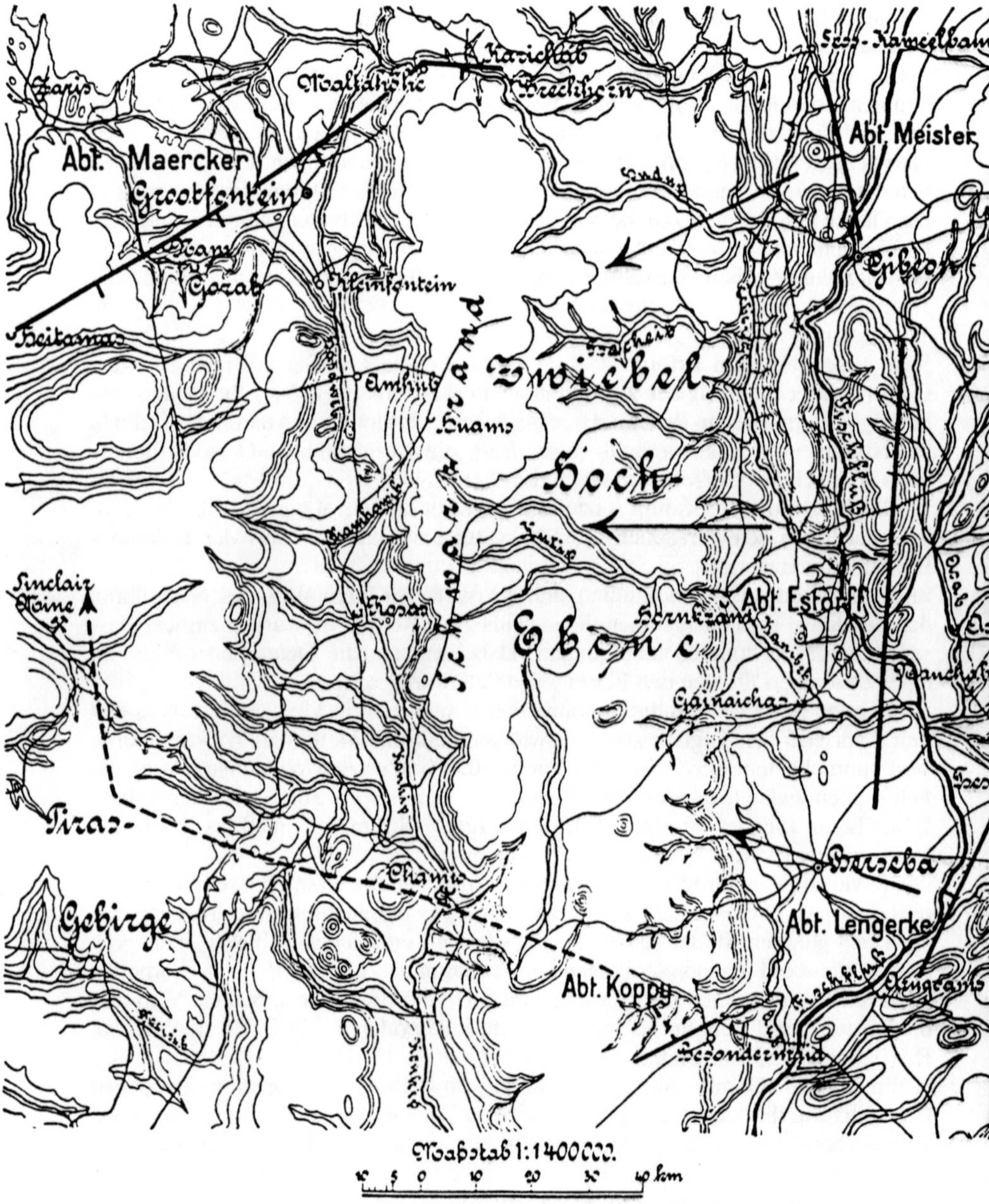

Karte zu den Operationen in Nordbethanien. August bis September 1905

Ein dritter Grund für die Operationspause war der ungeheure Personalverschleiß, unter dem die Truppe litt. Major v. Estorff, der uns später noch begegnen wird, schreibt hierüber:
»Die kältere Jahreszeit kam mit dem Juni und Juli, die furchtbare Hitze hatte abgenommen, aber beschwerlich genug und sehr aufreibend blieb diese Kriegführung, ein Ende war nicht abzusehen ... Die großen Anstrengungen und Entbehrungen wirkten stark auf die Truppen zurück. Sehr viele Offiziere und Leute hielten sie nur ganz kurze Zeit aus und mußten ersetzt werden. Dadurch kamen immer wieder Unerfahrene an verantwortliche Stellen, kaum hatten sie sich dann etwas mit den Schwierigkeiten vertraut gemacht, so mußten sie wieder ersetzt werden. Die Zahl der Altgedienten und Bewährten ward beängstigend gering, es kamen viel Unzulänglichkeiten vor, viele versagten auch. Die Schwierigkeiten erschreckten sie, ihre Unternehmungslust war nicht auf der Höhe ...«[194]

Zu den Opfern, die dieser zermürbende Feldzug forderte, zählte auch Major Gräser. »Den außerordentlichen seelischen Erregungen und körperlichen Anstrengungen der letzten Zeit« nicht mehr gewachsen, erkrankte er bald nach Beendigung der Operationen an einem Herzleiden und mußte das Kommando über die Abteilung niederlegen. An seine Stelle trat am 18. Juli Major Träger.

Träger nahm vorerst eine abwartende Haltung ein und beschränkte sich darauf, die Gegend am unteren Fischfluß fest in der Hand zu behalten und das wichtige Verpflegungsdepot Kanibes zu sichern. Vorläufiger Stützpunkt der Abteilung wurde Aiais.

Schon bald nach seinem Rückzug Oranje-aufwärts ließ Cornelius wieder von sich hören: Am 25. Juli überfiel er an der Pad Warmbad – Ramansdrift eine ohne militärische Bedeckung marschierende deutsche Wagenkolonne und erbeutete alle vier Ochsenwagen. Dabei fand der zufällig hinzukommende auf einem Inspektionsritt befindliche Generaloberarzt (heute Oberfeldarzt) Dr. Sedlmayr in dem sich entwickelnden Gefecht den Tod.

Die Nachricht von diesem Gefecht war für Major Träger sehr beunruhigend, stand doch nun fest, daß der Bethanierkapitän jetzt seine Aktivitäten auf die für die Truppe so lebenswichtige Nachschubverbindung zur englischen Nachbarkolonie verlagert hatte. Träger setzte daher seine Truppe unverzüglich nach Warmbad in Marsch. – Auf die Meldung vom Anmarsch der Deutschen rückte Cornelius, um Warmbad herum weit ausholend nach Westen, über Kalkfontein-Süd Richtung Große Karrasberge ab in der Absicht, sich dort mit Morenga zu vereinigen.

Dennoch stieß Trägers Truppe nicht ins Leere: Sie hatte am 19. August bei Kawigaus einen Zusammenstoß mit einer Gruppe Bondelzwart. Lesen wir, was Major Träger selbst über dieses Gefecht zu berichten wußte.
»Endlich, am 19. August hinter der Wasserstelle Kawigaus, die die Hottentotten beim Abzuge noch eiligst durch Tierleichname, Unrat, Seifenlauge usw. verseucht hatten, wurde der Gegner gestellt. Er hatte in einer taktisch vortrefflich gewählten Stellung zahlreiche einzelne Bergkuppen und Höhenzüge, die voneinander und der Stellung der Deutschen durch tiefe Schluchten und Mulden getrennt waren, in

194 Estorff: »Wanderungen und Kämpfe ...«, S. 127.

einem Halbkreise von etwa 4 Kilometern Ausdehnung mit etwa 300 Gewehren besetzt, während deutscherseits nur 92 Gewehre, 4 Maschinengewehre und 2 Gebirgsgeschütze ins Gefecht treten konnten. Die Maschinengewehre waren zu Beginn des Gefechts auf die Flügel der langen Angriffsfront verteilt worden, und diesem Umstande ist es zu danken, daß die Umklammerungsversuche des Gegners, der nach dem dahinterliegenden deutschen Lager strebte, mißlangen. Dennoch erhielt die auf dem rechten Flügel fechtende 3. Kompagnie von drei Seiten Feuer. Der unerschrockene Führer dieser Kompagnie, Hauptmann d'Arrest, der später bei Hartebeestmund gefallen ist, kam persönlich im heftigsten Kugelregen zu dem nebenan bei der Abteilung Warmbad unter Oberleutnant von Stocki, befindlichen Führer zur Meldung.

Der daraufhin befohlene Angriff wurde von Hauptmann d'Arrest mit großer Bravour eingeleitet und von allen Formationen mutvoll mitgemacht; auch Geschütze und Maschinengewehre nahmen nach vorn Stellungswechsel vor. Der Rückzug, den der Gegner nach sechsstündigem Feuergefecht antrat, erfolgte unter Mitnahme der Toten und Verwundeten nach unzähligen Richtungen einzeln und ungesehen. Infolgedessen wäre bei der unvermittelt eintretenden Finsternis eine lange Fortsetzung der sofort aufgenommenen Verfolgung in das völlig unbekannte Gelände, ohne Kenntnis einer Wasserstelle, ein zweckloses und höchst verlustreiches Abenteuer geworden.«[195]

Inzwischen hatte General v. Trotha im südlichen Aufstandsgebiet eine organisatorische Änderung vorgenommen, indem er den Kriegsschauplatz in vier Bezirke unterteilte: Nordbethanien, Ost-Namaland, Südbezirk und Südetappengebiet. Jedem Bezirk wurde ein Befehlshaber und »eine nach der Größe und nach den zu bewältigenden Aufgaben bemessene Besatzung« zugeteilt.

Zum Befehlshaber des Südbezirks wurde Mitte August 1905 Oberstleutnant van Semmern ernannt. Dieser wies jetzt Major Träger an, wegen des durch die aufreibenden Verfolgungsmärsche totalen Erschöpfungszustandes der Truppe vorerst keine weiteren Operationen gegen Cornelius zu unternehmen und sich auf die Sicherung der Etappenstraße Warmbad – Ramansdrift zu beschränken.

Die Bilanz der fast dreimonatigen Einsätze gegen Cornelius nach dem Tode des Leutnants v. Trotha war bedrückend für die deutsche Seite: Obwohl der Bethanier zu keinem Zeitpunkt über mehr als 400 Orlogleute verfügt hatte, war es ihm gelungen, die ihn verfolgenden deutschen Verbände in mehreren Gefechten zu schlagen und selbst nach für ihn ungünstig verlaufenen Gefechten die nachdrängenden Deutschen immer wieder abzuschütteln und seine zersprengten Krieger zur Fortsetzung des Kampfes zu sammeln. Schließlich hatte er es sogar verstanden, seine Verfolger auszutricksen, indem er in die Großen Karrasberge auswich, von wo aus er dann Anfang September gemeinsam mit Morenga, Abraham Morris und Johannes Christian den Kampf gegen die Kolonialmacht fortsetzte.

195 Dincklage-Campe, S. 304f.

13. Morenga nimmt den Kampf wieder auf (Zeitraum April–September 1905)

Morengas Spur wird wieder aufgenommen – Handstreich auf eine deutsche Pferdewache bei Narudas – Scheitern erster Friedensverhandlungen durch Trothas unerbittliche Unterwerfungsbedingungen – Patrouille Scheven/Detten gerät bei Ganams in Bedrängnis – Kampf um Ganams – Zangenbewegung gegen Kouchanas – Kamptz stößt ins Leere – Das Gefecht bei Bisseport/Leukop – Das Ringen um die Wasserstelle Narus am Kareb-Rivier – Morenga kehrt in die Großen Karrasberge zurück und streckt erneut Friedensfühler aus – Alarmmeldung für Trotha: Die Witboois verlassen die Kalahari! – Die Friedensverhandlungen mit Morenga scheitern am Einspruch des Bondelkapitäns Johannes Christian

(Siehe hierzu Karte 2, 12 und 13)

Nach seinen Überfällen auf die Kolonne Kamptz am 18. März bei Garis und am 21. März bei Uchanaris, worüber in Kapitel 11 berichtet worden ist, hatten sich die Spuren Morengas völlig verloren. Zunächst war deutscherseits aufgrund einer Meldung aus Kapstadt angenommen worden, der Rebellenführer sei auf englisches Gebiet ausgewichen. Tatsächlich aber hatte er, wie sich später herausstellte, den Bereich der Großen Karrasberge überhaupt nicht verlassen, sondern sich nach seiner in dem Gefecht bei Garis erlittenen schweren Verwundung in einen sicheren Schlupfwinkel in den schluchtenreichen nordöstlichen Ausläufern dieses Gebirgsmassivs zurückgezogen, um dort seine Wunden auszuheilen und die Vorbereitungen für die Wiederaufnahme der Kampfhandlungen zu treffen.

Hier soll es dann zu einem Zerwürfnis zwischen Morenga und Abraham Morris gekommen sein, nachdem Morenga dem Morris die Schuld an der Niederlage bei Garup gegeben hatte, weil dieser dort vorzeitig seine Stellung geräumt habe. Daraufhin soll sich Morris im Zorn von Morenga getrennt haben. Wie wir bereits aus dem vorhergehenden Kapitel wissen, schloß sich Morris bald danach dem Cornelius Frederick bei Kochas an.

Bereits wenig später sollte das Rätselraten um Morengas Verbleib ein Ende haben: Anfang April verlautete von einem Offiziersposten am Südeingang der Narudasschlucht, daß eine gegnerische Kräftegruppe in Stärke von 150–200 Mann den südlichen Teil der Kraikluft nahe Wasserfall besetzt halte.

Auf diese Nachricht hin brach Major v. Kamptz (inzwischen zu diesem Dienstgrad befördert) mit einer halben Batterie von Keetmannshoop nach Wasserfall auf in der Absicht, mit den dort stehenden Truppen konzentrisch gegen diese Namagruppe vorzugehen und sie zu vernichten. Doch Morenga – er führte diese Gruppe selbst an – durchkreuzte die Absicht des Majors und ging seinerseits zum Angriff über: Er überfiel am 7. April die Pferdewache der bei Narudas stehenden Ersatzkompanie 3a (Hauptmann d'Arrest) und trieb die Pferde ab. Gleich darauf entspann sich ein heftiger Kampf zwischen den Morengaleuten und der der

Pferdewache zu Hilfe eilenden Kompanie. Hierbei erwiesen sich die Nama als überlegen, weil sie gut verschanzt in einer Höhenstellung lagen und von dort aus auch Gegenstöße unternahmen.

Nach etwa siebenstündigem schwerem Kampf konnten die Schutztruppler die Morengakrieger schließlich aus ihrer Stellung hinauswerfen. Diese wichen, die erbeuteten Pferde mitnehmend und sechs Gefallene zurücklassend. Die deutschen Verluste waren schwerer: Sieben Tote und vier Verwundete.

Nach diesem unglücklich verlaufenen Gefecht faßte v. Kamptz die Masse der weit verteilt zwischen den Karrasbergen und dem Oranje stehenden Truppen im Bereich der Narudasschlucht zusammen, um mit überlegenen Kräften den Angriffen und Überfällen der Morengaleute begegnen zu können. Nur die von Hauptmann v. Koppy geführten, im Bereich Kalkfontein – Warmbad stehenden Einheiten beließ der Major an Ort und Stelle. Sie sollten weiterhin die für die Durchführung der Operationen so ungemein wichtige Nachschubstraße in das Kapland bewachen.

Während die Truppen in ihren neuen Bereitstellungsraum rückten, trat zwangsläufig eine Pause in den Operationen gegen Morenga ein. Dieser Zeitraum wurde von der deutschen Führung genutzt, um mit dem Rebellenführer in Friedensverhandlungen zu treten. Dieser, noch immer schwer an seiner Verwundung leidend, hatte schon vorher über Pater Malinowski von der katholischen Missionsstation in Heirachabis Friedensfühler ausgestreckt, wahrscheinlich in der Absicht, die Zeit der dann anstehenden Verhandlungen zu nutzen, um jenseits der Grenze seine arg geschrumpften Verpflegungsvorräte zu ergänzen.

Mit der Verhandlungsführung beauftragte Major v. Kamptz den in Warmbad weilenden landeserfahrenen Hauptmann v. Koppy. Kamptz wie auch Koppy glaubten, nur moderat gehaltene Friedensbedingungen – Zusicherung des Lebens aller Morengaleute, Gewährleistung ihres rechtmäßigen Viehbesitzes, Abgabe sämtlicher Waffen und des Beuteviehs – könnten Morenga zum Friedensschluß bewegen. Sie kamen jedoch bei General v. Trotha mit ihren Vorstellungen nicht durch. Dieser verlangte die bedingungslose Unterwerfung bei alleiniger Zusicherung des Lebens.

Pater Malinowski, der bereits im Lager Morengas in den Großen Karrasbergen Vorverhandlungen mit diesem geführt hatte, war unterdes mit Hauptmann v. Koppy und Major v. Kamptz in Narudas eingetroffen. Hier hörte er von Trothas harten Unterwerfungsbedingungen und äußerte sofort Zweifel, daß der Rebellenführer sich auf diese Bedingungen einlassen würde.

Trotzdem begab sich Koppy zusammen mit dem Pater befehlsgemäß auf den Weg in Morengas Lager. Lassen wir den Hauptmann selbst über den Verlauf seiner Mission berichten:

»Ich begab mich am Morgen des 24. April 1905, begleitet von Pater Malinowski, Unteroffizier Schütze und meinem eingeborenen Diener Omar, ins Lager der Hottentotten, nachdem ein eingeborener Junge des Paters Malinowski Morenga von unserem Kommen benachrichtigt hatte. Meine Absicht, bewaffnet zu Morenga zu gehen, hatte ich auf Bitten Omars aufgegeben, wie es scheint, zu unserem Glück, denn die Hottentotten haben Omar im Lager gesagt, daß sie uns erschossen

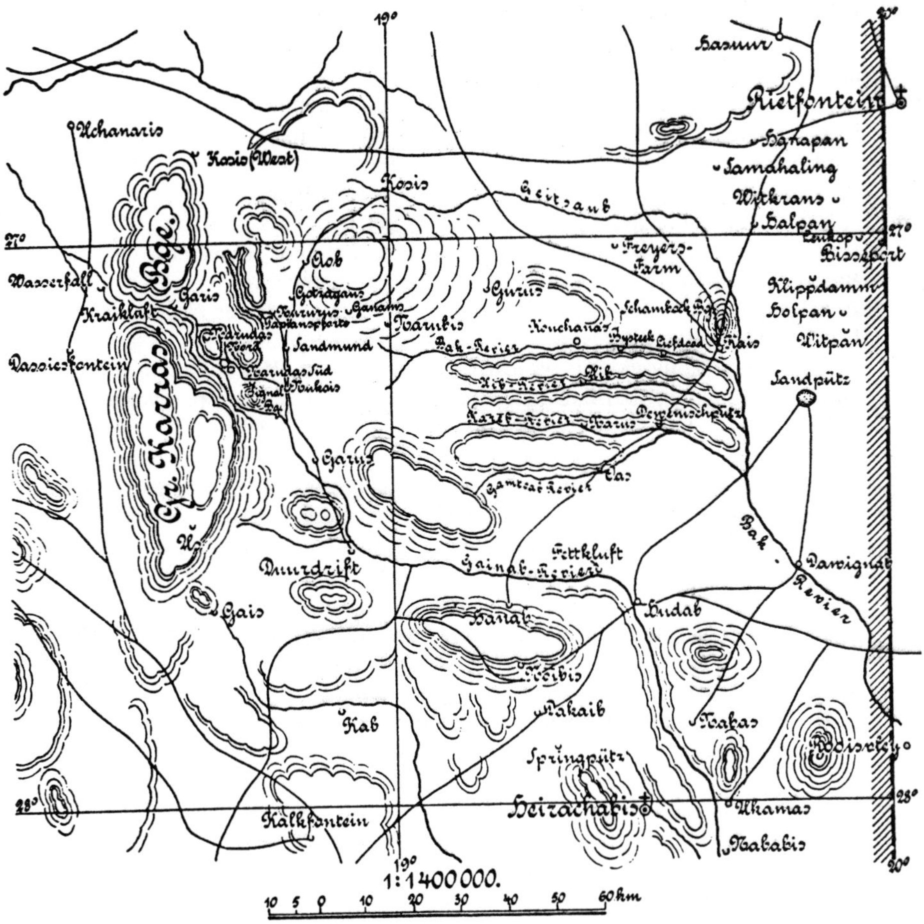

Übersichtskarte zu den Operationen gegen Morenga. April bis Juli 1905

hätten, wenn wir bewaffnet gekommen wären. Schon in erheblicher Entfernung vom Hottentottenlager wurden wir auf unserem Ritte zu Morenga von Hottentottenpatrouillen begleitet. Im Lager Morengas angekommen, fand ich die Angaben Malinowskis über die Lage unseres Gegners vollauf bestätigt; im übrigen stellte ich fest, daß die Hottentotten durchweg mit modernen Hinterladern bewaffnet waren und anscheinend über reichliche Munition verfügten. Wir hatten unsere Pferde außerhalb des Lagers stehen lassen und waren auf einem ziemlich beschwerlichen Fußsteig immer an besetzten Schanzen vorbei ins Lager gekommen. Hier kam mir Morenga, dem infolge seiner Wunde das Gehen schwer wurde, entgegen geritten, während die Hottentotten bewaffnet uns ziemlich aufdringlich umstanden und teilweise um Tabak bettelten. Ich setzte mich hin, ohne die

Hottentotten weiter zu beachten, und blieb auch absichtlich sitzen, als Morenga, der die Aufdringlichen sofort verjagte, auf mich zukam. Erst als er mich begrüßt hatte und ich merkte, daß ihm das Stehen sichtlich schwer wurde, erlaubte ich ihm, sich ebenfalls zu setzen und gab ihm nun den Grund meines Kommens und die mir vom Hauptquartier vorgeschriebenen Bedingungen für seine Unterwerfung bekannt. Nachdem mich Morenga angehört hatte, erklärte er, er habe mich verstanden, müsse aber, ehe er eine derartige wichtige Entscheidung treffe, zuerst mit seinen Großleuten und dem Kapitän Hans Hendrik, dem Feldschuhträger, beraten, der sich seit der ihm durch Major v. Lengerke beigebrachten schweren Niederlage bei Morenga aufhielt. Er werde binnen 24 Stunden meinen ihm von Warmbad zugeschickten Boten in das Lager des Majors v. Kamptz mit der Nachricht über das Ergebnis der Beratung senden.

Ich erklärte Morenga, daß er einsehen müsse, daß die Hottentotten auf die Dauer unterliegen müßten und daß längerer Widerstand ihre Lage nur verschlimmern könne, worauf Morenga entgegnete, daß es ihm vollkommen klar sei, daß die Hottentotten schließlich bei dem Kampfe zugrunde gehen müßten, daß die Entscheidung über die Fortsetzung des Kampfes aber nicht allein bei ihm liege, da er nicht Kapitän der Bondels sei. Ich hatte den Eindruck, daß Morenga nicht mehr im Vollbesitz seines Ansehens stand und der Macht über seine Leute war. Nicht nur der Umstand, daß sein Kriegsruhm durch die Ereignisse im März verblaßt und der Glaube der Hottentotten, daß ihnen unter diesem Führer alle Unternehmungen glücken müßten, erschüttert war, sondern auch der körperlich leidende Zustand des Morenga hatte seiner Stellung unter den Hottentotten geschadet. Es ist ja überhaupt ein einzig dastehender Fall und beweist mehr als alle Erfolge die geistige Überlegenheit Morengas über alle anderen eingeborenen Führer in diesem Kolonialkrieg, daß die Hottentotten bei ihrem grenzenlosen Dünkel gegenüber allen anderen Eingeborenen sich willig der Führung dieses Damarabastards (Anm. Verf.: gemeint ist Hererobastard; die Herero wurden früher oft fälschlicherweise als »Damara« bezeichnet) unterwarfen. Diese Macht, die sonst nur bei dem angestammten Kapitän denkbar ist, mußte erschüttert werden in dem Augenblick, wo die Gefolgschaft den unbedingten Glauben an den Glücksstern des Führers verlor und wo die Siegeszuversicht ins Wanken geriet ...«[196]

Nach Beendigung der Verhandlungen kehrten Koppy und Malinowski in Kamptz' Lager zurück. Am folgenden Tage (25. April) traf der Warmbader Bote mit der Nachricht ein, daß Morenga und seine Anhänger nach mehrstündiger erregter Beratung ihr Lager abgebrochen hätten und abgezogen seien, wohin, das wisse er nicht. Damit stand fest, daß die Friedensverhandlungen gescheitert waren.

Der unglückliche Zufall wollte es, daß noch am gleichen Tage ein Heliogramm Trothas im Lager Narudas einging, daß er, Trotha, sich nun auch mit den Friedensbedingungen, wie sie Kamptz und Koppy vorgeschwebt hätten, einverstanden sei.

Nun aber war es zu spät, der Kampf hatte bereits wieder eingesetzt: Kamptz hatte unmittelbar nach Erhalt der Meldung des Warmbader Boten die Verfolgung Morengas erneut aufgenommen. Er setzte hierzu zwei Kolonnen an. Von diesen

196 Kolbe, S. 288ff

sollte die eine, die von Hauptmann v. Winterfeldt befehligt wurde und aus der 11. und der 12. Kp./2. Feldreg., zwei Zügen Gebirgsartillerie und einem MG-Zug bestand, von Narudas(-Süd) und Nukois aus nach Norden vorrücken, während die andere Kolonne, die Abteilung Kleist, bestehend aus den Ersatzkompanien 3a und 4a, der 2. Batterie und zwei MG, über Garis nach Osten auf Nururus zu marschieren sollte.

Um den Verbleib des Gegners in Erfahrung zu bringen, wurden noch in der Nacht Patrouillen losgeschickt. Von diesen geriet eine, geführt von den Leutnanten v. Scheven und v. Detten, am 26. April morgens nahe der Wasserstelle Ganams in eine gefahrvolle Lage, als sie dort von Morengakriegern eingeschlossen wurde und große Verluste erlitt. Glücklicherweise gelang es jedoch einigen Reitern den Einschließungsring zu durchbrechen und Hauptmann v. Winterfeldt Meldung zu geben. Dieser brach daraufhin sofort mit seiner Abteilung nach Ganams auf. Das Auftauchen der Truppe veranlaßte dann den Gegner, sich nach Osten Richtung Back-Rivier und nach Norden der Wasserstelle Kosis(-Ost) entgegen zurückzuziehen.

Während der Verfolgung der fliehenden Namakrieger geriet am 27. April erneut ein Teil der Abteilung Winterfeldt, ein von Hauptmann v. Erckert geführtes Detachement, bei Ganams in eine kritische Lage, als es von weit überlegenen gegnerischen Kräften, alles Bondelkrieger, mehrfach zum Kampf gestellt und dabei wiederholt eingekreist wurde. Sich ständig freikämpfend, zog sich v. Erckert langsam nach Westen auf Gotzagaus zurück, wo v. Winterfeldt mit dem Gros der Abteilung im Zuge der Verfolgung des Gegners mittlerweile angelangt war. Hier vereinigten sich die zwei Truppenkörper wieder. Die Kämpfe an diesen beiden Tagen hatte die Abteilung erhebliche Ausfälle – sechs Tote und zwölf Verwundete – gekostet.

Am 28. April nahm v. Kamptz ungeachtet der Widrigkeit des Geländes in dem den Großen Karrasbergen östlich vorgelagerten schluchtenreichen Bergland und des äußerst schadhaften Schuhwerks – die Mannschaften trugen zum Teil selbst gefertigte Schuhkleidung – die Verfolgung wieder auf, doch nirgens stieß man auf den Gegner. Er hatte sich in alle Winde zerstreut!

Erst Anfang Mai glückte es deutschen Patrouillen, bei Kouchanas am Back-Rivier, wieder Fühlung mit dem Gegner zu bekommen. Hier hatte Morenga, der sich bis zu dem Zeitpunkt vermutlich in den wilden Schluchten östlich des Karrasmassivs irgendwo versteckt gehalten hatte, seine Kräftegruppen zur Fortsetzung des Kampfes gesammelt und die Leitung der Kriegführung wieder übernommen.

Auf diese Nachricht hin entschloß sich Major v. Kamptz Mitte Mai zu einer raschen Zangenbewegung gegen die gemeldeten gegnerischen Kräfte bei Kouchanas (dem heutigen Gagunas): Von Osten, von Kais am Schambockberg aus, sollte der eine Zangenarm, eine von Hauptmann Siebert befehligte Abteilung (11. Kp./2. Feldreg., 3. Ers.-Kp., 1/2 8. Batt. und ein Zug 9. (Geb.) Batt.) und von Westen, von Aob her, der andere Zangenarm, eine vom Major selbst geführte Abteilung (12. Kp./1. Feldreg., Ers. Kp. 3a und 4a, fünf Geschütze und 3 MG), auf Kouchanas vorrücken.

Kamptz' Zangenarm blieb der Erfolg versagt: Er stieß ins Leere und kehrte unverrichteter Dinge wieder zu den Großen Karrasbergen zurück. Er war nirgends auf den Gegner gestoßen und hatte auch die Abteilung Siebert bei Kouchanas nicht angetroffen. Diese war nämlich von Kais gar nicht erst in Richtung Kouchanas aufgebrochen, da Hauptmann Siebert aufgrund von Gefangenenaussagen und durch ausgesandte Patrouillen Kenntnis davon erhalten hatte, daß die Morengaleute – es waren etwa 150–250 Mann mit viel Vieh – die Gegend von Kouchanas bereits wieder verlassen hatten und südlich um Kais herum nach Nordosten über die englische Grenze hinweg nach Bisseport ausgewichen waren und daß Morenga selbst sich jetzt dort zur Ergänzung seiner Vorräte bei seinem alten Freund, dem Händler Spangenberg, aufhalte. Stattdessen war Siebert daher – ohne den Versuch zu machen, Kontakt mit Kamptz aufzunehmen – am 16. Mai von Kais aufgebrochen und über Sandpütz, Witpan und Klippdamm in nordöstlicher Richtung zur Grenze bei Bisseport marschiert, um die Morengaleute bei ihrer Rückkehr auf deutsches Gebiet abzufangen. Am 19. Mai kommt es dann tatsächlich nahe der Grenze bei Leukop zur Feindberührung. Lassen wir einen Augenzeugen, den Sanitätssergeanten Oskar Heckel, berichten.

»... Am 19. Mai, morgens gegen 9 Uhr, meldete eine Patrouille dicht an der Grenze, bei der englischen Grenzpolizeistation Bisseport, ein großes Hottentottenlager. Darauf gingen wir über Leukop vor. Etwa 1500 Meter südlich Leukop liegt, inmitten von mit hohem Riedgras bewachsenen Sanddünen, eine Klippenhöhe, auf der sich unser erstes Geschütz postierte. Die beiden Kompagnien schwärmten aus und umgingen die Stellung der Hottentotten. 10,30 Uhr flog die erste Granate über unsere Köpfe hinweg; das Gefecht hatte begonnen. Die Eingeborenen setzten sich verzweifelt zur Wehr; es blieb ihnen nur die Möglichkeit, entweder unsere Linien zu durchbrechen oder über die Grenze geworfen zu werden. Inzwischen zog sich die Schützenlinie immer enger um die Hottentotten zusammen, die sich auf der höchsten Düne sehr vorteilhaft im Sande verschanzt hatten. Der Gegner war uns in allem voraus; er ist die Hitze gewohnt, war ausgeruht und kann in seiner Deckung liegen bleiben, während die Truppe fünf Tage hindurch Tag und Nacht marschiert war, dazu die Verpflegung mehr als mangelhaft und dann der Durst, unser ärgster Feind. Trotzdem vermochte der Feind unserm Vordringen nicht standzuhalten. Wie die Katzen schlängelten sie sich durch das hohe Riedgras, eine unglaubliche Gewandtheit entwickelnd. Als von unserer Seite das ›Marsch, marsch!‹ ertönte, konnte ich nicht mehr teilnehmen, da ich in meiner Eigenschaft als Sanitätsunteroffizier einem schwerverwundeten Kameraden, dem Unteroffizier Weißer der 3. Ersatzkompagnie, mitten im feindlichen Feuer und ungedeckt, den ersten Verband anlegte und denselben aus seiner gefährlichen Lage befreite ...«[197]

Über den weiteren Gefechtsverlauf erfahren wir aus der Feder eines anderen Augenzeugen, des Unteroffiziers Friedrich Kolberg:
»Nachmittags gegen 2 1/2 Uhr waren wir am Fuße der besetzten Dünen angelangt und erhielten Befehlt: ›Seitengewehr aufpflanzen! Zum Sturm sprungauf! Marsch, marsch!‹ Als wir uns erhoben, wurden wir mit lebhaftem Feuer empfangen. Nachdem wir aber im vollen Lauf auf dem Dünenkamm anlangten, hatte der Gegner die Stellung schon geräumt und empfing uns von der gegenüberliegenden

197 Dincklage-Campe, S. 129f.

Düne mit heftigem Schnellfeuer, so daß wir uns sofort hinlegen und gleichfalls Schnellfeuer abgeben mußten. Plötzlich sahen wir die Hottentotten in hellen Haufen der Grenze zulaufen und schossen wir nun, was aus dem Rohre wollte. Leider kam gleich darauf der Befehl zum Stoppen, da der Gegner die Grenze überschritten hatte ...«[198]

Jenseits der Grenze wurden die Aufständischen von drei Kappolizisten, »die mit geschwungenen Union Jacks darüber wachten, daß die Grenze nicht verletzt wurde«[199], in Empfang genommen. »Nun standen sich«, so schreibt Hauptmann Bayer, »beide Parteien Gewehr bei Fuß gegenüber: Unsere Soldaten mißmutig, da sie um den Siegespreis gebracht waren, die Hottentotten mit höhnischen Gesichtern.«[200] Die drei Kappolizisten erklärten die 150 auf englisches Gebiet entkommenen Morengaleute für gefangen. »Tatsächlich aber«, so weiß Hauptmann Bayer zu berichten, »langten von den 150 Hottentotten nur 5 in englischen Gefängnissen an, die übrigen waren unterwegs entwichen und auf Umwegen in deutsches Gebiet zurückgekehrt, um den Krieg fortzusetzen.«[201]

Ernüchternd heißt es im Generalstabswerk über dieses Gefecht: »So beschränkte sich das Ergebnis des mit einem Verlust von zwei Toten und acht Verwundeten erkauften Sieges auf eine vorübergehende Zerstreuung der Morenga-Bande, sowie auf eine Beute von wenigen Pferden.«[202]

Daß die Morengarebellen so gut wie überhaupt nicht an Kampfgeist durch das Gefecht bei Leukop eingebüßt hatten, das zeigte sich bereits wenige Tage später. So überfielen sie am 23. Mai bei Oas eine Karre der 11. Kompanie/1. Feldreg. und machten deren Bedeckung nieder. Am nächsten Tag stellten sie sich bei Narus im Kareb-Rivier, »einem der wildesten und zerklüftetsten Felstäler des südöstlichen Namalandes«, der Abteilung des Hauptmanns d'Arrest (12. Kp./1. Feldreg. und Ers.-Kp. 3a) zum Kampf, der jedoch für die deutsche Seite siegreich und ohne Verluste verlief.

Das Kareb-Rivier bei Narus war die Wochen darauf Schauplatz dreier weiterer Gefechte zwischen der Schutztruppe und Morengakriegern. Das erste trug sich am 6. Juni zu, als Hauptmann v. Erckert mit der von ihm befehligten 12. Kompanie/2. Feldreg. dort auf eine von dem Feldschuhträgerkapitän Hans Hendrik geführte Gruppe Morengaanhänger stieß und sie verjagte.

In das zweite dieser Gefechte wurde erneut Erckerts Kompanie verwickelt: Erckert, der in der Zwischenzeit von Major v. Kamptz mit der Säuberung des Gebiets zwischen Narus und Kouchanas beauftragt worden war, hatte auf die Meldung über eine abermalige Ansammlung starker gegnerischer Kräfte im schluchten- und schlupfwinkelreichen Bereich des Back-Reviers von seinem Standort Dewenischpütz aus einen Vorstoß über Oas am Gamtoab-Rivier in Richtung auf Narus unternommen. Gegen Mittag des 15. Juni war nach einem mühseligen Fußmarsch – die Pferde hatten zurückgelassen werden müssen – der

198 Ebenda, S. 142
199 Bayer: »Mit dem Hauptquartier ...«, S. 239
200 Ebenda
201 Ebenda
202 Generalstabswerk, Bd. 2, S. 144

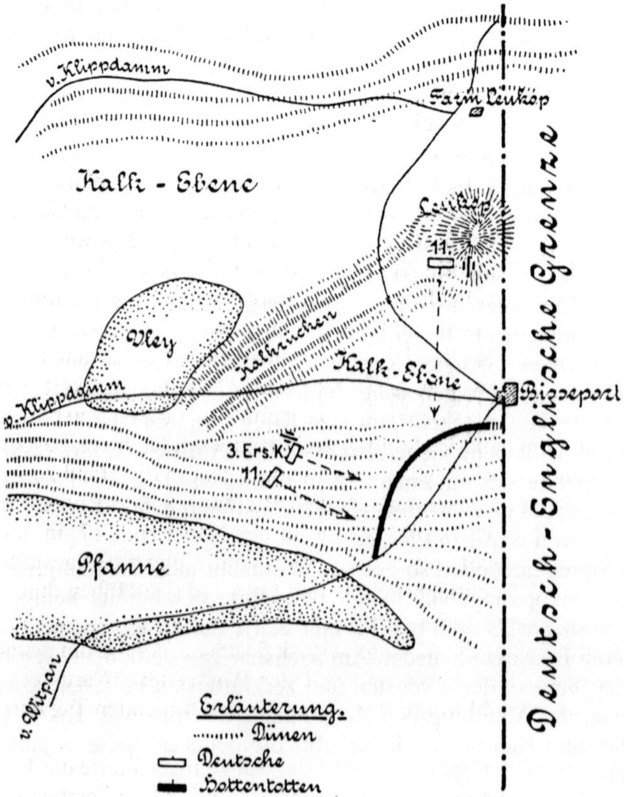

Gefecht bei Leukop

Bergrücken südlich des Kareb-Riviers erklettert. Kurz darauf traf die Meldung eines in Richtung Wasserstelle Narus vorausgesandten Erkundungstrupps ein, daß »im Rivier zahlreiche Hottentotten mit großen Viehherden zur Tränke ziehen.« Sofort entfaltete sich die Truppe zum Gefecht. Oberst Kolbe berichtet:

»Lautlos krochen die Reiter nunmehr zum Rande vor, und schon belebte die Hoffnung alle, daß der Überfall völlig gelingen werde, da fiel ein Schuß von der gegenüberliegenden Höhe. Ein Späherposten hatte die heranschleichenden Reiter bemerkt, sofort Feuer gegeben, und nun galt kein Zaudern mehr. Schnell stürzten die Reiter vor, und während der Leutnant Kirchheim mit seinem Zuge den Abhang hinunterkletterte, in den wirren Haufen hineinfeuerte und sodann mit dem Bajonette vorging, hatten die Züge Detten und Pavel von dem Höhenrande aus, unterstützt von dem Geschütze, ein so vernichtendes Feuer auf die wild durcheinander drängenden Hottentotten eröffnet, daß der Kampf in ganz kurzer Zeit entschieden war. Und wenn der Gegner auch durch die Besetzung einer die Stellung der Deutschen überhöhenden Kuppe dem Gefecht eine günstige Wendung geben wollte, so war das vergebliches Mühen. Von dem Geschütze und dem Zuge des Leutnants Pavel beschossen, räumte er schnell die Höhe und war in kurzer Zeit verschwunden.

Etwa dreißig Tote hatte er in der Schlucht zurückgelassen, und fünfunddreißig Reittiere sowie mehr als zweihundert Rinder waren den Siegern in die Hände gefallen, von denen nur ein Reiter verwundet worden war.«[203]

Am nächsten Tage, den 16. Juni, kehrte die Kompanie Erckert nach Dewenischpütz zurück. Von einer Verfolgung des geschlagenen Gegners hatte der Hauptmann absehen müssen, da die Pferde nicht zur Stelle gewesen waren.

Das dritte Gefecht hatte die Abteilung Siebert (11. Kp./2. Feldreg., 3. Ers.-Kp., 1/2 2. Batt.), bei der sich auch Major v. Kamptz befand, am 17. Juni zu bestehen. Kamptz war mit dieser Abteilung von Kais aus nach Südwesten durch das Back-Rivier hindurch in das Tal des Uib-Riviers marschiert, wo er am 15. Juni eintraf. Seine Absicht war gewesen, die von der Abteilung Erckert geschlagenen Morengaleute im Uibtal »in Empfang zu nehmen« und zu zersprengen. Als der Major nun erfuhr, daß eine Verfolgung nicht stattgefunden hatte, beschloß er, unter Ausnutzung von Erckerts Sieg die Verfolgung selbst in die Hand zu nehmen.

Er setzte daher den Marsch nach Süden Richtung Kareb-Rivier fort, überkletterte am 16. den Bergrücken und lagerte in der Nacht zum 17. in der tief eingeschnittenen Karebschlucht, ohne eine Spur vom Gegner festgestellt zu haben. Gesichert wurde das Nachtlager rechts und links auf den Höhen durch die beiden Züge Knobelsdorff und Chales de Beaulieu.

Noch in der Nacht traf die Meldung ein, daß sich nur 1 km vom deutschen Lager entfernt auf einer steilen Anhöhe unweit der Wasserstelle Narus ein Namalager befände. Daraufhin befahl Major v. Kamptz für den folgenden Tag den Angriff auf das Feindlager.

Um 4.30 Uhr wurde aufgebrochen. An der Spitze marschierte die 11. Kompanie. Doch kaum hatte diese den zum Feindlager führenden Hang erstiegen, als ihr ein vernichtendes Feuer von vorn und den beiden Flanken entgegenschlug. Sofort schlossen die nachfolgende 3. Ersatzkompanie und die halbe 2. Batterie nach vorn auf, um flankierend nach beiden Seiten einer Umklammerung entgegenzuwirken. »Trotzdem blieb das Feuer des hinter Klippen und Kakteen wohlgedeckten Gegners überlegen.«[204]

Nun war klar geworden, daß man auf einen sehr starken Gegner — es waren mehr als zweihundert Gewehre – gestoßen war. Obwohl zwei Tage vorher von Erckerts Abteilung geschlagen, hatte dieser sich, da nicht verfolgt, rasch wieder sammeln können und auch noch Zulauf von Feldschuhträgern erhalten.

Die Lage der Abteilung Siebert wurde immer brenzlicher – bis auf zehn Schritt lagen sich schließlich die Schützenlinien gegenüber. Die Verluste mehrten sich, auch Major v. Kamptz fiel, schwer verwundet, schon um 8 Uhr aus.

Inzwischen war es 12 Uhr geworden. Immer weiter schwand die Hoffnung, den unaufhörlichen Angriffen des Gegners, dessen Kampfgeist ständig zuzunehmen schien, noch länger widerstehen zu können. Sehnsüchtig richteten sich die Blicke

203 Kolbe, S. 301
204 Generalstabswerk, Bd. 2, S. 148

Hauptmann Sieberts, der das Kommando über die Abteilung nach der Verwundung des Majors wieder übernommen hatte, und seiner Reiter nach Osten, nach Dewenischpütz, wohin sich die Kompanie Erckert am Vortage wieder zurückgezogen hatte. Wo blieb sie? War der Gefechtslärm denn nicht zu ihr gedrungen?

Immer wieder hob Siebert das Fernglas, um nach Osten Ausschau zu halten. »Da plötzlich« so heißt es im Generalstabswerk, »– es war gegen 1 Uhr mittags – bemerkte Hauptmann Siebert in weiter, weiter Ferne, aus der Richtung von Dewenischpütz nahend, starke Rauchwolken, das mußte die Abteilung Erckert sein! Alles atmete auf, und neue Hoffnung belebte die müden Kämpfer. Hilfe nahte!«[205]

Hauptmann v. Erckert hatte am Spätabend des 16. Juni die Mitteilung erhalten, daß Major v. Kamptz in Richtung Wasserstelle Narus aufgebrochen war, um die Verfolgung der Morengaleute aufzunehmen. Er hatte die Abteilung Kamptz/Siebert jedoch für stark genug gehalten und war daher zunächst in Dewenischpütz verblieben. Doch als er am Morgen des 17. Juni den Kanonendonner von Narus herüberschallen hörte, brach er sofort wieder auf, »dem Schlachtenlärm entgegen«. Unterwegs hatte Erckert die Nachricht erhalten, daß Kamptz sich »in einer sehr ungünstigen Lage befände«. Daraufhin holten seine Reiter das Letzte aus ihren total erschöpften Pferden heraus, um noch rechtzeitig auf dem Gefechtsplatz zu erscheinen.

Gegen 13.30 Uhr erreichte Erckerts Abteilung Narus und griff sofort mit einem Umfassungsangriff gegen den feindlichen rechten Flügel in das Kampfgeschehen ein. Um 15 Uhr wich der Gegner und floh in das umliegende Bergland.

Zu Beginn des rasch sich entwickelnden Gefechts war es Major v. Kamptz nicht gelungen, den am Vorabend zum Schutz des Nachtlagers links auf die Anhöhe vorgeschobenen Zug des Leutnants Charles de Beaulieu wieder an sich heranzuziehen, so daß dieser sich selbst überlassen blieb. Als das Gefecht dann seinen Anfang nahm, ging der Leutnant, »getrieben von lobenswertem Kampfeifer«, selbständig vor und geriet dabei mit seinem Zug in große Bedrängnis. In einem Brief an Oberst Deimling beschrieb der Leutnant später seine Gefechtserlebnisse:

»Ich wurde … mit 15 Mann in der linken Flanke vorgesandt und sah bei Helligkeit an 50 Hottentotten gerade über mir den Höhenkamm besetzen. Ich ging sprungweise vor und war etwa um 9 Uhr im Besitz der Höhe. (Verlust zwei Mann.) Jedoch erkannte ich bald, daß nichts erreicht war. Der Gegner hatte nur etwa wie Gummi nachgegeben, war 30 Schritt zurückgewichen und suchte mich endlich in beiden Flanken zu umfassen. Bald hatte ich schwer unter Flankenfeuer zu leiden, wogegen ich meine Flügel herumbog.

Feind schoß nur, wenn wir ihm Ziel zeigten, so beim Springen und beim Aufrichten des einzelnen Mannes zur Schußabgabe, während sonst minutenlang das Feuer vollkommen schweigt.

Auf wiederholtes Bitten erhalte ich sechs Mann Verstärkung. Weitere Verstärkungen wurden durch Hottentotten, die sich nun zwischen dem Gros und mir einnisteten, gehindert, bis zu meinem Zuge vorzudringen.

205 Ebenda, S. 149

Feind erhält immer mehr Verstärkung durch die Schlucht.

Später erfuhren wir: Morenga, die Schwäche meines detachierten Zuges erkennend, zog alle seine Leute, ausgenommen diejenigen, die das Gros festhielten, zusammen, um den Zug zu vernichten und sich dann auf den Rücken des Detachements zu werfen. Die Bewegungen des Feindes waren unsern Augen vollkommen entzogen.

Plötzlich, um 1 Uhr etwa – wie auf ein Zeichen – ging von allen Seiten, vor allem aus dem Rücken, den wir noch frei wähnten, ein vernichtendes Schnellfeuer auf uns nieder.

Wir waren eingeschlossen! Wie unmerklich die Hottentotten sich heranzupirschen verstehen, dafür ein Beispiel:

Am linken Flügel hatte ich vier Mann mit etwa 50 Schritt Zwischenraum von uns etwas herumgebogen. Nur ein Mann entkam hier, der folgendes erzählte: Noch kurz vorher hätten sie sich verständigt, daß am linken Flügel anscheinend alles frei von Hottentotten sei, und dies mir zugerufen. Plötzlich seien etwa 30 Mann vom Feinde gleichzeitig 10 Schritt von ihnen hinter den Gebüschen aufgesprungen und hätten sich auf sie gestürzt und alle erschossen, bevor es möglich war, das Feuer zu erwidern; nur er sei durch Zufall entkommen.

Die Verluste bei mir mehrten sich immer mehr. Ich zählte bereits sieben Tote und noch mehr Schwerverwundete. Kritisch wurde die Lage, als die Leute mir zuriefen, die Munition ginge zu Ende. Über 10 Patronen hatte keiner mehr. Hilfe kam immer noch nicht. Unser Feuer wurde immer schwächer. Der Gegner pirschte sich von allen Seiten immer näher heran. Sturm wagte er nicht, er suchte uns durch Feuer zu erledigen. Da befahl ich, das Seitengewehr aufzupflanzen, um unter Mitnahme der Verwundeten mich nach hinten durchzuschlagen.

Der Durchbruch gelang. Beim Anblick der Bajonette wich der Gegner in meinem Rücken. Mit acht Verwundeten und nur drei Unverwundeten langte ich am Rande der Schlucht an. Wütend drängte der Gegner nach. Man hörte das Anfeuern durch die Großleute deutlich. Ich sandte die Verwundeten durch die Schlucht zurück, indessen ich mit den drei Unverwundeten versuchte, den Gegner so lange abzuhalten, bis die Verwundeten in Sicherheit waren. Es gelang!«[206]

Die deutschen Gefechtsverluste im Ringen um Narus am 17. Juni waren hoch: 19 Gefallene und 31 Verwundete bei einer Gefechtsstärke von insgesamt 170 Gewehren!

Mit diesem Gefecht bei Narus hatte Morenga, der inzwischen von seiner Verwundung völlig genesen war und sich bei seinem Freund Spangenberg in Bisseport mit allem bestens ausgerüstet hatte, wieder einmal sein hohes taktisches Können unter Beweis gestellt: Erneut war eine deutsche Truppe, die Abteilung Kamptz/Siebert, in einen Hinterhalt gelaufen und wäre wohl, ähnlich wie die Abteilung Kirchner am 10. März bei Aob, aufgerieben worden, hätte nicht Hauptmann v. Erckert mit seiner Kompanie noch gerade rechtzeitig in das Kampfgeschehen eingegriffen.

Obwohl der Gegner sich nur wenige Kilometer von Narus entfernt in einer vortrefflich ausgesuchten Stellung erneut gesetzt hatte, mußte Siebert wegen der

206 Deimling: »Südwestafrika – Land und Leute …«, S. 46ff

hohen Verluste seiner Abteilung von einem weiteren Vorgehen Abstand nehmen. – Einige Tage später räumte Morenga diese Stellung und zog sich Anfang Juli mit seinem Orloghaufen unbehelligt wieder in sein bevorzugtes Refugium, die Nordostecke der Großen Karrasberge, den »wildesten Teil« dieses Gebirgsstocks, zurück. Hier setzte er sich in einer terrainmäßig äußerst geschickt ausgewählten Schlucht fest, »wo er die umliegenden, fast senkrecht abfallenden Felskegel, stark besetzte und verschanzte.« »Die Schlucht«, so heißt es in einem Bericht Trothas an den Generalstab in Berlin, »ist mit Pferden und Fahrzeugen nur von Osten zugänglich. Vor ihr auf mehrere km hinaus eine völlig unbedeckte Fläche. Wenige Scharfschützen können eine solche Stellung gegen mehrfache Überlegenheit halten.«[207]

Ein Angriff gegen Morengas Bergfeste erschien dem General nach den in den Kämpfen gegen den Rebellenführer gemachten Erfahrungen sowie in Anbetracht der geringen Gefechtsstärke seiner Truppeneinheiten und des wieder einmal stockenden Nachschubs riskant. Er wollte daher zunächst erst die avisierten weiteren Verstärkungen abwarten, um dann, wie bereits von Deimling im März praktiziert, in einem konzentrischen Vorgehen in mehreren Kolonnen Morenga in seiner Bergfeste anzugreifen.

Während die Vorbereitungen für dieses Unternehmen bereits anliefen, ging Ende Juni überraschend eine Meldung in Trothas Hauptquartier ein: Offenbar durch Mangel an Zufuhren genötigt, aber auch wohl in der Absicht, Zeit zu gewinnen, erklärte sich Morenga erneut bereit, in Friedensverhandlungen mit den Deutschen einzutreten.

Das Angebot des »einzigen verständig Krieg führenden Morenga«[208] kam dem General durchaus gelegen. Es war nämlich eine völlig veränderte Lage eingetreten, die eine Aussetzung der Operationen gegen Morenga dringend geboten erscheinen ließ: Wie er dem Generalstab am 8. Juli in einem Telegramm[209] mitteilte, war im Hauptquartier die »glaubwürdige Meldung eines diesseits als Agenten bezahlten deutschen Farmers« eingegangen, daß Hendrik Witbooi die Kalahari wieder verlassen habe und sich in vier Kolonnen im Anmarsch auf die Linie Koës – Kiriis befände, so daß die Gefahr einer Vereinigung der Witboois mit Morengas Leuten drohte. Dies mußte unter allen Umständen verhindert verden!
(Anm. Verf.: Offenbar haben zu der Zeit rege Kontakte zwischen den Rebellenführern mit dem Ziel eines Zusammenwirkens bestanden. So steht in Lettow-Vorbecks Tagebuch unter dem 1. August 1905 geschrieben: »In dieser allgemeinen Lage treffen jetzt die Meldungen ein vom Abzuge stärkerer Hottentottenmassen von den Großen in die kleinen Karas-Berge und die immer mehr an Wahrscheinlichkeit gewinnenden Nachrichten vom Anmarsche der Witbois gegen die Linie Koës – Kiriis.

Der Abzug in die kleinen Karras-Berge ist mir noch nicht erklärlich: Tatsächlich hat ein Patrouillenverkehr zwischen Morenga, Cornelius, Morris, Johann Christian

207 BAB, RKA Nr. 2136, Bl. 26ff: Schreiben Trothas an Generalstab, 24.7.1905
208 Ebenda, Bl. 28
209 Ebenda, Bl. 14ff: Telegramm Trothas an Generalstab, 8.7.1905

bestanden und Morenga ist aufgefordert worden, an den unteren Fischfluß zu kommen. Tatsächlich sitzt er aber noch am Nordrande der Großen Karasberge. Da er sehr energisch und gefürchtet ist, so ist es nicht wahrscheinlich, daß ein Teil seiner eigenen Leute ihn verlassen hat ...«[210])

Um Truppen freizubekommen für den erneuten Kampf gegen die Witboois, wollte v. Trotha nun so rasch wie möglich Friedensverhandlungen mit Morenga beginnen, »obwohl er keine allzu große Hoffnung hegte, daß die Verhandlungen von Erfolg gekrönt sein würden.«[211]

Schon am 1. Juli war vom Hauptquartier eine Zusammenkunft mit Morenga vereinbart worden. Diese schlug jedoch fehl, da der Rebellenführer, argwöhnisch geworden durch das Herankommen der über diese Vereinbarung nicht informierten Kompanie Ritter (2. Kp./1. Feldreg.) am Verhandlungsort nicht erschienen war.

Endlich, am 13. Juli, konnte ein persönliches Treffen ohne Waffen am Ostfuß der Großen Karrasberge zwischen Hauptmann Salzer, dem Verhandlungsbeauftragten Trothas, der von Pater Malinowski begleitet wurde, und Morenga herbeigeführt werden. Der Rebellenführer wurde von dem Feldschuhträgerkapitän Hans Hendrik, der auch Frieden schließen wollte, und sämtlichen Großleuten begleitet.

Salzer erklärte Morenga zunächst Trothas Friedensbedingungen, wie sie in dessen Proklamation an die Nama niedergelegt worden waren. Der Rebellenführer gestand dann ein, daß er zur Weiterführung des Krieges nicht imstande sei, es sei denn, er gäbe seinen gesamten Anhang dem völligen Untergang preis; »die Deutschen ließen ihm nirgends Ruhe«.[212]

Auf die Friedensbedingungen zu sprechen kommend, erklärte Morenga, daß er wegen der Abgabe der Gewehre mit Abraham Morris (dieser hatte sich zwischenzeitlich wieder von Cornelius Frederick nach dessen Vertreibung aus dem unteren Fischflußgebiet getrennt) sprechen müsse, der sich mit seiner Werft zur Zeit bei Violsdrift am Oranjefluß aufhalte. Nur mit ihm gemeinsam dürfe er handeln. Er, Morenga, könne daher erst Ende Juli seine endgültige Antwort geben. – Für die Zwischenzeit wurde zwischen Salzer und Morenga ein Waffenstillstand vereinbart, der auch Morris und seine Leute einschloß.[213]

Trotha, der unterdessen seine Truppen auf dem südlichen Kriegsschauplatz angewiesen hatte, die Feindseligkeiten gegen Morenga und Morris bis auf weiteres einzustellen, kam diese Verzögerung sehr zustatten: Er sah angesichts der bedrohlichen Lageentwicklung in nördlichen Namaland keinen Grund, Morenga zu einer Entscheidung zu drängen, da er ja nun seine Truppen dort dringend brauchte. Tatsächlich sollten die Waffen im äußersten Süden der Kolonie bis zum September hinein schweigen!

210 MA, N103/73; Nachlaß Lettow-Vorbeck, Konzept-KTB Lettow-Vorbeck

211 Kolbe, S. 307

212 Siehe hierzu BAB, RKA Nr. 2136, Bl. 20ff: Telegramm Trothas an Generalstab, 19.7.1905.

213 Siehe hierzu MA, N103/74: Nachlaß Lettow-Vorbeck, privates KTB, Eintragung unter 14.7.1905 (Meldung des Hauptmanns Siebert).

Diese Waffenruhe fand dann ihr jähes Ende, als Anfang September Cornelius Frederick und Johannes Christian, denen sich auch Abraham Morris in den Oranjebergen nieder angeschlossen hatte, plötzlich in den Großen Karrasbergen auftauchten (siehe Schluß Kapitel 12) und dem Bondelführer Morenga das Recht absprachen, selbständig Friedensverhandlungen mit den Deutschen zu führen. Johannes Christian, der eine größere Autorität unter den in den Großen Karrasbergen versammelten Orlogleuten genoß als Morenga, übernahm nun die Oberleitung in der Aufstandsführung und setzte durch, daß Morris und Morenga ihm als Feldkornetts unterstellt wurden.

Inzwischen hatte General v. Trotha unter Ausnutzung der Waffenruhe die Masse seiner Truppen aus dem südlichen Teil des Namalandes in den nördlichen Teil verlegt, um nun endlich zum entscheidenden Schlag gegen Hendrik Witbooi auszuholen. Diese günstige Gelegenheit wollten sich Johannes Christian, seine frisch ernannten beiden Feldkornetts und Cornelius Frederick nicht entgehen lassen! Sie beschlossen einen »Raubzug« durch die Südostecke des Schutzgebietes. Damit begannen die Kampfhandlungen auf dem südlichen Teil des Kriegsschauplatzes Namaland Mitte September erneut. Über die nun folgenden Ereignisse hier werden wir in Kapitel 16 erfahren.

14. Hendrik Witboois Durchbruch nach Westen

Die Witboois regen sich wieder im Auobbereich – Major v. Estorff übernimmt die Führung auf dem Witbooi-Kriegsschauplatz – Estorffs Vorstoß in die Kalahari – Das Gefecht bei Huguis/Aminuis – Hauptmann Mangers eigenmächtiger Vorstoß über den Elefantenfluß hinaus – Das Gefecht bei Nanibkobis – Absperrung des Auobbereiches – Das Gefecht bei Kowes – Große Überraschung: Hendrik Witbooi taucht am Hudup auf – Samuel Isaaks Mission im Bethanierland im März – Kampf bei Mukorob – Die Witboois machen den Nachschubweg Windhuk – Keetmannshoop unsicher – Trothas Reputation als Kriegsherr gerät ins Wanken

(Siehe hierzu Karte 2.)

Nach ihrer bereits in Kapitel 10 geschilderten Niederlage bei Nunub am 5. Februar 1905 war die Mehrzahl der Witboois, aufgelöst in zahlreiche kleine Gruppen, so rasch den Elefantenfluß abwärts in Richtung zur Kalkpfanne Nanibkobis geflohen, daß die Truppe ihnen nicht zu folgen vermochte und jeden Kontakt mit ihnen verloren hatte. Aus diesem überhasteten Abzug der Aufständischen flußabwärts gewannen die Kommandeure an der Auobfront, die Majore Meister und Lengerke, zunächst den Eindruck, daß diese nach Süden entweichen wollten, um Anschluß an die Morengaleute in den Großen Karrasbergen zu gewinnen. Diese ihre Auffassung teilten die beiden Majore dem Kommandeur im Südabschnitt, Oberst Deimling, mit.

Wie wir von Kapitel 11 her bereits wissen, war Deimling schon vorher in einem Warnschreiben des Kapitäns der Bersebaer, Christian Goliath, auf die angebliche Absicht der Witboois, sich mit den Morengaleuten zu vereinigen, hingewiesen worden. Der Oberst hatte nun geglaubt, durch die Meldungen Lengerkes und Meisters Goliaths Nachricht bestätigt zu finden, und die im gleichen Kapitel geschilderten Abwehrmaßnahmen getroffen.

Diese Auffassung hatte sich indes als falsch erwiesen. Tatsächlich war nämlich Hendrik Witbooi mit der Masse seines Stammes im Februar am Elefantenfluß verblieben. Lediglich ein kleiner Teil der Feldschuhträger, die sich den Witboois angeschlossen hatten, war weiter nach Süden gezogen. Er wurde dann im März in zwei Treffen mit Teilen der 3. Ersatzkompanie südöstlich Koës geschlagen und zersprengt.

Doch bereits Anfang März machten sich die Witboois im Auobbereich wieder bemerkbar. Sie hatten sich inzwischen jenseits der Grenze bei englischen Händlern gut mit Munition und Waffen im Tausch gegen Beutevieh eingedeckt. Da die englische Regierung sich in den kriegerischen Auseinandersetzungen in Südwestafrika auf den Standpunkt der Neutralität gestellt und die aufständischen Nama indirekt als kriegführende Macht anerkannt hatte und deren Auslieferung an die Deutschen verweigerte, konnten die Witboois ungestört ihren Tauschgeschäften im Betschuanaland nachgehen, ja sogar – nach Aussagen von Betschuanen – das Gebiet um Lehututu (ca. 90 km südlich Rietfontein(-Nord) gelegen) als Basis für ihre Vorstöße über den Auob hinweg benutzen.[214]

So überfielen Witbooikrieger am 4. März einen Nachschubwagen der Deutschen bei Groß-Nabas und machten die gesamte Bedeckung nieder. Ein zweiter Überfall am gleichen Tage und nahe der gleichen Stelle auf eine Nachschubkolonne mißlang ihnen allerdings: Die sieben Reiter umfassende Begleitmannschaft erkannte rechtzeitig den gelegten Hinterhalt und setzte sich zur Wehr. Die Reiter wurden schließlich durch einen von Zwartfontein herbeigeeilten Reiterzug der 2. Kompanie/l. Feldregiment (Leutnant Klinger) aus ihrer schwierigen Lage befreit. Bei diesem Gefecht hatte die Truppe vierzehn Tote und zahlreiche Verwundete zu beklagen. Es folgten weitere für die Witboois erfolgreich verlaufene Überfälle.

Ermutigt durch diese kleinen Erfolge und die geringe Zahl der Truppen im nördlichen Namaland – die Masse stand im Kampf gegen Morenga –, unternahmen die Witboois am 6. März sogar den Versuch, das mit einer relativ starken Garnison belegte Gochas anzugreifen, erlitten hierbei jedoch eine Abfuhr.

Aufgrund des neuerlichen Auflebens der Kampftätigkeit im Auobbereich sah sich General. v. Trotha zum alsbaldigen Handeln gezwungen. Da er das von Oberst Deimling eigenmächtig eingeleitete Unternehmen gegen die Großen Karrasberge nicht mehr rückgängig machen und somit über die dort gebundenen Truppenteile nicht verfügen konnte, veranlaßte er die Verlegung weiterer auf dem Kriegsschauplatz Hereroland nicht mehr unbedingt benötigter Kräfte in das Witbooiland. Es handelte sich hier um die 3. und 6. Kompanie/2. Feldregiment, die 1. MG-Abteilung und die 3. Batterie. Sie wurden zu einer Abteilung zusammengefaßt.

Mit dem Kommando über diese Abteilung sowie über alle im Auobbereich stehenden Truppenteile (Abteilung Meister) wurde Major Ludwig v. Estorff betraut, ein bei der Truppe im hohen Ruf stehender Offizier, den Deimling als einen »erprobten Afrikaner, einen zähen, persönlich anspruchslosen, aber energischen Führer, an dem die Truppe mit vollem Vertrauen hing«, bezeichnete.[215]

Die aus dem Hereroland für diesen Einsatz abgezogenen Einheiten sammelten sich bis Mitte Mai in Gobabis. Hier wurde nun die neue Abteilung formiert. Am 15. März brach sie unter Führung Estorffs auf. Am Großen Nossob abwärts marschierend, traf sie bereits am 23. in dem 200 km weiter südlich gelegenen Awadaob ein. Nirgends war sie auf den Gegner gestoßen, obwohl fortlaufend Erkundungstrupps ausgesandt worden waren. Von Awadaob aus wurde weiter vorgerückt, immer dem Rivier abwärts folgend. Unterwegs wurden Spuren festgestellt, die darauf hindeuteten, daß stärkere Namatrupps in nordöstlicher Richtung den Großen Nossob überschritten hatten. Daraus zog Estorff den Schluß, daß der noch immer bei Nanibkobis vermutete Gegner wahrscheinlich in Richtung auf die Betschuanen-Siedlung Aminuis aufgebrochen war, um die dort stehenden kleinen Truppenpostierungen der 4. Kompanie/l. Feldregiment zu überfallen und sich der

214 Nach einer telegraphischen Mitteilung des deutschen Generalkonsulverwesers Jacobs in Kapstadt soll der britische Regierungsvertreter Transfeld ihm, Jacobs, gegenüber am 15.6.1905 zugegeben haben, daß Witboois seit etwa drei Monaten südlich Lehututu ständen. Siehe hierzu MA, N103/73: Nachlaß Lettow-Vorbeck, Konzept-KTB, Eintragung vom 30.9.1905 sowie BAB, RKA Nr. 2135, Bl 144ff: Telegramm Trothas an Reichskanzler, Berlin, 25.5.1905.

215 Deimling: »Aus der alten in die neue Zeit ...«, S. 116

Waffen und Munition zu bemächtigen. Der Major detachierte daher die 3. Kompanie/2. Feldregiment unter Hauptmann Hornhardt in Richtung Aminuis.

Estorff sollte recht behalten mit seiner Vorsichtsmaßnahme! Nur wenige Kilometer von Aminuis entfernt, an der Wasserstelle Huguis, war es am 25. März zu einem Gefecht zwischen einer mehr als 200 Gewehre starken, von Hendrik selbst geführten Witbooiabteilung und einer gegen diese vorgehenden 31 Reiter umfassenden Patrouille unter Oberleutnant v. Baehr, dem Führer der 4. Kompanie, gekommen, in dessen Verlauf die Patrouille erhebliche Verluste erlitten hatte – sechs Gefallene, ein Vermißter, sechs Verwundete. Baehr war es zwar gelungen, mit seiner schwer angeschlagenen Patrouille nach Aminuis zu entweichen, jedoch geriet dort die Kompanie, die infolge der Verluste der Patrouille arg geschwächt war, bei den nun einsetzenden Angriffen der Witboois in eine äußerst bedenkliche Lage. Da brachte die inzwischen herangekommene 3. Kompanie Entlastung. Die Witboois gaben den nunmehr für sie wenig aussichtsreich gewordenen Kampf auf und zogen sich wieder nach Süden zu den Wasserstellen zwischen dem Großen Nossob und dem Elefantenfluß zurück.

Estorff faßte jetzt den Plan, dem Gegner den Großen Nossob abwärts zu folgen und ihn, wenn er ihn in den Griff bekäme, von den Wasserstellen zwischen den genannten beiden Rivieren nach Westen abzudrängen – der am Auob stehenden Abteilung Meister in die Arme.

Ehe es jedoch zur Ausführung dieses Plans kommen sollte, war der über Estorffs Absicht nicht informierte Führer der in Haruchas am Auob stehenden Truppenteile, Hauptmann Manger, am 4. April zu einer selbständigen Aktion aufgebrochen, nachdem eine seiner Patrouillen durch zwei aufgegriffene Buschleute erfahren hatte, daß Hendrik Witbooi sich bei Nanibkobis wieder mit Simon Kopper vereinigt hatte und beide jetzt in der Nähe einer Vley etwa 65 km von Haruchas entfernt standen. Über seine Eindrücke und Erlebnisse während dieses Zuges in die Kalahari berichtete wenig später ein ungenannt gebliebener Zahlmeister der Abteilung Manger:

»So gut als möglich ausgerüstet, marschierten wir – zwei Kompagnien und eine halbe Batterie (Anm. Verf.: Es waren die 1. und 2. Kompanie/2. Feldreg. und eine Hälfte der 7. Batterie) – der aufgehenden Sonne entgegen. Unser Weg führte beständig über die quer zu unserer Marschrichtung sich erstreckenden Dünen, die wellenförmig die Kalaharisteppe, im Westen beginnend und nach Osten sich allmählich verflachend, durchziehen. Sie geben dieser Steppe, die alles andere als eine Wüste ist, ihr charakteristisches Gepräge.

Schwer haben die Ochsen zu ziehen, um die Höhen der Dünenkämme mit den schweren Fahrzeugen, deren Räder bis an die Achsen in den losen Sandboden eindringen, zu erklimmen. Oft müssen die begleitenden Reiter in die Speichen der Räder greifen, um die Fahrzeuge vorwärts zu bringen. Ist eine Düne glücklich genommen, dann winkt nicht weit entfernt eine zweite, die wieder dieselbe harte Arbeit kostet. Auch für die Pferde ist das ständige Auf- und Abklettern der Dünen äußerst anstrengend, obwohl die Reiter stets absteigen und ihre Tiere am Zügel führen …«[216]

216 Alverdes, S. 155f

Zwei Tage und Nächte marschierte die Abteilung, Buschleute als Führer voraus, durch die menschenleere und unübersehbar sich ausdehnende Steppe dahin. In der zweiten Nacht wurde ein Trockenfluß passiert, es war der Elefantenfluß. Nun mußte nach Angaben der Buschleute die Vley, wo die Witboois sein sollten, sich ganz in der Nähe befinden. Mit größter Vorsicht wurde weiter vorgerückt, denn der Gegner sollte überrascht werden. Doch die Truppe sollte eine herbe Enttäuschung erleben. Überlassen wir wieder dem Zahlmeister das Wort:

»... Wie die ersten Sonnenstrahlen über dem östlichen Horizont auftauchten, steht unsere Spitze an einem völlig ausgetrockneten Tümpel. Nur Reste ehemaliger Pontoks zeugen noch davon, daß Hendrik hier mit seinem Orlog gesessen, den Platz aber vor längerer Zeit bereits verlassen haben muß.

Wieder eine Enttäuschung nach harter Arbeit, wie so manche andere in diesem Lande!«[217]

Aber Hauptmann Manger läßt nicht locker: Weiter geht der Verfolgungsmarsch. Geführt wird die Abteilung jetzt von mehreren in der Nähe des verlassenen Witbooilagers angetroffenen Buschleuten, die angegeben haben, daß die Witboois einen Tagesmarsch weiter an einer südöstlich gelegenen Vley säßen. Eine weitere sternklare Nacht wird durch die schweigende Kalahari marschiert. Folgen wir wieder der Berichterstattung des Zahlmeisters:

»... Am Morgen sind wir wieder dicht vor dem ersehnten Ziel.

Von einer Düne aus sehen wir zu unserer großen Freude eine ausgedehnte Werft (es handelte sich um die Werft Nanibkobis – Anm. Verf.) mit hunderten von Pontoks vor uns liegen.

Es ist zwar ziemlich still in dem weiten Hottentottenlager, doch sieht man einige Gestalten sich in demselben bewegen.

Die Abteilung hält, läßt die Ochsenwagen aufschließen und vorsichtig die Geschütze auf dem Dünenkamme in Position bringen. Die beiden Kompagnien nähern sich indessen, so weit als möglich von beiden Seiten und gegen Sicht gedeckt, der Werft. Auf ein Zeichen jagen die Reiter, die letzten hundert Meter im Galopp, von allen Seiten in die feindliche Werft hinein.

Doch kein Feind macht sich bemerkbar. Nur einige alte Weiber und ein alter kampfunfähiger Hottentott stürzen ängstlich aus den Pontoks. Im übrigen ist das Nest leer und der Vogel ausgeflogen.

Wir erwischen nur die in erschreckender Häßlichkeit und Schmutz erstarrenden alten Nachzügler, die zum Auflesen von Heuschrecken, einem Leckerbissen der Hottentotten, zurückgeblieben waren ...«[218]

Nach Aussagen der Gefangenen sollte Hendrik Witbooi die Werft bereits vor einigen Tagen verlassen haben und sich nun mit seinem sowie mit Manasse Noresebs Orlog an einer anderen Wasserstelle (es war die 15 km von Nanibkobis entfernte Wasserstelle Gapaus – Anm. Verf.) aufhalten, »die aber auch nur wenig Wasser habe und die deshalb in Kürze aufgegeben werde«.

Auf diese Angaben hin entschließt sich Manger wegen Wassermangels – die

217 Ebenda, S. 157f
218 Ebenda, S. 158f

Vley nahe der Werft Nanibkobis war fast völlig ausgetrocknet –, der Spur Hendriks nicht weiter zu folgen und am Abend den Rückmarsch nach Haruchas anzutreten.

Die Truppe schlug ihr Lager abseits der inzwischen in Brand gesteckten Werft auf, um bis zum Abend auszuruhen. Enttäuscht, wenn auch die Entscheidung des die Verantwortung tragenden Hauptmanns gutheißend, gingen die Reiter ins Biwak. Wieder einmal, so glaubten sie, war ein Erfolg versagt geblieben!

Doch erneut sollte sich die alte Südwester Erfahrungsweisheit bewahrheiten, »daß in Südwestafrika immer alles anders kommt, wie man denkt!« Lassen wir den Augenzeugen fortfahren:

»Als am Nachmittage (des 7. April – Anm. Verf.) unsere Ochsen von der Weide angetrieben wurden, um rechtzeitig die Fahrzeuge für den Rückmarsch zu bespannen, fielen plötzlich aus der Richtung von der Wasserstelle her einige Schüsse.

Das können nur Hottentotten sein! Sofort eilt eine Patrouille unter Führung des Leutnants Wimmer vor, um die angriffslustigen Hottentotten abzufangen. Wir glaubten bestimmt, es seien nur einige Nachzügler, die uns am Morgen bei der Überraschung der Werft entschlüpft waren.

Wie der vorwärts eilende Offizier sich mit seinen Reitern der Düne an der Wasserstelle nähert, schlägt ihm ein heftiges Schnellfeuer entgegen. Der ganze Dünenkamm verwandelt sich in eine feuerspeiende Schanze. In wenigen Sekunden war der brave Offizier eine Leiche, neben ihm fallen zwei Reiter, während es den übrigen, etwas zurückgebliebenen Leuten gelingt, Deckung zu finden und das Feuer des auf dem überragenden Dünenrücken eingenisteten Gegners zu erwidern.

Beim ersten Krachen des Schnellfeuers war es uns allen im Lager klar, daß wir einen starken Feind vor uns hatten, der völlig überraschend auftauchte. Sicher hat Hendrik unsern Anmarsch bemerkt, uns unbelästigt in seine Werft gelassen und sich in den Hinterhalt gelegt, waren die ersten Gedanken, die uns blitzschnell durchzuckten. (Hier folgt in dem zitierten Text folgende Fußnote: »Nach späteren Gefangenen-Aussagen war es tatsächlich Hendrik selbst, der mit etwa 150 Orlogleuten von der erst kürzlich aufgesuchten Wasserstelle zurückgekehrt war und nun bei seiner verlassenen Werft [Anm. Verf.: Gemeint ist Nanibkobis] überraschend auf die deutsche Abteilung stieß.«)

Im Nu waren die zum Glück schon an das Lager herangetriebenen Pferde gesattelt, die Ochsen eingespannt, die Fahrzeuge marschfertig gemacht. In wenigen Minuten eilte die Kompagnie mit einem Geschütz der im Gefecht liegenden, hart bedrängten, kleinen Abteilung zur Hilfe, während die andere Kompagnie und das zweite Geschütz vorläufig zum Schutz des Lagers zurückblieben, denn jede Sekunde mußte man einen überraschenden Angriff des Lagers erwarten.

In breiter Front schlug der voreilenden Kompagnie das Feuer der Hottentotten von der stark besetzten Düne entgegen. Es mußten mehr wie hundert Gewehre sein, die durchaus nicht sparsam mit ihrer Munition umgingen.

Unsere braven Reiter ließen jedoch den Gegner, der nun so überraschend dennoch erschienen war, nachdem man ihn lange vergeblich gesucht hatte, nicht weiter in seiner gut gewählten Stellung sich ausdehnen. Energisch wurde der Feind rechts und links in der Flanke angegriffen und zurückgedrängt. Besonders das durch den Oberleutnant v. Bredow kaltblütig geleitete Geschütz verfehlte nicht seine Wirkung.

Nach kurzer Zeit räumten die Hottentotten die Stellung und jagten auf ihren bereit gehaltenen Pferden in schnellstem Tempo davon. Das Geschütz sandte ihnen zum Abschied noch einige Granaten nach, die in die durch die Reiter aufgewirbelten Staubwolken hinein sausten.«[219]

Die Truppe hatte in diesem Gefecht sieben Tote und vier Verwundete zu beklagen, während die Witboois, die wieder in die Tiefe der Kalahari entwichen waren, zwanzig Tote auf dem Gefechtsfeld zurückgelassen hatten.

Am 8. April trat Manger den Rückmarsch an. Noch am gleichen Tage wurde Haruchas wieder erreicht. Auf dem Wege dorthin hatte der Hauptmann zwei in der Nähe von Nanibkobis gefaßte Witbooifrauen zu Hendrik mit der Aufforderung gesandt, sich zu ergeben. Die Frauen kehrten am 12. zurück mit einer Antwort des Namakapitäns, die von einem tiefen Mißtrauen gegenüber den Zusicherungen der Deutschen zeugte. »Ich gebe meine Gewehre nicht ab, denn ich werde ja doch erschossen, und an die Gnade, die versprochen wird, glaube ich nicht!«

Somit war dem Vorstoß der Abteilung Manger der entscheidende Erfolg, die Witboois zu vernichten oder zur Aufgabe des Kampfes zu bewegen, versagt geblieben.

Ganz erfolglos blieb das Unternehmen des Majors v. Estorff. Er war mit seiner Truppe in den ersten Apriltagen von Awadaob aus am Großen Nossob entlang bis 45 km südöstlich Kowise-Kolk (heute Farm Kemal) vorgerückt, ohne auf den Gegner gestoßen zu sein. Überall waren die Vleys »bis auf einen sumpfigen Bodensatz« ausgetrocknet. Estorff mußte daher die weitere Verfolgung aufgeben, weil er sonst den größten Teil seiner Zug- und Reittiere infolge Wassermangels eingebüßt hätte. So blieb ihm vorerst nichts anderes übrig, als sich mit der Absperrung des Auobtals und der Besetzung der dortigen Wasserstellen zu begnügen.

Diese Absperrungslinie erstreckte sich über eine riesige Strecke – 350 bis 400 km – von Koës im Süden bis zur Linie Stamprietfontein – Kalkfontein (heute Farm Hofmeier) im Norden. Von einer »kraftvollen Abschließung« konnte daher nicht die Rede sein, die Truppe mußte sich vielmehr auf eine Beobachtung des gewaltigen Raumes beschränken. Oberst Kolbe schreibt in diesem Zusammenhang:

»Es leuchtet ein, daß es den Eingeborenen, bei ihrer durch zuverlässige Späher sicher erlangten Kenntnis über die Stellung und jede Bewegung der Deutschen, nicht schwer fallen konnte, an irgend einem geeigneten Orte durch die Beobachtungslinie unbemerkt hindurch zu schlüpfen,zumal große Anstrengungen den abgetriebenen Pferden nicht zugemutet werden konnten, deren Kräftezustand sowieso schon infolge der stockenden Haferzufuhr kein günstiger war. Die ununterbrochene Verbindung der Stationen untereinander durch Patrouillen aufrecht zu erhalten, vor allem durch die weiten wasserlosen Strecken, die die Orte von einander trennten, war einfach unmöglich …«[220]

Die Folge blieb nicht aus: Der Gegner, von Hunger und Durst gepeinigt, sickerte immer wieder, einzeln oder in kleinen Trupps, durch die Absperrung hindurch

219 Ebenda, S. 160ff
220 Kolbe, S. 202

und überfiel kleine Posten und Patrouillen. So wurde am 17. Mai bei einem dieser Überfälle in der Nähe der Wasserstelle Kowes am mittleren Auob-Rivier ein Spähtrupp der 5. Batterie von Simon-Kopper-Leuten angegriffen und bis auf einen Mann niedergemacht. Ein daraufhin noch am gleichen Tage von Haruchas herbeigeeiltes Detachement der 5. Batterie unter Führung des Hauptmanns v. Wolf wurde durch eine von Hendrik Witbooi selbst geführte Übermacht von Witbooileuten in einen Hinterhalt gelockt und in einen schweren Kampf verwickelt. Nur durch einen schleunigen Rückzug nach Kowes konnte es sich der Vernichtung entziehen. Erst als am Abend dieses Tages Verstärkungen, darunter die 7. Kompanie/2. Feldregiment, von Gochas und Amadab eingetroffen waren, gelang es, die Nama zum Weichen zu bringen. Diese kehrten dann in die Kalahari zurück. Auf dem Wege dorthin trennte sich Simon Kopper mit seinen Anhängern wieder von den Witboois. Letztere wandten sich der Wasserstelle Geiab (Anm. Verf.: Mit Geinab identisch?) südlich der Einmündung des Kleinen Nossob in den Großen Nossob zu, während sich die Simon-Kopper-Leute in die nördliche Kalahari absetzten.

Hendrik und seine Leute fanden die Wasserstelle bei Geiab ausgetrocknet vor und mußten sich daher »mit Hilfe von Tschamas kümmerlich durchschlagen«. Nur wenige Wochen hielten sie es daher dort aus. Dann verlor sich ihre Spur wieder in den Weiten der Sandsteppe.

Wie groß aber war die Überraschung und der Schrecken auf deutscher Seite, als am 15. Juli ein Heliogramm von Hauptmann Morath aus Berseba im Hauptquartier eintraf, demzufolge ein dortiger Nama Hendrik Witbooi und Elias westlich Riethbühl am Hudup-Rivier im nordwestlichen Witbooiland gesprochen hatte und der Witbooistamm sich bei Hendrik aufhielt und gut bewaffnet war.[221] Diese Nachricht wurde kurz darauf von Zolldirektor Karl Schmidt, dem Bezirksamtmann von Keetmannshoop, bestätigt, der eine ähnlich lautende Meldung vom Bersebaer Kapitän Christian Goliath erhalten hatte.

Dies war eine Alarmmeldung, denn hier, weit im Westen, hatte man die Witboois mit ihrem alten Kapitän Hendrik am wenigsten erwartet. Später stellte sich heraus, daß es ihnen gelungen war, weit südlich über Holpan – Witpan ausholend, durch das von den Deutschen nur wenig kontrollierte Durstfeld zwischen Persip und Koës über Daberas und den Fischfluß hinweg unbemerkt weit nach Westen zu ihren alten Stammessitzen durchzubrechen – »während die Deutschen ihnen den Rücken zukehrten und nach Osten sahen, der längst leer war.«[222]

Bereits im März war Samuel Isaak auf Befehl Hendriks auf dem gleichen Wege zum Fischfluß gezogen, um die nach den Kämpfen bei Nunub am 5. Februar nach Westen entkommenen Witboois wieder zu sammeln und gleichzeitig Kontakt mit Cornelius und Elias zu suchen, um ein »einheitliches Zusammenwirken zu vereinbaren«. Beides mißlang ihm, jedoch traf er Anfang April bei der Vley Heirubkobis den »Propheten« Stürmann, der, wie wir bereits von Kapitel 10 her wissen, nach der Kontroverse mit ihm, Samuel Isaak, zum Großen Fischfluß gezogen war. Die beiden hatten sich nun in den folgenden Wochen durch Überfälle auf deutsche

221 Siehe hierzu MA, N103/74: Nachlaß Lettow-Vorbeck, privates KTB, Aufzeichnung vom 15.7.1905.

222 MA, N103/26: Nachlaß Lettow-Vorbeck, Autobiographie, S. 44

Patrouillen und kleine Nachschubtransporte, zunächst in Nordbethanien, später im Bereich südöstlich Gibeon, unangenehm bemerkbar gemacht.

Um ihrer habhaft zu werden, hatte General von Trotha daraufhin Anfang Mai ein Kesseltreiben gegen die beiden Unruhestifter befohlen. Aus drei Himmelsrichtungen waren nun deutsche Abteilungen gegen sie vorgerückt. Diesen war zwar nicht die Einkreisung der beiden gelungen – dazu hätte es eines wesentlich größeren Truppenaufgebots bedurft –, jedoch wenigstens ein Teilerfolg: Im Morgengrauen des 13. Mai hatte eine von Hauptmann Hornhardt kommandierte Abteilung (3. und 6. Kp./2. Feldreg.) bei Mukorob Samuel Isaaks Orlog überrascht und völlig auseinandergesprengt. Samuel selbst war die Flucht über Daberas hinaus nach Osten geglückt. Er hatte dann wieder Anschluß an Hendrik gefunden.

Wie wir schon in Kapitel 13 gelesen haben, befürchtete Trotha aufgrund der Meldung eines deutschen Farmers zunächst, daß sich Hendrik Witbooi nach seinem Durchbruch am Auob nach Süden wenden würde, um sich im Großen Karrasmassiv mit Morenga zu vereinigen. Diese Meldung hatte sich bereits nach kurzer Zeit als falsch erwiesen: Zur Überraschung des Generals hatte sich Hendrik es anders überlegt und dem westlichen Witbooiland zugewandt, »nicht zum wenigsten wohl veranlaßt durch Samuel Isaak, der verlockend auf die leicht zu erlangende Beute längs der jetzt nur schwach besetzten Etappenstraße Windhuk – Keetmannshoop hingewiesen haben mag«.[223] Wahrscheinlich wollte sich Hendrik hier aber auch mit seinem uns bereits aus Kapitel 9 und 12 her bekannten Unterkapitän Elias vereinigen, der seine Schlupfwinkel in den schwer zugänglichen Nebenrivieren des Leberflusses hatte.

Da Trotha mit einer derartigen Lageentwicklung nicht gerechnet hatte, standen ihm zum augenblicklichen Zeitpunkt nur wenig Kräfte im nordwestlichen Namaland zur Verfügung, um dieser neuerlichen Bedrohung entgegenzutreten, die sich besonders schlimm auf den Nachschubverkehr auswirken würde, nahm dieser doch ständig zu, da die Truppe zur Verfolgung des flüchtigen Gegners in vielen kleinen Abteilungen operieren mußte. Hendrik und seine Unterkapitäne konnten daher relativ ungestört eine lebhafte Kleinkriegtätigkeit im nördlichen Bethanien und nordwestlichen Witbooiland entfalten. So überraschten sie am 7. Juli einen deutschen Pferdeposten bei Maltahöhe, töteten und verwundeten die Wache und trieben die Pferde ab. Am 20. Juli überfiel Hendrik mit seinen Kriegern bei Sess-Kamelbaum zwischen Gibeon und Kub einen Nachschubtransport und erbeutete fünf Wagen mit Verpflegung und Bekleidung.

Dank seiner Erfolge längs der Etappenlinie Windhuk – Keetmannshoop bekam Hendrik Witbooi schon bald Zuwachs an Gefechtskraft: Noch im Juli schloß sich ihm der in den abgelegenen Zarisbergen westlich Maltahöhe sitzende Orloghaufen des Hereros Andreas an, der schon vorher von März bis Juli 1905 durch mehrere beidseitig verlustreiche Kämpfe gegen die Schutztruppe von sich hatte hören lassen.

Trothas Ruf als Feldherr war durch den geglückten Ausbruch Hendrik Witboois aus der Kalahari nach Westen und Morengas und Cornelius' Überfälle und

223 Kolbe, S. 206

Beutezüge in der Heimat und in der Siedlerschaft der Kolonie stark angeschlagen worden. Eine schwere Vertrauenskrise schien sich für den »Sieger am Waterberg« anzubahnen. So heißt es in dem Bericht eines Beamten des Südwester Gouvernements an die Kolonialabteilung in Berlin, daß »an allen Ecken und Kanten des Schutzgebietes Unsicherheit herrsche«.[224] Eine andere namhafte Persönlichkeit in der Kolonie, der in leitender Stelle in der Gibeoner Schürf- und Handelsgesellschaft wirkende Geologe Dr. Hartmann, schrieb: »Inzwischen aber hat sich durch die neuesten Nachrichten aus dem Süden herausgestellt, daß die Lage dort unten weit ernster ist, als man bisher angenommen hat.«[225]

Noch pessimistischer klangen die Worte des Personalreferenten der Kolonialabteilung, des Geheimrats von König, der »sich geradezu hoffnungslos (über die Lage im Süden – Anm. Verf.) aussprach und selbst ganz niedergedrückt war«.[226]

Wie die Stimmung in den Farmerkreisen der Kolonie war, spiegelt sich in den »Windhuker Nachrichten«, dem Südwester Ansiedlerorgan, wider: »Man sei«, so heißt es, »bestürzt über Trothas eklatantes Unvermögen, Ruhe und Ordnung im Schutzgebiet wieder herzustellen«.[227]

Selbst Trotha mußte einräumen, daß »die Lage durchaus nicht so ist, daß eine Beendigung den Aufstandes vor der Tür steht.«[228]

Auch in der deutschen und der ausländischen Presse geriet Trothas Kriegführung zunehmend in das Kreuzfeuer der Kritik. So sprach der »Vorwärts«, das Zentralorgan der Sozialdemokratischen Partei Deutschlands, von »einem Bankrott der südwestafrikanischen Kriegführung« und kritisierte die Wahrheitsverdrehung in der Berichterstattung des Generalstabs: Da werde von »Vernichteten« geschrieben, die »später nochmals vernichtet werden«, von »Zersprengten, die sich wieder sammeln und abermals zersprengt werden«; von »entscheidenden Siegen« und »entscheidenden Schlägen« werde gesprochen, doch dann sei die Verfolgung weiter gegangen und erneut sei von »entscheidenden Siegen« und »entscheidenden Schlägen« die Rede.[229] Die »Kreuzzeitung«, das Blatt der konservativen Landbesitzer in Deutschland, ließ sich über die Kostspieligkeit der Südwester Kriegführung aus, indem sie schrieb, »daß die Kolonien zum Nutzen deutscher Handelsinteressen erworben worden sind und daß sie ausschließlich derentwegen unter enormen Kosten erhalten werden«, und spielte so indirekt auf die Frage an, ob sich dieser Einsatz überhaupt lohne.[230]

In dem angesehenen britischen Nachrichtenblatt »Times« wurde die desolate Lage auf dem Kriegsschauplatz im Süden der deutschen Kolonie behandelt. Hier hieß es, daß dort die Lage ständig schlimmer werde und daß die deutsche Regierung, nachdem sie zunächst habe verlauten lassen, es würden Truppen aus

224 BAB, RKA Nr. 2136, Bl. 122–124: Schreiben Tecklenburgs an KA, 22.8.1905.
225 BAB; RKA Nr. 1680, Bl. 50: Schreiben Hartmann an B. von Hermann, 16.8.1905.
226 Ebenda.
227 Entnommen: Bridgman, S. 149.
228 BAB, RKA Nr. 2136, Bl. 26–28: Telegramm Trothas an Generalstab, Berlin, 24.7.1905.
229 Vergleiche Mager, S. 105.
230 Entnommen: Bridgman, S. 150.

der Kolonie abgezogen, nun plötzlich Verstärkungen von über 5000 Mann dorthin entsende in der Hoffnung, daß durch Zahlen allein die Lage stabilisiert werden könne.[231]

General von Trotha, um seinen Ruf und den der Armee bangend, mußte nun erkennen, daß für ihn dringender Handlungsbedarf bestand und daß nur die völlige Niederwerfung zunächst wenigstens eines der drei Hauptrebellenführer im Süden, Cornelius, Morenga und Hendrik Witbooi, seine Kritiker maßvoller stimmen könnte. Auf welchen der drei dieser Schlag abzielen müßte, darüber bestand Klarheit im Hauptquartier der Schutztruppe: Cornelius und Morenga schieden aus; um ersteren war es nach den für ihn verlustreichen Verfolgungskämpfen im Augenblick ruhiger geworden; letzterer hatte sich wieder einmal in den Großen Karrasbergen verschanzt und verhielt sich wegen der inzwischen eingeleiteten Friedensverhandlungen vorerst abwartend. Eine akute Gefahr dagegen bildete Hendrik Witbooi seit seinem Durchbruch nach Westen, befand er sich doch nun mit seinem Orlog – immer noch dem stärksten aller Nama-Orlogs! – wieder im Bereich der deutschen Farmen und Siedlungen und der Hauptnachschubader zum Süden der Kolonie. Ihn galt es daher als ersten unschädlich zu machen! Die Erfolgsaussichten für diesen Waffengang schätzte Trotha günstig ein. In der Kalahari, wo sich Hendrik versteckt gehalten hatte, war er dem deutschen Zugriff entzogen gewesen, in Nordbethanien und im westlichen Witbooiland, wo er sich jetzt aufhielt, war er dagegen für die deutschen Waffen erreichbarer geworden!

231 Ebenda, S. 150

15. Die Abschlußkämpfe gegen die Witboois: Hendrik Witboois Ende

Griff in die »Trickkiste«: Bezirksamtmann Schmidt entsendet einen Boten zu Hendrik, um dessen Standort zu erfahren – Kesseltreiben gegen die Witboois – Hendriks Flucht zurück in die Kalahari – Das Gefecht bei Aubes – Die Operation gegen die Eliasleute in den Achabbergen – Kampf um Nubib – Hendriks tödliche Verwundung – Nachrufe auf Hendrik – Trothas Abberufung, Ernennung Lindequists zum Zivilgouverneur – Rückblick auf Trothas Wirken in der Kolonie – Die Witboois geben den Kampf auf – Querelen zwischen Lindequist und Oberst Dame, dem neuen Kommandeur der Schutztruppe, in der Frage der Behandlung der Witboois

(Siehe hierzu Karte 2 und 14)

Als General von Trotha durch Hauptmann Morath und Bezirksamtmann Schmidt davon in Kenntnis gesetzt wurde, daß Hendrik mit seinem Orlog im nordwestlichen Witbooiland aufgetaucht sei, hegt er zunächst noch Zweifel an der Richtigkeit dieser Meldungen. Da sie, sollten sie tatsächlich wahr sein, eine völlig veränderte Lage auf dem Kriegsschauplatz bedeuten und beträchtliche Umgruppierungen der Kräfte in diesem riesigen Raum bedingen würden, war dem General sehr an einer Nachprüfung des Wahrheitsgehalts der Meldungen gelegen. Als Schmidt, der den Witbooikapitän persönlich gut kannte, Trotha daraufhin den Vorschlag machte, einen zuverlässigen einheimischen Polizisten mit einem persönlichen Schreiben von ihm, Schmidt, an Hendrik Witbooi in dessen vermuteten Schlupfwinkel in den Schwarzen Bergen am Leber-Rivier zu schicken, willigte dieser bereitwillig ein. Der Bote sollte dann eine verbürgte Nachricht über den Standort des Witbooilagers bringen.

Am 17. Juli brach der Bote, ein Namapolizist namens Samuel Swartbooi, mit einem in eine Rute eingeklemmten Brief Schmidts an Hendrik auf. Der Brief hatte etwa folgenden Wortlaut:
»Er (gemeint ist Hendrik – Anm. Verf.) habe nun wohl in der langen Orlogszeit eingesehen, daß es ihm und seinem Stamm unmöglich sei, sich gegen die deutsche Macht zu halten. Der große deutsche Kaiser werde soviel Soldaten und soviele Kanonen schicken, wie zur Unterwerfung der Rebellen nötig seien. Er möge an sein Volk, von dem schon soviele gefallen, gefangen und gestorben seien, an seine Frauen und Kinder denken und sich deshalb vom Aufstande abwenden und sich ergeben. Mit ausdrücklicher Zustimmung des großen deutschen Generals sichere ich ihm und seinen Mannen, soweit sie sich nicht an der Ermordung von Deutschen beteiligt hätten, das Leben zu. Folge er diesem Rate nicht, so würden er und sein Volk vernichtet werden.«[232]

232 K. Schmidt, S. 53f.

Am 27. Juli kehrte Samuel Swartbooi mit der auf kapholländisch verfaßten Antwort Hendriks zurück. Sie lautete auf deutsch:

»An den hochgeehrten Freund und Bezirks-Amtmann.

Es ist wahr und ich stimme Euch zu, was Ihr mir sagt von Eurer Macht und Überlegenheit in Allem und ich stimme Euch auch zu, daß ich sehr schwach bin, aber Ihr habt nichts an mich geschrieben, was ich Euch antworten soll, nur rühmt Ihr Euch vor mir Eurer Macht, die ich selbst kenne. Ferner habt Ihr auch mir Mitteilung gemacht von dem Preis auf meinen Kopf. So bin ich vogelfrei. Was den Jammer angeht, den Ihr wegen meiner Nation habt, den habe ich nicht, denn ich habe nicht Menschen geschaffen und Ihr auch nicht, sondern Gott allein. So sitze ich nun in Eurer Hand und Friede ist zugleich mein Tod und der Tod meiner Nation, denn ich weiß, daß da keine Herberge für mich ist unter Euch. Und ferner von dem Frieden, über den Ihr sprecht, so erwidere ich Euch, daß Ihr mich wie Euer Schulkind über Euren Frieden belehrt. Denn wie Euch selbst bekannt ist, habt Ihr mich so viele Mal als Vorspann gehabt in Friedenszeit und was sehe ich in Eurem Frieden anders, als uns zu vernichten mit allen Leuten, denn Ihr habt mich kennengelernt und ich habe Euch kennengelernt in unserer Lebenslänge.

Somit schließe ich

Ich bin Kapitän Hendrik Wittbooi«[233]

Wichtiger jedoch als die ablehnende Antwort Hendriks war für die deutsche Seite die genaue Beschreibung, die der Bote jetzt Trothas Chef des Stabes, Oberst v. Redern, über den genauen Standort von Hendriks Lager, über die Geländeverhältnisse dort sowie über Stärke und Bewaffnung der Witboois und deren Verteilung geben konnte. Nun konnte der konzentrische Angriff gegen den aufrührerischen Stamm vorbereitet werden. Der Zeitpunkt hierfür war günstig: Wegen der noch laufenden Friedensverhandlungen mit Morenga konnten starke deutsche Kräfte aus dem tiefen Süden zum Kampf gegen Hendrik herangezogen werden.

Es wurden fünf Abteilungen formiert, die gegen die in den vier Nebenrivieren des Leberflusses, dem Kutib, dem Keitsub, dem Tsacheib und dem Hudup, sitzenden Witboois vorgehen sollten:

Maercker in der Linie Kleinfontein – Maltahöhe – Breckhorn,
Meister in der Linie Sess-Kamelbaum – Gibeon,
Estorff an der Pad Gibeon – Berseba,
Lengerke in der Linie Tses – Arugoams,
Koppy in Besondermaid.

Den Abteilungsführern wurde befohlen, den Gegner nicht zu beunruhigen, solange die Truppenheranführung noch in Gang war, sondern lediglich durch eingeborene Späher zu beobachten, und nur im Falle von Durchbruchsversuchen diese mit allen erreichbaren Kräften zu vereiteln.

Hendrik Witbooi war auf der Hut. Er entsandte ihm treu ergebene Späher, die ihm laufend über den deutschen Truppenaufmarsch im nördlichen Bethanien

233 Ebenda, S. 54f.

berichteten. Als sich dann die ihm von Trotha ausgeworfene Schlinge zusammenzuziehen drohte, schlüpfte er zusammen mit Samuel Isaak und etwa achtzig Kriegern am 8. August durch eine erkannte Lücke im deutschen Sperriegel bei Nauchabgaus zwischen Berseba und Gibeon Kutib-abwärts hindurch und wich, die auf ihn angesetzten deutschen Verfolger weit hinter sich lassend, nach Osten dem östlichen Witbooiland zu aus, um sich mit Simon Kopper wieder zu vereinigen.[234]

Wenig später, am 25. August, begannen die deutschen Abteilungen ihren Vormarsch gegen die in den Nebenrivieren des Leberflusses noch sitzenden Witboois. Dies geschah in der Weise, daß die Abteilungen Meister, Estorff und Lengerke aus der Linie Sess-Kamelbaum – Berseba und die Abteilung Koppy von Besondermaid über Chamis zum Tirasgebirge vorgingen, während die Abteilung Maercker in einer Sperrlinie südlich des Zarisgebirges von Heitamas über Nam – Maltahöhe nach Breckhorn verharrte.

Der Witbooigroßmann Elias, der nach dem Fortzug Hendriks die Führung des Orlogs im nördlichen Bethanien übernommen hatte, erkannte frühzeitig die Gefahr der allseitigen Umfassung, in die er mit seinen Kriegern zu geraten drohte, und reagierte elastisch: Schon ehe der deutsche Vormarsch begann, verließ er das Bethanierland und zog sich über die deutsche Absperrlücke zwischen Grootfontein(-Süd) und Kosos nach Westen in die schlupfwinkelreichen Ausläufer der Namib zurück. Auf dem Wege dorthin stieß er am 24. August bei Gorab auf die 2. Ersatzkompanie. Diese konnte indes den Abzug seines Orlogs und seiner Werft nach Westen nicht verhindern.

Elias setzte sich schließlich in den den Deutschen noch völlig unbekannten Achabbergen fest. Hier vereinigte er sich mit der Rebellenschar des Hererogroßmanns Andreas. Später schlossen sich ihm noch eine Gruppe Bethanier und Hendrik Brandt sowie verschiedene andere Namagruppen unter Führung des Großmanns Gorup an. Damit erhielt Elias‘ Orlog eine willkommene Verstärkung und war nunmehr imstande, den Deutschen längere Zeit hinhaltend Widerstand zu leisten.

Aufgrund der veränderten Kriegslage befahl General v. Trotha jetzt eine Zweiteilung des Operationsgebietes: Mit der Bekämpfung von Elias‘ Orlog wurde Major Meister beauftragt, der zu diesem Zweck neben seiner Abteilung noch die des Majors Maercker unterstellt bekam, während Major v. Estorff den Auftrag erhielt, mit seiner Abteilung sowie der Abteilung Lengerke und anderen unterstellten Kräften das östliche Namaland »von Hendriks Banden zu säubern«.

Wenden wir uns zunächst dem Teilkriegsschauplatz östliches Namaland zu. Mitte September erhielt Hauptmann Morath, der mit seinem Estorff unterstellten Detachement (1. und 3. Kp./2. Feldreg.) bei Gochas am Auob stand, die Mitteilung, daß Hendrik Witbooi sich wieder mit Simon Kopper zusammengeschlossen habe und beide sich nun im Dünengelände südlich Haruchas bei der Wasserstelle Aubes befänden. Daraufhin brach der Hauptmann sofort gegen diese gegnerische Ansammlung auf.

234 Meldung Hauptmann Moraths vom 11. und 19.8.1905 an das Hauptquartier. Siehe hierzu MA, N103/74: Nachlaß Lettow-Vorbeck, privates KTB, Eintragung vom 11. und 19.8.1905.

Am 29. September frühmorgens griff Morath den noch ruhenden Gegner bei der Wasserstelle überraschend von zwei Seiten an. Zunächst schien die Waagschale zugunsten der Deutschen auszuschlagen. Doch das änderte sich sehr rasch, als der Gegner erhebliche Verstärkungen von den zahlreichen in den Dünen verstreut liegenden Orlogleuten erhielt. Schon nach kurzer Zeit mußte Morath daher vor der gegnerischen Übermacht weichen und, hart verfolgt, unter beträchtlichen Verlusten und Aufgabe eines Geschützes, »das in die Hände der siegestrunkenen Hottentotten fiel«, den Rückzug nach Gochas antreten. Eine schwere Schlappe für die deutsche Seite!

Bis nach Gochas hinein waren Hendriks und Simon Koppers Orlogs Moraths Detachement auf den Fersen geblieben. Erst dann ließen sie von diesem ab und zogen sich zurück, Hendrik nach Süden in Richtung Koës, Simon Kopper nach Nordosten zum unteren Großen Nossob hin.

Eine Verfolgung der beiden Namahäuptlinge durch die Morath zu Hilfe geeilte Abteilung Lengerke wurde auf Befehl des Majors v. Estorff nicht eingeleitet, da »dieser sich von seinen früheren Operationen her über die Schwierigkeiten eines solchen Unternehmens im klaren war.« Stattdessen ließ Estorff Anfang Oktober alle wichtigen Wasserstellen im östlichen Namaland besetzen – »mit dem strengen Befehl, niemand ans Wasser zu lassen, der nicht sein Gewehr abgibt.«[235] Der Major wußte, daß die Witboois bereits fast sämtliche Tschamasfelder in der Kalahari abgeerntet hatten, und erhoffte sich durch diese Maßnahme, daß sie, von Durst gepeinigt, verzweifelte Ausbruchsversuche aus der Kalahari heraus unternehmen würden und er sie dann packen könnte.

Estorffs Rechnung sollte aufgehen! Schon am 17. Oktober erschienen die Witboois halbverdurstet vor der Wasserstelle Aninus und versuchten, dort an die Brunnen zu gelangen. Doch der Versuch wurde von den Schutztrupplern vereitelt. Auch ein am 20. Oktober unternommener zweiter Versuch der Witboois an der gleichen Stelle mißlang im Feuer der Truppe.

Wie groß die Wassernot der Witboois war, bezeugt ein Brief, den Hendrik am 19. Oktober an Major v. Lengerke schrieb, in dem er »flehentlich um Wasser für seine verdurstenden Weiber und Kinder bat«.[236] Die Bitte wurde von Lengerke abgeschlagen, da der Witbooikapitän nicht zur Unterwerfung bereit war.

Daß auch den Nichtkombattanten unter den Witboois der Zutritt zum Wasser verwehrt wurde, zeigt eine Episode, die Oberarzt Dr. Schulz in seinem Tagebuch beschrieb:

»Gegen Mittag kommt ein alter Kerl auf einem Esel angeritten, will Wasser haben – und behauptet, Hendrik säße mit 150 Gewehren 1 bis 1 1/2 Stunden von hier in den Dünen, er wolle abends kommen und die Gewehre abgeben.

Der Kerl wird mit seinem Esel ans Wasser geführt. Der Esel darf sich satt trinken, der Hottentot muß zusehen und dürsten, wie der Esel in langen Zügen säuft und immer dicker wird. Er darf nicht ans Wasser und bekommt keinen Tropfen zu trinken. Er bittet nicht, - er schaut niemanden an – keine Miene verratet in seinem

235 MA, N103/76: Nachlaß Lettow-Vorbeck, Tgb Oberarzt Dr. Schulz, Eintragung vom 20.10.1905
236 Generalstabswerk, Bd. 2, S. 179

Gesicht, was in ihm vorgeht – keine Unterwerfung ist zu erkennen – er dankt für seinen Esel und reitet ohne einen Blick auf das Wasser zu werfen zurück, den Hut ziehend und seinen Kopf rechts und links nach uns zurückbleibenden wendend – als Gruß. Weder Gleichmut noch Trotz ist zu erkennen – nicht gebückt, nicht gedrückt erscheint er uns, aufrecht und standhaft, ein Witboi – dem Hendrik treu ergeben.«[237]

Eine rastlose Verfolgung des aus der Kalahari ausgebrochenen Gegners setzte nun ein. Die Witboois waren der Verzweiflung nahe. Alles Vieh und Gepäck, die Ochsenwagen, die Frauen und Kinder ließen sie zurück, ihre Wassersäcke füllten sie mit dem Blut geschlachteter Ochsen.

Wie gestaltete sich nun das weitere Schicksal der in den Achabbergen verschanzten Witbooikrieger unter Elias und ihrer Verbündeten? Nachdem durch Aufklärungsritte festgestellt worden war, daß Elias in diesem sich am östlichen Rand der Namib erhebenden Gebirgsstock seine Zuflucht genommen hatte, beschloß Major Meister, den Gegner in seinem Versteck aufzuspüren und anzugreifen.

Da über das Vorhandensein von Wasserstellen in diesem Gebirge nichts bekannt war, ergab sich ein großes Problem bei diesem Unternehmen: Die Wasserversorgung der Truppe. Es wurde durch Aufstellung eines Kamelkorps für den Wassertransport gelöst. Ein weiteres Problem war die Ermittlung des genauen Standorts des Gegners in dem unbekannten Berggelände. Da die einheimischen Führer versagten, mußte die Truppe selbst diese gefahrvolle Erkundungsaufgabe übernehmen. Diese auch äußerst zeitraubenden Unternehmungen ergaben schließlich, daß der Gegner mit seinen Hauptkräften in einem das Achabgebirge in Ost-West-Richtung durchziehenden tiefen Tal, der Haruchasschlucht, saß.

Meisters Angriffsplan sah nun vor, daß die Abteilung des Majors Maercker (Ers.-Kp. 1a und 2 sowie 6. Batt.) von Osten her in die in das Gebirge hineinführende Haruchasschlucht eindringen und die Abteilung des Majors Uthmann (7. Kp./1. Feldreg., 4.Kp./2. Feldreg. und 1/2 8. Batt.) den Westausgang der Schlucht sperren sollte.

Unter enormen Anstrengungen erreichte die Abteilung Maercker am 10. September die mitten in der Schlucht gelegene Wasserstelle Haruchas. Sie wurde feindfrei vorgefunden. Mit den noch marschfähigen Soldaten setzte Maercker dann zu Fuß den Vormarsch bis zum Westausgang fort, ohne indes Kontakt mit der Abteilung Uthmann zu bekommen. Daraufhin kehrte Maercker mit seinen Leuten zum Osteingang zurück. Wie sich später herausstellte, war die Abteilung Uthmann, die am Westrand des Gebirgsmassivs vorgerückt war, in eine falsche, weiter südlich gelegene Schlucht eingebogen, die der einheimische Führer versehentlich für die Haruchasschlucht gehalten hatte, mit der Folge, daß beide Abteilungen einander verfehlten. Erst am folgenden Tage, den 11., konnten beide Abteilungen Fühlung miteinander bekommen.

237 MA, N103/76: Nachlaß Lettow-Vorbeck, Tgb Oberarzt Dr. Schulz, Eintragung vom 19.10.1905

Inzwischen war es geglückt, den genauen Standort des Gegners zu ermitteln: Eine von Major Maercker am 11. in nördliche Richtung entsandte Patrouille hatte gemeldet, daß auf dem Gebirgskamm 150 Nama gesichtet worden seien, die aus einer großen Werft am Westausgang des Gebirges nahe der Wasserstelle Nubib gekommen seien. Somit bestand kein Zweifel: Der Gegner mußte sich mit seiner Masse in dieser Werft befinden.

Aufgrund dieser Erkundungsergebnisse ordnete Major Meister für die Abteilungen Uthmann und Maercker einen gemeinsamen Angriff gegen die Werft an. Maerckers Abteilung brach am 12. September 18.45 Uhr vom Lager am Osteingang der Haruchasschlucht in nordwestlicher Richtung zur Wasserstelle Nubib auf, während die Abteilung Uthmann bereits am Mittag des gleichen Tages durch die Schlucht hindurchmarschiert war, um die nach Westen führenden Ausgänge des Gebirges zu sperren.

Major Maercker rückte zunächst am Nordostabhang der Achabberge vor und begann um 23.45 Uhr mit dem Anstieg in Richtung Nubib. Nach fünfstündigem Marsch über den Gebirgskamm hinweg sichtete Maercker schließlich die Lagerfeuer der Werft. Dort rührte sich nichts, die Bewohner schienen völlig ahnungslos zu sein. Spätere Gefangenenaussagen ergaben, daß »sie fröhlich Hochzeit gefeiert, viel geschlachtet und bis spät in die Nacht hinein getanzt hatten« und nun ihren Rausch ausschliefen. Und einer ihrer Anführer – es war Gorup – berichtete später, sie hätten keine Ahnung gehabt, »daß der deutsche Orlog kam, und glaubten auch nicht, daß die Deutschen sie hier finden würden«.[238]

Maercker entwickelte nun seine Truppe zum Angriff. Da, um 06.20 Uhr, als der rechte Flügel der Abteilung fast die Stelle erreicht hatte, von wo aus der umfassende Angriff auf die Werft beginnen sollte, dröhnte plötzlich ein Kanonenschuß in der Morgenstille, und krachend schlug eine Granate mitten in das noch schlafende Lager der Nama ein. Wie sich später herausstellte, hatte Oberleutnant v. Bötticher, der Artillerieführer der Abteilung Uthmann, trotz der Weisung, das Feuer erst zu eröffnen, wenn das Gewehrfeuer der Abteilung Maercker zu hören sei, vorzeitig aus einem auf einer Anhöhe postierten Geschütz feuern lassen, »als er eine lebhafte Bewegung in der Werft zu erkennen vermeinte«.[239]

Was sich nun abspielte, erfahren wir aus dem Tagebuch des Majors Maercker: »Der Schuß saß brillant auf 5000 Meter direkt mitten in der Werft – aber uns war das Konzept verdorben. Die Umzingelung war noch nicht beendet. Ich hatte mich eben noch mit dem kühnen Gedanken getragen: ›Wenn die 2. Ersatzkompagnie gedeckt und unbemerkt herumkommt, dann braucht vielleicht überhaupt nicht geschossen zu werden. Dann schicke ich zu den Hottentotten hinunter, lasse ihnen unsere Stellung zeigen und fordere sie zur bedingungslosen Übergabe auf.‹ Mit diesem schönen Traum war es jetzt vorbei. Die 4. Kompagnie, die bereits die vordere Höhe erreicht hatte, nahm nun sehr verständigerweise sofort selbständig das Feuer gegen die aus ihren Pontoks herausstürzenden Feinde auf. Es war ein wildes Bild, das sich uns darbot. Wir hatten bisher nur einen Teil der feindlichen Werft sehen können, der oben auf dem Berge lag und der jetzt vom Geschütz unter Feuer

238 Kolbe, S. 237
239 Ebenda, S. 238

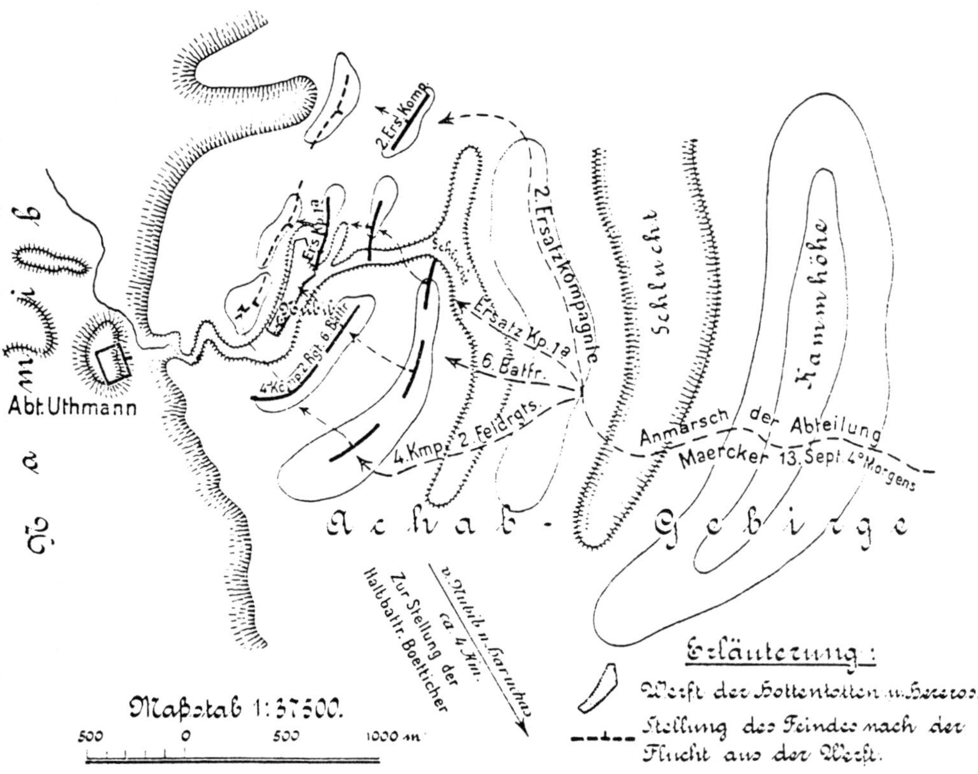

Gefecht bei Nubib

genommen war. Wie aus einem aufgestörten Ameisenhaufen kroch es aus den Strauchhütten hervor. Ein Teil der Leute versuchte, Vieh und Pferde über die Höhe fortzutreiben, ein anderer, und zwar der größte Teil, stürzte die Schlucht abwärts. Um sich möglichst schwer sichtbar zu machen, hatten sich die meisten dunkle Decken, einzelne Ziegenfelle, umgehängt und krochen so an den Felsen entlang. Sie glaubten wohl, wir würden sie für Kleinvieh halten und dann nicht auf sie schießen. Es war mir sofort klar, daß jedermann, der den Weg die Schlucht abwärts wählte, dem Tode oder der Gefangenschaft verfallen war ...«[240]

Obwohl den Deutschen infolge des vorzeitig abgegebenen Kanonenschusses die völlige Einschließung der Werft mißlungen war, gelang nur kleinen Teilen des Gegners die Flucht, »die meisten brachen im Feuer der deutschen Reiter zusammen«. Die deutschen Verluste betrugen zwei Gefallene und zehn Verwundete, die gegnerischen 80 Gefallene.

Die den Schutztrupplern entkommenen Orloggruppen – unter ihnen Elias und der Herero Andreas – zerstreuten sich zunächst nach verschiedenen Seiten. Sie vereinigten sich zwar bald wieder im Nordbethanierland zu kleinen Banden, doch hatte ihre Kampfmoral schwere Einbuße erlitten. Ihre Widerstandskraft war endgültig dahin, als ein entscheidendes Ereignis eintrat: Der Tod Hendrik Witboois!

Der alte Witbooikapitän hatte sich mit dem Rest seiner Krieger nach Ablehnung der Kapitulationsaufforderung des Majors Lengerke in südliche Richtung an Koës vorbei nach Kiriis-Ost abgesetzt. Dort griff er am 24. Oktober die Signalstation erfolglos an und zog sich danach wieder in nordwestliche Richtung auf Fahlgras (60 km westlich von Koës gelegen) zu zurück, wo ein von Oberleutnant Stage geführter Zug der 3. Batterie stationiert war. Hier sollte sich nun Hendriks Schicksal erfüllen!

Nahe dieser Wasserstelle griff er auf Drängen seiner hungernden Orlogleute am 29. Oktober einen Proviantwagen der 3. Batterie an. Kaum hatte Stage von diesem Überfall Mitteilung bekommen, da raffte er alle seine Leute – 35 Mann – zusammen und eilte sofort zum Platz des Überfalls. Die Witboois nahmen jedoch den Kampf nicht an, sondern stoben sogleich auseinander. Der Oberleutnant nahm unverzüglich die Verfolgung auf. Diese mußte dann nach zwei Stunden abgebrochen werden, da die Pferde total ausgepumpt waren. Die Witboois aber hatten bei dieser wilden Verfolgungsjagd schwere Verluste einstecken müssen und waren nach allen Richtungen auseinandergesprengt worden.

Major v. Estorff kommentierte dieses siegreiche Gefecht mit folgenden Worten: »Dieses Gefecht war ein schönes Beispiel von Unternehmungsgeist und Entschlossenheit des Führers und der Mannschaft.« Von einem für den Kriegsausgang im nördlichen Namaland entscheidenden, ganz besonderen »Siegeslohn« aus diesem Gefecht erfuhr die deutsche Seite indes erst später: Hendrik Witbooi, die Seele des Namaaufstandes, war tot! In dem Verfolgungsgefecht bei Fahlgras durch einen Schuß in beide Oberschenkel schwer verwundet, war er von seinen Orlogleuten noch auf sein Pferd gehoben und schleunigst in

240 Dincklage-Campe, S. 123.

Sicherheit gebracht worden. Doch nach einer halben Stunde machte der enorme Blutverlust dem bewegten Leben dieser über achtzigjährigen afrikanischen Führerpersönlichkeit ein Ende. Nach Aussage seines Sohnes Isaak Witbooi soll Hendrik im Sterben noch folgende Worte gesagt haben: »Es ist jetzt genug. Mit mir ist es vorbei. Die Kinder sollen jetzt Ruhe haben.«

Gouverneur Leutwein widmete diesem legendären Aufstandsführer in seinem Werk einen besonderen Nachruf. Er schrieb:

»In die Geschichte des südwestafrikanischen Schutzgebietes hat jedoch der kleine Kapitän (Anm. Verf.: Unter den Nama verbreiteter Beiname Hendrik Witboois) seinen Namen für immer eingetragen. Sein hartnäckiger Widerstand gegen das mächtige Deutsche Reich an der Spitze einer kleinen, kriegsgewandten, aber ebenso zerlumpten, wie bettelhaften Schar, dann sein zehnjähriges treues Festhalten an unserer Sache und endlich das Wagnis eines abermaligen Aufstandes gegen uns haben seinen Namen in gutem wie in bösem Sinne mit der Geschichte des Schutzgebietes untrennbar verbunden. So steht er noch vor mir, der kleine Kapitän, der mir zehn Jahre lang treu zur Seite gestanden hat. Bescheiden und doch selbstbewußt, anhänglich, aber politisch doch nicht ohne Hintergedanken, niemals von dem abweichend, was er für Pflicht und Recht gehalten hat, voll Verständnis für die höhere Kultur der Weißen, ihr nachstrebend, aber doch deren Träger nicht immer liebend, ein geborener Führer und Herrscher, dies war Witbooi, der gewiß auch in der allgemeinen Weltgeschichte unsterblich geworden sein würde, hätte ihn das Schicksal nicht nur auf einem kleinen afrikanischen Thron geboren werden lassen. Er war der letzte Nationalheros einer dem Untergang geweihten Rasse.«[241]

Selbst der Generalstab in Berlin konnte Hendrik Witboois Wirken ein gewisses Maß an Anerkennung nicht versagen. Im Generalstabswerk heißt es hierzu:

»Damit schied der Mann aus der Reihe unserer Gegner aus, der der jungen Kolonialmacht des Deutschen Reiches am meisten von allen zu schaffen gemacht hatte, der Mann, der einst von einem großen, unabhängigen Hottentottenreich geträumt hatte, der sich dann jahrelang in der Gunst der deutschen Regierung gesonnt hatte, um schließlich doch hinterrücks die so oft beteuerte Treue zu brechen. Die Seele des Hottentottenaufstandes war nicht mehr. Ein schneller Soldatentod hatte den Kapitän, dessen kriegerische Eigenschaften auch seinen Gegnern Achtung abzwangen, vor dem ihm drohenden schimpflichen Ende bewahrt ...«[242]

General von Trotha, der ewigen Pressekampagnen gegen seine Person müde, hatte inzwischen seine Demission eingereicht. Unter dem Vorwand, »daß er die Lage für soweit geklärt erachte, daß sein längeres Verbleiben nicht mehr erforderlich sei«, hatte er am 23. September 1905 beim Generalstab in Berlin beantragt, von seinem Posten als Kommandeur der Schutztruppe und Kommissarischer Gouverneur für Südwestafrika entbunden zu werden und die Heimreise antreten zu dürfen.[243]

241 Th. Leutwein, S. 306.
242 Generalstabswerk, Bd. 2, S. 180.
243 Siehe BAB, RKA Nr. 2136, Bl. 127f: Telegramm Trothas an Generalstab, Berlin, 23.9.1905.

Durch Allerhöchste Kabinettsorder vom 2. November war seinem Antrag stattgegeben und Oberst Dame zu seinem kommissarischen Nachfolger als Kommandeur der Schutztruppe ernannt worden. Als neuer Zivilgouverneur war der frühere Generalkonsul in Kapstadt, Dr. Friedrich von Lindequist, von der Kolonialabteilung eingesetzt worden und somit – wie vorher schon in Kamerun und Deutsch-Ostafrika – die Gewaltenteilung zwischen Zivilverwaltung und Schutztruppe vollzogen worden.

Die Mitteilung vom Tode Hendrik Witboois erhielt Trotha erst mit mehr als zwei Wochen Verspätung, als er auf dem Wege zur Rückkehr in die Heimat gerade in Lüderitzbucht eingetroffen war. Der Bezirksamtmann von Keetmannshoop, Karl Schmidt, der den General auf der Reise zur Küste begleitete, schreibt hierzu in seinen Erinnerungen:
»Wir zogen weiter durch die Namibwüste nach Lüderitzbucht, wo gerade zur selben Zeit auch der neue Zivilgouverneur v. Lindequist mit dem Woermanndampfer eingetroffen war. Am Mittage nach unserer Ankunft fand in der Offiziersmesse das Festessen statt, an dem die beiden Gouverneure ihre Reden austauschten. Als ich nach diesem Essen in mein Quartier zurückkehrte, brachte der Heliographenbote das ersehnte Antwortheliogramm von Chr. Goliath folgenden Inhalts:

›Hendrik Witbooi Ende Oktober nördlich Fahlgras von einem Schrappnellschuß in den Oberschenkel getroffen, verblutet, kurz darauf gestorben und daselbst begraben. Den Tod verbürge ich als wahr.

Chr. Goliath‹

Mit diesem Heliogramm begab ich mich sofort zum General v. Trotha und überreichte ihm diese wichtige Nachricht. Geradezu gerührt dankte mir der General mit den Worten: ›Eine schönere Botschaft hätten Sie mir gar nicht bringen können …‹«.[244]

Nun, so glaubte Trotha, sei mit dem Tode des alten Witbooikapitäns der Aufstandsbewegung auch im Süden endgültig das Rückgrat gebrochen. Er ahnte nicht, daß noch mehr als zwei Jahre ins Land gehen würden, ehe der letzte Widerstand der Nama gebrochen war!

Mit dem Abgang Lothar von Trothas war »die kurze Periode des Säbelrasselns vorüber«.[245] Wegen seiner kompromißlosen einseitig-militärischen Betrachtungsweise der Kriegführung in Südwest, mit der er der Wirtschaft der Kolonie in keiner Weise gedient und dem Ansehen Deutschlands im Ausland schweren Abbruch getan hatte, war der General schließlich beim Kaiser in Ungnade gefallen. Nicht zuletzt trugen hierzu auch seine glücklose und reichlich konzeptlose Art der Kriegführung gegen die Nama sowie der schleppende Verlauf dieses Krieges und dessen enorme Kosten bei.

Nach außen hin wurde allerdings der Schein gewahrt, als ob Trothas Leistungen an höchster Stelle Anerkennung gefunden hätten. So verlieh im der Kaiser »kraft

244 K. Schmidt, S. 56
245 P. Leutwein, S. 170

Allerhöchster Order« am 2. November 1905 den Orden »Pour le Merite« und schrieb ihm unter anderem:

»... Sie verlassen damit das Land, in dem Sie während 1 1/2 jährigem Aufenthalt mit vollster Hingabe tätig gewesen sind. Ich spreche Ihnen hierbei gern aus, daß Sie mein Vertrauen in Ihre Einsicht und Kriegserfahrung, welche mich bewog, Sie in schwieriger Zeit zum Kommandeur der Schutztruppe in Südwestafrika zu ernennen, in vollstem Maße gerechtfertigt haben. Meinen Kaiserlichen Dank und meine warme Anerkennung für Ihre vortrefflichen Leistungen wünsche ich dadurch zu bestätigen, daß ich Ihnen den Orden ›pour le merite‹ verleihe ...«[246]

Tatsächlich hatte es nach der Abberufung Trothas zunächst den Anschein, als ob er mit seiner optimistischen Lageeinschätzung recht behalten sollte: Die Witboois, nach dem Tode ihres alten Kapitäns demoralisiert und des Orlogs müde, streckten Friedensfühler aus! Der erste, der sich zu Friedensverhandlungen bereit fand, war Samuel Isaak. Er hatte sich zusammen mit dem Feldschuhträgerkapitän Hans Hendrik von Isaak Witbooi, dem Sohn und Nachfolger Hendrik Witboois, mit den Worten getrennt: »Für mich ist der Orlog aus. Das Erste, was ich tue, ist Frieden machen.«

Beide, Samuel Isaak und Hans Hendrik, waren in die Gegend zwischen Fahlgras-West (ca. 50 km nördlich von Berseba gelegen, nicht zu verwechseln mit der Wasserstelle Fahlgras westlich von Koës!) und Gibeon gezogen. Hier nahmen sie Kontakt mit Unterhändlern des Bersebakapitäns Christian Goliath auf, die dieser im Auftrage des Ortskommandanten von Berseba, Leutnant von Westernhagen, entsandt hatte, nachdem der Leutnant von Oberst Dame ohne Rücksprache mit dem neuen Zivilgouverneur v. Lindequist zu Friedensverhandlungen ermächtigt worden war.

Am 20. November erschien Samuel Isaak mit dem Lehrer und Schreiber Salomon Isaak nach Zusage freien Geleits in der Bersebaer Mission. Über den Verlauf der dann stattgefundenen Verhandlungen und die anschließende Kapitulation der Witboois erfahren wir aus einem Bericht des Leutnants:

»Das Mißtrauen der Leute war über Erwarten groß, und es bedurfte etwa einer Woche des eindringlichen Zuredens, bis alle ihre Bedenken besiegt schienen. Schließlich konnte dann die Schlußversammlung stattfinden, in der alle Bedingungen nach Eingeborenenart noch einmal festgesetzt und besprochen werden sollten. Im großen Zimmer der Bersebaer Mission versammelten sich die Bersebaer Großleute mit ihrem Kapitän und die beiden Unterhändler.

Ich wiederholte nun die Bedingungen: Waffen- und Reittierabgabe, Zusicherung des Lebens unter Ausschluß der Mörder, Unterbringung in Gibeon, Verpflegung gegen Arbeit. Doch der schlaue Samuel Isaak nahm jetzt noch einen letzten Anlauf, um günstigere Bedingungen zu erzielen. Er sagte: ›Das Volk der Witboois ist am Verdursten gewesen, und als es aus der wasserlosen Wüste an die von den Deutschen besetzten Wasserstellen kam, ist seinem Unterhändler auch gesagt worden: Gewehrabgabe, dafür Wasser. Aber selbst damals am Rande des Verderbens

246 DKZ, Jg. 1905, S. 522.

ist es weiter gezogen, ohne auf die Waffen zu verzichten. Auch jetzt können wir die Bedingungen, die unseren Stamm den Deutschen wehrlos in die Hände geben, nicht annehmen.‹ – Es ist gut, antworte ich, ich habe deine Ansicht gehört, du kannst wieder abreiten. Aber das sage ich dir und das deinem Volk: Die deutschen Waffen werden nicht ruhen, bis der letzte Witbooi, der letzte Bethanier und der letzte Bondelzwart unter der Erde liegen. In deiner Hand liegt's jetzt, das Schicksal zu wenden. Es wird nicht wieder mit euch verhandelt werden. Jetzt geht!

Da antwortete Samuel: ›Leutnant, ich bin der Älteste von meinem Stamm, und ich muß darum für mein Volk zu erreichen suchen, was ich kann. Ich sehe nun, es ist anders nicht möglich, wir werden kommen und die Gewehre abgeben.‹

Tags darauf ritten sie von Berseba ab, und am nächsten Abend trafen die Großleute ein, stolz und aufgerichtet, mit verbissenen Mienen im Sattel sitzend. Dann gaben sie ihre Waffen ab und erkannten somit zum ersten Male bedingungslos die Herrschaft des Deutschen Reiches an ...«[247]

Insgesamt stellten sich den deutschen Behörden in Berseba 74 Männer, 44 Frauen und 21 Kinder, unter ihnen auch der Feldschuhträgerkapitän Hans Hendrik mit seinen Leuten. Ihr Beispiel machte Schule: am 11. Dezember ergab sich auch der Witbooigroßmann Sebulon mit seinem Anhang – 105 Männer, 102 Frauen und 70 Kinder – in Gibeon. Am gleichen Ort fanden sich am 24. Dezember der Witbooigroßmann Elias und seine Werft – 58 Männer und 69 Frauen und Kinder – und gegen Jahresende der Großmann Gorup mit 20 Mann zur Unterwerfung ein.

Nun blieb nur noch Isaak Witbooi. Er hielt sich mit dem Rest des Stammes – 21 Mann – noch bis Ende Januar 1906 zuerst am Mittellauf, später am Unterlauf des Elefantenflusses verborgen. Am 27. Januar erhielt er dann von Sendboten des nun in deutschem Auftrag handelnden Samuel Isaak die Aufforderung, ebenfalls die Waffen niederzulegen. Daraufhin stellten sich Isaak Witbooi und seine wenigen noch verbliebenen Getreuen am 3. Februar in Nunub dem Führer der 1. Ersatzkompanie, Oberleutnant Pabst.[248]

Isaak Witbooi ebenso wie Samuel Isaak und ihr gesamter Anhang wurden zunächst in Gibeon interniert, bald darauf jedoch – unter Verletzung der Friedensbedingungen – als Kriegsgefangene nach Windhuk überführt. Von dort aus erfolgte später eine erneute Verlegung: zur berüchtigten Haifischinsel in der Lüderitzbucht! (Siehe hierzu Kapitel 22)

Während Dr. Lindequist für harte Friedensbedingungen, nämlich bedingungslose Unterwerfung aller Witboois und ihre Behandlung als Kriegsgefangene, plädierte, waren die von dem neuen Militärbefehlshaber, Oberst Dame, geforderten Bedingungen bewußt milder gehalten, um so weitere Nama zum Niederlegen der Waffen zu bewegen und auf diese Weise zu einem möglichst baldigen Ende der Kampfhandlungen zu gelangen: Gemäß Dames Bedingungen wurde den Nama die Freiheit zugestanden, allerdings mit erheblichen Einschränkungen, wie der Oberst in einem erläuternden Telegramm dem Generalstab mitteilte:

»... Unter Freiheit ist nicht etwa Freizügigkeit zu verstehen. Zwangsweise Ansiedlung an vorgeschriebenen Plätzen, dauernde militärische Überwachung,

247 Kolbe, S. 243f.
248 Siehe MA, RM5/6055, Bl. 364: Telegramm Lindequists vom 8.2.1906.

Arbeit ohne Lohn allein gegen Verpflegung machen die Freiheit zu einer äusserst beschränkten. Nur in der Form der Unterbringung erschien ein gewisser Unterschied in der Behandlung gegenüber Kriegsgefangenen angebracht, um weitere freiwillige Gestellung zu fördern ...«[249]

Lindequist, der zunächst der Ansicht war, die Friedensverhandlungen mit den Witboois würden unter den von ihm gewünschten strengen Bedingungen geführt, reagierte entrüstet, als ihm mitgeteilt wurde, daß den Anhängern Samuel Isaaks die Freiheit und weitere Vergünstigungen von den Militärs zugesichert worden waren. Da er sich aber nun vollendeten Tatsachen gegenübersah, konnte er dem Auswärtigen Amt nur noch resignierend mitteilen:

»... Infolge eines noch nicht ganz aufgeklärten Mißverständnisses ist Unterwerfung Samuel Isaak und Anhangs nicht auf die von mir, sondern auf die von Truppe gestellten Bedingungen erfolgt. Es ist ihm also Freiheit zugesichert. Kann dies jetzt nicht mehr ändern, ohne Truppe und damit auch Regierung zu kompromittieren.«[250]

Und in einem ergänzenden Telegramm an das Auswärtige Amt präzisierte der Gouverneur am 7. Dezember 1905 noch einmal seinen harten Standpunkt in dieser Frage:

»Ich wünsche, daß ihnen (den Witboois – Anm. Verf.) nicht Freiheit zugesichert wird, sondern sie eine Zeitlang als Kriegsgefangene behandelt werden. Sofortige jetzige Milde gegen diese hartgesottenen Sünder kann für die ganze Eingeborenenfrage später verhängnisvoll werden. Dieselben sollen außerdem nach Windhuk oder weiter nördlich verpflanzt werden ... Bemerke noch, daß ich fest überzeugt bin, daß Samuel Isaak sich auch auf die von mir gestellten härteren, die Freiheit ausschließenden Bedingungen gestellt haben würde, wenn ihm keine andere Wahl gelassen. Übereilung und übermäßige Milde gerade Hottentotten gegenüber nicht angebracht.«[251]

Auch nach Samuel Isaaks Kapitulation ging der Streit zwischen Oberst Dame und Lindequist über die zu stellenden Friedensbedingungen weiter. Nach wie vor beharrte Dame auf seinem Standpunkt, daß zu harte Bedingungen die noch verbliebenen aufständischen Nama eher zur Fortsetzung des Kampfes als zur Waffenniederlegung bewegen könnten. Und das wollte er unter allen Umständen vermeiden! So wurde auch bei den Übergabeverhandlungen mit Sebulon und Isaak Witbooi die Forderungen des Zivilgouverneurs von den Militärs ignoriert und die gleichen maßvolleren Bedingungen als Grundlage genommen wie vorher bei den Verhandlungen mit Samuel Isaak und Lindequist erst im Nachhinein vom Abschluß der Verhandlungen unterrichtet.

249 BAB, RKA Nr. 2137, B. 100ff: Telegramm des Obersten Dame an Generalstab, Berlin, 8.12.1905.

250 Ebenda, Bl. 93: Lindequist an AA, 5.12.1905; entnommen aus Drechsler: »Südwestafrika unter deutscher Kolonialherrschaft ...«, S. 221

251 Ebenda, Bl. 140: Lindequist an AA, 7.12.1905; entnommen aus Drechsler: »Südwestafrika unter deutscher Kolonialherrschaft ...«, S. 222

Mit dem Ausscheiden der Witboois aus dem Krieg gegen die Kolonialmacht war den Deutschen ein erster großer Einbruch in die Aufstandsfront geglückt. Triumphierend erklärte Lindequist in seiner ersten öffentlichen Rede als Gouverneur in Windhuk, daß die Wiederherstellung des Friedens in der Kolonie jetzt unmittelbar bevorstände und »daß nunmehr in Südwestafrika ein massives und durch und durch deutsches Gemeinwesen geschaffen würde, das eine Festung der deutschen Rasse werden würde, auf die die Deutschen in Südwestafrika voll Stolz blicken werden.«[252] Ebenso zuversichtlich äußerte sich der Kaiser in seiner Eröffnungsansprache vor dem Reichstag im November 1905, indem er sagte: »Die letzte Meldung über die Niederlage der Witboois rechtfertigt unsere Hoffnung, daß der Friede nahe ist.«[253]

Tatsächlich aber war, wie sich schon sehr bald zeigen sollte, an ein Ende des Namaaufstandes noch lange nicht zu denken. Immer noch stand der schon zwar oft geschlagene, aber nie entscheidend getroffene Cornelius Frederick in Nordbethanien im Felde, ebenso wie Simon Kopper in der schwer zugänglichen Kalahari im äußersten Osten und im südlichen Namaland der gewandte Taktiker Morenga zusammen mit dem älteren Morris und Johannes Christian mit ihren kampferprobten Orlogleuten!

252 Rückübertragung der englischen Übersetzung der Rede, zitiert aus dem englischen Blatt »The Times» vom 27.11.1905; entnommen aus: Bridgman, S. 156.

253 Rückübertragung der englischen Übersetzung der Rede, zitiert aus Schulthess: »Geschichtskalender« vom 28.10.1905; entnommen aus: Bridgman, S. 156.

16. Simon Kopper und Cornelius Frederick setzen den Kampf fort

Simon Koppers Rückzug in die Kalahari – Die Gefechte bei Arahoab – Der Durst zwingt die Kopperleute wieder aus der Kalahari heraus, Verfolgungskämpfe bei Gubuoms – Gefecht an der Vley Toasis – Vergebliche Unterwerfungsverhandlungen mit Simon Kopper bei Knierup-Pan – Cornelius' gemeinsame Aktionen mit den Bondelführern: Überfälle auf die Posten in Nochas, Dewenischpütz und Oas – Cornelius trennt sich von den Bondelzwart und geht zurück in das Bethanierland – Der Bethanierkapitän beginnt sein Katze-und-Maus-Spiel mit der Truppe – Lettow-Vorbecks Gefecht gegen die Nordbethanier bei Kamaams – Kampf um Huams – Cornelius überfällt eine Wagenkolonne bei Ganibkobis – Das Gefecht bei Garunarub – Der Bethanierkapitän macht den Baiweg unsicher – Kampf in den Tirasbergen bei Dochas – Die Hauptleute Buchholz und Volkmann setzen die Verfolgung fort – Teilkapitulation bei Chamasis, doch Cornelius gibt noch nicht auf – Das Ende: Cornelius legt bei Kanis die Waffen nieder – Fielding setzt das unstete Kriegsleben fort

(Siehe hierzu Karte 2 und 15)

Simon Kopper, der Kapitän der Franzmann-Nama, hatte sich nach dem am 29. September 1905 stattgefundenen, im vorigen Kapitel geschilderten Gefecht bei Aubes von Hendrik Witbooi getrennt und war mit seinem Orlog nach Nordosten, wieder in die Kalahari hinein, ausgewichen. Südlich Aminuis vereinigte er sich mit Manasse Noreseb, dem Kapitän der Hoachanasleute (Rote Nation), der nach dem Kampf um Nanibkobis am 7. April, über den wir in Kapitel 14 erfahren haben, Hendrik ebenfalls verlassen hatte.

Da die Kalaharisteppe, wie wir bereits wissen, wegen ihrer Terrainverhältnisse und Wasserarmut der Truppe die denkbar größten Schwierigkeiten bot, wurde von einer Verfolgung der Simon-Kopper-Leute abgesehen. Das Truppenkommando begnügte sich weiterhin mit dem Besetzthalten der Wasserstellen am Westrand der Kalahari und hoffte im übrigen darauf, daß die Franzmann-Nama – genau so wie die Witboois –, von Durst getrieben, zum Verlassen der Kalahari gezwungen und den Wasserstellen zustreben würden, wobei sie dann zum Entscheidungskampf gestellt werden könnten.

Mit der Befehlsführung über die gegen die Simon-Kopper- und Manasse-Leute angesetzten Truppen – es handelte sich um die 9. Kompanie/1. Feldreg., die 4. Kompanie/2. Feldreg. und die 4. Batterie – wurde der noch im östlichen Hereroland weilende Major von der Heyde betraut. (Major v. Estorff war zwischenzeitlich von der Auobfront fort nach Gibeon berufen worden, wo ihm als neue Aufgabe die ständige Überwachung des dortigen Gebietes aufgetragen worden war.)

Um den Verbleib des Gegners festzustellen, schob v. d. Heyde eine Reihe von Erkundungstrupps in die nördliche Kalahari vor. Durch deren Tätigkeit konnte Mitte Oktober in Erfahrung gebracht werden, daß sich starke Namagruppen im Nossob-Rivier nahe der Wasserstelle Arahoab (heute: Aranos) gesammelt hatten.

Daraufhin rückte der Major dorthin vor. Hier stieß er am 25. Oktober in die gemeldete gegnerische Kräfteansammlung hinein und zersprengte sie. Wie schon so oft vorher, mußte auch diesmal wegen Wassermangel und – vor allem durch stockende Haferversorgung bedingter – Erschöpfung der Pferde von einer Verfolgung abgesehen werden. Der Major detachierte jedoch einen Teil seiner Kräfte, die 9. Kompanie unter Hauptmann v. Klitzing, in das Gebiet um die Wasserstelle Awadaob mit dem Auftrag, dieses »nochmals gründlich abzusuchen«.

Der Gegner – es handelte sich um Simon Koppers Orlog – war zwischenzeitlich auch nicht müßig geblieben und griff, nach der Schlappe bei Arahoab rasch wieder gesammelt, schon wenige Tage später, am 28. Oktober, Awadaob – die Wasserstelle war nur mit wenigen Reitern besetzt, da Klitzing mit seiner Kompanie in Befolgung des ihm erteilten Suchauftrags von dort wieder aufgebrochen war – überraschend an. Die Besatzung des Platzes setzte sich jedoch erfolgreich zur Wehr und wurde noch rechtzeitig von der zurückgeeilten 9. Kompanie aus ihrer mißlichen Lage befreit. Simon Koppers Orlog zog sich daraufhin in Richtung Arahoab zurück, scharf verfolgt von Klitzings Soldaten. Am 29. Oktober kam es dann bei Arahoab zu einem zweiten Gefecht mit dem Resultat, daß Simon Koppers Franzmann-Nama, die die Wasserstelle mit dem begehrten Naß schon besetzt hatten, diese wieder aufgeben mußten. Sie wichen nun zu den Tschamasfeldern nahe der jenseits der Grenze gelegenen ausgetrockneten Vley Nugab aus und entzogen sich so wieder einmal dem Zugriff der Deutschen.

Dieser Rückzug in das britische Betschuanaland »gestaltete sich«, wie es im Generalstabswerk heißt, »zu einem Todesmarsch schlimmster Art, auf dem viele Menschen und eine Menge Vieh verdurstet sind.«[254] Auch jenseits der Grenze fanden die Simon-Kopper- und Manasse-Leute nicht das erhoffte Wasser. Die Vleys waren alle ausgetrocknet, und Tschamasfrüchte wurden nur noch in geringen Mengen gefunden. »Von wahnsinnigem Durst gepeinigt«, hat sich daher ein Teil der Aufständischen, in der Mehrzahl Manasseleute, entschlossen, wieder zu den Wasserstellen auf deutschem Gebiet zurückzukehren.

Auf dem Wege dorthin erlagen wiederum viele von ihnen den Durstqualen. Die Überlebenden erreichten schließlich die noch Wasser enthaltende südöstlich Aminuis gelegene Vley Toasis. Nachdem sie dort ihren Durst gelöscht hatten, zogen sie weiter in Richtung Gubuoms.

Von diesem Zug erhielt am 30. November Oberleutnant v. Madai, der Führer der in Aminuis stationierten 4. Batterie, Kenntnis. Noch in der folgenden Nacht brach er daher mit 43 Reitern seiner Batterie in Richtung Gubuoms auf, um die Rebellen abzufangen. Um 05.00 Uhr früh wurde der Platz erreicht, »und die Freude war nicht gering, als man den Feind dort noch antraf«.[255]

Madai ging sogleich zum Angriff über. Der Gegner wurde nach kurzem Gefecht geworfen und sofort energisch verfolgt. Über den bald darauf entbrennenden Verfolgungskampf berichtet der Oberleutnant später:

254 Generalstabswerk, Bd. 2, S. 211.
255 Ebenda.

»Es entspann sich nun ein verzweifelter Kampf. Ganz vorn die beiden Reiter (Anm. Verf.: Die beiden Großleute des Orlogs), im Halbkreis dahinter etwa 20 bis 25 Hottentotten, welche dauernd versuchten, die Deutschen durch ihr Feuer zum Absitzen zu zwingen und Zeit für ihre Großleute zu gewinnen. Dieses glückte ihnen aber nicht. Unsere Reiter erwiderten das Feuer vom Sattel aus auf nächste Entfernung, oft nur auf 10 bis 15 Schritt.

Dabei wurde sogar mit aufgepflanztem Bajonett, Mann gegen Mann, gekämpft. Endlich, nach einstündiger Verfolgung, und nachdem fast alle Hottentotten abgeschossen waren, gelang es, in gleiche Höhe mit den beiden Reitern zu kommen, von denen der eine vom Reiter Weisner durch einen Bajonettstich bereits verwundet war. Beide wurden im Handgemenge getötet. Man erkannte nun erst, welchen Erfolg der energische Entschluß gezeitigt hatte. Einer der beiden Großleute war Manasse Noreseb, der Kapitän der Roten Nation. Der andere Häuptling, ein junger sehr gut gekleideter Witbooi mit schwarzem Schnurbart, konnte anfangs nicht festgestellt werden. Später wurde bekannt, daß es Hendrik Hektor war, der noch in den Kämpfen am Waterberg auf deutscher Seite die mit uns verbündeten Witboois befehligt hatte ...«[256]

Der Kampf um Gubuoms hatte den Gegner 23 Gefallene gekostet, auf deutscher Seite waren keine Verluste zu beklagen. Die Überreste der Rebellen zogen sich zu der südöstlich von Gubuoms gelegenen Vley Tugais zurück. Da diese Wasserstelle versiegt war, blieb ihnen nichts anderes übrig, als wieder nach Gubuoms zurückzukehren.

Hierauf hatte Madai, der zwischenzeitlich nach Toasis gerückt war und von der Anwesenheit der Manasseleute in Tugais erfahren hatte, nur gewartet! Er marschierte am Abend des 5. Dezember von Toasis in Richtung Gubuoms wieder ab. Tatsächlich hatten sich die Manasseleute dort bereits wieder eingefunden. Erneut entspann sich ein Kampf um den Wasserplatz. Dieser wurde jedoch von Madai schon bald wieder abgebrochen, als er sich mit seiner schwachen Abteilung im Rücken bedroht fühlte. Er kehrte nach Aminuis zurück. Von dort aus richtete er eine Kapitulationsaufforderung an die Rebellen, nachdem er durch Gefangenenaussagen erfahren hatte, »daß der Gegner sich in einer verzweifelten Lage befand.«[257]

Die Aufforderung hatte Erfolg – nicht zuletzt unter dem Eindruck einer Bekanntgabe v. d. Heydes, »daß von nun ab für alle diejenigen, die nicht Frieden machen wollten, sämtliche Wasserstellen gesperrt werden würden«[258]: Bis zum 16. Dezember stellten sich 250 Nama, darunter allerdings nur 27 Männer, meistens Manasseleute, den Deutschen.

Der größere Teil der Orlogleute unter Führung Dekops, eines Unterkapitäns der Franzmann-Nama, ließ indes dem Major über einen Parlamentär mitteilen, daß man den Kampf fortsetzen wollte. Simon Kopper selbst soll sich dem Vernehmen nach wieder in die Einöde der Kalahari auf englisches Gebiet zurückgezogen haben.

256 Dincklage-Campe, S. 204
257 Ebenda, S. 207
258 Generalstabswerk, Bd. 2, S. 213.

Nun setzten die Deutschen alle Hoffnung darauf, daß die Simon-Kopper-Leute schließlich doch noch dem Beispiel der Manasseleute folgen und, von Durst getrieben, sich der Truppe ergeben würden. Doch diese Hoffnung sollte sich zerschlagen: Simon Koppers Orlog blieb im Felde! »Hier zeigte sich von neuem«, so schreibt Oberleutnant v. Madai, »wie zäh der Gegner seinen Verzweiflungskampf bis zuletzt führte.«[259]

Dekop hatte sich inzwischen mit seinem Orlog wieder zur Vley Toasis zurückgezogen, um hier neue Kraft zu sammeln. Auf die Nachricht von dieser gegnerischen Ansammlung hin setzte Major von der Heyde am 16. Dezember alle verfügbaren Truppen gegen diese an und warf den Dekop-Orlog am nächsten Morgen in einem kurzen, heftigen Kampf aus dessen Stellung an der Vley.

Die deutsche Seite hatte in diesem Ringen einen schweren Verlust zu beklagen: den Tod des Führers der 4. Kompanie/1. Feldreg., des Hauptmanns Kliefoth, eines schon im Hererokrieg bewährten »alten Afrikaners«.[260]

Das Gefecht bei Toasis hatte der Kampfmoral der Simon-Kopper-Leute erheblich Abbruch getan: Sie waren nun völlig vom Wasser abgeschnitten, und Tschamasfrüchte fanden sie nur noch spärlich im Umkreis von Toasis. In ihrer Not stellten sich nun viele von ihnen der Truppe, darunter auch zahlreiche Orlogleute. So schmolz Dekops Schar auf knapp 60 Leute zusammen.

Ende Dezember 1905 verließ der Unterkapitän die Gegend von Aminuis und zog sich nach Osten in Richtung auf Nugab in die Kalaharisteppe zurück. Auf diesem neuerlichen Durstmarsch bröckelte Dekops Anhängerschaft noch weiter dahin. Nur etwa zwanzig Mann soll sie schließlich noch umfaßt haben.

Im Dezember beziehungsweise Januar wurden auf Befehl von der Heydes zwei Erkundungsvorstöße in die Kalahari unternommen. Sie führten zur Ergreifung von mehr als vierzig versprengten Orlogleuten. In der Nähe von Tugais wurden verlassene Werften aufgefunden, in denen mehrere Leichen und Schwerkranke lagen, »ein Zeichen, wie hoch die Not gestiegen war.«[261]

Von dem Verbleib Simon Koppers und Dekops mit ihrem Orlog war in den folgenden Monaten nichts mehr zu hören. Im April hatten Kundschaftermeldungen schließlich ergeben, daß Simon Kopper mit seiner 50 Männer und 200 Frauen und Kinder zählenden Gefolgschaft jenseits der Grenze am unteren Großen Nossob saß. Auf dem Wege dorthin, so meldeten die Kundschafter, hätten sie zahlreiche Skelette verdursteter Menschen gesehen.

Mit Simon Kopper wurden im Juli 1906 durch Leutnant Nolte, der mit wenigen Soldaten einen Patrouillenritt auf Kamelen bis tief in die Kalahari hinein unternommen hatte, Verhandlungen dicht an der Grenze bei Knierup-Pan geführt. Diese verliefen indes ergebnislos, da der Franzmannkapitän alle Aufforderungen zur Unterwerfung strikt ablehnte und erklärte, er werde alle Unterhändler töten, die es noch einmal wagen würden, zu ihm zu kommen.«[262]

259 Dincklage-Campe, S. 207.
260 Siehe Nuhn »Sturm über Südwest«, S. 67f.
261 Generalstabswerk, Bd. 2, S. 214.
262 Kolbe, S. 233.

Endlich, acht Monate später, schienen die Verhandlungsbemühungen der Deutschen dem Erfolg nahe zu sein. Als Anfang März 1907 der zum Truppenkommandeur im Ostnamaland ernannte Major Pierer mit der 7. Kompanie/ 2. Feldreg. einen Vorstoß auf Kamelen von Gochas aus nach Kowise-Kolk unternahm, erklärte sich Simon Kopper, offenbar zermürbt durch die dauernden Verfolgungen und die ständige Wassernot, plötzlich zur Unterwerfung und Rückkehr nach Gochas bereit.

Doch als Pierer den Kontakt mit dem Franzmannkapitän schließlich hergestellt hatte, kamen diesem mit einem Mal Bedenken: Er erklärte, die Verhandlungen nur mit Zustimmung seiner Großleute führen zu können. Diese aber waren mit ihren Stammesteilen weit in der Kalahari verstreut und mußten erst noch zum Verhandlungsort herangeholt werden. Dadurch verging so viel Zeit, daß Major Pierer schließlich wegen Wassermangels gezwungen war, den Rückweg zum Auob anzutreten.

Dies bewirkte bei dem »wieder zu Kräften gekommenen« Simon Kopper einen Stimmungsumschwung: Er zog sich abermals in die Kalahari in Richtung auf die dicht an der Grenze gelegene Gagans Vley zurück und beschloß, den Kampf fortzusetzen. Im April und Mai 1907 unternommene Versuche, den Namakapitän erneut zu fassen, mußten allerdings bald wieder aufgegeben werden, weil mittlerweile die Trockenperiode voll eingesetzt hatte und nun alle Vleys ausgetrocknet waren, so daß die Tiere versagten. Die Truppenführung mußte sich deshalb damit begnügen, Simon Kopper und seine Leute mit Kamelreitern unter Beobachtung zu halten. (Auf das weitere Schicksal der Kopperleute werden wir in Kapitel 21 zu sprechen kommen.)

Wenden wir uns jetzt wieder dem Bethanierkapitän Cornelius Frederick zu, »der«, wie Oberst Deimling sich ausdrückte, »Stechfliege, die immer zurückkehrt, so oft man sie auch verscheucht.«[263]

Wie uns vom Schluß des Kapitels 13 her bekannt ist, hatte sich Cornelius nach seiner Vertreibung vom Unterlauf des Großen Fischflusses im September 1905 Morenga, Morris und Johannes Christian in den Großen Karrasbergen angeschlossen.

Das Zusammenwirken der vier Rebellenführer war indes nur von kurzer Dauer. Sie hatten am 15. September die Pferdewache der 12. Kompanie/2. Feldreg. bei Nochas überrumpelt, hierbei drei Soldaten getötet und sämtliche Pferde abgetrieben, wodurch der Kompanie die Verfolgung unmöglich gemacht worden war. Ihr nächstes Ziel war die Station Dewenischpütz gewesen. Dieser am 21. September ausgeführte Überfall hatte allerdings von der wachsamen Stationsbesatzung abgewehrt werden können. Dagegen war ihnen zwei Tage später der Angriff auf die Signalstation Oas geglückt, deren gesamte Besatzung – 7 Mann – dabei den Tode gefunden hatte. Die Teilung der Beute führte dann zu Meinungsverschiedenheiten zwischen den Rebellenführern mit der Folge, daß sich Cornelius mit seinen Leuten noch am gleichen Tage (23. September) wieder von Morenga trennte und sich, an

263 Deimling: »Aus der alten in die neue Zeit ...«, S. 107.

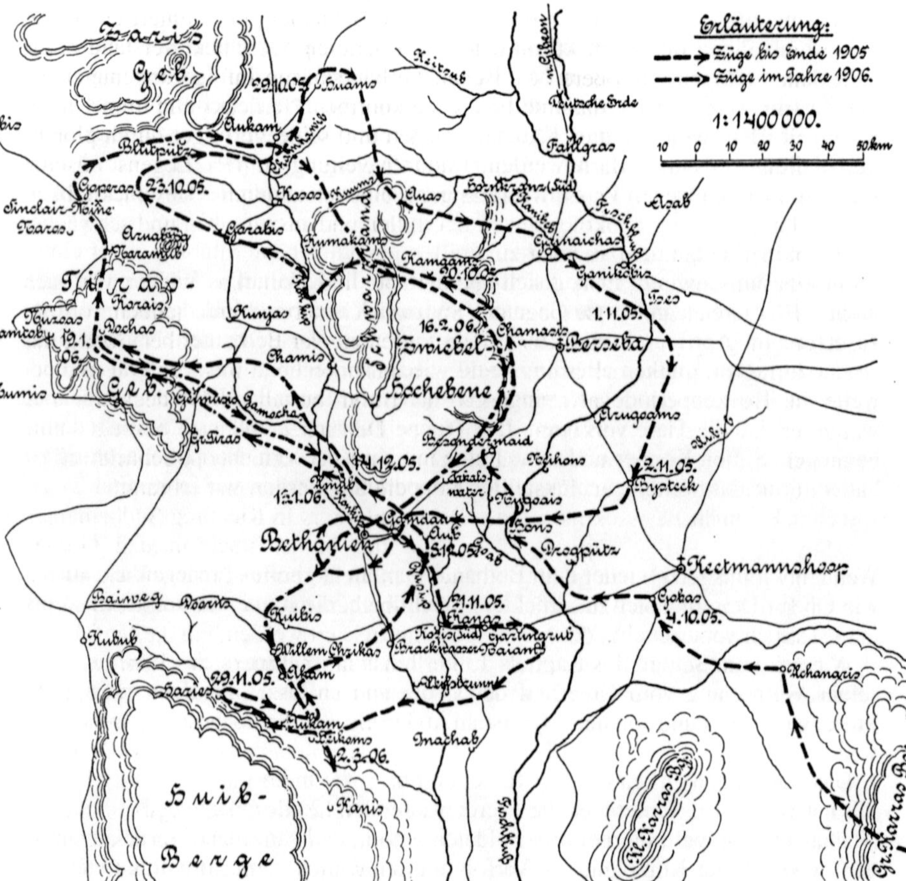

Züge des Cornelius von Oktober 1905 bis März 1906

Keetmannshoop vorbeiziehend, erneut seinem heimatlichen Bethanierland zuwandte.

Hier angekommen, konnte Cornelius seinen Orlog durch den Zulauf vieler ihm treu gebliebener Bethanier verstärken und kluge und energische Leute wie Klein-Jacob, Fielding und Lambert als Unterführer gewinnen. Da er sich seiner Werften durch Abschub in die Kapkolonie teilweise entledigt hatte und über alle deutschen Truppenbewegungen durch ihm treu gebliebene Bethanier genau unterrichtet war, konnte er sehr reaktionsschnell und flexibel operieren. Geschickt verstand er es, Zusammenstößen mit größeren deutschen Verbänden, die infolge ungenügenden Hafernachschubs und der dadurch bedingten enormen Pferdeausfälle immer mehr an Mobilität eingebüßt hatten[264], auszuweichen und seine Verfolger durch plötzliche Änderung seiner Marschrichtung und Irreleitung mittels Legens falscher Fährten abzuschütteln. Er entwickelte nun eine erstaunliche Geschicklichkeit darin, kleinere Nachschubkolonnen zu überfallen und auszurauben und schwächere Patrouillen zusammenzuschießen.

Bereits auf dem Wege in das Bethanierland ließ Cornelius wieder von sich hören: Er überfiel am 3. Oktober die Station Uchanaris, wurde jedoch von der Besatzung abgewiesen. Am nächsten Tage erbeutete der Bethanier bei Gobas, das nur 10 km südlich des stark besetzten Keetmannshoop liegt, mehrere Wagen einer Sanitätskolonne und entwaffnete deren aus Buren bestehende Bedeckung. Wie sicher er sich hierbei vor dem Zugriff der Deutschen wähnte, bezeugt seine Dreistigkeit: Er sandte dem Bezirksamtmann von Keetmannshoop, Schmidt, einen Brief mit der Mitteilung, er, Cornelius, habe die Sanitätskarren verbrannt.

Der überraschende Rückmarsch des Rebellenführers in Richtung Südbethanien brachte die deutsche Truppenführung, die ihn immer noch in den Großen Karrasbergen bei Morenga glaubte, zunächst in nicht geringe Verlegenheit, da der größte Teil der Truppen zu der Zeit in Nordbethanien, am Auob und im tiefen Süden stand. So mußte aus der Not heraus improvisiert werden, um die Verfolgung der flüchtigen Corneliusleute baldmöglichst aufnehmen zu können. Aus Offiziersburschen, Schreibern, Ordonnanzen und anderen irgendwie abkömmlichen Soldaten wurde umgehend eine Abteilung zusammengestellt, mit deren Führung der bis dahin im Hauptquartier tätige Hauptmann von Lettow-Vorbeck betraut wurde.

Diese »Alarmeinheit« sowie die in der Nähe des Baiweges stehende 4. Ersatzkompanie und ferner die aus dem östlichen Namaland zurückgekehrte 6. Kompanie/2. Feldreg. und zwei Halbbatterien wurden dem Cornelius-Orlog auf die Fersen gesetzt. Von Keetmannshoop aus begann jetzt am 7. Oktober eine wilde Jagd kreuz und quer durch das südliche und mittlere Bethanien.

Zunächst rückten die Verfolgungsabteilungen westwärts am Baiweg entlang bis zum Konkip-Rivier vor, ohne jedoch auf Cornelius' Spuren zu stoßen. Dann ging es in einem großen Bogen um den Ort Bethanien herum rastlos weiter zum Fischfluß und anschließend nordwärts in Kreuz- und Querzügen über Besonder-

264 BAB, RKA Nr. 2137, Bl. 100: Telegramm des Obersten Dame an Generalstab, Berlin, 8.12.1905.

maid nach Chamasis. Hier endlich, am Chamasabberg, stieß eine vorausgesandte Patrouille auf die Spuren des Bethaniers.

Doch als Lettow-Vorbeck mit seiner Abteilung endlich nach einem strapaziösen Marsch am 19. Oktober (1905) bei Chamasis eintraf und Cornelius in seinem Lager überraschen wollte, war dieser, rechtzeitig vorgewarnt, nach Nordwesten ausgewichen.

Und wieder ging die Hetze Tag und Nacht hindurch, jetzt quer über die Zwiebelhochebene hinweg, weiter! Nur zwei Stunden Pause nach drei Stunden Marschzeit gönnte Lettow-Vorbeck seiner ausgepumpten Truppe. Bald ging es steil bergan, am Schwarzrand empor. Auch der Gegner schien jetzt erschöpft zu sein. Frauen, Kinder, Alte und Schonungsbedürftige sowie einen großen Teil seiner Habe ließ er zurück. Und schließlich, am nächsten Tage (20. Oktober), holte Lettows Truppe den Bethanier-Orlog bei Kamaams ein. Er schreibt:

»Endlich holten wir die Kriegsleute ein, und unsere Spitze erhielt Feuer. Links ausbiegend, galoppierten wir über den Felsen vor, der Feind riß aus, was er konnte, wir ihm hart auf den Fersen. Aber unsere Truppe war am Ende ihrer Kraft, es ging nicht mehr ...«[265]

Nun wurde aus dem nahe gelegenen Chamis eine frische Kompanie, die 4. Ersatzkompanie unter Leutnant v. Elpons, auf die Spuren des Cornelius-Orlogs angesetzt. Dieser Kompanie gelang es dann endlich, am 23. Oktober die völlig zermürbten Corneliusleute bei Goperas einzuholen und nach einstündigem Kampf von der Wasserstelle zu vertreiben. Doch der entscheidende Erfolg war auch diesmal ausgeblieben: Cornelius war entkommen!

Der Bethanierkapitän strebte nunmehr den Zarisbergen zu, wich aber dann, als ihm Leutnant v. Elpons bei Blutpütz dorthin den Weg verlegte, nach Osten aus, Huams entgegen, wo er ein halbes Jahr vorher die Patrouille des Oberleutnants v. Bülow fast aufgerieben hatte (siehe Kapitel 12).

Als Hauptmann v. Lettow-Vorbeck über eine Patrouille Ende Oktober von der Anwesenheit des Cornelius-Orlogs in einer festen Stellung westlich Huams erfuhr, zog er diesem mit seiner inzwischen wieder zu Kräften gekommenen »Alarmeinheit« entgegen und schritt am 2. November im Verein mit der mittlerweile herangerückten 4. Ersatzkompanie zum Angriff gegen die gegnerische Stellung bei Huams. Doch das Nest war leer! Cornelius hatte die Stellung nur mit einer schwachen Nachhut besetzt gehalten, die auf die Kunde von Lettows Heranrücken diese bereits wieder verlassen hatte; er selbst aber war mit seinem Gros schon längst vorher in südöstlicher Richtung über Auas nach Ganikobis am Großen Fischfluß weitergezogen. Nahe dieser Wasserstelle, am Uibib-Rivier, überfiel Cornelius am 2. November eine Wagenkolonne, wobei er vier Soldaten im Schlaf überraschte und tötete.

Oberst Kolbe konnte seine Anerkennung über die Täuschungs- und Hakenschlage-Taktik des unberechenbaren Bethaniers nicht versagen. Er schreibt:

»Mehr als einhundertundfünfzig Kilometer Zwischenraum hatte also der listige Hottentotte in kurzer Zeit zwischen sich und seine Verfolger zu legen gewußt, die

265 Lettow-Vorbeck: »Mein Leben«, S. 88.

trotz des festen Willens und unermüdlicher Ausdauer ihm nicht auf den Fersen zu bleiben vermocht hatten. Die wilden Söhne der Natur wußten leider zur allzu gut ihre Spuren zu verwischen und die Verfolger auf eine falsche Fährte zu bringen. So hatte auch hier eine kleine Schar Eingeborener die Abteilung nach Huams gelockt, während Cornelius seinen Zug nach Osten fortgesetzt hatte ...«[266]

Inzwischen hatte das Truppenkommando zur Bekämpfung der Nordbethanier Verbände von den anderen Kriegsschauplätzen im Süden abgezogen, die nun von Asab und Fahlgras(-West) aus nach Westen in Richtung Bethanien vorrückten. Es waren dies die 5. und die 2. Kompanie des 2. Feldregiments sowie die 6. und eine Hälfte der 3. Batterie. Außerdem wurden noch die 7. Kompanie /2. Feldreg. und – nach Auflösung der Lettowschen »Alarmeinheit« – eine neue Abteilung unter Führung Lettows mit der 8. Kompanie/2. Feldreg. als Kern für diesen Zweck bereitgestellt.

In Gewaltmärschen rückten diese Einheiten nun in ihren Einsatzraum vor. Am 5. November traf die Meldung ein, daß Cornelius bei Bysteck gesichtet worden sei. Sofort wurde auf diese Wasserstelle zugedreht. Doch der schlaue Bethanierkapitän war auf der Hut. Von Spähern rechtzeitig über den Anmarsch der deutschen Kolonne informiert, löste er seinen Orlog in kleine Trupps auf, die nun in verschiedene Richtungen davonstoben. »Abermals«, so schreibt Oberst Kolbe, »hatte er (Anm. Verf.: Cornelius) seine Spuren so sorgfältig zu verwischen gewußt, daß an die deutschen Aufklärungsreiter wieder die größten Anforderungen gestellt werden mußten.«[267]

So sehr die ausgesandten Patrouillen auch suchten, der Bethanier war vorerst wieder einmal von der Bildfläche verschwunden. Erst fast drei Wochen später traf erneut Kunde über seinen Verbleib ein: Am 21. November war ein Farmer namens Hill 5 km östlich Kanas auf dem Baiweg von Corneliusleuten überfallen worden. Wie später bekannt wurde, hatte der Bethanierkapitän nach der Flucht von der Wasserstelle Bysteck seine zerstreuten Trupps an einem vorher verabredeten Punkt auf der Zwiebelhochebene wieder gesammelt, war dann in die Berge östlich dieses Plateaus gegangen, hatte Bethanien in einem großen Bogen umgangen und war sodann in südlicher Richtung dem Baiweg entgegengezogen, wo er sich reiche Beute erhoffte. Sein erstes Opfer auf dieser Pad war Hill, der, unterwegs mit seinem Ochsenwagen, gerade die Wasserstelle Kanas passiert hatte.

Noch am gleichen Tage (21. November 1905) wurde Cornelius mit seinem etwa zweihundert Mann umfassenden Orlog bei der ebenfalls am Baiweg gelegenen Wasserstelle Garunarub von zwei deutschen Patrouillen zum Kampf gestellt. Dieser zog sich bis zum Abend hin. Als dann die deutschen Reiter Verstärkung erhielten, brach der Bethanier das Gefecht mit Einbruch der Nacht ab und wich nach Norden aus. Erst am 29. November tauchte er mit seinen Kriegern wieder auf, diesmal südlich des Baiweges: Er griff eine vier Mann starke Patrouille unter Leutnant Dreyer an und machte sie restlos nieder. Wenig später überfiel er die Farm Haries und erbeutete dabei sieben Gewehre und vierzig Pferde.

266 Kolbe, S. 272.
267 Ebenda.

Wieder setzte eine wilde Verfolgungsjagd ein. Am 8. Dezember kam es dann zu einem erneuten Scharmützel, als Cornelius bei der Wasserstelle Aub eine von Rittmeister Haegele geführte Kolonne in einen hitzigen Kampf verwickelte, der jedoch mit dem Rückzug des Rebellenführers endete. Dieser änderte nun erneut seine Marschrichtung und bog, nachdem sein Orlog sich wieder einmal in mehrere Pulks aufgelöst hatte, nach Nordwesten aus mit Marschziel Tirasberge. Dort schlossen sich ihm die Reste des Herero-Orlogs unter ihrem Führer Andreas an, der sich, wie uns aus dem vorherigen Kapitel her bekannt ist, an dem Gefecht bei Nubib am 12. September 1905 beteiligt hatte.

Am 13. Januar 1906 schlug der Bethanier, der inzwischen die Tirasberge wieder in südöstlicher Richtung verlassen hatte, erneut zu: Er griff einen deutschen Viehposten bei Umub an und trieb das Vieh ab. Danach schlug er erneut einen Haken und kehrte zu den Tirasbergen zurück

Die Truppe war zu diesem Zeitpunkt abermals in ihrer Operationsfreiheit eingeschränkt, da erneut Versorgungsschwierigkeiten aufgetreten waren: Die Heranführung der Verpflegung und des Pferdefutters auf dem Baiweg – ohnehin schon durch die widrigen Terrainverhältnisse und die dort bestehende Wasserarmut beeinträchtigt – wurde jetzt durch den Ausbruch einer Rinderpest noch zusätzlich erschwert, da daraufhin die Sperrung des gesamten Geländes westlich von Kuibis für Paarhufer angeordnet wurde.

Nun blieb kein anderer Ausweg, als den Versorgungsbetrieb auf dieser Pad notdürftig mit Maultierkolonnen aufrechtzuerhalten.

Trotz der erneuten Einschränkung in ihrer Mobilität ließ die Truppe dem Bethanierkapitän keine Ruhe und blieb seinem Orlog, dessen Überfälle und Beutezüge von Tag zu Tag kühner wurden, weiterhin auf den Fersen. So gelang es einer aus der 4. Kompanie/2. Feldreg., der 5. Kompanie/2. Feldreg. und der 4. Ersatzkompanie bestehenden Abteilung, den Orlog am 19. Januar in den Tirasbergen zwischen den Wasserstellen Nuzoas und Dochas zu stellen und nach einem dreistündigen Gefecht zum Weichen zu bringen. Oberst Kolbe schreibt über dieses Gefecht:
»... Noch am Abend desselben Tages (18. Januar 1906 – Anm. Verf.) ging der Oberleutnant v. Wittenburg (Führer der 5. Kp./2. – Anm. Verf.) bis in die Nähe von Dochas vor, wo sicherer Nachricht zufolge, der langgesuchte Kapitän lagern sollte. Auf der Höhe, gut versteckt, biwakierte die einhundertunddreizehn Gewehre starke Abteilung gefechtsbereit, nicht weit von der Wasserstelle entfernt, an der der Gegner lag, ohne von ihm bemerkt zu werden. Bei Tagesgrauen des 19. Januar wurde sodann der Marsch in größter Vorsicht angetreten und es gelang dem Oberleutnant, den Feind vollständig zu überraschen. Von den, wie gewöhnlich, unsichtbaren Sicherungsposten des Lagers aus allernächster Nähe auf ihrem Vormarsch beschossen, fielen zwar der Unteroffizier und ein Mann der Spitze. Doch die schnell entwickelten drei Kompagnien überschütteten alsbald die Hereros und Hottentotten, die in sorgloser Ruhe die Nacht verbracht hatten, mit einem so wirkungsvollen Feuer, daß dieselben ihre wohlvorbereiteten Stellungen nicht mehr einnehmen konnten. Nach kurzem Kampfe, der der Bande große Verluste beigebracht hatte, flohen die Eingeborenen in östlicher Richtung eiligst davon, zwölf Tote auf dem Gefechtsplatze zurücklassend, sowie eine Anzahl Gewehre und mehrere Pferde.

Hervorragend geschickt hatte der junge Führer das Gefecht vorbereitet und dasselbe so entschlossen und energisch durchgeführt, daß die Bande des Cornelius sehr schwer getroffen wurde, große Verluste erlitt und infolgedessen sehr erheblich an Widerstandskraft verlor ...«[268]

Am nächsten Tage wurde die Verfolgung des in Richtung Wasserstelle Korais entkommenden Gegners aufgenommen. Dort aber mußte, wie so oft schon, die Verfolgung abgebrochen werden, zum einen, weil der Gegner, getreu seiner immer wieder angewandten Taktik, sich in zahlreiche Pulks aufgelöst hatte, zum anderen aber »wegen völliger Erschöpfung von Mann und Pferd«.[269]

Cornelius soll in dem Kampf bei Dochas solche Einbuße an Leuten erlitten haben, »daß er«, wie Oberst Kolbe schreibt, »trotz aller Anstrengung, die er machte, sich nicht wieder von diesem harten Schlag zu erholen vermochte«.[270] Andreas' Rest-Orlog soll in diesem Kampf völlig aufgerieben worden sein, er selbst, schwer verwundet, auf der Flucht nach Norden Richtung Walvis Bay gestorben sein.

Nach dem Gefecht bei Dochas setzte sich Cornelius, in einem weiten Bogen nach Norden ausholend, wieder zum schluchtenreichen Schwarzrand ab. Hier hielt er sich mit seinen Kriegern eine Zeitlang verborgen.

In der Zwischenzeit hatte sich die Versorgungslage der Truppe entspannt. Die Zufuhr an Verpflegung und Futter war unter enormen Anstrengungen des Etappenwesens jetzt wieder so weit sichergestellt, daß an eine Fortsetzung der Operationen gegen die Bethanier in größerem Rahmen gedacht werden konnte. Zu deren Durchführung wurden mehrere Abteilungen gebildet: eine unter Hauptmann Buchholz (2. Ersatzkompanie, Ersatzkompanie 1a und Teile der 4. Ersatzkompanie) zum Schutz der Viehbestände des Bezirks Gibeon, eine zweite unter Hauptmann Brentano (4. und 7. Kompanie/1. Feldreg.), die die Linie Gibeon – Arugoams sichern sollte, und eine dritte unter dem vom Hererofeldzug her bekannten Hauptmann Volkmann (4. und 5. Kompanie/2. Feldreg.), die bei Kunjas Aufstellung nehmen sollte.

Voraussetzung für ein erfolgreiches Vorgehen dieser drei Abteilungen war jedoch, daß zunächst erst einmal der Verbleib der Corneliusleute festgestellt wurde. Hier waren erneut die Patrouillenreiter gefordert! Bis weit in die Namib hinein wurden nun Patrouillen vorgetrieben, doch nirgends fanden sich die Spuren des Gegners. Er schien wie vom Erdboden verschwunden zu sein.

Endlich, mehr als zwei Wochen später, lüftete sich das Geheimnis: Am 5. Februar nahm eine von der Abteilung Buchholz entsandte Patrouille unter Oberleutnant Barlach eine Namawerft bei Huams aus und erfuhr von den dabei eingebrachten Gefangenen, daß Cornelius aus der Gegend von Kumakams in Richtung Berseba vorgestoßen sei, um dem nahe Berseba wohnenden Farmer Kries das Vieh abzutreiben. Zwei Tage später, am 7., fand diese bedeutsame Nachricht ihre Bestätigung, als eine andere von Oberleutnant Wernicke geführte

268 Ebenda, S. 275f.
269 Generalstabswerk, Bd. 2, S. 223.
270 Kolbe, S. 276.

Patrouille bei Ankam, 20 km südlich Huams, die etwa sechs Tage alte in Richtung Berseba weisende Spur des Cornelius-Orlogs fand.

Nun war die Lage geklärt, und sogleich nahmen die Abteilungen Buchholz und Volkmann, die sich am 12. Februar in Kosos vereinigt hatten, gemeinsam die Verfolgung der Bethanier auf, »erfüllt von dem festen Willen, diesen gefährlichen Bandenführer, der mit seiner beispiellosen Gewandtheit und Beweglichkeit der deutschen Truppe nun schon über Jahresfrist in Atem gehalten hatte, endlich unschädlich zu machen.«[271]

Schon gleich zu Beginn der Verfolgungsjagd, am 13. Februar, wurde an einer Wasserstelle hinter dem Kuums-Rivier die etwa vier Tage alte Spur des Cornelius aufgenommen. Weiter ging die Hatz von Wasserstelle zu Wasserstelle. Diese waren allerdings sämtlich ausgetrocknet. Die aufgefundenen, in aller Hast gegrabenen frischen Löcher zeugten davon, wie groß der Durst der Verfolgten war. Doch auch den Verfolgern ging es nicht besser, auch sie litten an Wassernot. Am schlimmsten aber litten die Pferde, doch unbarmherzig trieben die Reiter ihre durstigen Tiere weiter.

Als schließlich der Durst auch die Menschen zu übermannen drohte und »vor den Augen der Truppenführer schon das Gespenst des Verdurstens aufstieg«, trennten sich die beiden Abteilungen. Während Hauptmann Buchholz nun den Spuren des Bethaniers direkt folgte, ritt Hauptmann Volkmann mit nahezu verdursteten Pferden nach Chamasis, wo er am 16. Februar eintraf. Dort vereinigte sich noch am gleichen Tage die Abteilung Buchholz wieder mit der Abteilung Volkmann.

In Chamasis erwartete Volkmann eine erfreuliche Mitteilung: Cornelius lagerte nur wenige Stunden weiter südlich am Aub-Rivier! Er habe sich, mürbe gemacht durch die unablässige Verfolgung, dem eindringlichen Zureden Goliaths, des Kapitäns von Berseba, der sich in Cornelius' Lager begeben und ihm die Nutzlosigkeit weiteren Widerstands vor Augen geführt habe, gebeugt und sei nun »angesichts der vielen Truppen, die ihn von allen Seiten umstellt hatten«[272], bereit, »den Frieden unter den angegebenen Bedingungen anzunehmen.«

Am Abend des 17. Februar (1906) trafen dann die Corneliusleute, geführt von Christian Goliath, im deutschen Lager Chamasis ein. Es waren nur noch etwa 160 Männer und etwa ebensoviele Frauen und Kinder. Doch wie groß war Volkmanns und Buchholz' Enttäuschung, als sie feststellen mußten, daß Cornelius und der größte Teil seiner Orlogleute sich nicht unter diesen befanden! Was war geschehen? Etwa hundert von ihnen hatten, während die Übergabeverhandlungen mit Goliath noch liefen, plötzlich unannehmbare Forderungen gestellt und waren, als der Bersebaer diese als bei den Deutschen nicht durchsetzbar erklärte, verärgert wieder ins Feld geritten. Daraufhin hatte sich Cornelius – aus Furcht vor der Gefangenschaft, wie er später sagte – diesen angeschlossen. Doch um Volkmann etwas sanfter zu stimmen, ließ er diesen wissen, »er werde keinen Orlog mehr machen; wenn er Vieh und Wagen träfe würde er nur soviel nehmen, als er zum Leben brauche.«[273]

271 Generalstabswerk, Bd. 2, S. 224.
272 Kolbe, S. 279.
273 Ebenda.

Am 21. Februar wurde die Verfolgung der Flüchtlinge, deren Spuren von Chamasis aus nach Süden auf die östlich vom Ort Bethanien gelegene Wasserstelle Aub wiesen, durch die getrennt marschierenden Abteilungen Buchholz und Vokmann wieder aufgenommen. Hier wurde eine Aufgabenteilung vorgenommen: Hauptmann Buchholz sollte die Wasserstellen im Bereich Umub – Kunjas – Sinclair-Mine besetzen, um Cornelius ein Entweichen nach Westen und Nordwesten zu den Tirasbergen zu verwehren, während Hauptmann Volkmann die direkte Verfolgung aufnehmen sollte.

Die beiden Abteilungen hatten sich gerade wieder in Bewegung gesetzt, da traf die Nachricht ein, daß die Corneliuskrieger plötzlich bei Doorns am Baiweg nur 40 km von dem wichtigen deutschen Etappenstützpunkt Kubub entfernt aufgetaucht seien. Sofort wurden nahe dem Baiweg stehende Truppen dorthin beordert. Doch wieder einmal hatte der listige Bethanier den Deutschen eine lange Nase gedreht: Als die auf die Wasserstelle Doorns angesetzten Einheiten dort eintrafen, war das Nest leer. Nun hieß es, Cornelius sei am 27. Februar bei Heikoms, 50 km südlich von Kuibis, gesichtet worden. Auf diese Meldung hin drehte Volkmann sogleich in die neue Richtung ab, »obwohl seine Reiter und Pferde vor Überanstrengung beinahe zusammenbrachen«.

Am 2. März gelangte der Hauptmann nach Heikoms. Hier erfuhr er, daß der Gegner inzwischen weiter südlich gegen Kanis ausgewichen sei. Daraufhin wurde am nächsten Tage die Verfolgung dorthin fortgesetzt. Kurz nach dem Aufbruch Richtung Kanis kamen der Abteilung Volkmann jedoch Boten entgegen, um die Unterwerfung des »halb zu Tode gehetzten, völlig erschöpften Cornelius« anzubieten. Noch am gleichen Tage trat der Bethanierkapitän mit seinem gesamten restlichen Anhang, 86 Männer und 36 Frauen und Kinder, den Marsch in die Gefangenschaft an.

Cornelius und seine Leute wurden nun schleunigst über Kubub nach Lüderitzbucht und von dort auf dem Seewege nach Swakopmund und dann nach Omaruru gebracht, wo ihnen eine vorläufige Bleibe unter strenger Bewachung zugewiesen wurde.

Mit seiner bis zur Meisterschaft perfektionierten Guerillakriegführung hatte Cornelius, obwohl sein Orlog nur bestenfalls 200–300 waffenfähige Leute umfaßte, der zahlenmäßig und waffentechnisch weit überlegenen Schutztruppe dank seiner unglaublichen Wendigkeit und taktischen Findigkeit schwer zu schaffen gemacht. Selbst die deutschen Militärs sparten nicht mit anerkennenden Worten über seine kriegerische Leistung. So heißt es im Generalstabswerk:

»... Damit war die Hauptstütze des Widerstandes im westlichen Namalande zusammengebrochen. Was die zahlreichen, seit über Jahrsfrist hinter Cornelius herhetzenden Abteilungen in vielen entbehrungsreichen Zügen, in manchem heißen und verlustreichen Kampfe mühsam und schrittweise vorbereitet hatten, das war jetzt endlich durch die tatkräftige Verfolgung des Hauptmann Volkmann vollendet worden: der beweglichste aller Namaführer, der durch die Lage seines Operationsgebietes dauernd beide Zufuhrstraßen zum südlichen Kriegsschauplatze bedrohte, war niedergeworfen. Weniger die Kraft als die Art seines Widerstandes hatte die Erreichung dieses Zieles so lange hinausgerückt und so außerordentlich schwierig gemacht. Ohne sich jemals auf einen entscheidenden Kampf einzulassen, hatte er es stets verstanden, sich mit einer geradezu beispiellosen Schnelligkeit und Gewandtheit jedem Zugriff der Deutschen zu entziehen …«[274]

Die Waffenstreckung des im gesamten Bethanierland angesehenen Kapitäns Cornelius Frederick hatte zur Folge, daß in den Wochen danach die meisten seiner noch im Felde stehenden Unterführer den Kampf aufgaben und ebenfalls die Waffen niederlegten, zum Beispiel Hendrik Brandt am 9. April.

Nur ein Bethanierrebell setzte den Kampf fort und bereitete der Schutztruppe noch ein weiteres Jahr lang manchen Verdruß: Fielding, der sich bereits im Januar 1906 von Cornelius getrennt und Zuflucht in den Kleinen Karrasbergen genommen hatte. Von dort aus unternahm er nun mit seiner etwa 30–40 Mann starken und gut bewaffneten Freischärlertruppe Überfälle und Beutezüge. Bei mehreren Scharmützeln mit der Schutztruppe gelang es ihm immer wieder, obwohl geschlagen, mit seinem Häuflein zu seinen Schlupfwinkeln in den Kleinen Karrasbergen zurückzukehren und sich so der weiteren Verfolgung zu entziehen. Doch jeweils nur kurze Zeit hielt sich Fielding dort versteckt. Dann zwangen ihn wieder der Hunger und die Entbehrungen, die Karrasberge zu verlassen, um sich erneut durch Beutemachen im Umkreis von Keetmannshoop mit dem Dringendsten zu versorgen.

Um auch diesen letzten noch freien Bethanierführer unschädlich zu machen, wurde schon Mitte März 1906 die 6. Kompanie/2. Feldreg. unter Hauptmann v. Bentivegni in die kleinen Karrasberge beordert mit dem Auftrag, diesen Gebirgszug nach Fieldings Orlog regelrecht zu durchkämmen. Am östlichen Hang der Berge glückte es Bentivegni dann am 13. März, den Gegner bei Abuabis zum Kampf zu stellen. Dieser entfloh nach kurzem Ringen unter Zurücklassung vielen Viehs in östliche Richtung, den Großen Karrasbergen entgegen. Hier, in der uns bereits bekannten Kraikluft, wurde der Gegner von den »unermüdlichen Reitern« eingeholt und erneut geschlagen, wobei ein Großteil von Fieldings Leuten fiel. Doch ihr Anführer entkam erneut und suchte wieder sein Refugium in den Kleinen Karrasbergen auf. (Fielding wird uns erneut in Kapitel 19 begegnen.)

Mit der Kapitulation des Bethanierkapitäns Cornelius Frederick und seiner Unterführer im Frühjahr 1906 hatte der letzte organisierte Widerstand der Nama im Schutzgebiet aufgehört. Nur Simon Kopper in der Kalahari und Morenga befanden sich – beide jenseits der deutschen Grenze – mit ihren Anhängern noch in Felde. Gegen sie konzentrierten sich nun die Kriegsanstrengungen der Schutztruppe.

274 Generalstabswerk, Bd. 2, S. 229.

17. Die Kämpfe gegen Morenga bei Hartebeestmund

Wiederaufnahme des Kampfes nach dem Fehlschlagen der Friedensverhandlungen: Kriegszug der vereinigten Bondelzwart- und Nordbethanier-Orlogs – Die Orlogs trennen sich wieder – Morenga überfällt Proviantkolonne bei Heirachabis – Überfall auf Jerusalem – Van Semmerns Operation im Oranjegebirge – Kampf um Hartebeestmund – Abteilung Koppy zieht sich geschlagen von Hartebeestmund zurück – Abteilung Siebert geht in die Irre – Bilanz und Gründe der Niederlage bei Hartebeestmund – Die Mängel der Fernmeldemittel – Morenga nimmt seine »Nadelstich«-Taktik wieder auf – Major v. Estorff übernimmt das Kommando im Südbezirk, seine Einschätzung der Lage – Versorgungsmisere: Ausbruch der Rinderpest und Sperrung der Grenze durch die Kapbehörden – Die Schwachpunkte im deutschen Versorgungswesen – Die ablehnende Haltung des Reichstages in der Frage des Baues der Südbahn

(Siehe hierzu Karte 2, 5 und 16)

Wie uns vom Schluß des Kapitels 13 her bekannt ist, waren die mit Morenga geführten Friedensverhandlungen im September 1905 am Einspruch des Bondelkapitäns Johannes Christian gescheitert, woraufhin die Kampfhandlungen wieder aufgenommen worden waren. Sie waren – wie wir vom vorigen Kapitel bereits wissen – noch im gleichen Monat durch ein gemeinsames Unternehmen der vier Aufstandsführer im südlichen Namaland, Morenga, Morris, Johannes Christian und Cornelius Frederick, eingeleitet worden. Dieser Kriegszug hatte dann bekanntlich zu Zwistigkeiten mit Cornelius geführt, der sich daraufhin von den Bondelkapitänen abgewandt und mit seinem Orlog nach Bethanien zurückgekehrt war. Die Bondelrebellen, geführt von Morenga und Morris, – etwa 200 Kriegsleute – setzten nun allein das Unternehmen in südlicher Richtung fort und überfielen am 28. September (1905) nahe der Missionstation Heirachabis eine aus zehn Proviantwagen bestehende deutsche Nachschubkolonne, wobei vier Reiter verwundet wurden.

Diese Verwundeten wurden durch den von der nahen Grenzstation Ukamas todesmutig herbeigeeilten Truppenveterinär Tuche aufopfernd versorgt. Tuche durfte mit Erlaubnis Morengas seine Samaritertätigkeit ungehindert ausüben, nachdem er dem Rebellenführer erklärt hatte, daß er allein ohne Soldaten und ohne Gewehr von Ukamas herübergekommen sei, um die Verwundeten zu verbinden. In einem Erlebnisbericht des Veterinärs erhalten wir eine Vorstellung von der menschlichen Art der Kriegführung der Aufstandsführer und von ihrer Kampfentschlossenheit:

»Ich konnte mich frei unter den Kriegern bewegen und führte auch Morenga zu den Verwundeten, die er einzeln durch Händedruck begrüßte und denen er, auf meine Aufforderung hin, Sicherheit und Leben versprach.

In den langen Unterredungen zweier Tage zeigte er auch mir seine Verwundung, die von den Engländern verbunden und sachgemäß behandelt war. Er war sich klar darüber, daß er den Krieg verlieren würde, aber er wollte als freier Mann leben oder lieber sterben und so wollte er »fairplay fecht tot die End«.

Im Laufe des nächsten Tages traf ein zweiter großer Hottentottentrupp ein, wohl bewaffnet und gut beritten, unter der Führung des Oberkommandanten Morris. Wohl stutzte dieser, als er mich sah, doch kam er nach einigen erklärenden Worten Morengas auf mich zu, machte eine tadellose Verbeugung und gab mir die Hand.

Auch mit ihm war sehr bald eine ungezwungene Unterhaltung im Gange, in deren Verlauf mir beide erklärten, mir einen Freibrief ausschreiben zu wollen, so daß ich die Verwundeten unbelästigt zur nächsten Militärstation bringen und auch später überall ohne Gefahr durch das Land reiten könnte.

Dieser Freibrief wurde von dem ehemaligen Schulmeister aus Warmbad geschrieben, von Morenga mit drei Kreuzen, von dem Oberkommandanten Morris außerdem noch mit seinem Namen unterzeichnet, daneben noch von einigen Unterkapitänen ...«[275]

Nächstes Angriffsziel Morengas war die Truppenstation Jerusalem, die er am 7. Oktober überfiel. Hierbei gelang es ihm durch den Verrat eines eingeborenen Polizisten, die Stationsbesatzung regelrecht zu überrumpeln. Drei Soldaten, darunter der Stationsleiter, Leutnant Surman, wurden getötet, ein Soldat verwundet und zwei gefangengenommen. Die Gefangenen schickte Morenga nach Ukamas und ließ durch sie einen Arzt zur Versorgung des Verwundeten anfordern.[276] Er und Morris zogen dann weiter in südlicher Richtung dem Oranje entgegen.

Inzwischen waren auf die Kunde von dem neuerlichen Kriegszug Morengas die deutschen Gegenmaßnahmen angelaufen. Oberstleutnant van Semmern, der Befehlshaber im Südbezirk, hatte von General v. Trotha die Erlaubnis erhalten, »ohne Rücksicht auf die noch anderwärts im Gange befindlichen Operationen, nunmehr Morenga zu Leibe gehen zu dürfen«.[277] Die ihm hierfür zur Verfügung stehenden Truppen umfaßten sieben – »allerdings durch Abkommandierungen und Abgänge aller Art außerordentlich geschwächte« – Kompanien sowie zweieinhalb Batterien und eine MG-Abteilung.

Trotz der durch die vorangegangenen unaufhörlichen Märsche sehr heruntergekommenen und erschöpften Pferde und Zugochsen ordnete van Semmern den sofortigen Abmarsch der ihm unterstellten Truppen nach ihren Bereitstellungsorten Heirachabis, Springpütz und Ukamas an. Am 10. Oktober hatten diese die befohlenen Orte erreicht und rückten nun, gegliedert in zwei Abteilungen, die eine unter Hauptmann Siebert, die andere unter Hauptmann von Koppy, zwischen dem Gainab- und dem Ham-Rivier in Richtung Oranjefluß vor. Dieser Vorstoß führte jedoch ins Leere. Nirgends traf man auf den Gegner, doch wiesen die vorgefundenen Spuren in westliche Richtung, zum wild zerklüfteten und nur schwer zugänglichen Oranjegebirge.

275 »Mitteilungsblatt«, Tr. V., Heft Nr. 40/41, Mai/Juni 1967
276 Siehe BAB, RKA Nr. 2136, Bl. 162f: Trotha an KA, 11.10.1905.
277 Kolbe, S. 309.

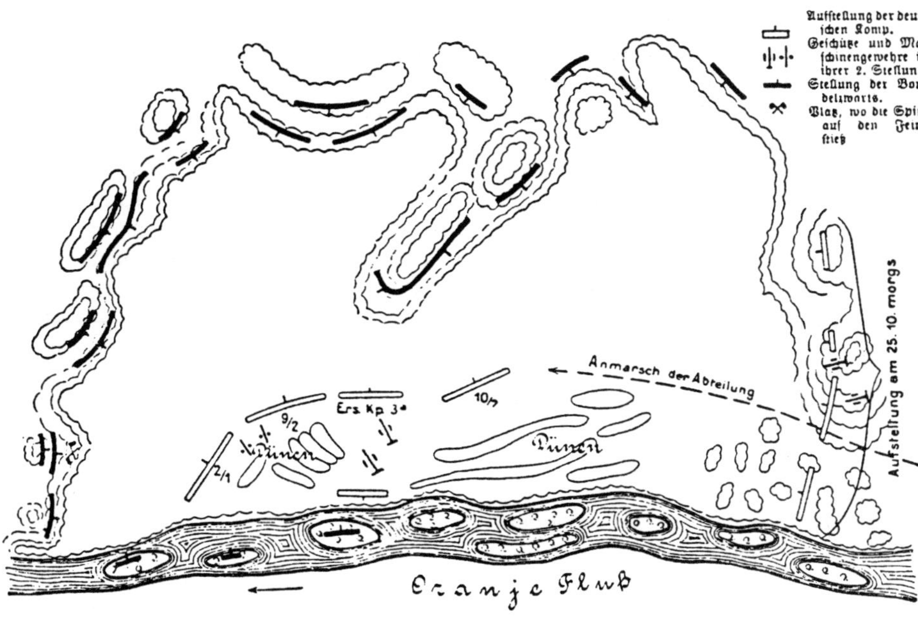

Gefecht bei Hartebeestmund

Nun drohte die Gefahr, daß die Rebellen sich gegen die deutsche Versorgungsbasis Ramansdrift wenden könnten, um sich in den Besitz der reichen Vorräte in den dortigen Magazinen zu setzen und die Deutschen von ihrer wichtigen Nachschublinie zum Kapland abzuschneiden. Sollte der Feind tatsächlich diese Absicht haben und sie mit Erfolg ausführen, so würde die im Süden operierende Truppe für die nächste Zeit aktionsunfähig. Dieser Gefahr mußte unverzüglich entgegengetreten werden!

Oberstleutnant van Semmern hatte inzwischen in Erfahrung gebracht, daß Morenga sich jetzt in der Gegend von Pelladrift am Oranje aufhielt. Er ordnete daher an, daß die beiden Abteilungen, die sich nach vergeblicher Suche am 18. Oktober in Udabis vereinigt hatten, nach Hartebeestmund am Oranje vorstoßen sollten, und zwar die Abteilung Koppy an dem Fluß entlang über Velloordrift – Pelladrift und die Abteilung Siebert von Norden her über Velloor – Eendorn, um auf diese Weise Morenga in die Zange zu nehmen. Die Vereinigung der beiden Abteilungen sollte am 22. Oktober erfolgen. Nicht ahnend, daß eine von ihnen in eine geschickt angelegte, gut getarnte Falle laufen würde, brachen die beiden Abteilungen von Udabis wieder auf, Sieberts Abteilung am 19. Oktober, Koppys einen Tag später.

Den weitaus beschwerlicheren Marsch hatte Koppys Kolonne (12. Kp./1. Feldreg. und 9. und 10. Kp./2. Feldreg., Ersatzkompanie 3a, die Hälfte der 9. Gebirgsbatt. sowie 1/3 der 2. MG-Abtlg.) – ihr hatte sich van Semmern angeschlossen – vor sich. Da sie sich auf nahezu unwegsamen Saumpfaden vorwärtsbewegen mußte, hatte diese Abteilung alle Wagen, Pferde und fast alle Esel zurücklassen müssen. Nur drei Gebirgsgeschütze, zwei Maschinengewehre und die notwendigsten Versorgungsgüter mit Verpflegung für drei Tage – dieser Zeitraum war von den landeskundigen Führern für die Marschstrecke bis Hartebeestmund veranschlagt worden – wurden mitgeführt, verlastet auf Maulesel.

Da wegen der Geländeschwierigkeiten und der »auf die kahlen Felsen in versengender Glut herniederbrennenden Sonne« nur nachts marschiert werden konnte und die Wegführer sich bei der Berechnung der Wegstrecke verkalkuliert hatten, war die Truppe am 22. Oktober, dem für die Vereinigung der beiden Abteilungen festgelegten Zeitpunkt, erst bis nach Pelladrift gelangt und damit noch 25 km vom Vereinigungspunkt Hartebeestmund entfernt. Weil die Kundschafter meldeten, daß der Feind nur eineinhalb Marschstunden entfernt stünde, wurde nun im beschleunigten Tempo weiter vorgerückt. »Nur getrieben von dem Wunsche, endlich an den Feind zu kommen« bewegte sich der Zug hungrig und müde dahin.

Doch bald zeigte es sich, daß die Mühe vergeblich gewesen war: Die Nama hatten sich bereits weiter abgesetzt! Trotzdem wurde auch in der folgenden Nacht, zum 24., der Marsch ohne Unterbrechung fortgesetzt, mit dem Ziel, endlich Hartebeestmund zu erreichen, »um sich mit den Kameraden zu vereinigen und den Gegner endlich zu fassen.«

Es war am nächsten Morgen gegen 7 Uhr, als das Detachement einen engen, hufeisenförmigen Talkessel betrat, der im Westen, Osten und Norden von hohen, mit zahlreichen Felsblöcken übersäten Bergen, und im Süden von dem mit dichtem Buschwerk umsäumten Ufer des Oranje eingeschlossen war. Über die sich nun überstürzenden Ereignisse erfahren wir aus der Feder eines anonym gebliebenen Offiziers der Abteilung:

»… Ein Gefühl der Erleichterung griff Platz, daß man endlich von dem schmalen, auf beiden Seiten begrenzten Saumpfade herunter war und so wieder etwas Ellbogenfreiheit hatte; weiter vorwärts jedoch schien sich, soweit zu übersehen war, der Weg wieder zu verengen. Um aus dem Talkessel wieder herauszukommen, mußten wir einen vorliegenden Felsberg übersteigen. Die Spitze, bestehend aus neun Mann und drei Buren unter Leutnant von Bojanowsky, fühlte vorsichtig vor. Immer wieder wurde gehalten und gesehen, da wir kurz vorher frische Spuren bekommen hatten, die in die Berge führten.

Da plötzlich ein Signalschuß, und dann ein mörderisches Krachen von allen Seiten von mindestens 500 Gewehren. Jedem war klar, wir sind umstellt und befinden uns in übler Lage. Die Spitze war bis auf wenige Schritt an die Hottentotten herangekommen, sie hatte nichts gesehen; selbst die Buren und die eingeborenen Soldaten mit ihren vorzüglichen Augen hatten nichts wahrgenommen. Der Hottentott ist eben Meister im Verstecken. Er versteht es, sich fast unsichtbar zu machen. Da hockt solch kleiner Kerl, der in seiner Gesichtsfarbe nicht vom Fels zu unterscheiden ist, hinter einer Klippe, in einem Loch oder in einer Felshöhlung. Nichts ist von ihm zu sehen, und so wartet er mit seinen Nerven von Stahl geduldig, bis sein Führer, der einzige, der während der ganzen Zeit beobachtet, den Signalschuß löst. Der Platz jedes einzelnen Hottentotten ist mit mustergültiger Sorgfalt und Überlegung ausgewählt. Ganz dicht an unsere Linien herangeschoben sind einige Scharfschützen, die in hervorragender Deckung liegen; einige von ihnen flankieren stets unsere Linien, sie belästigen uns oft sogar im Rücken.

Auf das mörderische Feuer hin war fast die ganze Spitze gefallen, auch Leutnant von Bojanowsky ...«[278]

Die hinter der Spitze marschierende 2. Kompanie (Hauptmann Ritter) besetzte sofort einen kleinen nach Westen zeigenden Dünenrand, während die nachfolgende 9. Kompanie nach Norden hin ebenfalls an einem Dünenrand Stellung bezog. Die restlichen Kompanien verlängerten die Front der 9. Kompanie nach rechts.

Der überlegene Feind befand sich in einer äußerst günstigen Position, da er die umliegenden Höhen in mehreren Stockwerken übereinander besetzt hatte und somit die Truppe aus einer überhöhten Stellung und obendrein noch flankierend unter Feuer nehmen konnte. Ja sogar im Rücken der Truppe, auf den zur Kapkolonie gehörenden Inseln im Oranje, hatte er sich festgesetzt und schoß von dort herüber!

Die Abteilung war in einen bösen Hinterhalt geraten, und das, obwohl ihr Führer, »der in allen Lagen so trefflich bewährte Hauptmann v. Koppy, mit der Gegenwart des listigen Morenga gerade an dieser Stelle mit aller Sicherheit gerechnet hatte.«[279]

Über die Geschicklichkeit, mit der Morenga es verstand, die Truppe in eine Falle zu locken, schreibt Oberst Kolbe:

»Meisterhaft versteht er es, Stellungen auszusuchen, in denen er unsere Truppen überraschen will. Wo irgend angängig, nimmt er, wie überhaupt die Hottentotten, die sich seinem Befehl, obwohl er selbst ein Herero, willig unterstellen, eine erhöhte Gefechtstellung, in Felsen und Klippen, mit freiem Schußfeld. Er läßt keine dichten Schützenlinien formieren, auch nicht je eine Schützenrotte sich zusammentun, sondern seine Leute liegen in weiten Abständen, oft fünfzig Meter auseinander, auch nicht in gerader Linie. Jeder macht sich einzeln eine kleine Schanze aus Steinen, die er im Halbkreis aufhäuft, um auch von der Seite her gegen Feuer gesichert zu sein. Nach vorn läßt er ein kleines Loch zum Schießen offen. So liegen sie, regungslos und unsichtbar, und lassen unsere Truppe, die sie schon von weither, auch an der aufsteigenden Staubwolke erkennen, herankommen. Werden sie, was fast immer der Fall, von der Spitze nicht entdeckt, so lassen sie diese unbeschossen durch und eröffnen das Feuer erst auf wirksamste Entfernung gegen die Hauptabteilung. Die Spitze wird dabei fast immer bis auf den letzten Mann zugammengeschossen ...«[280]

Die Lage wurde für die Deutschen immer prekärer. Ein Augenzeuge, der bereits vorstehend zitierte anonyme Offizier, berichtet:

»Die beiden Dünenränder konnten von den Hottentotten ganz bestrichen werden, während wir nichts, aber auch gar nichts sehen konnten. Keiner von uns konnte sich auch nur rühren, ohne von allen Seiten auf nächste Entfernung beschossen zu werden. Und die Kerle schießen hervorragend! Einer nach dem anderen fiel, bald

278 Schwabe: »Der Krieg in Deutsch-Südwestafrika«, S. 285f.
279 Kolbe, S. 314.
280 Ebenda, S. 280.

rechts, bald links. Wer nur den Versuch machte, den Kopf oder das Gewehr zu heben, der wurde sofort von mehreren Kugeln zugedeckt.«[281]

Etwas Luft bekam die Abteilung, nachdem die Ersatzkompanie 3a zur Bannung der Gefahr im Rücken kehrtgemacht hatte und gegen die Inseln im Oranje vorgegangen war und sie vom Feind gesäubert hatte. Auch am östlichen Ausgang des Talkessels waren die Morengaleute zurückgewichen, so daß die inzwischen aufgefahrenen Geschütze von dort her der 2. und der 9. Kompanie besser Feuerunterstützung geben konnten. Doch auch hier blieb eine nachhaltige Wirkung aus, da der Gegner fast unsichtbar war.

Schutzlos waren die in der sengenden Sonne liegenden Reiter dem verheerenden gegnerischen Feuer ausgesetzt. »Sehr schwer litten die Verwundeten unter den glühenden Sonnenstrahlen und dem Mangel an Wasser, obwohl die Ärzte und Mannschaften in selbstloser, aufopferungsfreudiger Weise alles daran setzten, um ihnen Hilfe und Erleichterung zu schaffen.«[282] Eine Möglichkeit, wenigstens einen Verbandplatz anzulegen, bestand nicht, weil es nirgends hierfür eine auch nur einigermaßen vor Sonnen- und Feindeinwirkung geschützte Stelle gab.

Einen Angriff gegen die in ihren erhöhten und weit auseinandergezogenen Feuerverstecken sitzenden Morengakrieger vorzutragen, war, wie Oberstleutnant van Semmern rasch erkannte, aussichtlos, ja selbstmörderisch. »Hier mußte das sonst nie versagende Bajonett seine Wirkung verlieren.« Der Oberstleutnant beschloß daher, bei Einbruch der Dunkelheit seine völlig deckungslos daliegende Truppe unter Mitnahme aller Verwundeten vom Gegner zu lösen und in eine erhöht liegende Aufnahmestellung am östlichen Rand des Kesseln zurückzuführen. Hier sollte dann das Eintreffen der Abteilung Siebert abgewartet werden, die van Semmern, da sie bereits am 22. Oktober in Hartebeestmund hätte eingetroffen sein müssen, in unmittelbarer Nähe wähnte.

Dieses Vorhaben gelang schließlich auch, allerdings war die Truppe erst gegen 2 Uhr morgens (25. Oktober) in ihrer neuen Stellung, da am Vorabend noch ein Angriff der Bondelkrieger hatte abgewehrt werden müssen und das Absetzen unter dem unablässigen Feuer des Gegners vor sich gegangen war. Über diese Absetzbewegung erfahren wir wieder aus der Feder des anonym gebliebenen Offiziers:

»Nachdem am Abend sich unser Detachement in den Büschen des Riviers gesammelt hatte und Sicherungen ausgestellt worden waren, hieß es unsere Verwundeten zu versorgen und sie transportfähig zu machen. Die Toten hatten wir liegen lassen müssen. Das ist hart, aber unvermeidlich. Nun wurden Tragbahren hergestellt aus Baumstämmen und Zeltbahnen bzw. Woilachs. Die am schwersten Verwundeten wurden notdürftig verbunden, und dann hieß es: Zurück! Ich habe da zum ersten Male empfunden, was es heißt, zurückzugehen. Es bäumt sich alles dagegen auf! Der Feind hatte aber seine Stellung behauptet, wir mußten unsere räumen und durften froh sein, wenn er sich uns nicht erst noch einmal vorlegte. Die Absicht hatte er gehabt, denn beim Ausgang der Schlucht hatte er Schanzen gegen uns errichtet. Der Zug setzte sich in Bewegung. Fast die ganze Infanterie des Detachements wurde dazu gebraucht, die Verwundeten zu tragen. Schritt für Schritt ging es vorwärts durch Busch und Wasser, über Felsplatten und Steingeröll.

281 Schwabe: »Der Krieg in Deutsch-Südwestafrika«, S. 287.
282 Kolbe, S. 316.

Es waren unter den Verwundeten sehr viele Schwerverletzte mit Bauch- und Brust-, Arm- und Beinknochen-, auch Kopfschüssen. Der kleinste Stoß, der geringste Fehltritt der Träger in der stockdunklen Nacht schmerzte die Ärmsten entsetzlich. Und es gehörten die stärksten Nerven dazu, um das Schreien und Stöhnen, das Bitten und Betteln der Armen anhören zu können.

Gegen 4 Uhr morgens waren die letzten am Lagerplatz angekommen. Dieser befand sich auf einem kleinen Saumpfade zwischen dem Rivier und den Bergen. Die Hottentottenschanzen am Ausgange des Talkessels (hier war der Gegner, wie schon weiter vorn angeführt, zurückgewichen – Anm. Verf.) und ebenso die Berge wurden besetzt. Mit Morgengrauen begannen die Ärzte ihre Tätigkeit. Es waren nur noch zwei beim Detachement. Einer war gefallen, einer schwer verwundet. Das nötigste Verbandmaterial war gerade noch vorhanden. Bestecke und Medikamente waren mit den Tragetieren abhanden gekommen. Die Ärzte leisteten mit dem geringen Material das Menschenmöglichste ...«[283]

Am nächsten Morgen, kaum daß die Dämmerung einsetzte, begann der Gegner, der inzwischen nachgedrückt hatte, die neue Stellung der Deutschen anzugreifen. Da die Soldaten nun aber in guter Deckung lagen, konnten sie den Angriff abwehren. Daraufhin zogen sich die Nama wieder in ihre Ausgangsstellungen zurück. Nicht viel später räumten sie dann auch diese und setzten sich in raschem Rückzug nach Westen ab.

Van Semmerns Truppe hatte in diesem Ringen eine schwere Schlappe erlitten. Zwei Offiziere (Hauptmann d'Arrest, Leutnant v. Bojanowsky), ein Sanitätsoffizier (Stabsarzt Dr. Althans) und vierzehn Mann waren gefallen, dreiunddreißig Mann verwundet, zwei Mann waren vermißt. Damit hatte die Abteilung 27 Prozent ihres Offiziersbestandes und über 18 Prozent ihres Mannschaftsbestandes eingebüßt. Morenga aber hatte wahrscheinlich nicht einen einzigen Krieger verloren!

Während dieses erbitterten Kampfes waren die Augen und Ohren des Truppenführers immer wieder nach Norden gerichtet, dorthin, von wo die Abteilung Siebert heranrücken mußte. Doch keine Anzeichen einer Annäherung Sieberts waren festzustellen, weder Gefechtslärm, noch Blinksignale, geschweige denn vorausgesandte Patrouillen. So mußte Oberstleutnant van Semmern am Tage nach dem Gefecht die Hoffnung auf einen trotz der erlittenen schweren Niederlage vielleicht doch noch möglichen Erfolg der Operation aufgeben, denn die Voraussetzung hierfür war das Zusammenwirken beider Abteilungen.

Van Semmern beschloß daher – auch wegen der hohen Zahl der nur notdürftig versorgten Verwundeten und des Mangels an Munition und Verpflegung –, das Unternehmen abzubrechen und über Umeis nach Warmbad zurückzugehen. Hierzu bewog ihn auch die Hoffnung, unterwegs vielleicht doch noch auf die Abteilung Siebert zu stoßen.

Vordringlich aber war die Sorge um die Verwundeten. Sie durch die trostlose Wildnis nach Warmbad mitzunehmen, schied aus. Sie mußten sofort guter Pflege zugeführt verden. Hier bot sich nur die nahegelegene englische Missionsstation

283 Schwabe: „Der Krieg in Deutsch-Südwestafrika«, S. 393f.

Pella an. Die Abteilung brach daher am 25. Oktober abends auf und marschierte zunächst am Oranje entlang nach Osten zurück bis Kambreck. Hier wurde Kontakt mit dem Bischof von Pella aufgenommen. Nachdem dieser bereitwillig sein Einverständnis zur Betreuung der Verwundeten gegeben hatte, erfolgte das Übersetzen der Verwundeten über eine Furt im Oranje und am 27. deren Transport nach Pella mittels bereitgestellter Ochsenwagen. In der dortigen katholischen Missionstation wurden sie aufopferungsvoll gepflegt.

In Kambreck erhielt der Oberstleutnant auch endlich Nachricht über das Schicksal der Abteilung Siebert durch eine von Hauptmann Siebert zur Herstellung der Verbindung entsandte Burenpatrouille. Siebert war, wie bereits weiter vorn erwähnt, am 19. Oktober von Udabis aus aufgebrochen, zunächst in Richtung Umeis. Unterwegs stellte sich dann heraus, daß die mitgenommenen Wegführer alles andere als landeskundig waren und den Weg nach Hartebeestmund überhaupt nicht kannten. Da auch auf die mitgeführten Kriegskarten kein Verlaß war, ging das Detachement schon bald in die Irre und marschierte, einer alten Wagenspur folgend, die sich durch die zerklüfteten Schluchten zwischen steilen Felsklippen hindurchwand, in südöstlicher Richtung. Die Soldaten litten sehr stark unter Hitze und Durst, wiederholt traten Hitzschläge auf.

Am Mittag des 23. Oktober, als die Wagenspur immer stärker in östliche Richtung abbog, also vom Oranjefluß fort, wurde sich Hauptmann Siebert bewußt, daß die Pad in eine falsche Richtung führte. Da seine Reiter am Ende ihrer Kräfte und fast am Verschmachten waren, entschloß sich der Hauptmann »nach schwerem inneren Kampf« zur Umkehr nach Umeis.

Auf dem Rückweg vernahm man am Morgen des 24. das Dröhnen des Kanonendonners vom Gefechtsfeld bei Hartebeestmund, »doch der Hauptmann glaubte, mit seinen ermatteten Mannschaften dem Rufe der Geschütze nicht folgen zu können.«

In Umeis angekommen, mußte Siebert feststellen, daß hier zwar inzwischen von Warmbad her Proviant herangeschafft worden war, daß jedoch die Wasserstelle nahezu versiegt war. Daraufhin gab der Hauptmann seinen ursprünglich gefaßten Plan, von Umeis über Kinderzit doch noch zum Oranje vorzustoßen, wieder auf, nicht zuletzt auch deswegen, weil die Artillerie infolge Verlustes zahlreicher Zugtiere weitgehend bewegungsunfähig geworden war. Er beschloß stattdessen, zur Wiederherstellung der Gefechtsfähigkeit seiner Truppe den Rückmarsch nach Warmbad anzutreten. Hier traf die Abteilung am 26. Oktober ein.

Nur wenige Tage später, am 31., vereinigte sie sich wieder mit der Abteilung Koppy. Diese schwer geprüfte Truppe war mit Hilfe der in Kambreck angetroffenen Burenpatrouille am 28. Oktober von dort aus in einem Marsch ohne Weg und Steg quer durch das Gebirgsgelände ebenfalls über Umeis nach Warmbad zurückgegangen. Ein zunächst beabsichtigter Rückmarsch Oranje-aufwärts war aufgegeben worden, nachdem englischerseits gemeldet worden war, daß sich von Morris geführte Orlogleute bei Pelladrift der Truppe vorlegen wollten, und da van Semmern seiner arg dezimierten, hungernden und fast munitionslosen Abteilung einen erneuten Kampf nicht zumuten zu können glaubte.

Damit hatte auch dieses Unternehmen in einem völligen Fiasko für die deutsche Seite geendet. Im Generalstabswerk heißt es hierzu:

»Die Tapferkeit, Ausdauer und Hingabe, welche die Abteilung Koppy während der Unternehmen am Oranje bewiesen hat, werden stets zu den bedeutsamsten Leistungen zählen, die deutsche Reiter in diesem Feldzuge vollbracht haben; sie werden für alle Zeiten eine Ruhmesblatt in der Geschichte der südwestafrikanischen Schutztruppe bleiben!«[284]

Doch auch diese verbrämenden Worte können nicht darüber hinwegtäuschen, daß das Gefecht bei Hartebeestmund ein eindeutiger Sieg der Nama war! Wahrscheinlich wäre dieser Sieg für Morenga sogar noch vollkommener geworden, wenn er, statt sich nach Westen zurückzuziehen, der Truppe auf ihrem Rückzug mit seinem Orlog gefolgt und sie erneut angefallen hätte! Dies hätte für diese vielleicht die totale Vernichtung bedeutet, waren doch die Soldaten, die auch noch die vielen Verwundeten mit sich schleppen mußten, durch Hunger, Durst und Überanstrengung mit ihren Kräften völlig am Ende!

Angesichts des Debakels von Hartebeestmund drängt sich einem der Vergleich mit zwei vorausgegangenen, ebenfalls tragisch endenden Geschehnissen auf: dem Kampf um Groß-Nabas am Auob Anfang Januar 1905 und dem Gefecht bei Aob in den Großen Karrasbergen am 10. März des gleichen Jahres. Ebenso wie das Gefecht bei Hartebeestmund ereigneten sich auch diese beiden Gefechte im Rahmen konzentrischer Operationen mehrerer Abteilungen in Richtung auf ein gemeinsames Ziel und alle drei endeten in der Beinahe-Vernichtung einer der eingesetzten Abteilungen.

Die Gründe für solche Fehlschläge liegen auf der Hand: Das bei diesen Operationen von den Abteilungen zu durchquerende riesige, oft wild zerklüftete und zerrissene, vegetationsarme Gelände war zumeist noch völlig unerforscht und von Weißen bisher nur wenig oder noch garnicht betreten worden und daher so gut wie überhaupt nicht kartographiert. Kundige Wegeführer waren rar oder standen gar nicht zur Verfügung, Orientierungspunkte bot die einförmige Landschaft nur sehr wenige. Daher waren die – häufig gerade erst ins Land gekommenen – Truppenführer bei der Wegesuche oft auf sich allein gestellt. Sie hatten nur unzureichende Kenntnis von den zurückzulegenden Entfernungen, wußten nicht, welche Terrainschwierigkeiten es zu bewältigen galt und – in diesem wasserarmen Land von eminenter Wichtigkeit – wie weit es bis zur nächsten Wasserstelle war und ob diese überhaupt Wasser führte. So konnte die Truppe oft nur geringe Marschleistungen vollbringen und infolgedessen nicht selten die vorgegebenen Tagesziele gar nicht erreichen und damit auch nicht rechtzeitig zum vereinbarten Treffpunkt gelangen.

Noch geringer wurden die Marschleistungen, wenn die Truppe in sandigem oder zerklüftetem, wegelosem oder nur auf Saumpfaden begehbarem Terrain zu Fuß vorrücken mußte, da Trag-, Zug- und Reittiere sowie Transportfahrzeuge zurückgelassen werden mußten. Dann konnte auch nur das Nötigste an Munition, Proviant und Wasser mitgeführt werden mit der Folge, daß die Bestände rasch aufgebraucht waren und die erschöpfte Truppe, in die Irre gegangen oder in ein Gefecht verwickelt, in eine schlimme Krisenlage geraten konnte.

284 Generalstabswerk, Bd. 2, S. 247.

Eine Koordinierung der Bewegungen der einzelnen konzentrisch einem gemeinsamen Zielpunkt zustrebenden Truppenkörper mit Hilfe von Fernmeldemitteln war sehr oft unmöglich, waren diese doch wegen der Ungunst des Geländes häufig nicht einsetzbar. Der Heliograph erforderte eine gerade, ungehinderte Luftverbindung. Dies bedeutete, daß er bei Verwendung in der Ebene auf natürlichen oder künstlichen Terrainerhöhungen, das heißt Hügeln, Bergrücken oder Turmbauten, aufgestellt sein mußte und in gebirgigem Gelände sein Betrieb nicht durch überragende Berge beeinträchtigt sein durfte. – Die deutscherseits kriegsmäßig erstmals in Südwest erprobten mobilen Funkstationen – mit ihnen wurden die Truppenverbände erst nach und nach ausgerüstet – hatten sich im allgemeinen gut bewährt. Allerdings waren sie in gebirgigem oder sandigem Gelände oft nur bedingt oder gar nicht einsetzbar, weil sie wegen ihres schweren Gewichtes – eine große Zahl von Gas- und Benzinbehältern mußte mitgeführt werden – auf Karren verlastet werden mußten, die in diesem überaus schwierigen Terrain nur mühsam vorankamen und daher oft zurückgelassen werden mußten. (Zur Frage der in Südwest verwendeten Fernmeldemittel siehe auch unter »Schlußbetrachtungen«.)

So blieb vielfach nur der Einsatz von Meldereitern oder Verbindungspatrouillen zur Aufrechterhaltung der Kontakte zwischen den vormarschierenden Abteilungen, ein wenig glücklicher Behelf wegen der großen Zeitverzögerungen in der Nachrichtenübermittlung und der Gefahr, daß sich die Reiter in der Wildnis verirrten oder vom Gegner überfallen wurden.

Morenga und seine Orlogleute zogen nach dem Gefecht bei Hartebeestmund in westliche Richtung nach Homsdrift ab. Hier verharrten sie zunächst untätig. Dieses Verhalten wird im Generalstabswerk dahingehend gedeutet, »daß diese weit schwerer gelitten hatten, als man anfänglich auf deutscher Seite angenommen hatte« und »daß sie zu weiteren Unternehmungen zunächst unfähig waren«.[285]

Doch Major v. Estorff, der im Dezember 1905 anstelle des erkrankten Oberstleutnants van Semmern den Oberbefehl im Südbezirk übernahm, teilte diesen Standpunkt nicht. Er schreibt, »daß der Feind durch den Erfolg bei Hartebeestmund sehr übermütig geworden sei, während die Schutztruppe sich auf die Behauptung der Hauptplätze beschränken mußte und die größte Mühe hatte, sich der Überfälle auf die Verpflegungsnachschübe und auf ihre Zug- und Reittiere zu erwehren …«[286]

Tatsächlich erwachte in Morenga schon recht bald wieder der Angriffsgeist, und mit größter Beweglichkeit setzte er den Kleinkrieg fort. In der Nacht zum 9. November griff er mit etwa hundert Kriegsleuten auf der Nachschubpiste südlich Alurisfontein einen deutschen Verpflegungskarren an – allerdings erfolglos. Zwei weitere Überflälle unternahm er am 24. und 25. November auf die Nachschubstation Sandfontein, die jedoch ebenfalls abgewiesen wurden. Am 8. Dezember griffen Morengas Bondelzwart erneut Sandfontein an, wobei fünf

285 Ebenda.
286 Estorff: »Wanderungen und Kämpfe …«, S. 123f.
287 Schwabe: »Der Krieg in Deutsch-Südwestafrika«, S. 414.

Soldaten fielen und vier verwundet wurden.[287]

Da Morengas Orlog nahe dem Oranjefluß operierte, bot ihm die Grenze zum Kapland eine ausgezeichnete Operationsbasis, von wo aus er zu seinen Beutezügen aufbrach und wohin er sich bei scharfer Verfolgung durch die Schutztruppe wieder zurückzog. Hier versteckten sich die Orlogleute auf den Werften befreundeter Nama und sammelten wieder frische Kräfte für neue Beutezüge jenseits des Oranje. Längs der Grenze saßen zahlreiche Händler, zumeist Buren, die bereitwillig das Beutevieh der Morengaleute gegen Waffen, Munition und Lebensmittel eintauschten, obwohl die Kapregierung ihren weißen Kolonisten nahegelegt hatte, gegenüber den kriegführenden Parteien in Südwestafrika strikte Neutralität zu wahren.

Als Estorff am 28. Dezember 1905 in Warmbad eintraf, um sein neues Kommando anzutreten, war die Lage auf dem Kriegsschauplatz im äußersten Südosten immer noch unverändert. Nach wie vor war dieser Teil des Schutzgebietes durch die Kriegszüge der Bondelzwart höchst unsicher. Während Morengas und Johannes Christians Orlogs oberhalb Hartebeestmund saßen, operierten die von Abraham Morris geführten Orlogleute Oranje-abwärts bei Ramansdrift.

Die Lehren aus den mißlungenen bisherigen konzentrischen Unternehmungen mit mehreren Abteilungen ziehend, hatte der »in afrikanischen Kämpfen aufs beste erfahrene, die Verhältnisse mit klarem Blicke überschauende« neue Kommandeur nach Unterrichtung über die aktuelle Lage in seinem neuen Tätigkeitsgebiet rasch die Notwendigkeit eines Umdenkens in der Taktik erkannt. Nach seiner Meinung durften sich »in diesem unendlich schwierigen Berglande, wo alle Vorteile auf Seiten des Verteidigers waren«, die getrennt marschierenden Kolonnen nicht auf gegenseitige Unterstützung im Falle einer Notlage verlassen, sondern mußten vielmehr einzeln so stark sein, daß sie erforderlichenfalls auch allein den Kampf mit dem Gegner mit guter Aussicht auf Erfolg aufnehmen könnten. Estorff forderte daher vom Oberkommando eine entsprechende Verstärkung der Truppe im Südbezirk. Dieser Forderung wurde schon bald entsprochen.

Die Zeit bis zum Eintreffen dieser Verstärkungsverbände wurde dazu genutzt, die Verpflegungsbestände aufzufüllen und die Anmarschwege zum Oranje zu erkunden, um für die Zukunft auszuschließen, daß eine Abteilung infolge mangelhafter Wegekenntnisse für den beabsichtigten Kampf ausfiel, wie es im Falle der Abteilung Siebert geschehen war.

Inzwischen trafen die zugesagten Verstärkungen ein, und so standen ab Jahresbeginn 1906 für den geplanten Schlag gegen die Bondelzwart im Oranjebereich im ganzen dreizehn Kompanien und etwa dreieinhalb Batterien bereit.

Die Angriffsvorbereitungen waren mitten im Gange, da traten unvermittelt gleich zwei große Versorgungsprobleme auf, die ein alsbaldiges Losschlagen gegen die Bondelzwart unmöglich machten: Zum einen wurde erneut die Grenze zur Kapkolonie, wie es hieß, wegen Grenzstreitigkeiten am Oranje für Importe in das Schutzgebiet von den englischen Grenzbehörden gesperrt. Zum anderen aber brach fast zur gleichen Zeit – wie schon in Kapitel 16 erwähnt – auf dem Baiweg und auf der Nachschubpad Windhuk – Keetmannshoop eine verheerende Rinderpest aus, die viele Opfer unter den Treckochsen forderte. Dies hatte zur Folge, daß jeder Verkehr mit Ochsenwagen auf dem Baiweg eingestellt werden mußte. Zwar hatte man, wie schon angeführt, Lastkamele und Maultierkolonnen eingesetzt, aber mit diesen allein konnten in keiner Weise die ins Ungeheure gewachsenen Anforderungen der Truppe – 5000 Mann und 6000 Pferde waren im Süden zu verpflegen, von dem Bedarf an Waffen, Munition und Ausrüstung ganz zu schweigen – befriedigt werden.

In Anbetracht dieser nun auftretenden gravierenden Engpässe in der Logistik war damit vorerst an eine offensive Kriegführung im Namaland überhaupt nicht zu denken! Jetzt trat in aller Deutlichkeit zu Tage, auf welch tönernen Füßen das gesamte deutsche Nachschubsystem stand!

Die Hauptversorgungslinie, der Baiweg Lüderitzbucht – Keetmannshoop war schon bald nach Beginn der Operationen gegen die aufständischen Namastämme hoffnungslos überlastet und konnte bei weitem nicht mehr Schritt halten mit den Bedürfnissen der Truppe. Das hatte verschiedene Gründe. Zum einen war der Ausgangspunkt des Baiweges, der Hafen von Lüderitzbucht, viel zu klein und seine Umschlagkapazität dem enormen Bedarf der Schutztruppe keineswegs gewachsen. Zum anderen war dieser Nachschubweg viel zu lang – 350 km bis Keetmannshoop – und viel zu hindernisreich. Einen Eindruck von den Schwierigkeiten dieses Weges vermittelt uns Oberst Kolbe:

»Dieser Baiweg ist nicht etwa eine feste Straße; er kennzeichnet sich nur durch die Wagenspuren und durch die längs derselben liegenden Gerippe verendeter Zugtiere. Zunächst durch einen 5–6 km breiten Gürtel der Wanderdünen führend, die der Bewegung der Wagen die größten Hindernisse bereiten, erreicht er das etwa 40 km entfernte Ukama, die einzige Wasserstelle an dem Wege durch die todesstarre Wüste. Nur schwer zu finden ist der Weg in den wandernden Sanddünen zu der nur spärlich Wasser spendenden Stelle, und deshalb werden allnächtlich Leuchtraketen abgeschossen, um Irrenden den rechten Pfad zu weisen. Sodann windet er sich weiter durch wüstes Geröll und scharfe Klippen, durch ausgedörrte Sandfelder oder spärlich bewachsene Grasflächen, um nach weiteren 90 km Kubub zu erreichen. Dann führt er weiter durch eine 70 km lange Durststrecke bis Kuibis, überschreitet die tief eingerissenen, zur Zeit des Hochwassers jedoch unüberwindlichen Riviere des Konkip und großen Fischflusses, und endet schließlich nach einer Länge von 350 km in Keetmannshoop. 25 Tage braucht für gewöhnlich der mit 10 Joch Ochsen bespannte, infolge der großen Beanspruchung sehr schwer gebaute Wagen, um die Strecke Lüderitzbucht – Keetmannshoop zurückzulegen, und ohne weiteres dürfte es klar sein, daß diese Verbindung nicht genügen konnte, den Bedarf an Armeebedürfnissen sicherzustellen ...«[288]

Haupttransportmittel für den Nachschub in dem der Truppe weder Lebensmittel noch genügend Wasser bietenden ariden Süden war der Ochsenwagen. Sein »Motor«, der Treckochse, war an sich sehr leistungsfähig und genügsam. Er lebte ausschließlich vom Weidegang und war nicht so wählerisch wie das Pferd, für das auch noch Kraftfutter mitgeführt werden mußte. Der Ochsentreck war daher

288 Kolbe, S. 107.

äußerst wirtschaftlich; er brachte die gesamte Fracht mit Ausnahme der Verpflegung für das Treiber- und Bedeckungspersonal zum Bestimmungsort. Doch Ochsenwagenkolonnen waren sehr schwerfällig und unendlich langsam – 2 km pro Stunde war das Durchschnittstempo – und unzuverlässig. Wurden die Tiere infolge Wasserlosigkeit oder dürftiger Weideverhältnisse schlapp, so kamen die Trecks häufig um Tage, mitunter sogar um Wochen zu spät zum Ziel.

Als Alternative boten sich Maultierkolonnen an. Sie waren beweglicher und zuverlässiger als Ochsenwagenkolonnen, hatten aber einen gravierenden Nachteil: Das Maultier benötigte pro Tag vier Pfund Hafer mit der Folge, daß ein Maultierwagen nur noch mit einem Drittel seiner Nutzlast am Zielort ankam!

Als weiteres Transportmittel fanden auf dem Baiweg auch Lastkamele Verwendung. Sie waren wesentlich bedürfnisloser als Ochsen und Maultiere und konnten ohne Schwierigkeit sechs Tage hungern und vier Tage dürsten, wenn ihnen bei großen Anstrengungen eine gewisse Ruhezeit gewährt wurde. Diese genügsamen Tiere ließen sich indes nur beschränkt einsetzen, da sie sich als Zugtiere weniger eigneten und ihre Transportkapazität begrenzt war.

Weil die Nachschubtransporte auf den beiden Versorgungspisten – neben dem Baiweg der noch viel längere Versorgungsweg erst mit der wenig leistungsfähigen Schmalspurbahn von Swakopmund nach Windhuk und von dort über eine Entfernung von 550 km mit dem Ochsengespann in Richtung Süd nach Keetmannshoop – nur zu drei Fünftel zur Bedarfsdeckung ausreichten, war man zur Gewährleistung der Einsatzfähigkeit der Schutztruppe auf Einfuhren aus dem englischen Kapland angewiesen. Dadurch aber wurde das »mächtige Reich« in seiner Kriegführung abhängig vom Ausland – ein in nationaler und wirtschaftlicher Hinsicht höchst unwillkommener Zustand, denn alle Lebensmittel von der Kapkolonie her waren »infolge der unerhörten Preistreiberei der Händler« erheblich teurer als die aus Deutschland bezogenen. So gingen auf diese Weise dem Reich Millionen an Reichsmark verloren!

Als nun zu allem Überdruß auch noch die Rinderseuche auf dem Baiweg um sich griff und gleichzeitig die Zufuhren aus der Kapkolonie durch die Grenzsperrung der Engländer gestoppt wurden und dadurch das gesamte Nachschubwesen der Schutztruppe zusammenzubrechen drohte, wurde der Ruf nach dem Bau der Südbahn – wenigstens der Teilstrecke von Lüderitzbucht nach Kubub – immer lauter. Ganz abgesehen von ihrer strategischen Bedeutung – in wesentlich kürzerer Zeit ließen sich dann Truppen von der Küste in das südliche Namaland befördern! – wäre mit einem Schlage das Nachschubproblem im Süden weitgehend gelöst und die Reichskasse erheblich entlastet worden.

Bedenkt man, daß allein die Betriebskosten für das schwerfällige, personal- und tiermaterialintensive Logistikunternehmen – mehr als 9000 Ochsen, Maultiere und Kamele, mehr als 1000 Soldaten und annähernd 2000 Mann Treiberpersonal (Farbige und Buren) waren allein auf dem Baiweg im Transportdienst eingesetzt – sich auf monatlich eineinhalb Millionen Reichsmark beliefen und vergleichsweise dagegen die Baukosten für die Bahn Lüderitzbucht – Kubub auf 5 Millionen Reichsmark bei einer Bauzeit von acht Monaten veranschlagt wurden, so läßt sich ermessen, wie enorm die Einsparungen für die Reichskasse durch den rechtzeitigen Bau dieser Bahn wären!

Doch daheim im Reichstag gab man sich in dieser Frage zögerlich. Seine Mehrheit, an ihrer Spitze Matthias Erzberger, der Führer der Zentrumspartei, war der Ansicht, daß der Bau der Bahn nicht mehr erforderlich sei, »denn man habe keinen nennenswerten Gegner mehr zu bekämpfen.«[289] »Die Herero sind beinahe ausgerottet, ein großer Teil der Hottentotten hat sich unterworfen und zwischen Regierungsvertretern und den Führern des Restes der Aufständischen finden Verhandlungen statt.«[290] (Anm. Verf.: Hier wird auf die Kapitulation der Witboois – siehe Kapitel 15 – und die Friedensverhandlungen mit den Bondelzwart – siehe Kapitel 19 – angespielt.) Er, Erzberger, wolle zwar nicht bestreiten, »daß noch immer ab und zu hier und dort ein Überfall, eine Raubtat ausgeführt werden kann … Aber das kann ebenso in Berlin vorkommen!«[291]

Durch diese so unerwartet hereingebrochene Versorgungskrise geriet die Truppe in eine gefahrvolle Lage. Im Generalstabswerk heißt es hierzu: »Nicht nur daß alle weiteren Operationen zur Niederwerfung des Gegners für die nächste Zeit eingestellt werden mußten, auch die Erhaltung der Gesundheit und Schlagfertigkeit der Truppe selbst war ernstlich bedroht.«[292] Sie mußte sich jetzt vorerst auf rein defensive Maßnahmen, vor allem die Sicherung der Verbindungswege, beschränken.

289 Noske, S. 118.
290 Ebenda, S. 116.
291 Spellmeyer, S. 105.
292 Generalstabswerk, Bd. 2, S. 251.

18. Morenga weicht in die Kapkolonie aus

Der Reichstag bewilligt den Bau der Südbahn bis Kubub – Das Gefecht bei Duurdrift – Kampf in der Norechabschlucht – Das Ende der Patrouille Bender bei Eendorn – Estorff setzt seine Truppe zum entscheidenden Schlag gegen Morenga an – Überfall auf Kolonne Beyer bei Wasserfall – Kämpfe bei Pella und Kumkum – Bilanz des Estorffschen Frühjahrsunternehmens gegen Morenga – Zermürbungserscheinungen bei Mensch und Tier in der Truppe – Verhaltensweise der englischen Grenzbehörden gegenüber den Grenzübertritten der Aufständischen – Die zersprengten Morengaleute sammeln sich wieder: Überfall bei Jerusalem und Nakab – Johannes Christian trennt sich von Morenga – Das Gefecht bei Fettkluft – Scharmützel bei Holpan – Hauptmann Bech verfolgt Morenga über die englische Grenze hinweg und schlägt ihn bei Van Rooisvley – Morengas Internierung durch die Kappolizei – Bilanz des Gefechts bei Van Rooisvley – Erneute Verletzung der englischen Grenze durch deutsche Soldaten

(Siehe hierzu Karte 2, 5, 17 und 18)

Kurz vor Weihnachten 1905 machte die Budgetkommission des Reichstages nach den Worten des Obersten Deimling »den Truppen draußen das beste Weihnachtsgeschenk, welches ihnen das Vaterland darbringen konnte«: Sie bewilligte die Mittel zum Bau der Südbahn von Lüderitzbucht bis nach Kubub. Damit hatten die seit Mai 1905 in der Volksvertretung andauernden Querelen um die Vorlage für den Bau dieser Bahn ein Ende gefunden – allerdings ein nur vorläufiges, wie wir im nächsten Kapitel noch hören werden, denn schon wenig später verlangten die Militärs den Weiterbau dieser Bahn bis nach Keetmannshoop.

Einen wesentlichen Anteil an der Durchsetzung der Bahnvorlage im Parlament hatte Oberst Deimling, der nach seiner Rückkehr in die Heimat zum Abteilungsleiter im Großen Generalstab ernannt und von der Kolonialabteilung zum Sachverständigen dieser Vorlage bestellt worden war. Mit betont militärischem Schneid auftretend, hatte der Oberst der »unwissenden Volksvertretung« mit »schnarrendem, belehrendem Tonfall« die Zustände auf dem Baiweg und in der Truppenversorgung geschildert.

»... Von Lüderitzbucht aus nun geht allerdings die Kalamität los. Der Weg führt hier 120 km lang ... durch Flug- und Wanderdünen der Namib ... Man muß sich die Wanderdünen vorstellen wie ein hochwogendes Meer, das plötzlich erstarrt. Durch die Winde werden die Dünen in Bewegung gesetzt. Wo heute ein Berg ist, ist morgen vielleicht ein Tal und umgekehrt, und durch dieses schwierige Gelände geht der Zug mit Ochsen- und Eselwagen. Die erste Folge ist, daß die Ochsen und Esel, namentlich in der heißen Jahreszeit, ... ihre Hufen verbrennen, wodurch ihre Leistungsfähigkeit herabsinkt. Noch viel schlimmer ist aber ihr Durst ... Die Ochsen fallen massenhaft dem Durst zum Opfer ... Daß unter solchen Verhältnissen die Verpflegung außerordentlich schwer ist, ist klar. Ich habe als Truppenbefehlshaber in Keetmannshoop im letzten Frühjahr die Portionen, die dem Mann zustanden, auf zwei Drittel heruntersetzen müssen, nur damit wir operieren und weiter kämpfen konnten; die Leute haben die Koppel um drei Löcher enger schnallen müssen.«[293]

Das forsche Auftreten Deimlings und die Überzeugungskraft seiner drastischen Worte hatten ihre Wirkung auf die Abgeordneten nicht verfehlt und sie schließlich zum Nachgeben bewogen. Selbst Erzberger hatte keinen Antrag auf Weiterbehandlung der Bahnvorlage gestellt. Sie war dann an die Budgetkommission überwiesen worden, wo sie schließlich mit der Mehrheit der bürgerlichen Kommissionsmitglieder angenommen wurde.

Da bis zur Vollendung der Bahnstrecke bis Kubub noch geraume Zeit verstreichen würde, wurden zur Milderung des Transportproblems und zur Überbrückung der kritischen Zeit 700 Mann zusätzliches Etappenpersonal sowie 1000 Kamele und eine große Zahl Maultiere ins Land gebracht.

Während der von November 1905 bis Februar 1906 dauernden, durch die Versorgungsengpässe bedingten Zwangspause in den Operationen der Schutztruppe konnten die aufständischen Bondelzwart fast ungehindert zwischen dem Oranjefluß und den Großen Karrasbergen umherstreifen und Transportkolonnen und Einzelposten überfallen.

Nur in einigen Fällen kam es zu Kämpfen kleinerer Truppenabteilungen mit Bondelzwartkriegern. So stieß auf die Meldung hin, daß bei Ondermaitje (am Unterlauf des Ham-Riviers) eine Patrouille überfallen worden sei, ein von Hauptmann von Lettow-Vorbeck geführter Truppenverband (8. Kp./2. Feldreg. und 3. Ers.-Kp.) am 5. Januar nahe der Wasserstelle Duurdrift(-Süd) am Ham-Rivier auf eine von Morenga selbst geführte starke Gruppe Bondelzwart, und verwickelte sie in ein schweres Gefecht. Lettow-Vorbeck erinnert sich:

»... Ich machte die Kompagnie sofort marschfähig und befahl auch der Etappenkompagnie in Jerusalem, auf Ondermaitze (gemeint: Ondermaitje – Anm. Verf.) anzutreten, wo wir beide um 5 Uhr nachmittags eintreffen wollten. Als ich ankam, waren die Hottentotten verschwunden. Wir folgten ihrer Spur, die das Ham-Rivier aufwärts in Richtung auf Dumdrift (gemeint: Duurdrift Anm. Verf.) führte. Es war heller Mond, man konnte im Flussand gut die Fährte halten. Ich ritt mit Spritulle (Sergeant in der 8. Kompanie – Anm. Verf.) und van der Walt (Burenspäher – Anm. Verf.) vorn. Es war wahrscheinlich, dass der Feind bei Dumdrift in der Nähe des Wassers war. Am Rande des Flußbetts hohe Bäume, so ging der Ritt wie durch einen langen Tunnel. Auf dem weichen Flussand kein Klappern der Hufe. Alles was irgendwie Geräusch machen konnte beim Traben, war festgebunden. So war die Kompagnie totenstill, jeden Moment konnte man auf eine feindliche Patrouille stossen. Es war schon etwas unheimlich. In dem Halbdunkel spielte die Fantasie. War da nicht ein Reiter quer über dem Weg? Flüsterte van der Walt. Weiter! Jetzt müssten wir in der Nähe von Dumdrift sein. Hinter einer Felswand marschierte die Kompagnie auf und sass ab. Mit drei Mann ging ich zu Fuss weiter. Das Wasser war frei. Etwas davor war ein Hügel. Hier hinauf. Totenstille. Aber weiter, auf 400 m vor uns, flackerte es rötlich durch die

293 Spellmeyer, S. 107f.

Nacht. Da sind sie! Einer ging zurück, die Kompagnie heranzuholen. Zu Fuss kam sie und der Hügel wurde besetzt. Etwas rechts war ein zweiter Hügel. Oberleutnant Schweizer mit einem Zuge besetzte ihn. Van der Walt, der mehrfach in Dumdrift erkundet hatte, meinte, er kenne das Gelände wie seines Vaters Farm. Er könne den Zug des Leutnant Erhard unbemerkt in den Rücken des Feindes führen. Dann hätten wir ihn in der Klemme.

Zug Erhard mit van der Walt rückte ab. Nun hiess es abwarten. Einmal mussten die Hottentotten doch ans Wasser kommen. Und dieses hatten wir hinter uns. Der Morgen graute. Vor uns, also zwischen uns und dem Feuer der Hottentotten, weideten Pferde, die gespannfesselt waren. Es wurde ganz hell. Da sehe ich auf einmal links deutsche Schutztruppler zu Fuss. Es war ein Vizefeldwebel der dritten Etappenkompagnie mit 10 Mann, die sich uns anschlossen, aber den Anschluss verloren hatten. Sie folgten auf unserer Spur, verfehlten uns, liefen vorbei und waren vollsichtbar für den Feind.

Die Überraschung war missglückt. Drüben erhoben sich mehrere Gestalten und spähten nach den neuen Ankömmlingen. Da war es Zeit. Ich gab den ersten Schuss ab und sah ihn dicht links neben einen Hottentotten in dem spröden Basalt aufspritzen. Das Feuer war eröffnet. Drüben sprang ein Mann wie ein Gummimann in die Luft und fiel lang hin. Nun schoss auch der Gegner, und zwar verteufelt gut. Seine Schüsse schlugen dicht bei uns ein, er konnte die Einschläge beobachten und sich verbessern. Ich bekam einen Schlag auf's linke Auge wie mit der Faust, und das Auge schwappte wie dunkelrote Suppe mit schwarzen Klössen darin. Auch Gefreiter Nowacki und Sergeant Spritulle hatten Spritzer abbekommen. Mein Auge war blind, schmerzte auch, aber Oberarzt Dr. Schulz, der neben mir lag, konnte so recht nichts erkennen. Die Pferde wurden von uns zum Teil erschossen; zum Teil wollten sie zum Wasser an uns vorbei und wurden eingefangen. Da Feuer hinter dem Feinde. Also hatte der Zug Erhard eingegriffen, als der Gegner nach rückwärts sich drücken wollte. Wir hatten ihn nun fest. Wir alle schossen auf sie, aber keiner fiel.

Da beauftragte ich Leutnant Ebeling, der auf meinem Hügel lag, eine Kuppe noch weiter rechts vorwärts zu besetzen, um den Gegner noch besser zu umklammern. Ebeling verfehlte den ihm bezeichneten Weg, der gedeckt eine Schlucht entlangführte und erhielt starkes Feuer. Zug Schweizer schoss nun aus allen Rohren, um das feindliche Feuer niederzuhalten. Aber dies war stark und sehr wohl gezielt. Leutnant Ebeling wurde schwer, einige seiner Leute leichter verwundet. Er kam zurück, musste verbunden werden …

Feldwebel Block der Patrouille Ebeling war schwer verwundet. Er hatte seine Tropenuniform gewaschen, so dass sie hell leuchtete. Das feindliche Feuer richtete sich auf ihn, als er mühsam auf dem Bauche den Hang entlang kroch. Da warf er sich mit einem Ruck herum, blieb regungslos liegen, einen Arm in die Höhe gerichtet, gefallen. Das Bild wurde immer klarer. Drüben lagen die Sättel gut ausgerichtet. Mittags kam eine neue Überraschung. Eine Eselkarre links wurde sichtbar, und Leutnant von Reinersdorf kam zu mir. Er war von der Signalabteilung im Anmarsch von Warmbad, um eine Signalstation zu errichten. In der Nähe von Dumdrift hatte er am Tage vorher die Hottentotten bemerkt und war in einer recht riskanten Lage mit seinen paar Mann und seinem Signalspiegel. Wohlweisslich hatte er sich versteckt und mäuschenstill verhalten. Mir war er ein willkommener Zuwachs. Gegen den Feind in dem deckungslosen Gelände vorzurennen, wäre Wahnsinn gewesen. Schiessen und Feuerpausen wechselten ab, im wesentlichen blieb alles da liegen, wo es war. So ging es auch die folgende Nacht hindurch. In der Nacht war Gewitter. Mein Auge war mittlerweile recht schmerzhaft geworden und die Blitze waren, als ob Messer hineinschnitten. Am nächsten Morgen war kein Feuer mehr. Ich sprach mit Spritulle, der meiner Ansicht war, der Feind sei verschwunden; ging allein vor, um dies festzustellen. Der Feind war fort. Drei Gefallene lagen in seiner Stellung, einer davon der Bruder Morengas. Ausserdem zahlreiche Blutspuren ...«[294]

Der Gegner – er hatte 65 bis 70 Leute ins Gefecht geführt – zog sich nach Norden über Bockiesbank am Ham-Rivier zurück. Unterwegs teilte sich der Bondelzwart-Orlog: Ein Trupp ging weiter nach Norden zur Wasserstelle Springpütz, während der andere von Morenga selbst geführte Trupp vorerst bei Heirachabis verblieb. Morenga muß hier erheblichen Zulauf bekommen haben: Nach Späheraussagen soll er bei Heirachabis 300–400 Krieger zusammengezogen haben.

Einen wesentlich ernsteren Verlauf nahm ein Gefecht, das sich am 14. Februar in der bei Sandfontein 30 km südwestlich Warmbad gelegenen Norechabschlucht zwischen einer die Nachschubpad hier sichernden, von Hauptmann v. Erckert geführten Abteilung (10. und 12. Kp./2. Feldreg.) und einer etwa zweihundert Mann starken Abteilung Bondelzwart zutrug. Der Gefreite Baumecker schildert dieses Gefecht aus seiner Sicht wie folgt:

»Seit dem 12. Januar 1906 lagen wir (die 12. Kompagnie 2. Regiment), Oberleutnant Hunger, Abteilung von Erckert, auf einem Höhenzug in der Norechabschlucht. Rechts und links vor uns gewaltige Felsen, die den Eingang der Schlucht schon von weitem erkennen ließen. Bereits am 18. Januar hatten uns die Hottentotten mit List etwa 180 der besten Ochsen von der etwa eine halbe Stunde entfernt liegenden Weide abgetrieben, und am 14. Februar wollten sie jedenfalls unsern ganzen Viehbestand holen; es kam aber anders.

Auf halber Höhe, an einem der Felsen, die den Eingang zur Schlucht bildeten, lag ein Geschütz der zweiten Gebirgsbatterie. Am 14. Februar war auf 7 Uhr morgens Gottesdienst angesetzt; ein bei den Hottentotten viel verkehrender Pater war am 13. bei uns eingetroffen. Aber schon ungefähr um 5 Uhr morgens, als die meisten meiner Kameraden und auch ich noch im besten Schlummer lagen, krachte plötzlich das bezeichnete Geschütz (Anm. Verf.: Etwa 50 Bondelkrieger hatten sich dem Geschütz bis auf kurze Entfernung genähert, um die Bedienungsmannschaft zu überrumpeln, als der dort stehende Posten sie bemerkte und die Bedienung sofort alarmierte), und ein heftiges Gewehrfeuer, das darauf folgte, sagte uns, daß die Hottentotten Vieh brauchten. Wir stürzten aus unsern Zelten, warfen Patronengurt und Gewehr über, und im Galopp ging's die Höhe hinunter, um den Eingang der Schlucht so schnell wie möglich zu besetzen. Dort angekommen, hieß es: ›Auf den Berg hinauf!‹

294 MA, N103/26: Nachlaß Lettow-Vorbeck, Autobiographie, S. 52ff.

In gebückter Stellung ging's nach oben; aber jetzt boten wir dem Gegner Ziele. Mein Kamerad Helmchen war der erste. Kaum hatte er eine ungeschützte Stellung erreicht, als er, durchs Herz getroffen, zusammenbrach. Gefreiter Baumer, der als zweiter folgte und nicht wissen konnte, daß Helmchen tödlich getroffen sei, riß sein Verbandpäckchen heraus, beugte sich über den Gefallenen, öffnete ihm den Patronengurt; aber weiter kam er nicht, auch ihm fuhr eine Kugel quer durch den Körper.

Ich folgte als dritter; hätte ich mich nicht hinter die nächste Klippe geworfen, wäre es mir nicht anders ergangen. Assistenzarzt Dr. Westphal, der nach den Gefallenen sehen wollte, kam gar nicht bis in meine Höhe; er wurde schon vorher durch mehrere Schüsse schwer verwundet. Mir blieb nichts weiter übrig, als zu feuern. Ja aber hätte ich nur gewußt, wo die Schufte saßen? Rauchen sieht man die Munition nicht mehr wie früher; mir blieb also nichts übrig, als verdächtig aussehende Stellen in den Klippen zu beschießen …

Die Hottentotten mußten schon kurz nach Mittag abziehen, ohne ein Stück Vieh erbeutet zu haben. Einen großen Anteil an dem siegreichen Erfolg hatte Leutnant Degenkolb, der aus eigenem Entschlusse mit seinem Maschinengewehr rechtzeitig eintraf. (Anm. Verf.: Degenkolb, der mit seinem MG-Zug an der nahegelegenen Skunbergquelle postiert war, hatte heliographisch von dem Gefecht in der Norechabschlucht Kenntnis erhalten und war daraufhin der Abteilung Erckert mit seinem MG zu Hilfe geeilt.)

Das Gefecht kostete meiner damals sehr schwachen Kompagnie, da ein Zug nicht am Platze war, fünf Tote und sechs Verwundete …«[295]

Dieses Gefecht – sehr wahrscheinlich war auch hier wieder Morenga die führende Kraft gewesen – hätte für die Abteilung Erckert übel auslaufen können, wenn der Posten am Geschütz nicht wachsam gewesen wäre!

Unglücklich für die deutsche Seite verlief ein Gefecht bei Eendorn am 7. Februar (1906). Hier wurde eine von Leutnant Bender geführte sechs Mann starke Patrouille von Namakriegern umzingelt und bis auf den letzten Mann niedergemacht.

Am 10. Februar wurde eine zur Fortführung des Feldzuges gegen die Bondelzwart von Major v. Estorff angeforderte Truppenverstärkung von sechshundert Mann in Lüderitzbucht ausgeschifft. Auch die angeforderten Lastkamele trafen im gleichen Monat dort ein. Da sich im Februar auch die Versorgungslage zu entspannen begann, konnte nun forciert das Auffüllen der Truppenmagazine im südlichen Namaland in Angriff genommen werden.

Estorff sah daher nun den Zeitpunkt für die schon lange beabsichtigte Offensive gegen die Bondelzwart am Oranje gekommen. Er teilte seine Truppen in vier Abteilungen auf:

- Abteilung Erckert (9., 10. und 12. Kp. des 2. Feldregiments sowie Teile der 2. und 8. Batterie mit insgesamt 5 Geschützen und 2 MG);
- Abteilung Hornhardt (2. Kp./1. Feldreg., 2., 3. und 11. Kp. des 2. Feldregiments sowie ein Teil der 2. Batterie mit 2 Geschützen und 2 MG);

295 Dincklage-Campe, S. 404 und 406.

- Abteilung Siebert (3. Ers.-Kp., 1. Kp./1. Feldreg., 1. und 8. Kp. des 2. Feldregiments, ferner ein Teil der 8. und 9. Batterie mit insgesamt 5 Geschützen und 2 MG);
- Abteilung Heuck (7. Kp./2. Feldreg., 11. Kp./1. Feldreg. sowie 2 MG).

Der Operationsplan Estorffs sah vor, den auf vierhundert Mann geschätzten Gegner, der nach der letzten Feindlagemeldung mit den drei Anführern Johannes Christian, Morenga und Abraham Morris in zwei Lagern östlich und westlich Kumkum am Oranje saß, in einer konzentrischen Bewegung aller vier Abteilungen einzukreisen und zu vernichten. In einzelnen sollte nach folgendem Schema vorgerückt werden:
- Abteilung Erckert von Homsdrift Oranje-aufwärts;
- Abteilung Hornhardt von Umeis quer durch das Gebirge auf Hartebeestmund zu;
- Abteilung Heuck von Arus über Eendorn – Rooiberg ebenfalls auf Hartebeestmund zu;
- Abteilung Siebert über Aragauros – Kaimas – Wasserfall Oranje-abwärts.

Als Zeitpunkt für den gemeinsamen Angriff aller vier Abteilungen wurde der 12. März festgelegt.

Anfang März war alles abmarschbereit. Am weitesten zurück befand sich die Abteilung Siebert. Damit ihr rechtzeitiges Eintreffen im Raum Kumkum gewährleistet war, erhielt sie Befehl, als erste vorzurücken.

Sie brach daher bereits am 4. März zunächst in die allgemeine Richtung Pelladrift auf, und zwar in drei Kolonnen, die auf unterschiedlichen Wegen vormarschierten.

Morenga war über die Bewegungen der Deutschen auf das Genaueste unterrichtet. Sogar unter dem schwarzen Treiberpersonal der Truppe hatte er seine Spione! Sofort erkannte er für sich eine Chance zum Losschlagen. Sie bot sich ihm durch die Aufsplitterung der Abteilung Siebert in drei Marschkolonnen, die sich in dem unwegsamen, zerklüfteten Gelände nur sehr schwer gegenseitig unterstützen konnten. Er beschloß daher, »wieder auf der inneren Linie operierend«, diese drei Kolonnen einzeln nacheinander anzugreifen.

Mit hundert seiner besten Orlogleute brach der Rebellenführer alsbald auf, um sich einer der Kolonnen vorzulegen – es war die von Oberleutnant Beyer geführte linke Kolonne (8. Kp./2. Feldreg., 3. Ers.-Kp., 2 Geschütze, 1 MG), die von Kaimas aus am Oranje entlang auf Pelladrift zumarschierte. Ihr sollte ein zweites Hartebeestmund bereitet werden! Einen anderen Teil seines Orlogs setzte Morenga gegen die übrigen beiden Kolonnen der Abteilung Siebert an mit den Auftrag, ihr Heraustreten aus den Bergen möglichst lange zu verzögern.

Die Kolonne Beyer hatte am 8. März nach etwa sechsstündigem, strapaziösem Marsch gegen 9 Uhr morgens gerade einen sehr schwierigen Engpaß am Nordufer des Oranje westlich von Wasserfall bewältigt. Die Soldaten waren völlig ausgepumpt, so daß Beyer eine Marschpause einlegen mußte. Zur Wegeerkundung und Sicherung sandte der Oberleutnant Spähtrupps flußabwärts. Plötzlich ertönte Gewehrfeuer: Die Voraustrupps waren etwa 1000 m vom Lagerplatz entfernt von einer dicht an den Fluß heraustretenden, steilen Anhöhe aus unter Feuer genommen worden! Die Reiter der am weitesten vorn rastenden Kompanie, der 8., sprangen sofort auf und entfalteten sich gegen den nun halbkreisförmig auf den umliegenden Höhen auftauchenden Feind. Ein heftiger Feuerwechsel setzte ein. Morengas Plan war offenkundig: Er hatte – wie bei Hartebeestmund – die Truppe in einen Hinterhalt laufen lassen wollen! Doch seine Falle war dank der vorausgeschickten Patrouillen zu früh zugeschlagen!

Inzwischen war auch die 3. Ersatzkompanie herangeeilt und griff in das Gefecht ein; auch die Artillerie wurde in Stellung gebracht. Dennoch gelang es an diesem Tage nicht, den Gegner von den Höhen zu vertreiben. Er harrte auch in der folgenden Nacht in seinen Befestigungen aus und eröffnete am nächsten Morgen das Feuergefecht erneut. Das gegnerische Gewehrfeuer hielt den ganzen Tag über an. Gegen Abend flaute es ab. Auch die Nacht zum 10. hielten die Morengaleute in ihrer Bergstellung aus. Am Morgen aber waren sie sämtlich wie vom Erdboden verschwunden!

Oberleutnant Beyer setzte nun den Marsch unter größtmöglichen Sicherheitsvorkehrungen flußabwärts auf Pelladrift fort, das er am folgenden Tage (11. März) nach zehnstündigem Nachtmarsch erreichte.

Am 10. rückten die rechte und die mittlere Kolonne der Abteilung Siebert (1. Kp./1. Feldreg., 1 MG, 4 Geschütze, verstärkt um die 11. Kp./1. Feldreg.) – beide Kolonnen hatten sich am 7. März bei Pilgrimsrust vereinigt – unter Führung des Majors Täubler (diesem war die Oberleitung der beiden Abteilungen Heuck und Siebert übertragen worden) von Pilgrimsrust aus nach Süden gegen den Oranje vor, um im Zusammenwirken mit der Kolonne Beyer, von deren Gefecht westlich Wasserfall Hauptmann Siebert inzwischen Kenntnis erhalten hatte, die vor Beyers Oranjekolonne nach Westen ausgewichenen Morengaleute in die Zange zu nehmen. Täubler erreichte den Oranje am Abend des 11. 12 km westlich Pelladrift.

Inzwischen war die Kolonne Beyer auf ihrem Weitermarsch Oranje-abwärts am 11. morgens erneut in einem Talkessel auf den Gegner gestoßen, der ihn dort abermals in einen Hinterhalt hatte laufen lassen wollen. Doch Beyer war auf der Hut gewesen: Als seine Kolonne in dem besagten »für die Kampfesweise Morengas so recht geschaffenen« Talkessel angelangt war, ließ er zunächst Halt machen, um das Gelände gründlich zu erkunden. Und schon bald stellte sich heraus, daß die Höhen ringsum feindbesetzt waren! Damit war ein abermaliger Versuch Morengas gescheitert, der Truppe ein zweites Hartebeestmund zu bereiten!

Oberleutnant Beyer ging nun in einer Umfassungsbewegung gegen die erkannte gut ausgebaute Stellung der Morengaleute vor und warf diese zurück. Und als sich nun von Westen her die Kolonne Täubler näherte und sich durch Gewehr- und Geschützfeuer ankündigte – sie war am 11. mittags bei Pelladrift auf eine gegnerische Stellung gestoßen – sah sich Morenga mit seinen Kriegern zwischen zwei deutschen Abteilungen »eingeklemmt«, woraufhin er nach Norden ins Bergland entwich.

Täublers Soldaten verbrachten die Nacht zum 12. März gefechtsbereit vor der gegnerischen Stellung bei Pelladrift. »Gegen 1 Uhr nachts sahen sie im Mondschein eine Kolonne am Oranje entlang flußabwärts marschieren. Es war die Kolonne Beyer.«[296]

296 Generalstabswerk, Bd. 2, S. 266.

Diese war auf keinen Widerstand mehr gestoßen. Auch die Orlogleute, die der Kolonne Täubler den Weg versperrt hatten, waren auf die Kunde von der Annäherung der Kolonne Beyer aus ihren Stellungen heraus ebenfalls nach Norden in die Berge ausgewichen.

Damit war die Kolonne Siebert wieder vereinigt. Nun war für sie höchste Eile geboten, da ja Major v. Estorff das gemeinsame Vorgehen aller drei Abteilungen (die Abteilung Heuck war inzwischen wieder aufgelöst worden) gegen die Bondelzwart bei Kumkum für den 12. März angesetzt hatte. Von dort her waren am 12. morgens auch bereits Kanonendonner und Gewehrfeuer hörbar.

Tatsächlich lag zu diesem Zeitpunkt die Abteilung Erckert bei Kumkum schon im Gefecht mit dem Gegner. Diese Abteilung und die Abteilung des Hauptmanns Hornhardt waren befehlsgemäß ebenfalls einige Tage später von ihren Ausgangspositionen Homsdrift beziehungsweise Umeis aufgebrochen. Marschrichtung war zunächst Hartebeestmund. Von dort sollte dann Oranje-aufwärts weiter auf die Wasserstelle Kumkum vorgerückt werden. Beide Abteilungen hatten sich am 12. März in aller Frühe zwischen Hartebeestmund und der Kambreckschlucht am Oranje vereinigt.

Während Hauptmann Hornhardt mit seinen Reitern vorerst noch am Treffpunkt verblieben war – die Abteilung war durch den strapaziösen Anmarsch quer durch das Bergland hindurch völlig erschöpft und daher in Biwak gegangen –, war die Abteilung Erckert an Hornhardts Abteilung vorbeigezogen und in Richtung Kambreck weitermarschiert. Nach kurzem Marsch hatte Erckerts Abteilung ein enges, sehr gewundenes Felsental zu durchschreiten, das schließlich nach steilem Abstieg in eine großflächige Ebene einmündete, die von Bergen halbkreisförmig umschlossen war. Ein ideales Gelände für einen gegnerischen Hinterhalt! Doch Hauptmann v. Erckert war wachsam gewesen. Im Generalstabswerk heißt es hierzu:

»Der Führer, Hauptmann v. Erckert, war vorgeritten, um persönlich zu erkunden. Im fahlen Mondlicht breitete sich die Ebene vor ihm aus, aus der sich der gegenüberliegende Felskegel wie eine gewaltige schwarze Wand erhob. Das Gelände erinnerte in seiner ganzen Gestaltung lebhaft an das Gefechtsfeld der Abteilung Semmern unweit Hartebeestmund. Wenn der Gegner überhaupt Widerstand plante, so konnte er kaum ein günstigeres Gelände dazu finden. Es war also äußerste Vorsicht geboten …«[297]

Der Hauptmann hatte daher die an der Spitze marschierende 9. Kompanie in der Ebene gegen einen Paß vorfühlen lassen, der sich nördlich des genannten Felskegels zeigte. Der nachfolgenden 10. Kompanie hatte er dagegen befohlen, eine Dünenhöhe zwischen der Felsenwand und dem Oranje besetzt zu halten. Oberst Kolbe berichtet, was dann geschah:

»In tiefstem Schweigen, mit offenen Augen und gespitzten Ohren, traten die beiden Kompagnien den Vormarsch an, und schon hatte die Spitze der 9. Kompagnie unter Leutnant Wagner den Fuß des Sattels erreicht, als plötzlich von vorn und von den Seiten ein heftiges Feuer so wirkungsvoll in sie einschlug, daß leider sofort

297 Ebenda, S. 268.

zwei Reiter tödlich getroffen zusammenbrachen und mehrere verwundet wurden ...«[298]

Die Überlebenden der Spitze zogen sich rasch zur 9. Kompanie zurück. Diese entwickelte sich nun zum Gefecht.

Die 10. Kompanie hatte unterdessen den Dünenkamm erklommen und einen Spähtrupp zur gegenüberliegenden Felswand vorgetrieben. Kaum hatte dieser die Wand erstiegen, als er auch schon unter heftigen Beschuß geriet.

Damit hatte Erckert einen abermaligen Versuch der Bondelzwart, den Deutschen eine Falle zu stellen, zunichte gemacht. Nun, da die gegnerische Stellung erkannt worden war, konnte Erckert seine gesamte Streitmacht, die Artillerie inbegriffen, auf den Bondelzwart-Orlog ansetzen.

Kaum graute der Morgen, da eröffneten die Bondels bereits von den Höhenzügen im Umkreis das Feuer, »das sich jedoch an den steinernen Deckungen, die sich die Leute geschaffen, fast wirkungslos verzehrte und unseren Reitern nur wenig Schaden zufügte.«[299] Wie bei Hartebeestmund hatten die Rebellen auch diesmal wieder die englischen Inseln im Oranje besetzt und schossen von dort her der Truppe in den Rücken und in die Flanke, doch nur kurze Zeit: Unter Feuer genommen, räumten sie die Inseln bald wieder.

Inzwischen war auch die Abteilung Hornhardt auf dem Gefechtsfeld erschienen und griff in den Kampf ein. Hauptmann Hornhardt, der seiner Abteilung vorangeritten war und sich rasch einen Überblick über das Kampfgeschehen verschafft hatte, setzte seine Kompanien umfassend gegen den gegnerischen rechten Flügel an, um der bereits Einkreisung drohenden Abteilung Erckert Entlastung zu bringen.

Das Ringen wurde schließlich durch die Artillerie entschieden: Leutnant Freytag, der Artillerieführer der Abteilung Hornhardt, war es unter großen Mühen gelungen, die Gebirgsgeschütze die Steilwände hinaufzubringen und aus günstiger Schußposition »den unsichtbaren Gegner, durch Bestreuen des ganzen Geländes mit Schrapnells, aus den Schlupfwinkeln und den schnell gebauten Steinschanzen zu jagen, in die er sich geborgen hatte, so daß er nunmehr auch den Gewehren der Reiter erreichbar wurde.«[300]

»Mühsam«, so führt Oberst Kolbe in seiner Berichterstattung fort, »unter beständigem Feuer der Hottentotten, arbeitete sich die auf dem rechten Flügel der Abteilung befindliche 3. Kompagnie an den Fuß der besetzten Berge heran, ›wo sie sich im toten Winkel befand‹, und nunmehr erfolgte der Aufstieg. ›Derselbe erforderte fast eine Stunde Zeit und konnte zum Teil nur durch Kriechen und Klettern auf Händen und Füßen bewerkstelligt werden.«[301]

Doch den gefürchteten Bajonettangriff warteten die Bondelzwart nicht ab. Sie hatten ihre Stellungen bereits geräumt, als die Reiter die Anhöhen erklommen hatten, und wichen nun überall zurück. In bewährter Kleinkriegtaktik zerstreuten sie sich dann in der Masse nach Norden und Nordosten im Wirrwarr der Felsen und

298 Kolbe, S. 349.
299 Ebenda, S. 351.
300 Ebenda, S. 352.
301 Ebenda, S. 352f.

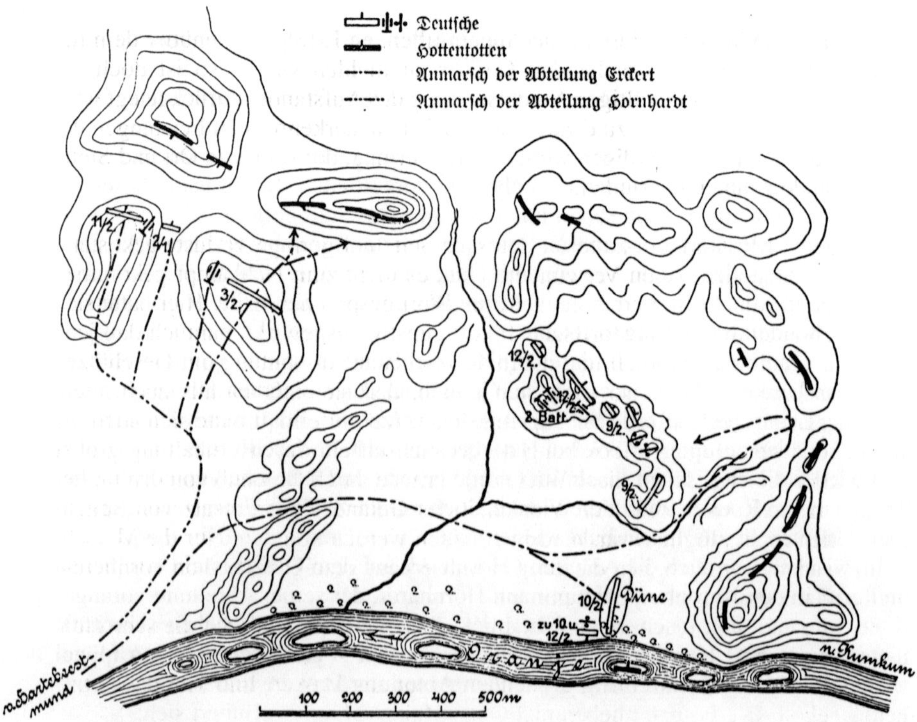

Gefecht bei Kumkum

Klippen, wo sie keinerlei Spuren hinterließen, während eine kleinere Gruppe sich an Oranje entlang nach Westen zum Großen Fischfluß hin absetzte. Da die Truppe durch die unaufhörlichen Märsche völlig erschöpft war, wurde von einer Verfolgung des Gegners abgesehen.

Mit diesem Gefecht war der Schutztruppe erneut der entscheidende Schlag gegen Morenga versagt geblieben. Dieser war schon deswegen nicht zustande gekommen, weil es dem Rebellenführer wieder einmal gelungen war, den Vormarsch einiger der Einkreisungskolonnen so nachhaltig zu verzögern, daß diese nicht rechtzeitig am Zielort eingetroffen waren und so bei dem dort stattfindenden Kampf gefehlt hatten und damit die Entscheidung ausgeblieben war. So war das einzige Resultat auch dieses konzentrisch angesetzten Offensivunternehmens der Rückzug des gegnerischen Orlogs und dessen Auflösung in zahlreiche kleine Trupps mit der Folge, daß diese sich später wieder sammelten, um mit weiterhin ungebrochenem Kampfgeist und mit voller Beweglichkeit den Guerillakrieg fortzusetzen.

Doch ungeachtet des enttäuschenden Ausgangs seines Unternehmens glaubte Major v. Estorff, dieses als positiv für die deutsche Seite verbuchen zu können. So heißt es in einem im Generalstabswerk zitierten Bericht Estorffs:

»Wenn auch keine besonders in die Augen fallenden Erfolge gegenüber dem der Kampfentscheidung ausweichenden Gegner zu melden waren, so ist doch ein Schritt vorwärts zur endgültigen Niederwerfung des Aufstandes zurückgelegt worden, und dies ist vor allem zu danken den höchst anzuerkennenden Leistungen der Truppe, die richtig zu würdigen wohl nur der vermag, der selber an Ort und Stelle das Gelände kennen gelernt hat.«[302]

Das Gefecht bei Kumkum hatte die deutsche Seite nur geringe Verluste gekostet – zwei Gefallene und sieben Verwundete –, da es nicht zum Nahkampf gekommen war, dagegen die Artillerie ein gewichtiges Wort gesprochen hatte. Hier hatte sich sicherlich auch die neue Estorffsche Taktik günstig ausgewirkt, nämlich daß jede einzelne Abteilung personell und durch ausreichende Ausstattung mit Geschützen und Maschinengewehren so stark sein mußte, daß sie sich notfalls auch allein gegen gegnerische Überfälle behaupten könnte. Als vorteilhaft hatte sich auch die von Estorff befohlene Auflockerung der Marschstaffeln durch Einhaltung großer Abstände erwiesen, da auf diese Weise die Verluste durch Beschuß von den umliegenden Höhen, wo infolge der Widrigkeit des Geländes der Einsatz von Seitenpatrouillen nicht möglich war, niedrig gehalten werden konnten. Nur die Marschspitze war, wie sich auch in diesem Gefecht erneut gezeigt hatte, von vornherein »auf verlorenem Posten« gewesen.

Die strapaziösen, entbehrungsreichen Märsche der Truppe durch die schroffen, unwegsamen und schluchtenreichen Gebirgsmassive – nicht selten über klippen- und geröllreiches Terrain hinweg – hatten erneut aus Mensch und Tier das Letzte herausgeholt. Die Folgen blieben nicht aus. Major v. Estorff erinnert sich:

»Der Abgang von kranken Mannschaften und von Pferden war außerordentlich. Schnell schwanden die erprobten Offiziere und Mannschaften dahin. Ich schätze, daß im Durchschnitt der anstrengende Frontdienst nur ein halbes Jahr ertragen wurde. Kaum reichte der Nachersatz aus, die Lücken zu füllen, und dann mußte er sich die Erfahrungen neu erkaufen. Die Neueingestellten waren fast immer unbehilflich ...«[303]

Ein besonderes Ärgernis für die deutsche Seite war das Verhalten der englischen Grenzbehörden gegenüber Morengaanhängern, die sich über den Oranje hinweg dem deutschen Zugriff entzogen hatten. So war bald nach dem Gefecht bei Kumkum eine Gruppe Morengakrieger, unter ihnen zwei Unterkapitäne, auf eine dicht bewaldete Insel im Oranje geflüchtet, die nur wenige hundert Meter von dem Platz nahe Kumkum entfernt war, wo Estorffs Truppe – der Major war inzwischen dort eingetroffen – in Biwak gegangen war. Obwohl diese Insel, wie alle Inseln im Oranje, englisches Territorium war, unternahm die englische Grenzpolizei keine Anstalten, gegen die Anwesenheit der Morengaleute dort einzuschreiten. Erst als Hauptmann v. Erckert energisch gegen die Untätigkeit der Kappolizei Protest erhob und »keinen Zweifel über sein weiteres Vorgehn ließ«, lenkte diese ein, indem sie die Morengaleute auf der Insel entwaffnete und in das Landesinnere der Kapkolonie fortschaffte.

302 Generalstabswerk, Bd. 2, S. 274.
303 Estorff: »Kriegserlebnisse ...«, S. 96.

Da in der folgenden Zeit nirgends stärkere gegnerische Kräfteansammlungen gemeldet wurden, gegen die sich ein Vorgehen gelohnt hätte, begnügte sich Estorff vorerst damit, sämtliche Wasserstellen am Oranje besetzt zu halten, um dem Gegner die Wasserversorgung zu sperren und die Kontaktaufnahme mit seinen Werften jenseits des Flusses und das Überwechseln auf britisches Gebiet zu verwehren.

Gleichzeitig wurde eine lebhafte Patrouillentätigkeit, auch zur Ostgrenze bis zum Auob hinauf, entfaltet. Dank dieser Erkundungen konnte schon bald festgestellt werden, daß zahlreiche Spuren zum Unterlauf des Gainab-Riviers führten. Hieraus wurde geschlossen, daß der Gegner offenbar wieder in der Sammlung begriffen war.

Diese Erkundungsergebnisse sollten sich schon sehr bald auf tragische Weise bestätigen: Am 21. März überfielen etwa dreißig Morengaleute eine Pferdewache bei Jerusalem, wobei vier Soldaten fielen. Fünfzehn Pferde wurden abgetrieben. Nur fünf Tage später verübten Morengakrieger nahe Nakab an der Grenze östlich Ukamas wieder einen Überfall, diesmal auf eine deutsche Leerkolonne. Dabei fielen von dem siebzehn Mann starken Begleitkommando ein Offizier (Leutnant Keller) und zehn Reiter.

Daraufhin rückte Major v. Estorff mit starken Kräften in Gewaltmärschen und in breiter Front zur Ostgrenze vor und zwang dadurch den Morenga-Orlog, darunter Morenga und Johannes Christian, östlich Ariam zum Übertritt auf englisches Gebiet. Die hier sehr schwache und weit verteilte englische Grenzpolizei nahm nur etwa vierzig Orlogleute nebst dreihundert Frauen und Kinder in Gewahrsam und brachte sie in die Nähe des Grenzortes Rietfontein-Süd, von wo sie bald wieder auf deutsches Gebiet zurückkehrten.

Morenga und Johannes Christian hatten sich der Kappolizei überhaupt nicht gestellt und wechselten am 5. April ebenfalls wieder auf deutsches Gebiet über, nachdem »sie sich unter den Augen der englischen Grenzbehörden mit allen Kriegsbedürfnissen wieder versehen hatten.« Ukamas südlich umgehend, gelangten sie in das Bergland zwischen diesem Ort und Heirachabis. Hier trennten sie sich: Johannes Christian strebte nun über Amas den Großen Karrasbergen zu (sein weiterer Kriegszug wird in Kapitel 19 beschrieben), während sich Morenga mit etwa hundert Gewehren am Gainab-Rivier entlang nach Norden in Richtung Fettkluft wandte, wo dieser Trockenfluß scharf nach Westen abbiegt und sich den Weg durch die schroffen Naraobberge bahnt.

Am 8. April stieß ein auf dem Wege nach Hudab befindlicher Zug der 1. Kompanie/2. Feldreg. in dem Schluchtengewirr des Gainab-Durchbruches auf Morengas Orlog. Ein heftiger Kampf entbrannte, in dessen Verlauf acht Soldaten fielen, sechs, darunter der Zugführer, Leutnant Gaede, verwundet sowie zwei vermißt wurden. Der Feind wich, als Teile der inzwischen wieder neu aufgestellten Abteilung des Hauptmanns Heuck, die in Hudab zusammengezogen war, heranrückten, und zog in Richtung Oas ab.

Von dort aus setzte ihm die 11. Kompanie/1 Feldreg. weiter nach und stellte ihn nördlich Oas am 10. April erneut zum Kampf. Nach scharfem zweistündigem Gefecht wurde der Morenga-Orlog aus seiner Stellung gedrängt und setzte sich nach Osten ab. Unterwegs trennte sich Johannes Andreas, ein Verwandter von

Johannes Christian, mit einem Teil der Orlogleute von Morenga, um Anschluß an Johannes Christian im Großen Karrasmassiv zu gewinnen. Morenga selbst wandte sich nun mit dem Rest seines Orlogs den schwer zugänglichen Schluchten des Back-Riviers zu, »in dem ihm kein Schlupfwinkel unbekannt war, er jeden Weg und Steg kannte«.

Hier hielt sich der Rebellenführer indes nur kurze Zeit auf und wechselte dann erneut über die Ostgrenze hinweg auf die englische Seite über. Dies gelang ihm trotz starker deutscher Grenzpatrouillen unbemerkt. Kurz darauf, am 12. April, überschritt er bei Van Rooisvley wieder die Grenze nach Westen, unbehelligt von der Kappolizei, nachdem er auf englischem Gebiet sein Beutevieh gegen Munition und Proviant bei dem Händler Spangenberg eingetauscht hatte.

Am 18. April wurde Morenga auf deutscher Seite bei der Wasserstelle Holpan etwa 70 km von Van Rooisvley entfernt gesichtet und durch Hauptmann von Rappard (1. Etappenkompanie) in ein Gefecht verwickelt. Hierbei wurde der Rebell nach kurzem Kampf, in dem er selbst verwundet wurde, mit seinen Kriegern nach Osten zurückgetrieben.

Man schreibt den 29. April 1906. Es ging auf Abend zu. Hauptmann Bech, der Chef der 7. Batterie und Kommandeur der deutschen Absperrtruppe im Bereich Witpan – Hanapan (7. Batterie, 1. und 5. Etappenkompanie), hatte sich soeben mit seinen Offizieren zum einfachen Abendbrot vor dem Farmhaus in Hanapan niedergelassen. Die Pferde, Maultiere, Ochsen und Bockies waren gerade von der Weide zurückgetrieben worden. Die Mannschaften suchten müde und abgespannt ihre Pontoks auf, um dort ihr kärgliches Abendessen zu sich zu nehmen. Alles sehnte sich nach dem heißen Tag nach Ruhe.

Doch kaum hatten die Offiziere die ersten Bissen getan, da näherte sich eilenden Schrittes der »Heliman«, der Melder der nahegelegenen Heliographenstation. In der Hand hielt er den bewußten roten Umschlag, also eine wichtige Meldung.

Jetzt ist er heran. Alles schaut gebannt auf den Hauptmann, der die Meldung entgegennimmt. »Aha«, denkt er, »drei Kreuze auf dem Umschlag, also eine äußerst eilige Nachricht!« Bech reißt den Umschlag auf, überfliegt den Inhalt der Meldung und liest sie dann seinen Offizieren vor: »Etwa 50 Hottentotten haben in der Nacht vom 27. zum 28. die Pad Klippdamm – Witpan nach Osten in Richtung Grenze überschritten. Morenga selbst will noch in dieser Nacht Klippdamm überfallen; er steht mit 180 Mann nicht weit davon entfernt.

gez. v. Estorff, Oberstleutnant«

Bech springt auf: »Höchste Gefahr im Verzuge! Es muß sofort gehandelt werden! Wachtmeister Thiem!« Da kam auch schon der gefürchtete, aber auch beliebte Batteriewachtmeister, ein »prächtiger, braver Ostpreuße«. »Wachtmeister, Hottentotten bei Klippdamm, da müssen wir hin, noch diesen Abend! Lassen Sie Alarm geben, in zwei Stunden, also um 20.30 Uhr, geht's los mit allen verfügbaren Mannschaften!«

Thiem trat sofort in Aktion, und zwei Stunden später – die Dunkelheit war bereits hereingebrochen – stand die Truppe marschbereit angetreten. Im Eiltempo ging es auf der Pad nach Nordwesten in Richtung auf die nur 10 km entfernte Wasserstelle und Farm Klippdamm. Doch nirgends stießen die Reiter auf Nama, und Klippdamm war auch nicht überfallen worden. Die Besatzung von Klippdamm meldete jedoch, daß der Feind die Grenze bereits wieder überschritten habe.

In Klippdamm erreichte Hauptmann Bech auch ein Heliogramm des Oberstleutnants v. Estorff (inzwischen zu diesem Dienstgrad befördert worden) mit dem Befehl: »Feind mit äußerster Energie verfolgen, bis englische Polizei Bande stellt!« Der Hauptmann war sehr erleichtert über diesen Befehl, las er doch aus diesem heraus, daß er den Gegner notfalls auch über die Grenze hinweg verfolgen dürfe, solange die schwache Kappolizei, die mit nur 29 Polizisten die 400 km lange Grenze vom Oranje bis nach Rietfontein-Süd sichern mußte, nicht einschritt oder dazu außerstande war.

In der Nacht zum 1. Mai brach Bech mit seiner Batterie zur Verfolgung des Gegners auf, zunächst nach Süden in Richtung Witpan. Die beiden Etappenkompanien schlossen sich später an.

Von Witpan aus wollte der Hauptmann dann in einem breiten Suchstreifen gegen die Grenze vorrücken.

Es war am 1. Mai nachmittags – Bechs Soldaten ritten gerade, »mit tiefer Nase Spuren suchend«, an der Grenze entlang – da tauchte plötzlich bei Grenzpfahl 91 von der englischen Seite her, »heftig gestikulierend«, ein Reiter, ein Bur namens Lensing, auf und teilte Bech mit, er habe am 29. April Morenga in Spangenbergs Store in Bisseport gesehen, dieser sei jetzt im Begriff, mit etwa fünfzig Bewaffneten in westliche Richtung, also zur deutschen Grenze hin, abzurücken. – Kurz danach ging bei Bech eine weitere Meldung ein, Morenga sei südlich Grenzpfahl 92 gesichtet worden; er habe die Absicht, über Fahlkopje wieder in die Großen Karrasberge zu ziehen.

Die Sonne war im Untergehen, an eine Verfolgung heute noch war gar nicht zu denken. Der Hauptmann beschränkte sich daher zunächst darauf, seine Truppe bei Grenzpfahl 92 noch am Abend zu sammeln. Am nächsten Morgen wurde dann die Verfolgung des flüchtigen Rebellenführers aufgenommen. Über die nun folgenden kriegerischen Ereignisse erfahren wir aus der Feder des Hauptmanns Bech selbst: »… Bald im schweren Dünengelände bergauf bergab, dann wieder auf steinigem Boden, so ging's den ganzen 2. und 3. Mai 1906. Voran als Spitze, zusammen mit einem Buren, einem Eingeborenen und einigen Reitern, der als guter Spurensucher bekannte Oberleutnant von Davidson...

So ging's immer dicht an der Grenze entlang, bis plötzlich am 4. Mai die Spur nach Osten abbog. Was? Sind die Kerle wieder ins Englische hinüber? Bloß um nachher, wenn die Luft rein, ausgeruht bei uns wieder zu erscheinen und ›Dütschmann‹ auszulachen? Sollten wir nach diesen Anstrengungen alles aufgeben, bloß wegen dieser papiernen Grenze? Nein! das gab's nicht! Zwei Stunden quer herüber zur nächsten Wasserstelle, wo wir die Hottentotten vermuteten, das war ja immerhin ein bißchen weit ins Englische drin! Aber – frisch gewagt ist halb gewonnen!

Es hatte ja auch von Estorff befohlen: ›… bis die englische Polizei die Bande stellt!‹

So ging's dann weiter. Schließlich wurde Gefechtsformation angenommen. Jeder brannte vor Begierde, an den Feind zu kommen.

Da fiel plötzlich ein Schuß – dann wieder einer –, und jetzt ging's los, ein tolles

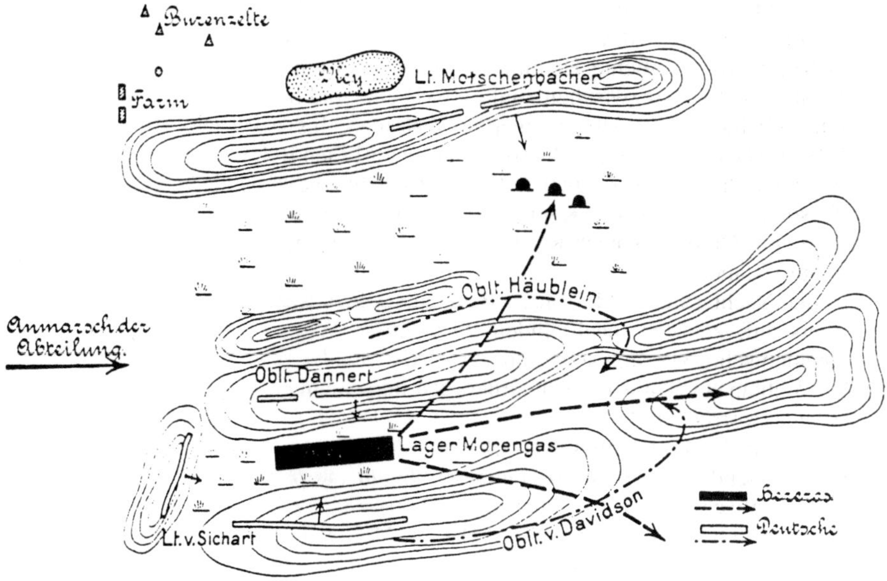

Gefecht bei Van Rooisvley

Geknatter! Also da waren die Kerls! Donnerwetter! dicht am englischen Van Rooisvley; sie hatten sich nicht träumen lassen, daß ›Dütschmann‹ ihnen hierher nachkommen würde.

Aber tapfer, in Büschen gut gedeckt liegend, setzten sie sich zur Wehr gegen unsere Reiter. Wie der Teufel waren diese von den Pferden herunter und hatten unter Kommando ihrer Zugführer Oberleutnant Dannert und Leutnant von Sichart die umliegenden Dünen besetzt …

Wenn auch von den Hottentotten allmählich einer nach dem anderen fiel, so ging's doch auch bei uns nicht ohne Verluste ab: Reiter Maile, ein braver, eben erst aus Deutschland gekommener Württemberger, fiel beim Überschreiten einer Düne. Oberleutnant Molière wurde ebenso wie Reiter Gorgas beim Vorgehen gegen einen der Büsche verwundet; der gerade in der Nähe befindliche Sanitätsunteroffizier Wiedemeyer verband beide recht geschickt, ungeachtet des feindlichen Feuers; auch der Oberarzt Weitzenmiller kam sofort heran.

Ganz hervorragend benahmen sich auch die Leute des linken Flügelzuges. Hier lagen am Fuße der besetzten Düne drei einzelne Pontoks; in diese hatten sich mehrere Hottentotten geflüchtet.

Den Gewehrlauf durch ein kleines Loch in der Wand gesteckt, feuerten sie von dort aus auf unsere Reiter. Unablässig flogen diesen die Kugeln um die Köpfe, ohne daß das geringste von den gelben Kerls zu sehen gewesen wäre. Da blieb nichts anderes übrig, als zu stürmen. Mit aufgepflanztem Seitengewehr, das Gewehr in der Rechten – so stürmte allen voran Leutnant Motschenbacher, neben ihm der brave Reiter Knuth und noch fünf Mann des Zuges, die Düne herunter. Mit ›Hurra!‹ ging's wie rasend auf die Pontoks los, aus denen noch immer die Kugeln geflogen kamen. – Wie's den Hottentotten dann darin gegangen ist, weiß ich nicht, jedenfalls geschossen haben die nicht mehr!

Als allmählich auf dem ganzen Gefechtsfeld das Feuer so langsam verstummt war und die Züge zur weiteren Verfolgung zu Pferde angesetzt waren, da kamen auf einmal drei gut angezogene, gar nicht orlogsmäßig aussehende Khakireiter an, von denen der eine eine weiße Flagge, das heißt ein am Reitstock befestigtes weißes Taschentuch, hoch erhoben trug.

Ich denke, was ist denn das für eine merkwürdige Erscheinung? – Aha! englische Polizei! Der Führer, ein Korporal der Cape Mounted Police, machte mich darauf aufmerksam, daß ich mich auf britischem Gebiet befände und hier nicht schießen dürfe. Auch verlangte er die Auslieferung der Waffen des gesamten deutschen Detachements. Was!? Ich denke, ich höre nicht recht! Von uns wollen die Engländer die Gewehre haben? – Na, also ich sprach mein Bedauern aus, bei der Verfolgung von ganz frischen Spuren auf britisches Gebiet geraten zu sein, und bat, die Ankunft der deutschen Truppe lediglich in dem Sinne aufzufassen, daß es ihr Bestreben gewesen sei, der englischen Polizei bei Entwaffnung der Hottentotten behilflich zu sein. Ihre eigenen Waffen würden die Deutschen aber behalten. Das war die dienstliche Aussprache mit dem Korporal, auf welche hin nunmehr die auf Verfolgung befindlichen Züge zurückgeholt wurden …«[304]

Das Gefecht hatte die Deutschen einen Toten und drei Verwundete gekostet, während von den Morengaleuten dreiundzwanzig getötet worden waren, darunter Samuel Morenga, ein Bruder des Rebellenführers. Morenga selbst war durch zwei Schüsse am Kopf und Hals verwundet worden. Er hatte sich, auf dem Gesicht liegend, tot gestellt und nicht gerührt. Zwei deutsche Soldaten waren an ihm vorbeigegangen, ohne ihn zu erkennen, und einer hatte gemeint: »Na, der hat auch genug!« Tatsächlich aber hatte er noch nicht genug gehabt! Als die deutsche Truppe kurz darauf das Gefechtsfeld verlassen hatte, um die Verfolgung aufzunehmen, hatte sich Morenga wieder erhoben und war mit sieben unbewaffneten Begleitern in den Dünen verschwunden.

Am 14. Mai wurde der Rebellenführer mit seinen sieben Anhängern von der Kappolizei festgenommen. Diese brachte ihn zunächst nach Upington und von dort aus bald darauf 300 km weiter landeinwärts nach Priska im westlichen Griqualand. Später schaffte man ihn nach Tokai bei Kapstadt, nachdem die englischen Behörden das Gesuch der Deutschen, Morenga auszuliefern, unter Hinweis darauf abgelehnt hatten, daß den Aufständischen die Rechte von Kriegführenden zugestanden werden müßten.

»Das Ausscheiden des Morenga aus der Zahl der Gegner der Deutschen«, so heißt es triumphierend im Generalstabswerk, »bedeutete einen wichtigen Erfolg der deutschen Waffen.«[305] Doch die Freude der Deutschen über den Sieg von Van Rooisvley sollte nur ein Jahr währen, dann stand nämlich Morenga schon wieder

304 Dincklage-Campe, S. 232ff.
305 Generalstabswerk, Bd. 2, S. 282.

an der Grenze, um die Kriegsfackel erneut in das Schutzgebiet zu tragen! (Siehe hierzu Kapitel 20.)

Bechs siegreiche Truppe trat nach einem auf dem Gefechtsfeld ausgebrachten Kaiserhoch, »dessen Hurra donnernd in ganz Van Rooisvley den Engländern und Buren, den Kaffern und wer es sonst noch hören wolle, in die Ohren drang«, den Rückmarsch in das Schutzgebiet an.

Der Vorstoß der Kolonne Bech auf britisches Gebiet stellte eine bewußt in Kauf genommene Grenzverletzung dar. Sie wurde vom Truppenkommando in Nachhinein gutgeheißen, wie aus einem Telegramm des Kommandos an Gouverneur v. Lindequist hervorgeht. Treuherzig heißt es hier: »Verletzung britischer Neutralität liegt nach Ansicht Kommandos nicht vor, da Kappolizei, besten Willen vorausgesetzt, nicht in der Lage war, Entwaffnung (der Morengaleute – Anm. Verf.) zu erzwingen.«[306]

Lindequist blies in das gleiche Horn und drahtete – getreu dem Motto »Angriff ist die beste Verteidigung« – an den deutschen Generalkonsulverweser in Kapstadt, Jacobs:

»Bitte bei Kapregierung aufs energischste über diese flagranten Völkerrechtsbrüche Beschwerde zu führen. Deutsche Patrouillen werden entwaffnet ... Hottentotten nicht. Es ist bereits das zweite Mal, dass Morenga mit Wissen der Kappolizei bewaffnet bei Spangenberg gewesen ist ...

Bitte Kapregierung zu versichern, dass Truppe durchaus bereit, Kappolizei bei Durchführung der Neutralität auf Wunsch zu unterstützen, bitte aber auch durchblicken zu lassen, dass falls Kappolizei an Ostgrenze, wie es Anschein hat, nicht willens den Pflichten der Neutralität nachzukommen, der Truppe Anwendung von Selbsthilfe nicht werde verdacht werden können.«[307]

Trotz des inzwischen von Oberstleutnant v. Estorff an seine Truppe verhängten Verbots der Überschreitung der Grenze zur britischen Nachbarkolonie kommt es nur wenig später zu einer erneuten Grenzverletzung durch eine deutsche Patrouille: Als der zur Abteilung Bech gehörende Oberleutnant Beyer den Aufenthaltsort Morengas nach dessen Flucht von Van Rooisvley erfuhr, beschloß er, der Kappolizei zuvorzukommen und den Rebellenführer zu fassen. Er überschritt in der Nacht zum 12. Mai mit zehn Reitern die Grenze, um Morenga auszuheben. Doch dieses Mal wurde der Rebellenführer rechtzeitig gewarnt und entkam dem deutschen Zugriff. Auf Veranlassung Estorffs wurde gegen Beyer ein Disziplinarverfahren eingeleitet.[308]

Das Auswärtige Amt in Berlin reagierte auf die Grenzvorfälle und forderte den deutschen Botschafter in London auf, für den Fall, daß die britische Regierung die Angelegenheit zur Sprache bringen sollte, dieser mitzuteilen, »daß diesseits Grenzverletzung streng mißbilligt und eine Wiederholung mit aller Energie verhindert werden wird«.[309] Indes ist ein diplomatisches Nachspiel offenbar ausgeblieben.

306 BAB, RKA Nr. 2093, Bl. 110: Lindequist an AA, 25.6.1906

307 Ebenda, Bl. 110f.

308 Siehe hierzu BAB, RKA Nr. 2094, Bl. 31: Lindequist an AA, 26.5.1906.

309 Siehe hierzu BAB, RKA NR. 2093, Bl. 117: AA an deutschen Botschafter in London, 9.5.1906.

Mit dem Übertritt Morengas auf britisches Gebiet und seine Verhaftung durch die Kappolizei war die deutsche Truppenführung ihres größten Widersachers – wenn auch nur vorläufig, wie sich später zeigen sollte – entledigt worden, »der«, wie Hauptmann Bayer schreibt, »durch meisterhafte Kreuz- und Querzüge, durch geschickte Überfälle und vor allem durch den Einfluß seiner überragenden Persönlichkeit auf seine Anhänger den Krieg in die Länge gezogen und uns dadurch unberechenbaren Schaden zugefügt hat«.[310]

Damit kehrten zur großen Erleichterung der Deutschen, vor allem der Siedler, im östlichen und südöstlichen Teil des Südbezirks Ruhe ein. Doch noch war der nun schon zweieinhalb Jahre dauernde Krieg im Namaland nicht zu Ende, denn noch standen die beiden Kampfgefährten Morengas, Johannes Christian und Abraham Morris, mit ihren Bondelzwart-Orlogs im südwestlichen Teil des Namalandes irgendwo zwischen den Großen Karrasbergen und dem wilden Gebirgsland am unteren Fischfluß im Felde!

310 Bayer: »Mit dem Hauptquartier …«, S. 235.

19. Die Bondelzwart werden unterworfen

Die Reichsregierung beantragt im Reichstag die Verlängerung der Südbahn über Kubub hinaus bis Keetmannshoop – Deimlings parlamentarischer Knalleffekt: »Meine Herren, soll ich Ihnen erst ein paar Hungerleichen auf den Tisch des Hauses legen?« Das Gefecht bei Wittmund – Johannes Christians und Fieldings vereinigte Orlogs werden bei Gawachab geschlagen – Vernichtung der Patrouille Engler bei Gais – Das Gefecht bei Dakaib – Überfall auf die Heliographenstation Tsamab – Das Gefecht bei Nukais – Kampf um Sperlingspütz – Johannes Christians Husarenstreiche bei Auros und Gabis – Der Unmut in der Heimat über den sich hinziehenden Krieg in Südwest wächst – Wilhelm II ernennt Oberst Deimling zum neuen Truppenkommandeur in Südwest: »Beenden Sie bald den Aufstand, der uns schon so viel Blut und Geld gekostet hat« – Deimling stellt die Kriegführung auf eine neue Grundlage – Die neue Deimlingsche Taktik besteht ihre erste Bewährungsprobe: Schlappen für Johannes Christian bei Alurisfontein, Noibis, Areb und Dassiefontein – Fielding wird bei Loreley über den Oranje gejagt – Anzeichen von Friedensbereitschaft bei den Bondelzwart – Die Friedensverhandlungen mit Johannes Christian in Heirachabis/Ukamas – Deimlings Geheimdiplomatie – v.d. Hagens Bericht über die Friedensverhandlungen mit den Bondelzwart – Gouverneur v. Lindequist reagiert entrüstet auf den Friedensvertrag von Ukamas – Machtwort des Kaisers: »Es bleibt beim Friedensvertrag von Ukamas!« – Aufhebung des Kriegszustands – Kommandeurswechsel: Estorff löst Deimling ab – Die »Hottentottenwahlen«

(Siehe hierzu Karte 5)

Bei der zu Beginn des vorigen Kapitels geschilderten Bewilligung der sogenannten »Bahnvorlage«, des Baues einer Eisenbahnlinie von Lüderitzbucht bis Kubub, durch die Budgetkommission des Reichstages war diese zur freudigen Überraschung der Kolonialabteilung sogar noch einen Schritt weitergegangen: Sie hatte eine Position von 40.000 Mark für Vorarbeiten eines Bahnbaues von Windhuk nach Rehoboth abgesetzt und die so frei gewordenen Mittel in den laufenden Etat für Vorarbeiten zur Verlängerung der Südbahn über Kubub hinaus bis Keetmannshoop eingestellt.

Diese einmalig günstige Gelegenheit glaubte die Reichsregierung – nach dem Motto »das Eisen muß geschmiedet werden, solange es noch warm ist« –, ausnutzen zu müssen, und brachte eine Gesetzesvorlage mit der Forderung in die Volksvertretung ein, in einem Ergänzungsetat für 1906 nun nicht nur die Mittel für die Vorarbeiten, sondern gleich auch für den regelrechten Bau der Südbahnverlängerung bis Keetmannshoop zu bewilligen.

Diese Vorlage war im Parlament noch gar nicht zur Behandlung gekommen, da trat ein Ereignis ein, das einen Stimmungsumschwung unter den Abgeordneten des Zentrums und des linken Flügels hervorrief: Der Rebellenführer Morenga war von der Kappolizei endgültig in Haft genommen worden und schied damit als Gegner der deutschen Kolonialmacht aus. Da die Reichsregierung in der Begründung ihrer Gesetzesvorlage zur Verlängerung der Bahn den Rebellenführer als »die Seele des

Widerstands« bezeichnet hatte, war eo ipso ein Hauptgrund für diese Vorlage hinfällig geworden.

Nun hielten Zentrum, Freisinnige und Sozialdemokraten den Krieg in Südwestafrika schon für so gut wie beendet. Ein Versuch der Regierung, jetzt einen anderen noch im Felde stehenden »Räuberhauptmann«, nämlich Abraham Morris, als neues »Südwester Schreckgespenst« in Szene zu setzen, scheiterte: Der Gedanke, daß nun mit einmal dieser zweitrangige Rebellenführer der neue »deus ex machina« sein könnte, der die Fahne des Aufruhrs weitertragen würde, fand keinen Anklang im Zentrum und auf dem linken Flügel.

Allgemeiner Tenor links von den rechten Fraktionen war nun, man solle, falls wider Erwarten tatsächlich das Ende des Aufstands im Süden noch nicht abzusehen sei, doch einfach den Süden des Schutzgebietes aufgeben. Die »Heimstrategen« feierten Triumphe: »Wenn die Truppen aus dem Süden zurückgezogen würden«, so folgerten sie, »müßten auch die Banden, die sich nur durch Überfälle auf Truppentransporte halten können, mit der Zeit verschwinden.«[311] »Außerdem«, so folgerten sie weiter, »würde mit der Aufgabe des Südens natürlich auch die Notwendigkeit für eine sofortige Verlängerung der Bahn hinfällig.«[312]

Am 26. Mai 1906 kam die zweite Bahnvorlage im Plenum des Reichstages zur Beratung. Diese sollte in einem Eklat enden. Schon von Anfang an herrschte eine sehr explosive Stimmung im Hohen Hause, die sich in zahlreichen Zwischenrufen Luft machte.

Eingeleitet wurde die Beratung durch Erzberger. Er erklärte, daß die Budgetkommission mehrheitlich gegen die Verlängerung der Bahn sei. Ein grundsätzliches Festhalten am Süden der Kolonie sei nicht zu empfehlen, man solle statt dessen die Truppenkräfte auf den Norden konzentrieren.

Daraufhin schaltete sich der Vertreter der Kolonialabteilung in die nun einsetzende Aussprache ein und lehnte die Aufgabe des Südens als nicht durchführbar strikt ab. Als gleich danach dem anwesenden Obersten Deimling – er war gerade erst vom Kaiser zum neuen Kommandeur der Schutztruppe für Südwestafrika ernannt worden – das Wort erteilt wurde, begann die Erregung im Hohen Hause ihrem Höhepunkt entgegenzustreben. Irritiert durch die schon gleich zu Beginn seines Auftritts einsetzenden Zwischenrufe, ließ sich der temperamentvolle Oberst »zu einem«, wie es hieß, »sehr unangebrachten Ausfall«[313] gegen die Volksvertretung hinreißen:

»Meine Herren, solange ich die Ehre habe, das Kommando draußen zu führen, wird der Süden nicht aufgegeben, es sei denn, daß Seine Majestät der Kaiser es befiehlt, der allein darüber zu bestimmen hat und sonst niemand ... Wir haben jetzt so viele Kranke wie noch nie seit Beginn des Aufstandes. Das liegt an der mangelhaften Verpflegung ... Meine Herren, soll ich Ihnen erst ein paar Hungerleichen auf den Tisch des Hauses legen, ehe die Bahn bewilligt wird? ...«[314]

Minutenlang unterbrochen durch den auf seine letzten Worte hin einsetzenden Tumult links und in der Mitte, fuhr Deimling dann, anspielend auf die Forderung

311 Spellmeyer, S. 115.
312 Ebenda, S. 115.
313 Ebenda, S. 116.
314 Ebenda, S. 116.

nach Verringerung der Truppenstärke in Südwest, in seinen Ausführungen fort: Er habe die feste Absicht, dem Reich die enormen Kosten verringern zu helfen, und werde mit der Rückführung der Truppen beginnen, »sobald die Kriegslage das gestatte.« Dann hob er hervor, daß gerade der Bahnbau rasch Truppen freimachen würde, weil dann nicht mehr jeder einzelne Ochsenwagen militärische Bedeckung gegen Raubüberfälle brauche. Beschwörend fügte er hinzu: »Mit jedem Kilometer Bahn, der weiter gebaut wird, werden Truppen überzählig; deshalb schnell die Bahn bauen.«[315]

Die Wogen der Erregung in den Reihen des Zentrums und der Linken überschlugen sich, als Deimling seine Rede schließlich mit den Worten beendete:
»Nun, meine Herren, was soll ich den Truppen sagen, wenn ich hinauskomme? Soll ich ihnen sagen: Die Eisenbahn, die euch der Reichstag als Weihnachtsgeschenk gegeben hat, die läßt er jetzt im wahren Sinn des Wortes bei Kubub im Dreck stecken? Soll ich den Leuten sagen, daß sie im Stich gelassen werden? Nein, meine Herren, geben Sie mir die Gewißheit mit, daß die Bahn gebaut wird.«[316]

Die Mehrheit des Parlaments – mit Ausnahme der äußersten Rechten – faßte Deimlings Rede als einen ungeheuerlichen Affront gegenüber der Volksvertretung auf: »Noch niemals habe es jemand gewagt, in solchen Tönen zu dem Hohen Haus zu sprechen.« Der freisinnige Abgeordnete Müller-Sagan sagte: »Wenn ... in diesem Haus ein schneidiger Offizier sich herausnimmt, in solchen Ausdrücken sich zu bewegen, so ist das kein Parlamentarismus mehr, so ist das schon das Regime der Soldateska.«[317] Der sozialdemokratische Abgeordnete Ledebour verglich Deimling mit dem französischen Revanchisten Boulanger[318], »nur sei das, was man soeben gehört habe, zehnfach schlimmer als alles, was Boulanger getrieben«;[319] doch dürfe Deimling des guten Glaubens sein, »daß er bei Hofe Belobigung für eine derartige Brüskierung des Reichstages finden würde«.[320]

Schon wenig später erhielt der Oberst die Quittung für seinen Reichstagsauftritt. Nach einem »Trommelfeuer von Reden« wurde die Verlängerung der Südbahn bis Keetmannshoop abgelehnt!

Kleinlaut gestand Deimling, dem nun von der Presse tüchtig der Kopf gewaschen wurde, seinen parlamentarischen Fehltritt ein:
»Gewiß, meine Rede war nicht parlamentarisch, das habe ich damals erkannt und will es heute nicht beschönigen. Auch staatsrechtlich habe ich mich verhauen, denn die Mittel zur Fortsetzung des Feldzuges mußten vom Reichstag bewilligt werden, und damit stand auch dem Kaiser nicht allein die Entscheidung über die Truppenzahl zu. Ich habe mich eben als Soldat durch die Forderung, den Süden der Kolonie aufzugeben, ins Harnisch bringen lassen und mir darüber auf dem fremden Boden des Parlaments eine Schlappe geholt ...«[321]

315 Deimling: »Aus der alten in die neue Zeit ...«, S. 109
316 Ebenda.
317 Spellmeyer, S. 116
318 Boulanger, Georges (1837–1891), franz. General, 1886/87 Kriegsminister; erstrebte den Revanchekrieg gegen Deutschland.
319 Noske, S. 119.
320 Ebenda
321 Deimling: »Aus der alten in die neue Zeit ...«, S. 109f.

Kehren wir nun zurück zum Kriegsschauplatz Südwestafrika. Wie wir bereits im vorigen Kapitel gelesen haben, hatte sich Johannes Christian um den 7./8. April 1906 bei Heirachabis von Morenga getrennt und den Großen Karrasbergen zugewandt. Dort schloß sich ihm Johannes Andreas an, der – uns ebenfalls vom vorigen Kapitel her schon bekannt – am 10. April gleichfalls Morenga verlassen hatte.

Bereits kurz nach seiner Trennung von Morenga war auf Johannes Andreas' Fluchtgruppe die Abteilung Heuck (1., 2. und 11. Kp./1. Feldregiment, zwei Gebirgsgeschütze) angesetzt worden. Dieser war es jedoch trotz scharfen Nachdrängens nicht gelungen, den flüchtigen Unterkapitän noch östlich des Gebirgsmassivs einzuholen und damit dessen Vereinigung mit Johannes Christian zu verhindern.

Dennoch gaben die deutschen Reiter nicht auf. Sie durchschritten die südlichen Ausläufer der Großen Karrasberge auf noch völlig unbekannten Saumpfaden, und schließlich wurden ihre Anstrengungen von Erfolg gekrönt: Am 20. April konnte der vereinigte Gegner am Westabhang des Großen Karrasmassivs bei der Wasserstelle Wittmund gestellt werden. Ein Augenzeuge, der Gefreite Gustav Czirwon, schreibt über das nun folgende Gefecht:

»... Durch Felsschluchten und über Gestein erklommen wir die Karrasberge, und endlich hatten wir den Feind an der Westseite des Gebirges, bei der Wasserstelle Wittmund, eingeholt. Die Hottentotten zählten 150 Gewehre unter Johannes Christian. Wir waren wohl drei Kompagnien unter Hauptmann Heuck, aber doch nur 110 Gewehre in der Schützenlinie, denn es blieben immer Mannschaften bei den Wagen und als Pferdehalter.

Christian konnte nicht weg, er saß bei Wittmund fest und hatte den Rand der Schlucht besetzt; wir zogen die Höhe entlang. Das Feuergefecht war bald im vollen Gang. Zum Stürmen gegen die in Felsen gedeckten Hottentotten waren wir zu schwach, und so dauerte der Kampf erbittert fort. Da rief Oberleutnant von Baehr: ›Auf! Sprung vor! Mir nach!‹ Er wollte mit seiner Kompagnie zum Angriff vorgehen, es dauerte ihm zu lange. Aber kaum war die 11. Kompagnie aufgesprungen, da fiel auch schon der tapfere Offizier ...

Noch lange dauerte der Feuerkampf, dann endlich entflohen die Hottentotten. Wir konnten noch einige der Kerle zu Gefangenen machen. In ihrer Stellung fanden wir furchtbare Blutspuren; die Verfolgung ging nach den Kleinen Karrasbergen ...«[322]

Auf deutscher Seite fiel bei Wittmund ein Offizier (Oberleutnant v. Baehr), während sieben Reiter verwundet wurden.

In dem Kleinen Karrasmassiv angelangt, vereinigte sich Johannes Christian mit den dort sitzenden Rebellenführern Fielding (siehe Schluß Kapitel 16) und Lambert. Nunmehr belief sich Johannes Christians Orlog auf mehr als 250 Gewehrträger.

Der vereinigte Orlog verließ schon bald wieder die unwirtlichen Kleinen Karrasberge und wandte sich dem unteren Löwenfluß zu in der Hoffnung, dort günstigere Überlebensbedingungen vorzufinden. Hier angekommen, lief er indes

322 Dincklage-Campe, S. 272.

am 4. Mai der nahe der Wasserstelle Gawachab stehenden 7. Kompanie/1. Feldreg. unter Oberleutnant Cruse direkt in die Arme.

Trotz erheblicher zahlenmäßiger Unterlegenheit ging Cruse sofort gegen Johannes Christians Orlog vor und zwang ihn zum Rückzug den Löwenfluß weiter abwärts. Den weichenden Gegner auf beiden Seiten des hier tief eingeschnittenen Trockenflusses nachdrängend, glückte es der 7. Kompanie, trotz des schwierigen Vorwärtskommens in dem mit Steingeröll bedeckten und durch zahlreiche in den Löwenfluß einmündende Nebenriviere unterbrochenen Terrain den Gegner am Mittag des 5. Mai erneut zum Kampf zu zwingen und zu schlagen. Die Nama räumten ihre Stellung nach längerem, hartem Gefecht und zogen sich nach Südwesten weiter Löwenfluß-abwärts dem Großen Fischfluß entgegen zurück. Dieses Gefecht hatte die deutsche Seite drei Tote und sechs Verwundete gekostet.

Den Großen Fischfluß abwärts marschierend, vereinigte sich Johannes Christian bald darauf bei Rosinbusch mit Abraham Morris, so daß sich hier wieder eine stattliche Anzahl von Orlogleuten zusammenfand.

Gegen diese gegnerische Kräfteansammlung setzte das deutsche Kommando ein größeres Truppenaufgebot an. Dieses ging wieder nach dem alten Taktikkonzept konzentrisch in drei Kolonnen in Richtung Rosinbusch vor. Doch erneut entzogen sich die Aufständischen rechtzeitig einem Entscheidungskampf, indem sie nach Osten durchbrachen, ehe sich die ihnen ausgeworfene Schlinge zuzog.

Am 16. Mai wurden die Spuren des Bondelzwart-Orlogs von einer vier Mann starken Patrouille unter Leutnant Kurt Engler am Kameldornfluß gefunden. Um seinen Verbleib festzustellen, beschloß Engler, den Spuren zu folgen. Ein sehr gewagtes Unterfangen, da die Spuren ganz frisch waren! Der Leutnant wurde ein Opfer seines kühnen Mutes! Die Nama mußten ihn in dem unübersichtlichen Gelände eher erkannt haben als er sie: Sie bereiteten seiner Patrouille westlich von Gais am südöstlichen Abhang des Großen Karrasmassivs einen Hinterhalt, in den diese am 19. Mai ahnungslos hineinritt und niedergemacht wurde.

Nun setzte eine wilde, ruhelose Verfolgungsjagd auf Johannes Christians Orlog ein, der nach dem Überfall auf die Patrouille Engler südwärts am Ham-Rivier entlang ausgewichen war. Auf ihrer Flucht stießen die Bondelzwart am 21. Mai bei der Wasserstelle De Villierspütz auf eine auf dem Marsch von Warmbad nach Ukamas befindliche Funkabteilung unter Oberleutnant v. Milczewski, die sie sofort angriffen und dabei drei Reiter töteten.

Anschließend zog der Bondelzwart-Orlog wieder nach Norden und verschanzte sich dann in den Naraobbergen in einer überhöhten, festungsartigen Stellung bei Dakeib in Erwartung der ihm nachdrängenden von Major Rentel geführten Verfolgungstruppe (7. und 9. Kp./2. Feldreg. sowie 3. Ers.-Kp.).

Hier kam es am 23. Mai zu einem schweren Ringen, das für die Deutschen mit einem Verlust von vier Toten und achtzehn Verwundeten endete. Der Gegner räumte schließlich seine Stellung und zog sich nach Süden wieder zum Ham-Rivier zurück.

Unterwegs gelang den Bondelzwart ein erneuter Coup: Sie überfielen am 24. Mai an der Wasserstelle Tsamab am Ham-Rivier einen von Leutnant Karl Fürbringer geführten, zwölf Mann stark Heliographentrupp, der dort eine Station einrichten sollte, und machten ihn restlos nieder. Joseph Christian, Johannes

Christians Bruder, schilderte ein Jahr später dem Pater Malinowski diesen Überfall wie folgt:
»… Am 24. Mai vorigen Jahres, nachmittags, traf ich mit 30 Mann auf die frische Spur Fürbringers, die auf Tsamab führte.

Etwa 2 Kilometer von dieser Wasserstelle wurde durch einen Beobachtungsposten von einem Baume herab festgestellt, daß Fürbringer mit seinen Leuten bei Tsamab lagerte. Ich beschloß, die deutsche Abteilung anzugreifen, und es gelang mir, gedeckt durch das zerklüftete Gelände, bis auf etwa 100 Meter an den Lagerplatz heranzukommen. Die Reiter waren mit den Abkochen beschäftigt und saßen um die Kochstelle herum, der Offizier lag etwa 20 Meter entfernt. Wir eröffneten überraschend das Feuer. Die Hälfte der Deutschen fiel sofort, der Rest griff zu den Gewehren und erwiderte das Feuer. Doch nach kurzer Zeit waren nur noch Fürbringer und zwei bis drei Reiter am Leben. Ich rief ihnen zu: ›Hands up!‹ doch der Offizier antwortete: ›Nein, wir ergeben uns nicht, wir verteidigen uns bis zum letzten Atemzuge!‹ Nach wenigen Minuten war auch der Rest erschossen, Fürbringer fiel als letzter.«[323]

Die Leichen der gefallenen Reiter wurden am nächsten Morgen von Leuten der Abteilung Rentel aufgefunden. Sogleich wurde die Verfolgung der Bondelzwart aufgenommen. Deren Spuren führten das Ham-Rivier weiter abwärts nach Nukais, wo sie in das Gebirge abbogen. Hier wurde der Gegner noch am 25. Mai gestellt. Ein scharfes Gefecht entbrannte, in dessen Verlauf die Rebellen aus ihrer Bergstellung geworfen und zum Rückzug nach Osten gezwungen wurden. Von einer weiteren Verfolgung sah Major Rentel ab, da seine Reiter in den vorausgegangenen acht Tagen rastloser Verfolgung über mehr als 230 Kilometer durch rauhes, zum größten Teil wasserloses Gebiet fast ununterbrochen im Sattel gesessen hatten und nun total erschöpft waren.

Während Rentel und seine Leute sich von den Strapazen der Verfolgung erholten, nahm auf Befehl Estorffs Major von Freyhold mit seiner Abteilung (3., 10., 11. und 12. Kp. des 2. Feldregiments, ein Artilleriezug, ein MG-Zug, eine Funkentelegraphieabteilung) am 30. Mai die Verfolgung der Bondelzwart wieder auf.

Inzwischen hatten diese wieder mehrfach ihre Fluchtrichtung geändert und sich schließlich weit nach Westen hin abgesetzt. Am 30. Mai wurden sie bei Zwarthuk (30 km südwestlich von Warmbad) mit Marschrichtung Sperlingspütz gemeldet.

Am 3. Juni gegen Mittag brach daraufhin die Abteilung Freyhold nach Sperlingspütz auf. Hier hatte sich der Gegner, der zwischenzeitlich vom englischen Gebiet her Zuwachs bekommen hatte, in einer festen Bergstellung verschanzt. Gegen 18. Uhr stieß die an der Spitze der Abteilung marschierende 10. Kompanie auf die Bondelzwart, die die Höhenzüge zu beiden Seiten der Schlucht besetzt hielten, in der sich die Wasserstelle Sperlingspütz befand. Über den nun folgenden schweren Kampf erfahren wir aus dem Bericht des Sergeanten Paul Feller:
»Endlich am 3. Juni 1906 – Pfingsten –, trafen wir, die Abteilung von Freyhold, bei Sperlingspütz auf den Feind. Es fielen Schüsse. Als Spitze hatten uns die

323 Ebenda, S. 231.

Hottentotten auflaufen lassen. ›Jetzt gibt's ein Pfingstschießen!‹ rief ich einem Kameraden zu. Also herunter von den Tieren und auf den rechts vor uns liegenden Bergrücken, Oberleutnant Dannert (Führer der 10. Kompanie – Anm. Verf.) voran. Oben waren wir zwar, aber – gegenüber lag, gut eingerichtet, der Feind in großer Überzahl. Zeigte sich ein Hut bei uns, war auch schon das Blei da. Nichts zu sehen! Das Feuer rief die Abteilung eilig herbei! Eilig? Du lieber Gott, die Reiter mußten teilweise die übermüdeten Tiere schieben! Dann, neben uns die 3. Kompagnie des Oberleutnants Müller von Berneck zum Sturme! Gewehrgeknatter, Geschützdonner, das Aufschreien Verwundeter! – Wunderbar heller Mondschein beleuchtet den entbrennenden Kampf. Unsere ganze Linie rückt vor – dem Feinde auf den Leib. Der weicht zurück – das Feuer schläft nach und nach ein. Aber wir – bleiben wach. Wir haben nichts als ein Stück trockenen Brotes und dazu die Eiseskälte der afrikanischen Nacht! So kam der Morgen. Von neuem entbrannte der Kampf. Die Gebirgsgeschütze und Maschinengewehre donnern und rasseln. Jetzt ertönt Major von Freyholds Kommando: ›10. Kompagnie rechts umfassen!‹ Sofort eilt Oberleutnant Dannert uns allen voran. Ein furchtbares Flankenfeuer! Nur 12 Gewehre erreichen die rechts vor uns liegende Kuppe. Gefreiter Berneck wird getroffen, ich knie neben ihm, und während ich seine Wunde untersuche – fällt ein Hagel von Geschossen. Wir sind umgangen – abgeschnitten. Ein heftiger Schlag! – Ich habe einen Schuß im rechten Fuß. In Deckung? Ja, wo? Jetzt wird auch Oberleutnant Dannert verwundet. Ich suche, selbst hinkend, ihn in eine geringe Deckung zu bringen. Als das geschehen, blieb ich in seiner Nähe. Eben habe ich einen schwarzen Kopf auf dem Korn, – da wird mein linker Arm mit festem Ruck weggerissen. Ich rufe laut auf vor Schmerz: ›Herr Oberleutnant, mein linker Flügel ist kaputt!‹ Und jetzt wird auch Leutnant von Abendroth verwundet; Gefreiter Brunner, Ulrich und Reiter Berndt werden tödlich getroffen. Berndt leidet furchtbar: ›Grüßt meine arme Mutter!‹ Oberleutnant Dannert sucht ihn zu trösten, ihm Hoffnung zu machen – dann trifft auch ihn das tödliche Blei. Ich bin dann eingeschlafen mitten im verzweifelten Kampfe – wohl vom Blutverluste. Plötzlich erwache ich und sehe auf zehn Meter die schwarzen Schlangen mit blitzenden Augen herankriechen. ›Feuern!‹ ruft unser Führer. Es war sein letzter Ruf. Drei Schüsse fallen, und drei Schwarze wälzen sich im Blute. Jetzt fällt auch Leutnant von Abendroth, mein tapferer Zugführer. Ich suche mich zu erheben; eine Kugel schlägt durch meinen Hut – ich breche zusammen. Von neuem bemühe ich mich aus dem Kugelregen zurückzukriechen. Man kann ja viel, wenn's ums Leben geht! In Hörweite vor der feuernden Kompagnie falle ich abermals nieder. Unteroffizier Heider holt mich zurück, des eigenen Lebens nicht achtend. Dann – wird die Höhe genommen, auf der wir eingeschlossen waren. Unsere Offiziere, unsere gefallenen Kameraden waren entkleidet, verstümmelt …«[324]

Einen erneuten Höhepunkt erlebte das Ringen um Sperlingspütz am Nachmittag des 4. Juni, als Johannes Christians Orlogleute der Abteilung in den Rücken zu kommen suchten und dabei die Funkstation des Leutnants Jochmann angriffen, die, selbständig handelnd, inzwischen Funkkontakt mit dem Stützpunkt Warmbad

324 Ebenda, S. 456 und 458.

hergestellt und von dort Verstärkung angefordert hatte. Auch als jetzt die Station von allen Seiten heftig beschossen wurde – sogar der ausgefahrene Antennendrachen wurde von den Nama unter Feuer genommen –, riß der Funkkontakt mit Warmbad nicht ab, obwohl die Funktelegraphisten – außer drei Mann Bedienungspersonal der Funkgeräte – selbst in der Feuerlinie eingesetzt wurden. Unter Aufbietung aller Kräfte – auch das Troßpersonal wurde herangezogen – gelang es jedoch, auch diesen Angriff abzuweisen. Nun schien die Kampfmoral der Bondels nachzulassen. Und als dann gegen 16 Uhr Major v. Freyhold zum Bajonettangriff auf der gesamten Linie schritt, wichen die Bondels endgültig. – Der Kampf hatte die Truppe schwere Verluste gekostet: Zwei Offiziere und acht Mann waren gefallen, ein Offizier und sieben Mann verwundet.

Nur wenige Wochen später, während die Schutztruppe nach dem verlustreichen Gefecht bei Sperlingspütz fieberhaft die Spuren Johannes Christians wieder aufzugreifen suchte, glückten dem Bondelzwartkapitän zwei spektakuläre Handstreiche rasch hintereinander: Er erbeutete am 18. Juni im Rücken der Abteilung Freyhold bei Auros, nur 15 km von Warmbad entfernt, sechsunddreißig Maultiere der Truppe. Gleich nach diesem Coup setzte er sich unbehelligt nach Norden ab und schlug drei Tage später bei Gabis am Hom-Rivier erneut zu: Er trieb der 8. Batterie nicht weniger als einhundertachtzehn Pferde und Maultiere ab und machte diese Truppeneinheit dadurch bewegungsunfähig! Die Orlogleute – es waren etwa einhundertfünfzig – trieben ihre Beute im Eiltempo über den Oranje auf englisches Gebiet. Hier versuchten sie, die Truppentiere bei englischen Händlern gegen Proviant einzutauschen. Das Tauschgeschäft wurde diesmal jedoch von der Kappolizei vereitelt. Diese nahm einen Teil der Bondelzwart, darunter Joseph Christian, in Internierungshaft, entließ sie jedoch nach wenigen Wochen wieder, da die deutsche Regierung sich angeblich weigerte, für die Internierungskosten aufzukommen.[325]

Noch bis vor wenigen Wochen hatte man in Deutschland geglaubt, daß mit dem Übertritt Morengas auf englisches Gebiet und seiner Internierung dort der Aufstandsführung in Südwest der Todesstoß versetzt worden sei und damit dieser »schreckliche Eingeborenenkrieg« praktisch sein Ende gefunden habe. Nun aber gab es ein böses Erwachen: Der Strom der Hiobsmeldungen über für die deutsche Seite demütigende Husarenstreiche der wenigen noch in Freiheit befindlichen und für zweitrangig gehaltenen Rebellenführer auf deutsche Außenposten, Patrouillen, Fahrkolonnen sowie Pferde- und Maultierparks und über immer wieder fehlgeschlagene Versuche, diesem das Prestige der deutschen Armee schädigenden Katze-und-Maus-Spiel durch Einkreisung und Vernichtung des Gegners ein Ende zu bereiten, riß nicht ab. Allen Ernstes begannen sich die Biertischstrategen daheim jetzt zu fragen, wieso es möglich sein konnte, »daß Angehörige des selben Heeres, das in wenigen Jahren drei Nachbarvölker niedergezwungen (Anm. Verf.: Anspielung auf den deutsch-dänischen Krieg 1864, den deutsch-österreichischen Krieg 1866 und den deutsch-französischen Krieg 1870/71), das in wenigen Monaten drei Armeen und einen Kaiser gefangengenommen hatte (Anm. Verf.:

325 Siehe hierzu BAB, RKA Nr. 2139, Bl. 27: Lindequist an KA, 17.10.1906.

Anspielung auf den französischen Kaiser Napoleon III, der am 1./2. September 1870 in der Schlacht bei Sedan gefangengenommen wurde), anscheinend nicht mit einem Gegner fertig wurden, der ihnen zuletzt an Zahl um das Zehn-, ja um das Zwanzigfache unterlegen war ... Daß zwar lange Verlustlisten veröffentlicht wurden, daß aber von großen Siegen selten, von entscheidenden nie die Rede war«.[326]

Mitten in dieser Tiefphase der deutschen Kriegführung in Südwest kam es zu einem einschneidenden Personalwechsel in der Kommandoführung dort: Kaiser Wilhelm II ernannte Oberst Berthold von Deimling am 21. Mai 1906 zum neuen Kommandeur der Schutztruppe für Südwestafrika. Deimling löste Oberst Dame ab, der acht Monate diesen Posten kommissarisch innegehabt hatte.

Der neue Kommandeur, der sich durch sein unparlamentarisches, militärisch-arroganten Auftreten im Reichstag viele politische Feinde geschaffen und deswegen auch um seine Gunst am Kaiserlichen Hof gefürchtet hatte, war von dieser Ernennung aufs höchste überrascht. Aber offenbar war der Kaiser von Deimlings »schneidigem« Auftreten in der Volksvertretung, wie der Abgeordnete Ledebour schon richtig vermutet hatte, positiv beeindruckt gewesen. Auch hatte er wohl geglaubt, gerade in Deimling mit seinen auch im Reichstag gezeigten militärischen und logistischen Sachkenntnissen die geeignete Persönlichkeit gefunden zu haben, die in der Lage sei, diesem unseligen und langen Krieg endlich zu einem für das deutsche Ansehen akzeptablen Ende zu bringen. Wie sehr den Kaiser die lange Dauer dieses Eingeborenenkrieges beunruhigte, geht auch aus den Abschiedsworten hervor, die er Deimling am 31. Mai 1906 auf den Weg nach Südwest gab: »Beenden Sie bald diesen Aufstand, der uns schon so viel Blut und Geld gekostet hat!«[327]

Am 23. Juni 1906 traf Deimling in Keetmannshoop ein, wo sich das Kommando der Schutztruppe befand. Noch am gleichen Tage löste er Oberst Dame in der Befehlsführung ab.

Nachdem sich der neue Kommandeur mit der Lage auf dem Kriegsschauplatz vertraut gemacht hatte, erkannte er, daß nur durch eine Abkehr von der bisherigen Art der Kriegführung ein grundlegender Wandel in der völlig unbefriedigenden Lage bewirkt werden könnte. Es handle sich jetzt nicht mehr um einen Kampf gegen stärkere feindliche Kräfte, sondern um einen »kleinsten Kleinkrieg«, der von den Aufständischen in kleinsten Gruppen mit erbitterter Zähigkeit geführt werde. Hauptbasis ihres Widerstands sei das Beutevieh, das sie jenseits der Grenze bei Helfershelfern gegen Waffen, Munition, Proviant und andere für die Weiterführung des Kampfes benötigte Bedürfnisse eintauschten. Um eine Wende in der Kriegführung herbeizuführen und das Gesetz des Handelns wieder an sich zu reißen, sei es unerläßlich, dem Gegner diese Basis, das heißt die Möglichkeit erfolgreicher Viehdiebstähle, zu entziehen.

Auf der Grundlage dieser Erkenntnisse veranlaßte Deimling als erste Maßnahme, daß alles Vieh der Farmer und die entbehrlichen Tierbestände der Truppe nach Norden auf militärisch gesicherte Plätze abgeschoben wurden, während die für die Einsatzaufgaben unbedingt erforderlichen Pferde-, Maultier- und

326 Maercker, S. 3.
327 Deimling: »Aus der alten in die neue Zeit ...«, S. 111.

Treckochsenbestände auf wenige, scharf bewachte Plätze im Süden konzentriert wurden.

Als weitere Maßnahme änderte der Oberst die operative Taktik: Die bisherige Taktik der Einkreisung des Gegners durch konzentrisches Vorgehen mehrerer Truppenabteilungen und Absperrmaßnahmen hatten nicht zum erhofften Ziel, den Gegner zum Entscheidungskampf zu zwingen, geführt und stattdessen zumeist das Gegenteil bewirkt: Dem Gegner war in dem wegarmen und schlupfwinkelreichen, riesigen Raum fast immer das rechtzeitige Absetzen oder der Durchbruch gelungen mit der Folge, daß die gesamte Operation erneut aufgezogen, ein neuer Angriffsplan erstellt, frische Pferde und Zugtiere bereitgestellt, erneut Nachschubgüter herangeschafft und die erschöpften Truppen durch heranzuführende ausgeruhte abgelöst werden mußten.

Die neue Taktik Deimlings stellte eine völlige Abkehr von den bisherigen die Truppe verschleißenden konzentrischen Operationen dar. Nun sollten ausgeruhte, stets marschbereite, miteinander durch Fernmeldemittel in Verbindung stehende Verfolgungskolonnen – »mobile Einsatzverbände« würde man heute sagen – an den Hauptpunkten des Südbezirks, in Ukamas, Warmbad und Uhabis sowie in der Nähe der Großen und Kleinen Karrasberge bereitgestellt werden. Diese sollten dann, sobald irgendwo größere gegnerische Spuren wahrgenommen wurden, sofort die Verfolgung aufnehmen und dem Gegner ununterbrochen »auf den Fersen bleiben.« Erreichte dabei eine Kolonne die Grenze des ihr zugewiesenen Einsatzraumes, so sollte sie durch die Verfolgungskolonne des benachbarten Einsatzraumes abgelöst werden.

Durch diese Maßnahmen, so hoffte der neue Kommandeur, würde der Gegner, der Möglichkeit der Erbeutung von Vieh, seiner Hauptversorgungsquelle, beraubt, zu aussichtslosen Angriffen auf gut gesicherte Militärstützpunkte verleitet werden, an denen er seine Kräfte aufbrauchen würde. Die dann einsetzende unablässige Verfolgung mit stets frischen Truppen würde dann, so folgerte Deimling, den Gegner nicht zur Ruhe kommen lassen und ihn schließlich erschöpfen und seine Widerstandskraft zermürben.

Um Truppen freizubekommen – zum einen für die Umsetzung der neuen Taktik, zum anderen aber auch für die vom Reichstag immer wieder geforderte und von ihm zugesicherte Heimsendung von Soldaten –, befahl Deimling, die zahlreichen Kriegsgefangenen in Windhuk, Omaruru und anderen Orten im Norden zur Haifischinsel in der Lüderitzbucht zu verlegen. Dies bedeutete eine beträchtliche Einsparung an militärischem Bewachungspersonal, da die Haifischinsel nur eine einzige Brückenverbindung zum Festland besaß, so daß die Aufstellung eines einzigen Maschinengewehrs auf der Brücke für die Absperrung völlig ausreichte.

Schon bald sollte die neue Deimlingsche Taktik ihre erste Bewährungsprobe bestehen: Am 6. August 1906 griff Johannes Christian mit etwa fünfzig Mann die Pferdewache des deutschen Stützpunktes Alurisfontein an. Der Angriff konnte abgewiesen werden. Nun setzte eine planmäßige Verfolgung des flüchtenden Gegners ein, die nacheinander von drei sich ablösenden Abteilungen durchgeführt wurde. Eine dieser Abteilungen – sie wurde von Hauptmann Bech geführt – holte schließlich am 18. August Johannes Christians erschöpften Orlog bei Noibis am Südabhang der Naraobberge ein und zersprengte ihn in einem dreistündigen schweren Gefecht unter erheblichen gegnerischen Verlusten bei zwei eigenen Gefallenen.

Bech begnügte sich nicht mit diesem Erfolg, sondern setzte die Verfolgung »mit rastloser Energie« fort, und so glückte es ihm, den Gegner bereits vier Tage später, am 22. August, bei Aos am Back-Rivier erneut zu fassen. Daraufhin floh der Rest des Orlogs rivieraufwärts. Doch auch jetzt ging die erbarmungslose Hatz weiter, vorbei an den Karrasbergen auf Keetmannshoop zu.

Als nun allmählich die Kräfte von Bechs Reittieren nachließen, übernahm eine andere von Hauptmann Wobring geführte, aus Leuten der 4. Ersatzkompanie sowie aus Etappenpersonal zusammengeraffte Abteilung die weitere Verfolgung. Am Abend des 30. August holte Wobring Johannes Christians arg dezimierten Orlog am Nordfuß der Kleinen Karrasberge bei Areb ein und warf ihn nach einem dreistündigen Feuergefecht mit dem Bajonett aus seiner Stellung. Hierbei wurden fast sämtliche überlebenden Krieger getötet und fast alle ihre Pferde erbeutet.

Mehr als drei Wochen lang war die Rebellenschar des Bondelkapitäns über eine Strecke von mehr als achthundert Kilometern scharf verfolgt und in vier Gefechten nahezu ausgelöscht worden. Vier deutsche Abteilungen waren an diesen Operationen beteiligt gewesen. Im Gegensatz zu den früheren Verfolgungsunternehmen hatten sich dabei – dank der neuen Deimlingschen Taktik – bei den deutschen Reitern, obwohl sie hart gefordert worden waren, nur geringe Anzeichen von Erschöpfung bemerkbar gemacht!

Johannes Christians Orlog war nahezu ausgelöscht, er selbst aber war wiederum entschlüpft. Seines gesamten Beuteviehs und – infolge Verlustes der Pferde – auch seiner Mobilität beraubt und unter Mangel an Nahrungsmitteln leidend, machte der Rebellenführer mit den wenigen Überlebenden seines Orlogs am 1. Oktober einen letzten verzweifelten Versuch, die Initiative zurückzugewinnen, indem er bei Dassiefontein westlich der Großen Karrasberge eine Verpflegungskolonne angriff. Doch auch dieser Überfall mißlang: Die zwanzig Mann starke Bedeckung der Kolonne setzte sich tapfer zur Wehr und wurde schließlich durch die herbeigeeilte Besatzung der Station Wasserfall aus ihrer bedrängten Lage befreit.

Das Kampfgeschehen verlor sich nun immer stärker in zusammenhanglose Einzelaktionen zersprengter kleiner Rebellentrupps, deren Schwungkraft nur noch schwach war. Die überlebenden Rebellen erkannten, daß ihre Viehraubzüge, die Wurzel ihrer bisherigen Widerstandskraft, aussichtslos geworden waren. Und in dem Maße, wie diese Erkenntnis in ihnen wuchs, nahm ihre Kriegsmüdigkeit zu.

Ein letzter großer Schlag gelang der Schutztruppe gegen den Rebellenführer Fielding, der in den letzten Monaten mit seinem Orlog im unteren Fischflußtal umhergestreift war: Er wurde am 16. November durch Oberleutnant Rausch an der Einmündung des Nuob-Riviers in den Oranje bei einer Drift mit dem poetischen Namen »Loreley« unter Preisgabe seines gesamten Viehs und seiner Habe über den Oranjefluß gejagt.

Der Guerillakrieg lag in seinen letzten Zügen, es mehrten sich die Zeichen der Friedensbereitschaft bei den Nama. Schon Anfang Oktober hatte Deimling einen Brief von Abraham Morris erhalten, in dem dieser schrieb:

»Ich habe von heute ab mein Gewehr umgedreht, und es soll mich nichts veranlassen, etwas anzugreifen. Mit dem festen Vertrauen, daß wir das Ziel des Friedens erreichen werden, schließe ich meine Zeilen mit herzlichem Gruß.

Ihr Abraham Morris»[328]

Der Oberst war fest entschlossen, den Aufstand so rasch wie möglich auf dem Verhandlungswege zu beenden. Darum ließ er alle Operationen in den Gebieten, wo sich Friedensbereitschaft zeigte, einstellen.

Wenige Tage nach Morris' erstem Friedensfühler traf ein Bote mit weißer Flagge in Keetmannshoop ein. Dieser gab an, Johannes Christian bitte um Frieden. Der Bote wurde zurückgesandt mit der Aufforderung an den Bondelkapitän, sich den deutschen Behörden zu stellen.

Johannes Christian reagierte an 20. Oktober mit der Bitte um eine Unterredung an den schon mehrfach als Unterhändler bewährten Pater Malinowski von der Missionsstation Heirachabis.

Nachdem ihm freies Geleit zugesichert worden war, traf der Rebellenführer am 24. Oktober in Begleitung einiger seiner Großleute und fünfzig Kriegern auf der Missionsstation ein. Mit der Führung der nun beginnenden Friedensverhandlungen beauftragte Deimling Oberstleutnant v. Estorff. Dieser beschied Johannes Christian und sein Gefolge nach Ukamas, wo die Verhandlungen stattfinden sollten.

Gouverneur v. Lindequist weilte zu der Zeit gerade in Deutschland, wohin er wegen der anstehenden Reichstagsdebatten berufen worden war. Was die Friedensverhandlungen mit den Aufständischen anbetraf, hatte er jedoch seine Vorstellungen dem Obersten Deimling in Form von Richtlinien hinterlassen, in denen es heißt:

»Jeder Hottentottenstamm muß längere Gefangenschaft durchmachen und aus seinem Lande verbannt werden. Dies halte ich auch für die Bondelzwart für unbedingt notwendig, sonst sind wir vor Wiederholung des Aufstandes nicht sicher. Wir dürfen den Bondelzwarts keine anderen Bedingungen stellen, wie den übrigen Hottentotten und Hereros. Höchstens könnte man ihnen vielleicht die Zusage machen, daß sie auf Wunsch zusammenbleiben dürfen.«[329]

Doch Deimling machte sich seine eigenen Gedanken über die Art und Weise, wie er die Friedensverhandlungen mit den Bondelrebellen führen lassen wollte. Er hielt die vom Gouverneur geforderten Friedensbedingungen für verfehlt, da sie die Psyche des Gegners ignorierten. Er war überzeugt, »daß die Hottentotten lieber bis zum letzten Mann kämpfen würden, als daß sie sich in Gefangenschaft schleppen lassen«.[330]

Der Oberst beschloß daher, den Bondelzwart auf seine eigene Verantwortung Leben und Freiheit zuzugestehen und nur die Abgabe von Waffen und Munition zu fordern, und unterrichtete den Verhandlungsführer v. Estorff entsprechend. Von den inzwischen eingeleiteten Friedensverhandlungen gab Deimling den zuständigen Stellen in Berlin keine Kenntnis, »da es zweifelhaft schien, ob sie überhaupt zu einem Ergebnis führen würden«. »Vor allem aber«, so schrieb der Oberst in sei-

328 Ebenda, S. 119.
329 Ebenda, S. 120.
330 Ebenda, S. 120.

nen Erinnerungen, »fürchtete ich, daß man mir vom grünen Tisch in Berlin mit ähnlichen Richtlinien, wie sie mir vorlagen, in den Arm fallen könnte«.[331]

Die Verhandlungen mit Johannes Christian gestalteten sich trotz Deimlings Zusicherungen äußerst schwierig. Die Bondelzwart waren von Mißtrauen erfüllt, »was nach den dreijährigen erbitterten Kämpfen nicht zu verwundern ist«.[332] Der Bondelzwartkapitän erklärte schließlich, er könne ohne Absprache mit seinem Bruder Joseph und den anderen Großleuten eine endgültige Entscheidung über die Waffenabgabe nicht treffen.

Daraufhin wurden Boten zu diesen Großleuten mit der Aufforderung entsandt, nach Ukamas zu kommen. Doch deren Eintreffen verzögerte sich von Tag zu Tag, so daß sich schließlich Pater Malinowski Mitte November persönlich zu den Großleuten begab, um sie zum Kommen zu bewegen. Doch seine Mission scheiterte, da diese auf englisches Gebiet ausgewichen waren, um dort den Lauf der Dinge abzuwarten.

Da verlor Oberst Deimling die Geduld und wies Estorff an, die endgültigen Verhandlungen nun zu beginnen, ohne die Ankunft der noch fehlenden Großleute abzuwarten. Über die nun folgenden Friedensverhandlungen lesen wir aus der Feder des Hauptmanns Eberhardt von dem Hagen, des Generalstabsoffiziers des Verhandlungsführers v. Estorff:

»... Am 21. Dezember ritt ich zur letzten Verhandlung hinüber und hatte ihnen (Johannes Christian und seinen Großleuten – Anm. Verf.) hierbei zu eröffnen, daß nun die Vorverhandlungen abgeschlossen und die endgültigen Verhandlungen am 22. in Ukamas stattfinden müssen. Wirklich kam Johannes mit fünf Großleuten zu uns. Oberstleutnant v. Estorff führte die Unterhandlungen persönlich mit hervorragender Ruhe und großem Geschick. Am 22. abends gab der Kapitän die Waffenabgabe endlich zu, dagegen sträubte er sich gegen eine Ansiedlung bei Keetmannshoop; diese war zunächst von mir gefordert, weil sie als weiter entfernt von der Südgrenze sicherer erschien.

Oberstleutnant v. Estorff gab Bedenkzeit bis zum 23. Aber auch an diesem Tage blieben die Bondels bei ihrer Weigerung hinsichtlich der Ansiedlung bei Keetmannshoop. Von ihrem angestammten Grund und Boden wollten sie sich unter keiner Bedingung verpflanzen lassen, sondern eher bis zum letzten Atemzuge kämpfen und bis auf den letzten Mann zu Grunde gehen. Oberstleutnant v. Estorff stand also vor der Frage: Sollte er nachgeben, oder auf der Ansiedlung bei Keetmannshoop bestehen bleiben. In diesem Falle war die Beendigung des Krieges auf unabsehbare Zeit hinausgerückt. Auf eine Anfrage beim Obersten von Deimling erhielt er die Weisung, an der Platzfrage die Verhandlungen nicht scheitern zu lassen. So gab er nach und der Vertrag wurde von uns und den Bondels unterschrieben.«[333]

Das Datum der Vertragsunterzeichnung war der 23. Dezember 1906. Dieses »Unterwerfungsabkommen« enthält folgende wesentlichen Punkte:

331 Ebenda, S. 120.
332 MA, N559/v. 3: Nachlaß Deimling, S. 35.
333 Ebenda, S. 36.

1. Die Bondelzwart-Hottentotten unterwerfen sich der deutschen Regierung und erkennen deren Herrschaft an. Sie geben das Versprechen ab, fortan treue und gehorsame Untertanen zu sein;
2. Die Bondelzwart-Hottentotten liefern alle Gewehre und die noch in ihren Händen befindliche Munition ab. In Zukunft dürfen sie weder Gewehre noch Munition führen …;
3. Die Bondelzwarts erhalten zur Ansiedlung die Plätze Warmbad, Haib, Gabis und Draihoek. Die Bondelzwarts sollen auf ihren Plätzen als freie Männer leben. Freie Bewegung innerhalb der Plätze ist ihnen gestattet; nach außerhalb dürfen sie nur mit Paß gehen …;
4. Zum Lebensunterhalt erhalten die Bondelzwarts 1500 Bockies (Ziegen und Schafe), hauptsächlich Muttervieh … Der Kapitän der Bondelzwarts erhält etwa 300 Stück Kleinvieh und ein Gespann Ochsen. Die 1500 Bockies bleiben Eigentum der Regierung; der Nachwuchs gehört den Bondelzwarts …;
5. Von der Regierung wird sofort bei der Kapregierung die Rückkehr der noch auf englischem Gebiet befindlichen Männer, Weiber und Kinder verlangt werden;
6. Die vorliegende Abmachung wird auf alle Bondelzwarts, welche sich noch stellen wollen, ausgedehnt, z.B. Morris, Joseph Christian mit Anhang. Aber auch diese müssen ihre Gewehre abgeben.

Noch am Abend der Vertragsunterzeichnung begab sich Hauptmann von dem Hagen in das benachbarte Heirachabis, um dort die abzuliefernden Waffen in Empfang zu nehmen. Er fährt in seiner Berichterstattung fort:

»… In der Tat gaben die Bondels alle Gewehre ab, die nach deutscher Schätzung in ihren Händen sein mußten. Sie waren also entschlossen, den Vertrag ehrlich zu halten.

Am Abend hielt Pater Malinowski in der kleinen Missionskirche einen Gottesdienst ab; da saßen alle die Bondels friedlich in der Kirche, nachdem sie drei Jahre lang Orlog gemacht hatten. Der Pater sprach sehr schön über das gelungene Friedenswerk. Mir persönlich war es ein merkwürdiges Gefühl, mit all diesen Leuten, die drei Jahre gegen uns gekämpft und manchen lieben Kameraden niedergeschossen hatten, zusammen in der Kirche zu sitzen.

Während des Gottesdienstes hatte ich unauffällig alle abgelieferten Gewehre auf eine Karre laden lassen und fuhr um 10.00 abends nach Ukamas zurück. Es war eine herrliche Fahrt. Endlich hatte man den Siegespreis, um welchen so lange gerungen war, in Sicherheit. Wie viele Gedanken gingen einem bei dieser Fahrt durch den Kopf! Besonders mußte ich der tapferen Reiter gedenken, denen diese Gewehre gehört hatten und die ihr Leben verloren hatten. Denn es waren ja alles unsere Gewehre und mit jedem Gewehre war der Tod eines braven Reiters verbunden. Am 24. früh war ich in Ukamas. Es war gerade der Geburtstag des Oberstleutnants v. Estorff, und so konnte ich ihm als schönste Geburtstagsgabe die Gewehre der Bondels aufbauen; in unserer Weihnachtsstube wurden sie ringsum an den Wänden aufgestellt, in der Mitte der Stube der Weihnachtsbaum – eine eigenartige Weihnachtsfeier!«[334]

334 Ebenda, S. 37.

Schon früher, im November 1906, hatten Friedensverhandlungen mit einem anderen Bondelzwartführer, Cornelius Stürmann, dem Kapitän der Karrasberg-Bondels, stattgefunden. Sie wurden am 21. November in Lifdood erfolgreich abgeschlossen.[335]

Am 24. Dezember meldete Deimling dem Kaiser und dem neuen Kolonialdirektor Dr. Dernburg, dem Nachfolger des glücklosen Erbprinzen von Hohenlohe-Langenburg in der Leitung der Kolonialabteilung, telegraphisch den Abschluß des Friedensvertrages von Ukamas.

Damit war der Orlog mit den Bondelzwart zu Ende. Ihre Überführung in die ihnen zugewiesenen Lokationen[336] ging reibungslos vor sich. Die maßvollen Bedingungen und deren strikte Einhaltung sprachen sich unter den noch auf englischem Gebiet weilenden Stammesangehörigen herum. Ihr Mißtrauen gegenüber der Kolonialmacht schwand, und so kehrten allmählich immer mehr von ihnen, darunter auch Joseph Christian, in das Schutzgebiet zurück und unterwarfen sich gemäß den Friedensbedingungen.[337]

Anfang April 1907 stellte sich auch Fielding den deutschen Behörden und unterschrieb die Bedingungen des Friedensvertrages. Abraham Morris, der ebenfalls in die Kapkolonie übergewechselt war, zog es dagegen vor, auf englischem Gebiet zu verbleiben.

Dank seiner Geheimdiplomatie hatte Oberst Deimling den ihm vom Kaiser zum Abschied mit auf den Weg gegebenen Wunsch nach möglichst baldiger Beendigung des Krieges in Erfüllung bringen können. Der Oberst war sich dabei darüber im klaren gewesen, daß er dieses Ziel nur erreichen konnte, indem er den Bondelzwart eine Reihe von Zugeständnissen machte, denen der Gouverneur und die Kolonialabteilung ihre Einwilligung wohl kaum gegeben hätten.

Eingedenk dieser Überlegungen teilte Deimling deshalb dem Stellvertretenden Gouverneur Hintrager in Windhuk erst vierzehn Tage nach Abschluß des Friedensvertrages von Ukamas den Vertragstext mit. Dieser setzte die Kolonialabteilung sofort hierüber in Kenntnis.[338]

Lindequist fühlte sich vor vollendete Tatsachen gestellt und reagierte indigniert. Er telegraphierte sofort an Deimling: »Mit Unterbringung Bondelzwarts in Lokationen bei Kalkfontein und Keetmannshoop nicht einverstanden. Erbitte Drahtnachricht, wie diese Bedingungen zu beseitigen, so daß Abschiebung nach Norden ermöglicht wird.«[339]

Doch der Oberst ließ sich nicht beirren. Er drahtete zurück, daß bei den Verhandlungen alles versucht worden sei, die Deportation der Bondelzwart zu erzwingen. Als daran jedoch die Verhandlungen zu scheitern drohten, habe man darauf verzichten müssen. Eine Abschiebung der Bondelzwart nach Norden sei

335 Vergleiche Drechsler: »Südwestafrika unter deutscher Kolonialherrschaft ...«, S. 227.

336 Siehe Begriffserläuterungen.

337 Siehe hierzu BAB, RKA Nr. 2140, Bl. 50f: Schreiben des Captain Dudley D. Fenn an den Kais. Generalkonsul in Kapstadt, Baron von Humboldt, 25.1.1907.

338 Siehe ebenda, Bl. 28ff: Hintrager an Lindequist, 8.1.1907.

339 BAB, RKA Nr. 2139, Bl. 123: Lindequist an Kommandantur Keetmannshoop, 5.1.1907.

jetzt nicht mehr möglich, da dies in direktem Widerspruch zur Grundbedingung der Waffenabgabe stände.[340]

In Berlin setzte nun hinter den Kulissen eine heftige Kontroverse darüber ein, ob man sich mit dem Vertrag von Ukamas abfinden oder ob er abgeändert werden solle. Scharfmacher fanden es »schlapp«, daß Deimling überhaupt mit den Nama verhandelt habe, und meinten, man dürfe sich nicht mit den Feinden verständigen, sondern müsse sie vernichten. Dernburg war mäßiger in seinen Äußerungen. In einem Bericht an Reichskanzler Bülow zu dieser Frage schrieb er:

»Wenngleich auch ich das Bedenkliche der getroffenen Abmachung nicht verkenne, so vermag ich doch der Rückgängigmachung des Vertrages nicht das Wort zu reden … Meines gehorsamsten Dafürhaltens dürfte es daher ratsam sein, sich mit der durch Oberst von Deimling geschaffenen Situation vorerst abzufinden, aber in Zukunft auf Maßnahmen bedacht zu sein, die geeignet sind, den unerwünschten Konsequenzen der Abmachung vorzubeugen. Ich setze in das Geschick des Gouverneurs v. Lindequist das Vertrauen, daß es ihm gelingen wird, dies zu erreichen.«[341]

Schließlich machte Kaiser Wilhelm II dem Für und Wider des abgeschlossenen Vertrages ein Ende, indem er entschied, daß es dabei verbleiben müsse. »Hauptsache sei«, so meinte er, »daß wir ihre Waffen und Gewehre haben und sie unschädlich sind und nicht mehr meine braven Offiziere und Soldaten niederknallen können!«[342]

Nachdem die Bondelzwart den Kampf gegen die deutsche Kolonialmacht beendet hatten, befand sich jetzt außer einer Reihe militärisch unbedeutender kleinster Namatrupps nur noch Simon Kopper mit einer Handvoll Getreuer – etwa 100–150 Franzmann-Nama – im Felde, allerdings weit entfernt in den Einöden der Kalahari, doch hatte auch dieser – wie wir in Kapitel 16 bereits gelesen haben – schon Friedensfühler ausgestreckt.

Nun stand der Aufhebung des Kriegszustandes im Schutzgebiet nichts mehr im Wege. Sie wurde am 31. März 1907 durch »Allerhöchste Ordre« des Kaisers ausgesprochen.

Mit der Aufhebung des Kriegszustandes, den Generalleutnant v. Trotha am 19. Mai 1904, einen Tag vor seiner Abreise nach Südwest zur Übernahme der militärischen Kommandogewalt im Schutzgebiet, hatte erklären lassen[343], ging damit nach nahezu drei Jahren absoluter militärischer Vollzugsgewalt in der Kolonie die Verwaltung wieder in die Hände der Zivilbehörden über. Jetzt konnten diese endlich damit beginnen, die seit dem Ausbruch des Hereroaufstandes im Januar 1904 daniederliegende Wirtschaft des Schutzgebietes wieder in Schwung zu bringen.

340 Vergleiche Drechsler: »Südwestafrika unter deutscher Kolonialherrschaft …«, S. 229.

341 BAB; RKA Nr. 2139, Bl. 174f: »Dernburg an Bülow, 1.2.1907; zitiert aus Drechsler: »Südwestafrika unter deutscher Kolonialherrschaft …«, S. 230.

342 BAB, RKA Nr. 2140, Bl. 39: Bülow an Dernburg, 15.2.1907; zitiert aus Drechsler: »Südwestafrika unter deutscher Kolonialherrschaft …«, S. 230.

343 Siehe Nuhn: »Sturm über Südwest«, S. 205.

Oberst Deimling sah seine Aufgabe im Südbezirk als gelöst an. Mitte Januar 1907 brach er mit seinem Stab nach Windhuk auf. Hier angekommen, widmete er sich seiner neuen Hauptaufgabe: Der Verringerung der Schutztruppe auf Friedensstärke. Bis zum 1. Dezember 1906 hatte er in Einklang mit seinem dem Reichstag gegebenen Versprechen bereits fünftausend Soldaten nach Hause geschickt. Nun galt es, die Truppe – es standen am 31. März 1907 noch siebentausendvierhundert Soldaten in Südwest – schrittweise auf die vorläufige Friedensstärke von viertausend zu bringen, sie neu zu organisieren und zweckentsprechend über das riesige Schutzgebiet zu verteilen.

Am 31. März 1907, dem Tage der Aufhebung des Kriegszustandes, wurde Oberst v. Deimling zum Generalmajor befördert und gleichzeitig von seinem Dienstposten als Kommandeur der Schutztruppe entbunden. Sein Nachfolger wurde Oberstleutnant v. Estorff.

Am 1. April empfing Deimling seinen Nachfolger in Windhuk, um ihn in sein neues Amt einzuführen. Estorff schreibt über diese Begegnung:

»In Windhuk empfing mich Oberst Deimling, aber wie sah er aus!? Zum Skelett abgemagert, durch Überreizung der Nerven, die Aufregungen über die langen Verhandlungen, die Zweifel über ihren günstigen Abschluß und die Ungeduld der heimischen Behörden, denen gegenüber er die Verantwortung trug, hatten sie bewirkt. Dazu kam aber noch, daß er die Verhandlungen dem Großen Generalstab in Berlin länger verheimlicht hatte, wahrscheinlich, um sich irgendwelche Einsprüche zu ersparen. Dies ist ihm sehr verdacht worden.[344]

Als Deimling am 24. Dezember 1906 dem Kaiser als »Weihnachtsgeschenk« die Nachricht vom Abschluß des Friedensabkommens von Ukamas und damit praktisch der Beendigung des jahrelangen blutigen Orlogs in Südwest übermittelte, wußte er noch nicht, daß sich auf der parlamentarischen Arena in der Heimat eine Wende vollzogen hatte: Der Reichstag war am 13. Dezember aufgelöst worden, weil er die Mittel zur Fortführung des Krieges in dem Schutzgebiet nicht bewilligt hatte. Vorausgegangen waren wochenlange Querelen in der Budgetkommission der Volksvertretung um den Nachtragshaushalt für Südwestafrika. Hierbei entzündeten sich die Geister besonders an der Frage der Südbahnverlängerung von Kubub bis Keetmannshoop und der Zahl der noch bis zum 31. März in der Kolonie zu belassenen Truppen.

Diese Streitpunkte kamen dann im Plenum am 13. Dezember zur Verhandlung. Als im Verlaufe der Debatte das Zentrum schließlich beantragte, von den von der Reichsregierung geforderten 29 Millionen Mark für die Südwester Schutztruppe nur 20 Millionen zu bewilligen und die Truppenzahl bis zum 1. April 1907 auf insgesamt zweitausendfünfhundert zu verringern, erklärte Reichskanzler v. Bülow diesen Antrag für unannehmbar. Als Grund hierfür gab er an, daß die Kampfhandlungen in Südwest noch nicht abgeschlossen seien und die Sicherheit der Kolonie angesichts der aufgrund des Antrags nötig werdenden weiteren starken militärischen Entblößung des Landes aufs höchste gefährdet würde. (Anm. Verf.:

344 Estorff: »Wanderungen und Kämpfe ..., S. 132.

An sich war der Antrag des Zentrums auf Mittelkürzungen für die Schutztruppe zu den Zeitpunkt bereits berechtigt, jedoch konnte die Reichsregierung – und natürlich auch der Reichstag – wegen der Deimlingschen Geheimdiplomatie noch nicht wissen, daß günstig verlaufende Friedensverhandlungen mit den Bondelzwart im Gange waren.)

In der dann folgenden Abstimmung wurde die Regierungsvorlage für den Nachtragshaushalt abgelehnt. Daraufhin verlas der Reichskanzler »zur teilweise großen Überraschung des Parlaments« die schon vorbereitete »Kaiserliche Auflösungsordre« für den Reichstag.

Aus den nun anstehenden Neuwahlen für den Reichstag, den sogenannten »Hottentottenwahlen«, ging – nicht zuletzt dank dem wahlkämpferischen Engagement des neuen Kolonialdirektors Dr. Dernburg – die Regierungsmannschaft gestärkt hervor: Die regierungsfreundlichen Parteien, die sogenannten »Blockparteien« (Konservative, Nationalliberale und Linksliberale), verfügten nun über die absolute Mehrheit, während das Zentrum ungeschwächt blieb, die kolonialfeindliche Sozialdemokratie dagegen einen großen Mandatsverlust hinnehmen mußte. Jetzt war die Reichsregierung in der Lage, unabhängig von der Zentrums- und der sozialdemokratischen Fraktion ihre kolonialpolitischen Pläne in die Tat umzusetzen.

Damit hatte Deimling dank seiner Geheimdiplomatie – natürlich ahnungslos, aber doch ganz in seinem Sinne – der Regierung zu einem Wahlsieg verholfen. Nun konnte diese die Weichen hin zu einer aus den Erkenntnissen der schlimmen Eingeborenenerhebungen der letzten Zeit erwachsenen kolonialen Reformpolitik stellen.

Zunächst aber erlebte das Regierungslager eine herbe Enttäuschung auf kolonialpolitischem Gebiet: Trotz der offiziellen Aufhebung des Kriegszustandes schien der Kampf in Südwestafrika noch nicht ganz zu Ende zu sein: Erneut stand Morenga an der Grenze des Schutzgebietes und drohte mit Rückkehr, und auch Simon Kopper, fast unerreichbar in den Tiefen der Kalahari, dachte trotz erfolgter Friedensbekundungen noch nicht daran, den Kampf gegen die Deutschen einzustellen. Diese beiden unversöhnlichen Feinde der deutschen Kolonialmacht bildeten weiterhin eine ständige Gefahr für die Sicherheit in den südlichen Grenzgebieten der Kolonie. Solange daher diese Gefahr nicht ausgeschaltet war, konnte von einer endgültigen Befriedung Südwests nicht die Rede sein!

20. Morengas Ende

Schreckensbotschaft für Deimling: Die Engländer wollen Morenga aus der Haft entlassen – Morenga geht nach seiner Entlassung nach Upington und ruft dort einen Volksauflauf hervor – Der Rebellenführer entweicht in die Kalahari – Alarmstimmung unter den deutschen Farmern: Morenga ist wieder in Südwest! – Estorff trifft Gegenmaßnahmen – Wilhelm II: »Morengas Bande ausrotten ohne Pardon!« – Erfolg der deutschen Diplomatie: England erklärt sich zum gemeinsamen deutsch-britischen Handeln gegen Morenga bereit – Major Eliott rückt gegen Morenga vor – Morengas Anhängerschaft bröckelt – Der Rebellenführer täuscht Verhandlungsbereitschaft vor und entweicht nach Norden, Simon Kopper entgegen – Das Gefecht bei Eenzamheid, Morengas Ende – Nachrufe auf den Rebellenführer

(Siehe hierzu Karte 19)

Ende 1906 – etwa zwei Wochen vor seiner Rückkehr nach Windhuk – erhielt Oberst Deimling in Keetmannshoop eine Mitteilung vom deutschen Generalkonsul in Kapstadt, Humboldt, die ihn elektrisierte: Die Engländer wollten Morenga nur noch wenige Tage in Haft behalten! Der Oberst erschrak. Mit dieser Möglichkeit hatte er – zumindest zum jetzigen Zeitpunkt – am wenigsten gerechnet! Gerade erst war mit Johannes Christian und seinen Bondelzwartkriegern Frieden geschlossen worden. Doch dieser Friede stand noch auf tönernen Füßen, denn wesentliche Teile dieses kriegerischen Stammes waren noch nicht in den Friedensvertrag einbezogen. Sie saßen fern dem deutschen Zugriff im Kapland und mußten erst noch zur Rückkehr in das Schutzgebiet und zum Vertragsbeitritt unter Abgabe ihrer Waffen überredet werden. Die Folgen einer Freilassung Morengas für diesen gerade erst angelaufenen Friedensprozeß wären unabsehbar! Die Gefahr wäre dann groß, daß dieser wendige Kleinkriegstaktiker die noch jenseits des Oranje stehenden Bondelzwart von der friedlichen Rückkehr nach Südwest abhalten und wieder um sich scharen könnte, um erneut die Kriegsfackel in die Kolonie zu tragen!

Deimling beschließt, sofort zu handeln. Er telegraphiert an Kolonialdirektor Dernburg:

Halte seine (Anm. Verf.: Morengas) Freilassung gerade Jetzt, wo Bondelzwart noch nicht völlig in den locations gesammelt, für Ruhe Schutzgebiets gefährlich …

Eure Exzellenz bitte erneut auf Festhaltung Morenga's zu dringen, eventuell unter Bezahlung von Kosten, die ungleich geringer sein werden, als die aus erneuten Unruhen entstehenden …

Deimling«[345]

Dernburg reagiert sogleich. Er läßt über den deutschen Botschafter in London, Metternich, eine entsprechende Anfrage an die britische Regierung richten. Die Intervention Metternichs fällt befriedigend aus. Er berichtet nach Berlin:

345 BAB, RKA Nr. 2139, Bl. 114: Deimling an Dernburg, 29.12.1906.

»Habe Inhalt von Telegramm 247 mit Unterstaatssekretär Sir E. Barrington besprochen. Derselbe ist ganz unserer Meinung, daß Morenga jetzt nicht frei gelassen werden dürfe, will sich sofort mit Kolonialamt (Anm. Verf.: Gemeint ist das britische Colonial Office) in Verbindung setzen, das noch heute nachmittag von der Nachricht nichts wußte, und will dasselbe veranlassen, nach Kapstadt um Auskunft zu telegraphieren. Der Unterstaatssekretär nimmt an, daß jedenfalls Mißverständnis der Nachricht zugrunde liege und wird mir fernere Mitteilung baldmöglichst zugehen lassen.«[346]

Aufgrund des Einspruches Metternichs verblieb Morenga noch für ein weiteres halbes Jahr im britischen Gewahrsam in Tokai. Nach Aufhebung des Kriegszustandes im Schutzgebiet sahen die Kapbehörden indes keinen Anlaß mehr, den Rebellenführer noch weiter in Haft zu belassen und setzten ihn am 8. Juli 1907 mit der Auflage auf freien Fuß, entweder in der Kapkolonie zu verbleiben – dann müsse er sich hier ruhig verhalten – oder in friedlicher Absicht in das deutsche Schutzgebiet zurückzukehren und sich dort – entsprechend einem deutschen Angebot[347] – den Bedingungen des Friedensvertrages von Ukamas zu unterwerfen.

Morenga entschloß sich zum Verbleib in der Kapkolonie, da er den Zusicherungen von deutscher Seite nicht traute und keine Gewähr für seine Sicherheit sah. Er wurde auf seinen Wunsch hin nach Upington zurückgebracht – mitten unter seine alten Freunde und Kampfgefährten und obendrein noch recht nahe der deutschen Grenze!

Seine Rückkehr sprach sich blitzschnell im Umkreis von Upington herum. Es gab einen regelrechten Volksauflauf. Jeder wollte den berühmten Guerillaführer sehen, der sich inzwischen in der Kapkolonie einen Namen als der »schwarze De Wet« gemacht hatte. (Anm. Verf.: Christian De Wet war der fähigste und erfolgreichste Burengeneral im Burenkrieg gegen England gewesen.)

Der Rebell hielt sich jedoch nicht lange in Upington auf. Als er im Juli von dem dortigen Resident Magistrate aufgefordert wurde, sich polizeilich zu melden, entzog er sich dieser Kontrolle – angeblich aus Furcht vor Auslieferung an die Deutschen[348] – und floh in eine unzugängliche Gegend nahe der deutsch-britischen Grenze bei Back-Riviermund (Einmündung des Back-Riviers in den Oranje).

Hier wechselte er mehrmals seinen Aufenthaltsort. Währenddessen wurde er von seinen »Hintermännern« reichlich mit Geldmitteln ausgestattet.[349] Mit diesem Geld verschaffte er sich von Händlern wieder Proviant, Waffen und Munition, unter anderem in Aries für 1200 Mark Waren[350], und sammelte auch erneut eine kleine Anhängerschar um sich, zum Teil Bondelzwart, die sich noch auf englischem Gebiet aufhielten. Ende Juli soll er nach verschiedenen Meldungen wieder zwi-

346 Ebenda, Bl. 115: Metternich an AA, 1.1.1907; zitiert aus Drechsler: »Südwestafrika unter deutscher Kolonialherrschaft ...«, S. 233.

347 Dieses Angebot wurde Morenga von Generalkonsul Humboldt im Augenblick seiner Freilassung in Gegenwart des Colonial Secretary der Kapkolonie gemacht. Siehe hierzu Drechsler: »Südwestafrika unter deutscher Kolonialherrschaft ...«, S. 233.

348 Siehe BAB, RKA Nr. 2145, Bl. 19: Lindequist an RKA, 14.8.1907.

349 Siehe ebenda, Bl. 12: Lindequist an RKA, 10.8.1907

350 Siehe ebenda, Bl. 57: Lindequist an RKA; 22.8.1907.

schen dreißig und sechzig Mann im Grenzgebiet östlich Blydeverwacht um sich geschart haben.[351]

Von Morengas Flucht aus Upington muß in der Zwischenzeit auch der immer noch in der Kalahari verborgene Simon Kopper Kenntnis erhalten haben: Er schickte Ende Juli zwei Boten zu Morenga, wahrscheinlich in der Absicht, mit ihm gemeinsam den Kampf gegen die deutsche Kolonialmacht fortzusetzen.[352]

Morenga überschritt am 13. August die Grenze des Schutzgebietes bei Nakab etwa 25 km östlich von Ukamas und wandte sich dann der Gamsibkluft zu, die er am 20. August erreichte. Um diese Zeit soll auch Abraham Morris, der Ende 1906 auf englisches Gebiet übergetreten war, zu Morenga gestoßen sein.[353]

Das Wiederauftauchen des Rebellenführers auf deutschem Gebiet sorgte für erhebliche Unruhe unter den wieder ihrer friedlichen Arbeit nachgehenden Farmern nicht nur im Süden, sondern auch in der Mitte und im Norden der Kolonie, denn, wie der neue Gouverneur v. Schuckmann (Lindequist war inzwischen als Unterstaatssekretär in das neugegründete Reichskolonialamt berufen worden) berichtete, »wirkte das Erscheinen Morengas wie ein elektrischer Schlag, überall bis in den Norden machte sich die Erregung unter den Eingeborenen bemerkbar.«[354] Unter den Nama und Herero keimte neue Hoffnung auf!

Nicht abwegig war daher die Gefahr, daß die gerade erst unterworfenen beiden Völker erneut zu den Waffen greifen könnten, falls es Morenga aus dem Stand heraus gelingen sollte, einen erfolgreichen Schlag gegen die deutsche Herrschaft zu führen! Schon liefen im ganzen Lande Gerüchte von einer unmittelbar bevorstehenden erneuten Erhebung der Herero um!

Als nun auch noch die von einem Inspector (Leutnant) der englischen Grenzpolizei herrührende Meldung eintraf, daß der Rebellenführer bereits wieder eine Anhängerschaft von vierhundert Mann gesammelt habe[355], schrillten beim Gouvernement und beim Truppenkommando in Windhuk die Alarmglocken: Die Farmer wurden gewarnt und aufgefordert, ihr Vieh auf sichere Plätze abzutreiben und sich unter militärischen Schutz zu stellen. Die überall im Lande verstreuten kleinen Posten wurden angewiesen, auf keinen Fall den Kampf gegen eine gegnerische Übermacht aufzunehmen, damit keine Waffen, Munition und Pferde in die Hände des Feindes fallen.

Oberstleutnant v. Estorff eilte sofort nach Keetmannshoop, um von dort aus den Kampf mit dem alten Gegner wieder aufzunehmen. Er veranlaßte beim Reichskolonialamt die vorläufige Einstellung der Rücktransporte in die Heimat, um die Schutztruppe auf der erforderlichen Gefechtsstärke zu halten.

351 Siehe ebenda, Bl. 12: Lindequist an RKA; 10.8.1907.
352 Siehe ebenda, Bl. 12: Lindequist an RKA; 10.8.1907.
353 Siehe ebenda, Bl. 86: Dernburg an Wilhelm II, 26.8.1907.
354 Ebenda, Bl. 157f: Schuckmann an RKA, 5.9.1907.
355 Siehe ebenda, Bl. 27: Stumm, Kais. Geschäftsträger in London, an AA, 16.8.1907. Diese Angabe entsprach offenbar nicht den Tatsachen. Späteren Mitteilungen zufolge war Morengas Zulauf an Orlogleuten wesentlich niedriger zu veranschlagen. Siehe hierzu auch ebenda, Bl. 79: Bülow an Wilhelm II, 27.8.1907. Möglicherweise waren in der genannten Zahl von vierhundert Leuten die Nichtkombattanten mit enthalten.

Anfang September 1907 befanden sich noch etwa 6700 Soldaten in Südwest. Von diesen wurde auf Befehl Estorffs etwa die Hälfte – 12 Feldkompanien, 5 Feldbatterien, 4 Züge Gebirgsgeschütze und 4 MG – im Namaland gegen Morenga konzentriert. Auch ließ der Kommandeur als Vorkehrung gegen eine erneute Erhebung der Herero die Orte Windhuk und Okahandja wieder militärisch stark besetzen.

Auch der Kaiser war von der erneuten Krisenlage in Südwest in Kenntnis gesetzt worden und schaltete sich in die Diskussion um die zu ergreifenden Gegenmaßnahmen ein. In einem Geheimtelegramm wies er den noch in Windhuk weilenden Unterstaatssekretär v. Lindequist an: »Preis auf Morengas Kopf setzen 20.000 Mark. Seine Bande ausrotten ohne Pardon.«[356]

Inzwischen bahnte sich auf diplomatischen Kanälen ein deutsch-britisches Zusammenwirken gegen Morenga an. Der britische Außenminister Sir E. Grey erklärte dem deutschen Geschäftsträger in London, Stumm, »daß Bemühungen der Capregierung, Morenga festzunehmen, ohne Erfolg geblieben ... seien. Morenga werde infolge dessen in Zukunft kein Asyl mehr auf englischem Gebiet erhalten und alle Vorkehrungen seien getroffen, um ihn bei Rückkehrversuch festzunehmen oder auf deutsches Gebiet zurückzutreiben ...«[357]

Auf die Erklärung des Gouverneurs v. Schuckmann, »Pflicht eines guten Nachbarn sei es, Morenga lebend oder tot sofort von der Grenze zu entfernen und Vorkehrungen zu treffen, dass solche Friedensstörungen nicht wieder vorkommen...«[358], antwortete Kapstadt mit dem Einverständnis, daß ein deutscher Offizier zur Kappolizei entsandt werde, »um ein gemeinsames Operieren zu gewährleisten und die Verbindung zwischen den beiderseitigen Streitkräften sicherzustellen.«[359]

Daraufhin wurde Hauptmann i. G. von dem Hagen als Verbindungsoffizier dem an der südwestlichen Grenze zum deutschen Schutzgebiet kommandierten englischen Polizeioffizier, Major Eliott, zugeteilt. Letzterer brach Anfang September mit etwa 120 Mann von Upington aus nach Norden in Richtung auf Longklip auf, in dessen Nähe Morenga gemeldet worden war. (Morenga hatte auf die Meldung von der deutschen Truppenkonzentration im südöstlichen Namaland die Gamsibkluft inzwischen wieder verlassen und war erneut auf englisches Gebiet mit Zielrichtung Back-Riviermund übergewechselt.) Unterwegs schloß sich von dem Hagen Eliotts Truppe an.

Unterdessen hatte sich im Feindlager eine Wende vollzogen: Der größte Teil der bei Morenga befindlichen Bondelzwart hatte die Sinnlosigkeit eines weiteren bewaffneten Widerstands angesichts des drohenden Zusammengehens der Engländer und Deutschen eingesehen und Gouverneur Schuckmann durch nach Warmbad entsandte Boten die Bitte vorgetragen, in das Friedensabkommen von Ukamas einbezogen zu werden. Hierzu erklärte sich der Gouverneur bereit, und so

356 Ebenda, Bl. 53: Wilhelm II an Lindequist, 16.8.1907; zitiert aus Drechsler: »Südwestafrika unter deutscher Kolonialherrschaft ...«, S. 235.
357 Ebenda, Bl. 27: Stumm an RKA, 5.9.1907.
358 Ebenda, Bl. 96: Lindequist an RKA, 5.9.1907.
359 Generalstabswerk, Bd. 2, S. 356.

kündigten 42 Bondelzwartkrieger Morenga die Gefolgschaft auf und stellten sich am 8. September mit ihren Frauen und Kindern den deutschen Behörden in Ukamas. Nun war die Anhängerschaft Morengas auf einige wenige Dutzend Orlogleute zusammengeschrumpft. (Anm. Verf.: Abraham Morris befand sich in keiner der beiden Gruppen. Er war in der Kapkolonie verblieben und leistete im Ersten Weltkrieg den Unionstruppen in Südwest als Führer und Kundschafter gute Dienste.[360] Erst nach dem Krieg kehrte er in seine Heimat für immer zurück.)

Als Morenga seine Anhängerschar dahinschmelzen sah, ließ er über Boten die deutschen Behörden in Warmbad wissen, daß auch er in das Friedensabkommen einbezogen werden möchte. Daraufhin wurden von deutscher Seite Boten in die Gamsibkluft, wo der Rebellenführer noch vermutet wurde, mit der Mitteilung an diesen entsandt, ihm werde für Unterhandlungen freies Geleit gewährt sowie für den Fall seiner Unterwerfung Straflosigkeit für seine im Kriege begangenen Straftaten und Ansiedlung im Schutzgebiet zugesichert. Die Boten kehrten indes unverrichteter Dinge zurück, da sie Morenga in der Gamsibkluft nicht mehr angetroffen hatten.

Unterdessen war Major Eliott mit seiner Truppe in Longklip angelangt. Da Morenga im Umkreis dieser Wasserstelle nicht angetroffen wurde, marschierte die Truppe am 14. September weiter in Richtung Zwartmodder. Am 17. meldete der mit einem Spähtrupp in Richtung Nakab vorausgeschickte Sub-Inspector Currie dem Major, er habe Morenga mit seinen Leuten in einer tiefen Schlucht in dem Hügelgelände etwa 10 km westlich Longklip ausfindig gemacht. Es sei ihm zwar verwehrt worden, mit dem Rebellenführer persönlich zu sprechen, doch habe ihm dessen Stiefsohn Petrus mitgeteilt, daß Morenga mit niemandem bereit sei, über Friedensbedingungen zu sprechen, außer mit Major Eliott.

Daraufhin schickte Eliott seinen Sub-Inspector zurück nach Morengas Schlupfwinkel mit dem Auftrag, mit diesem einen Treffpunkt für ein Gespräch mit ihm, Eliott, zu vereinbaren. Doch Currie traf den Rebellenführer in der Schlucht westlich Longklip nicht mehr an; dieser hatte sich inzwischen erneut abgesetzt, und zwar, den Spuren nach zu urteilen, in Richtung Ost. Eliott nahm nunmehr an, daß Morenga seine Verhandlungsbereitschaft lediglich vorgetäuscht habe, um Zeit zum Entkommen zu gewinnen. Deshalb beschloß der Major, die Verfolgung aufzunehmen. Hierüber und über das anschließende Gefecht bei der ausgetrockneten Vley von Eenzamheid (ca. 100 km nördlich von Upington) erfahren wir aus der Feder des deutschen Verbindungsoffiziers, Hauptmann v .d. Hagen:
»... Major Eliott befahl sofort die Aufnahme der Verfolgung zunächst durch einen Zug, bis die nähere Abzugsrichtung festgestellt war. Am 19. mittags traf vom Führer dieses Zuges, Leutnant Mauder (richtig; Mander – Anm. Verf.) die erste Meldung ein, wonach Morengas Spur nördlich Longklip vorbei nach Osten in Richtung Upington führe.

Gleich nach Eingang dieser Meldung, etwa 3 Uhr nachmittags, brach Major Eliott mit dem Rest der Abteilung auf. Es begann nun eine vierundzwanzigstündige, von nur kurzen Pausen unterbrochene Verfolgung.

360 Siehe Drechsler: »Südwestafrika unter deutscher Kolonialherrschaft ...«, S. 280.

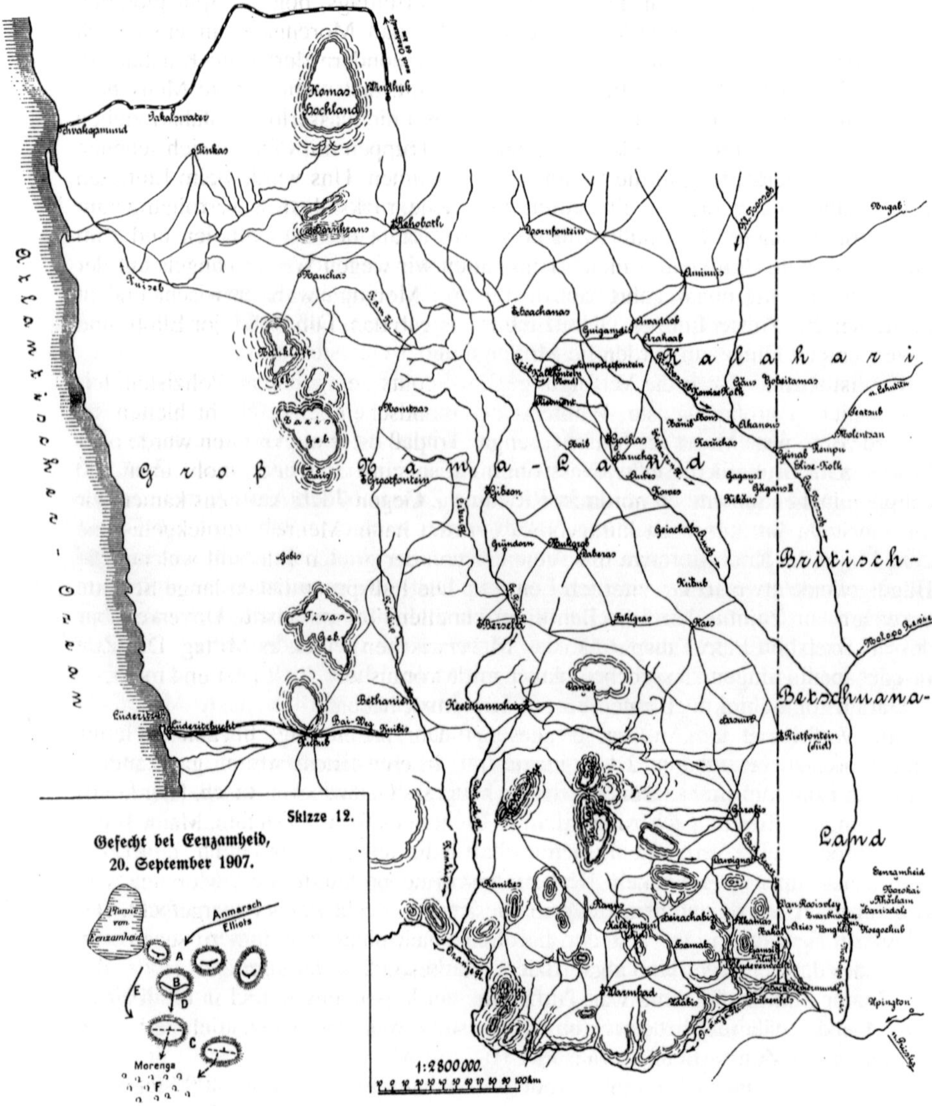

Übersichtskarte zum Zuge Eliotts gegen Jakob Morenga und Erckerts gegen Simon Kopper 1907/1908

Um 12 Uhr mitternachts in der Nacht vom 19. zum 20. September tränkten wir die Pferde zum letztenmal bis zum 21. September, 5 Uhr morgens. Noch führte Morengas Spur nach Osten. Da, gegen 2 Uhr vormittags, bog die Spur plötzlich nach Norden ab. Nun war kein Zweifel mehr, daß Morenga nicht etwa nach Upington gehen wollte, um sich dort zu stellen, sondern durch die Kalahari zu Simon Copper. Der schlaue Fuchs rechnete damit, daß wohl wenige Menschen, wie er mit seiner Bande – etwa 30 Köpfe – durch die wasserlose Kalahari ziehen und sich von Tsamas nähren könnten, daß aber Truppen mit Pferden sich scheuen würden, die Verfolgung in die Kalahari aufzunehmen. Uns wurde beim Eintreten in die Kalahari klar, daß nur eine ununterbrochene, rücksichtslose Verfolgung zum Ziel führen konnte. Wir mußten Morenga im Laufe des 20. einholen und zum Gefecht stellen. Glückte das nicht, dann hätten wir wegen Wassermangels auf der frischen Spur Morengas kehrtmachen müssen; Morenga wäre entwischt und in Sicherheit bei Simon Copper. Diese Erkenntnis gab dem Führer, Major Eliott, und seiner Truppe einen außerordentlichen Schwung.

Höchst spannend war die Verfolgung. Die ›Scouts‹, eingeborene Polizisten, leisteten hierbei große Dienste. Während der mondscheinhellen Nacht hielten sie immer vom Pferde herab die Spur Morengas, so daß diese nie verloren wurde oder länger gesucht werden mußte. Fast ohne Pause ging es weiter, wohl über 300 schwere Dünen hinweg, in nördlicher Richtung. Gegen 7 Uhr morgens kamen wir an die Stelle, wo Morenga kurz vorher gerastet hatte. Mehrere zurückgelassene Decken, Felle, Kochgeschirre usw. zeugten von der großen Eile, mit welcher die Bande, wohl überrascht, weitergezogen war. Die Fußspuren ließen lange Schritte erkennen, ein Zeichen, daß die Bande in schnellem Tempo ausriß. Unverkennbar war hierbei die große Fußspur Morengas. Inzwischen wurde es Mittag. Der Zug des Leutnants Mauder, welcher als Avantgarde voraus war, hielt jetzt und meldete, Morenga könnte nur noch einen kurzen Vorsprung haben.

Die Verfolgung ging weiter. Gegen 1.30 Uhr nachmittags begann ein etwa halbstündiger Galopp. Um 2 Uhr kamen wir in eine landschaftlich ganz andere Gegend, nicht mehr kahle Dünen, sondern bergiges Gelände mit Busch. Hier konnte Morenga vielleicht die Absicht haben, sich zum Gefecht zu stellen. Major Eliott ließ sofort den vordersten Zug zum Gefecht absitzen und sich in großer Breitenausdehnung entwickeln. Unsere Annahme bestätigte sich. Morenga saß, wie vermutet, auf den Höhen. Es entspann sich nun ein längeres Feuergefecht. Der Gegner hatte sich so gut versteckt, daß lange Zeit nichts von ihm zu sehen war. Allmählich erkannten wir aber, daß eine besonders ausgeprägte Höhe der Schlüsselpunkt der Stellung war. Die Höhe wurde genommen und in der feindlichen Stellung vier Gegner erschossen und einer verwundet; bei uns fiel hierbei ein Korporal, ein Mann wurde verwundet.

Auf der Höhe angelangt, erhielten wir aus dichten Büschen, etwa 400 Meter vor uns, wiederum Feuer. Aus einem der Büsche hörte man eine tiefe Stimme laute Kommandos abgeben. Gegen diese Büsche, besonders aber gegen letzteren, denn hinter ihm konnte Morenga liegen, richtete sich nun von unserer Seite aus ein lebhaftes Feuer, so daß drüben bald das Feuer verstummte. Bei dem darauffolgenden Absuchen des Gefechtsfeldes fanden wir Morenga tot vor. Er hatte drei Schüsse, zwei durch den Kopf und einen durch das Herz. Es war ein erhebender, unvergeßlicher Augenblick, als wir plötzlich vor der Leiche dieses Gegners standen, der unseren braven Truppen über zwei Jahre hindurch so viel zu schaffen gemacht hatte. Wie mir einer der gefangenen Verwundeten sagte, hatte Morenga tatsächlich nie die Absicht gehabt, Frieden zu machen, weder mit den Deutschen noch mit den Engländern; er wollte die Freiheit oder mit der Waffe in der Hand fallen. Dieser Tod hat ihn getroffen. Neben ihm lag sein Gewehr, einige Hülsen und Patronen. Er hat diesen Soldatentod verdient, denn er hat auf seine Weise anständigen Orlog geführt.

Morenga und seine Bande war vernichtet, nur ganz wenige entkommen. Wir erfüllten noch die traurige Pflicht, unseren gefallenen Kameraden zu beerdigen; dann wurde in einer prachtvollen Mondscheinnacht der Marsch nach Upington angetreten.

Wenn auch das Abkommen von Ukamas vom 23. Dezember 1906 dem Süden den langersehnten Frieden brachte, bedeutet doch der Tod Morengas im Grunde den Schluß des Orlogs im Süden; an diesem Schlußakt teilgenommen zu haben, ist eine unvergeßliche Erinnerung …«[361]

Neben Morenga hatten in diesem vierstündigen Gefecht sein Stiefbruder und zwei Neffen sowie zwei weitere Krieger und vier Frauen den Tod gefunden, zwei Mann, nämlich die beiden Sendboten Simon Koppers, wurden gefangengenommen und vier entkamen.[362]

Mit dem Tode Morengas hatte die Kappolizei die deutsche Kolonialmacht von einer großen Bürde befreit. In seinem abschließenden Bericht schreibt v. Schuckmann:

»… Es ist kein Zweifel, daß mit dem Tode Morenga's die offene Gefahr vorüber ist und daß derselbe wesentlich zur Beruhigung der Hottentotten, insbesondere der Bondelzwarts, beitragen wird, da ihn in ihren Augen ein gewisser Nimbus umgab und viele mit ihrem Lose Unzufriedene an ihn die Hoffnung auf eine bessere Zukunft knüpften.«[363]

Anerkennende Worte über die Leistungen dieses legendären Guerillaführers findet Estorff in seinen Erinnerungen. Er schreibt:

»… So fand dieser Mann einen ehrlichen Soldatentod. Er war ein kriegerisches Genie gewesen und hat uns unendlich viel zu schaffen gemacht. Dabei werden viele Züge seines ehrlichen, ja großzügigen Charakters von ihm berichtet. So hat er mehrfach Gefangene geschont, ja es tat ihm leid, wenn tapfere Offiziere und Soldaten, die in seinen Hinterhalt gefallen waren, sich nicht gefangengeben wollten, sondern sich bis zum Tode verteidigten. Die Missionsstation Heirachabis hat er stets geschont und die Missionare mit Achtung behandelt …«[364]

Auch verschiedene linksgerichtete Zeitungen in Deutschland widmeten diesem afrikanischen Freiheitskämpfer eulogische Nachrufe. So heißt es in der »Leipziger Volkszeitung«:

361 Dincklage-Campe, S. 454f.

362 Über den Verlauf dieses Gefechtes siehe auch BAB, RKA Nr. 2146, Bl. 18f: Gefechtsbericht des Majors Eliott an Commanding Commissioner, Cape Mounted Police, Kapstadt, 24.9.1907.

363 BAB, RKA Nr. 2145, Bl. 163f: Schuckmann an RKA; 27.9.1907

364 Estorff: »Wanderungen und Kämpfe …«, S. 136.

»Im Kolonialamt und in der Wilhelmstraße (gemeint ist das Auswärtige Amt, das an dieser Straße in Berlin lag – Anm. Verf.) mag man aufatmen; der Mann, der in den letzten drei Jahren in Südwest der deutschen Truppe die härtesten Nüsse zu knacken gegeben hat, ist nicht mehr. Der Allianz zweier so imposanter Großmächte wie England und Deutschland ist es endlich gelungen, den armseligen Hottentottenhäuptling zur Strecke zu bringen. Die Treibjagd ist zu Ende, das Wild niedergehetzt.

Ungemein geschickt hat Morenga während dreier Jahre den Krieg geführt und noch die letzte Botschaft legt Zeugnis ab von seinem strategischen Talent. Er war der gefürchtete Überall und Nirgends für die deutschen Truppen, ein wahrer fliegender Holländer der Steppe und, was seine Kriegskunst anging, so stammt sie nicht von preußischen Exerzierplätzen. An vielen Tagen der Jahre 1904 und 1905 namentlich hat Morenga seinen Namen in die Geschichte der deutschen Truppen mit blutigen Lettern getragen. Auf jeden Fall mußte er auch auf den Gegner sympathisch wirken, weil er bis zum letzten Atemzug zäh und unermüdlich für sein Recht kämpfte. Solange Morenga lebte, war er in fieberhafter Tätigkeit unterwegs.«[365]

Das »Hallesche Volksblatt« bezeichnete ihn als »den südwestafrikanischen Schill« (Anm. Verf.: Ferdinand v. Schill, preußischer Offizier, Freikorpsführer in den Napoleonischen Kriegen, gefallen 31.5.1809)[366]; in anderen Blättern wurde ihm der Beiname »der Andreas Hofer Südwestafrikas« gegeben (Anm. Verf.: Tiroler Freiheitskämpfer in den Napoleonischen Kriegen, standrechtlich erschossen 20.2.1810).

365 »Leipziger Volkszeitung«, Nr. 221, 23.9.1907; zitiert aus Mager, S. 109.
366 »Hallesches Volksblatt«, Nr. 220, 22.9.1907; zitiert ebenda.

21. Der Zug gegen Simon Kopper

Hauptmann v. Erckert wird mit den Vorbereitungen für eine Expedition gegen Simon Kopper beauftragt – Simon Kopper setzt seine Streifzüge und Überfälle im deutschen Grenzgebiet fort – Ersuchen um Mitwirkung der britischen Polizei bei Niederringung Simon Koppers schlägt fehl – Der Überfall auf die Patrouille Jäger – Der Marsch in die Kalahari beginnt – Die Spur der Kopperwerft ist gefunden! – Leutnant Geibel entdeckt die Kopperwerft bei Seatsub – Das Gefecht bei Seatsub – Erckerts Tod – Diplomatisches Nachspiel – Das weitere Schicksal Simon Koppers

(Siehe hierzu Karte 2, 19 und 20)

Der einzige noch nicht bezwungene Aufstandsführer war Simon Kopper. Er hatte sich, wie uns von Kapitel 16 her bereits bekannt ist, nach den erfolglos gebliebenen Verhandlungsversuchen des Majors Pierer dem deutschen Zugriff durch erneutes Entweichen in die Einsamkeit der ihm bestens vertrauten Kalahari entzogen. Von seinen Zufluchtsstätten am Unterlauf des Großen Nossob im deutsch-englischen Grenzgebiet aus unternahm er nun immer wieder Vorstöße in das Schutzgebiet bis über das Auob-Rivier hinweg und sorgte durch Überfälle und Beutezüge weiterhin für Unruhe unter der weißen Bevölkerung im nordöstlichen Teil des Namalandes.

Die Schutztruppenführung war sich daher bewußt, daß der Friede im Lande erst dann auf einer festen Grundlage stehen würde, wenn man dieses letzten Störenfriedes habhaft geworden sei. So faßte Oberstleutnant v. Estorff im Frühjahr 1907 den Entschluß, Vorbereitungen für einen Strafzug in die Kalahari zu treffen, um Simon Kopper und seinen Anhang ein für allemal niederzuringen. Zu diesem Zweck sollte in Gochas ein auf Kamelen beritten zu machendes Expeditionskorps aufgestellt werden.

Mit dieser Aufgabe betraute der Kommandeur den Militärbefehlshaber im nördlichen Namaland, Hauptmann v. Erckert, einen schon in den vergangenen Operationen bewährten Offizier. Mit dieser Persönlichkeit hatte Estorff eine hervorragende Wahl getroffen. Einer der früheren Kompanieoffiziere Erckerts, Oberleutnant Hunger, charakterisiert den Hauptmann wie folgt:
»Bereits in den vier Tagen des Aufenthalts in Munster (Anm. Verf.: Hier erfolgte die Formierung der Kompanie vor der Abreise nach Südwest) trat v. Erckert als ein Mann hervor, der im Dienst mit Worten kargte, sich auf kurze Instruktionen und Befehle beschränkte; diese zeugten davon, daß ihnen ein scharfes Durchdenken auch der geringsten Kleinigkeiten und aller nur erdenklichen Möglichkeiten vorhergegangen war und daß sie auf einer umfangreichen Erfahrung basierten. Ihre Ausführung erforderte von den Untergebenen eine große Selbständigkeit des Denkens; da diese Selbständigkeit in der Heimatarmee infolge mangelnder Gelegenheit zum Üben nicht sehr geläufig ist, war die Ausführung anfangs in vielen Fällen nicht zur Zufriedenheit des Auftraggebers. Diese Art zu befehlen hatte

aber einen ungeheuer erzieherischen Wert; nicht allein, daß man sich gewöhnte, selbständig zu denken, sondern auch selbständig zu handeln ...«[367]

Erckert ging mit gewohnter Energie an die neue Aufgabe heran. Er legte dem Kommando am 1. Juni 1907 eine »Denkschrift über eine Unternehmung gegen Simon Kopper in die Kalahari« vor, und auf der Grundlage dieser Denkschrift wurde nun die Operation geplant.

Die erste Sorge des Hauptmanns galt dem einzigen für ein solches Unternehmen in Frage kommenden Fortbewegungsmittel, dem Kamel. Estorff hatte als erste Amtshandlung nach seiner Ernennung zum Kommandeur der Schutztruppe sechshundert dieser durstgewohnten Tiere im Sudan durch Hagenbeck beschaffen lassen. Allerdings waren dies fast ausschließlich Lastkamele, die nur bis vier Kilometer in der Stunde zurücklegen konnten. Die geeignetsten dieser Tiere mußten daher erst von den Soldaten für das Reiten abgerichtet werden, ein mühsames, zeitaufwendiges Unterfangen, da die Tiere sehr störrisch waren und sich nur schwer in eine andere Richtung lenken und in eine raschere Gangart, als ihnen beliebte, bewegen ließen.

Erckert sorgte nun dafür, daß die Tiere systematisch für die Strapazen der bevorstehenden Expedition trainiert wurden. Unter anderem gewöhnte man sie auch an den Genuß von Tschamasfrüchten. Die großen Hoffnungen, die der Hauptmann in die Leistungsfähigkeit der Kamele setzte, sollten sich jedenfalls voll bestätigen! – In der Zwischenzeit wurden, da nur wenige Reitkamele zur Verfügung standen, für die wichtigen Erkundungsunternehmen, vor allem im dichten Busch, eine Anzahl Reitochsen zugeritten. Die Expeditionstruppe selbst, etwa vierhundert Mann – alles ausgesuchte Leute –, wurde acht Monate lang auf das Gründlichste für den bevorstehenden Kampf taktisch geschult und ausgebildet. Dabei legte Erckert besonderes Gewicht auf die Herausbildung von Eigeninitiative bei Offizieren und Unteroffizieren. Noch kein militärisches Unternehmen in Südwest war bisher mit solcher Gründlichkeit vorbereitet worden!

Das größte Problem, dem sich Erckert gegenübersah, war die Wasserversorgung. Ihre zufriedenstellende Regelung war die Grundvoraussetzung für den Erfolg des Unternehmens, wie die vorherigen fehlgeschlagenen Versuche der Schutztruppe, Simon Kopper in der Kalahari zu verfolgen und zum Kampf zu stellen, zur Genüge bewiesen hatten. (Siehe Kapitel 16)

Auf Erckerts Veranlassung hin wurden in dem beabsichtigten Aufmarschgebiet zwischen dem mittleren Auob und Nossob die vorhandenen Brunnen, soweit sie von den Nama zugeschüttet worden waren, wieder aufgemacht und erweitert. Die beiden für die Expedition vorgesehenen Ausgangsorte Gochas und Arahoab wurden zu leistungsfähigen Wasserplätzen ausgebaut.

Darüber hinaus sandte Erckert zur Erschließung weiterer Wasservorkommen im rückwärtigen Teil des Einsatzraumes Bohrkolonnen aus, die mit ihrem Bohrgerät längs den als anfängliche Vormarschwege geplanten Rivieren, dem Auob, dem Elefantenfluß und dem Großen Nossob, nach Wasser suchen sollten. Den Bemühungen dieser Kolonnen war indes kein Erfolg beschieden, obwohl bis in Tiefen von über fünfzig Metern gebohrt worden war. So blieben als einziger

367 Beiheft zum Militärwochenblatt, Jg. 1910, 8. Heft, S. 244.

Ausweg der Bau von Stauanlagen und Sammelbecken für Regenwasser sowie das Aufstellen von fünfundvierzig fahrbaren Wasserbehältern von je vierhundert Litern Fassungsvermögen längs den Vormarschwegen am Auob und Nossob.

Auch der Erweiterung des Fernmeldenetzes widmete Hauptmann v. Erckert größte Aufmerksamkeit. Die bereits bestehende Kabeltelegraphenlinie Stamprietfontein – Gochas wurde über Aubes – Kowes bis nach Geiachab verlängert und auch die Bohrstelle Nanib östlich des Elefantenflusses mit Gochas über Kabel verbunden. Außerdem wurde Anfang Januar 1908 eine Kabeltelegraphenlinie zwischen Stamprietfontein und Arahoab in Betrieb genommen. Etwas später erfolgte eine Kabelverlegung von Arahoab den Nossob entlang bis Kowise-Kolk. Ferner wurde für den Heliographenverkehr an verschiedenen Stellen hölzerne Signaltürme errichtet, so daß Lampenverbindung zwischen Nanib – Kowise-Kolk, Nanib – Gochas und Kowise-Kolk – Arahoab hergestellt werden konnte.

Während die Vorbereitungen für die Kalahari-Expedition liefen, war Simon Kopper mit seinem Orlog nicht untätig geblieben und sorgte durch seine Streifzüge und Überfälle weiterhin für Unruhe im deutschen Grenzgebiet. Am 7. Juni überfiel er bei der Wasserstelle Daberas nahe Koes die Farm des Schotten Robert Duncan, eines bewährten Kalahari-Führers, und ermordete diesen, wahrscheinlich aus Rache für dessen den Deutschen geleistete zahlreiche Dienste. Die Mörder trieben das Farmvieh ab und konnten nicht mehr eingeholt werden. Am 5. Dezember überfielen zehn Kopperleute den Ochsenwagen einer Bohrkolonne zwischen Kowise-Kolk und Arahoab, wobei drei Reiter und ein Treiber fielen. Der nächste Überfall geschah am 19. Januar 1908 in einer stockdunklen und stürmischen Nacht. Er richtete sich gegen das Lager einer bei Nanib arbeitenden Bohrkolonne, mißlang jedoch dank der Wachsamkeit des Postens. Von den Streifen, die alsbald den Umkreis des Lagers absuchten, fand eine einen alten, breitrandigen Namahut mit einem gelben Band, ein untrügliches Indiz dafür, daß es sich bei den Angreifern um Franzmann-Nama, also Simon-Kopper-Leute, gehandelt hatte.

Aufgrund dieser Zuspitzung der Lage erhielt Erckert vom Truppenkommando die strikte Weisung, Kopper entweder zu unterwerfen oder tiefer in die Kalahari abzudrängen, damit eine weitere Verunsicherung des südöstlichen Teils der Kolonie durch seine Überfälle unterbunden und so endlich die Voraussetzung für eine Rückkehr der dortigen Farmer zu ihren verlassenen Farmen geschaffen werde.

Als Zeitpunkt für den Abmarsch des Expeditionskorps wählte Erckert den März. Der Hauptgrund hierfür war, daß dann die Regenzeit vorüber und dieser Monat der einzige des Jahres war, in dem sich der Gegner in der Flüssigkeitsversorgung in einer schwierigen Lage befand: Im März waren die alten Tschamasfrüchte geschrumpft und die neuen noch nicht reif. Daher war Simon Kopper mit seinem Anhang in dem Monat an bestimmte Plätze gebunden, und zwar im Bereich des unteren Großen Nossob, da sich dort die größten Tschamasfelder befanden - und auch Vleys, die sich, wenn überhaupt im Jahr, im März mit Regenwasser füllen mußten. Dort brauchte der Franzmannkapitän mit seiner Werft aber lediglich vier bis sechs Wochen auszuharren, dann wären die jungen Tschamasfrüchte gereift und die Flüssigkeitsversorgung gesichert, so daß dann den Kopperleuten wieder die gesamte Kalahari zum Umherstreifen offen stünde. – Eine andere Überlegung Erckerts für die Wahl dieses Monats war die Abhängigkeit des Unternehmens von der Konstellation des Mondes: Ab Mitte März nahm der Erdtrabant wieder zu, und heller Mondschein war wichtig für die Spurensuche, da wegen der glühenden Tageshitze und der bei Tage weithin sichtbaren Staubwolke, die die vorrückende Truppe aufwirbelte, vorwiegend bei Dunkelheit marschiert werden mußte.

Da die Wahrscheinlichkeit groß war, daß Simon Kopper mit seiner Gefolgschaft im britischen Betschuana-Protektorat Zuflucht suchen würde, richtete das Gouvernement in Windhuk über das deutsche Generalkonsulat in Kapstadt eine Bitte an die britischen Behörden der Kapkolonie um Unterstützung der deutschen Operationen durch die Polizeitruppe des Protektorats. Die Antwort fiel enttäuschend aus: Man werde in einem solchen Fall Simon Kopper mit seinem Orlog durch eine Patrouille entwaffnen und von der Grenze entfernen. Im übrigen aber »sei eine Mitwirkung der Polizeitruppe bei den Operationen in Rücksicht auf ihre Stationierung im weitab gelegenen östlichen Betschuana-Protektorat nicht möglich.«[368] »Als Zeichen guter Nachbarschaft« wurden jedoch britischerseits die deutschen Behörden laufend über die beobachteten Bewegungen Simon Koppers informiert.[369]

Angesichts dieser Sachlage sah sich Erckert ausschließlich auf die eigenen Kräfte und Möglichkeiten angewiesen. Er hatte jedoch die feste Absicht, sich nicht um die britische Grenze zu kümmern, wenn er erst einmal mit seinem Expeditionskorps in Bewegung sei, »denn«, so sagte er sich, »wenn ich auf halbem Wege umkehren müßte, das käme Deutschland recht teuer...«[370]

In der Zeit vom 19. bis 26. Februar inspizierte Oberstleutnant v. Estorff das Expeditionskorps, das wegen der Probleme mit der Wasserversorgung mit einem Teil in Gochas und mit einem anderen am Großen Nossob bei den Wasserstellen Arahoab und Awadaob stand. In Gochas fand eine größere Geländeübung statt. Hierbei überzeugte sich der Kommandeur davon, daß die Truppe für die gestellte Aufgabe einen hohen Ausbildungsstand erreicht hatte und »alles auf das Beste vorbereitet war.« »Erckert habe«, so schrieb Estorff in seinen Erinnerungen, »diese Vorbereitungen auf das Gründlichste betrieben und auch die geringsten Kleinigkeiten sorgfältig bedacht und geordnet.«[371]

Anfang März war das Expeditionskorps marschbereit. Es umfaßte 27 Offiziere, 373 Reiter, 129 Farbige, 710 Kamele und vier Maschinengewehre, gegliedert in Expeditionsstab, Auob-Detachement unter Hauptmann Grüner (7. Kompanie, die Aufklärungsabteilungen Oberg und v. Boetticher und zwei Signaltrupps), Nossob-Detachement unter Hauptmann Willeke (16. Kompanie, 1. Kompanie, MG-Abteilung, zwei Signaltrupps) sowie Kamelstaffel (für den Wassernachschub) und Sanitätsstaffel mit einem Signaltrupp.

Als Vereinigungspunkt der einzelnen Truppenteile wurde Geinab (heute: Grootkolk) bestimmt, da nach der letzten Feindlagemeldung – sie stammte von

368 Generalstabswerk, Bd. 2, S. 369.
369 Siehe Haacke.
370 Grimm, S. 23.
371 Estorff: »Wanderungen und Kämpfe ...«, S. 138.

einer von Leutnant Runkel geführten Patrouille – nahe dieser unweit der Grenze liegenden Wasserstelle frische Spuren gefunden worden waren, die auf das Vorhandensein einer größeren Werft am Westufer des Nossob – bereits auf britischem Gebiet – schließen ließen. Als Zeitpunkt der Vereinigung wurde der 11. März festgelegt. Hauptmann Grüner brach am 6. März von Gochas, Hauptmann Willeke am Tage darauf von Arahoab auf.

Kurz danach, am 8. März, gelang den Simon-Kopper-Leuten der letzte Überfall auf deutschem Gebiet. Ein 35 Gewehre umfassender Trupp war, von Nordosten kommend, über den Auob hinweg bis zur Wasserstelle Kubub nördlich Koës geritten, möglicherweise in der Hoffnung, Frachtfahrer überfallen zu können. Hier angekommen, stieß er – wahrscheinlich auf einen Hinweis durch umherstreifende Buschleute – auf eine an der Wasserstelle nächtigende, von der Etappenstation Koës kommende Patrouille, deren Führer, Sergeant Jäger, leichtsinnigerweise keinen Wachposten aufgestellt hatte, und überfiel sie. Dabei wurden alle sechs Mann der Patrouille niedergemacht. Eine am nächsten Tage von Koës aus eingeleitete Verfolgung blieb ohne Erfolg, da der Vorsprung der Kopperleute zu groß war.

Dieser Koppertrupp war am 11. März an der Vley Geinab vorbei, wo sich inzwischen die beiden Kolonnen des Expeditionskorps eingefunden hatten, in östlicher Richtung weitergeritten, den Dünen der britischen Kalahari entgegen – wie sich später herausstellte, nach Seatsub, wohin Simon Kopper mit seiner Werft von Geinab aus schon Wochen vorher weitergezogen war. Die frischen Spuren, die dieser Trupp hinter sich ließ, sollten sich als verräterisch für Simon Kopper erweisen!

Erckert richtete in Geinab zunächst ein Verpflegungsdepot und ein Wasservorratslager für zwei Tage an. Zwischen Geinab und Kowise-Kolk ließ er eine Kabeltelegraphenverbindung herstellen, so daß Nachrichtenübermittlung von Geinab zum Truppenkommando in Windhuk möglich wurde. Außerdem wurde in Geinab ein Heliographenposten eingerichtet.

Da Erckert sich darüber im klaren war, daß es sich bei der hier vorgefundenen Spur der fünfunddreißig Reiter nicht um die der gesuchten Hauptwerft handeln konnte, ließ er zunächst durch seine Späher das Nossobtal nach Süden hin bis nach Elise-Kolk nach Menschenspuren absuchen, doch ohne Erfolg. Daraufhin beschloß er, wenn auch von Zweifeln erfüllt, den vorgefundenen Spuren nach Osten zu folgen. Und tatsächlich sollten diese den Hauptmann nun an den Gegner führen!

Da in der Geinab-Vley nur wenig Wasser vorgefunden wurde, konnte lediglich ein Teil der Kamele noch einmal zu saufen bekommen, so daß wegen der Wasserknappheit die Reichweite der Truppe für den Hin- und Rückmarsch nur neun Tage betrug, falls kein Vleywasser und keine Tschamas gefunden würden – oder sich nicht zufällig das Wunder eines großen Regens ereignen sollte. Innerhalb von drei bis vier Tagen müßte die Truppe daher auf den Gegner gestoßen und der Entscheidungskampf ausgetragen sein!

Das Expeditionskorps trat am 12. März abends von Geinab den Vormarsch in nordöstlicher Richtung an. An der Spitze der vorrückenden Truppe ritt der Kalahariführer Willy Duncan, der Sohn des ermordeten Farmers Robert Duncan, mit einigen farbigen Spähern. Es folgte die Kolonne des Hauptmanns Grüner, der sich auch Hauptmann v. Erckert angeschlossen hatte, dahinter die des Hauptmanns Willeke. Den Schluß bildeten die Sanitätsstaffel und die Kamelstaffel.

Zeitweise stockte der Vormarsch, wenn die Späher Mühe mit dem Erkennen der Spur hatten, da der Mond sich immer wieder hinter Dunstschleiern verbarg. Als die Spur schließlich gar nicht mehr zu erkennen war, mußte der Vormarsch unterbrochen und Lager bezogen werden, um den Anbruch des Tages abzuwarten.

Am nächsten Morgen ging es dann weiter, nun hatten die Späher »die Fährte wieder fest.« 5 km östlich des Platzes Rempu wurde das Tageslager bezogen. Hier wurde eine Heliographenstation zur Verbindung mit Geinab eingerichtet. Um 18 Uhr wurde wieder aufgebrochen. Auch der zweite Nachtmarsch ging nur sehr langsam vonstatten, da wegen der geringen Helligkeit des Mondes die Spur wieder nur sehr schwach zu erkennen war. Erst 13 km waren zurückgelegt worden, als erneut Tageslager bezogen werden mußte. Das von Gochas und Arahoab seit sieben Tagen mitgeführte Wasser hatte bereits einen faulen und widerwärtigen Geschmack angenommen. Daher erfolgte jetzt Wasserergänzung durch die Kamelstaffel, die anschließend zur Auffüllung nach Geinab zurückging.

Noch immer war Erckert im Zweifel, ob die verfolgte Fährte der fünfunddreißig Reiter ihn tatsächlich zu Simon Koppers Werft führen würde. In einer Offiziersbesprechung auf dem zweiten Tageslagerplatz brachte er seine Zweifel zum Ausdruck: »Die große Werftspur ist noch nicht gefunden. Es kann sein, daß Kopper gar nicht vor uns ist und daß die bisher verfolgten Reiterspuren einen Zusammenhang mit der Hauptwerft nicht haben. Ich will aber in den Grenzen des Möglichen Klarheit gewinnen. Ich werde also an der Fortsetzung des Marsches auf der bisherigen Spur noch festhalten.«[372]

Am 14., gegen 19 Uhr, wurde der Vormarsch fortgesetzt. Nach zwei Stunden spürten die von der Hitze ermatteten, durstigen Reiter einen belebenden Windhauch. Vor ihnen schimmerte es im taghellen Mondlicht: Die Molentsan-Vley war erreicht!

Gleich nach Ankunft an der Vley befahl Erckert das Absuchen der Umgebung. Dabei fanden sich Überreste einer Werft, doch, nach den Spuren dort zu urteilen, mußte der Werftplatz schon einige Wochen vorher verlassen worden sein. Die Werftfährte wies nach Norden. Hier machte nun Hauptmann v. Erckert eine höchst interessante Beobachtung: Die bisher verfolgte Reiterspur verlief jetzt direkt neben der alten Werftspur entlang! Sollte man tatsächlich nun auf der richtigen Fährte sein und die feindliche Hauptwerft sich in erreichbarer Nähe befinden? Neue Hoffnung beflügelte den Hauptmann! Er gab Befehl zum Absatteln und Lagern unter Wahrung größter Vorsicht und Stille.

Beim Absuchen des Umfeldes der Wasserpfanne fanden die farbigen Späher später Felder von vorjährigem Tschamas, der allerdings größtenteils von der Werft abgeerntet worden war. Der Rest der Früchte wurde von den Reitern abgepflückt und an die seit acht Tagen nicht getränkten Kamele verfüttert. Auch die Truppe aß von dem noch feuchten Fruchtfleisch dieser Pflanze, wodurch eine Tagesration Wasser eingespart wurde.

Am Abend des 14. verlor Erckert bei einer Erkundung der Umgebung die Orientierung, so daß er sich genötigt sah, eine Leuchtrakete abzufeuern. Das Signal wurde vom Lager ebenfalls mit Leuchtrakete beantwortet. Diese Raketen waren

372 Grimm, S. 52.

von Kopperleuten gesehen worden. Nun wußten sie vorn Herannahen der Deutschen![373]

Am nächsten Morgen machten Erckerts Späher eine wichtige Entdeckung: Sie bemerkten nahe dem Lager frische Buschmannsfährten. Es erwies sich, daß sie nicht von eigenen Buschmannspähern stammten, sondern von fremden Buschleuten, die von Norden her gekommen waren und das Lager umschlichen hatten. Erckert schloß daraus, daß es sich um Simon-Kopper-Späher gehandelt haben mußte und die feindliche Werft nun nicht mehr weit ab sein konnte. Daraufhin setzte er noch am Nachmittag des gleichen Tages Leutnant Geibel und Willy Duncan mit zehn Farbigen auf diese Fährten an. Das Expeditionskorps selbst setzte sich einige Stunden später in Marsch, den Fährten folgend.

Um 22.30 Uhr kamen zwei Farbige dieses Spähtrupps auf Reitochsen der Truppe entgegen; jeder der beiden brachte eine von Geibel geschriebene Meldekarte. Auf der einen stand: »Die Patrouille befindet sich um zehn Uhr abends in der Gegend von Seatsub, etwa zwanzig Kilometer östlich der Molentsan-Pfanne. Aus dem Busche vor der Patrouille ist Viehgebrüll und Hundegebell zu hören.«[374] Auf der anderen Meldekarte stand: »Die Patrouille hat festgestellt, daß sich unmittelbar vor ihr eine Werft befindet, und zwar anscheinend die gesamte Kopperwerft. Auf vorgeschobene Wachen ist die Patrouille nicht gestoßen.[375]

Eine halbe Stunde später kehrte der Rest der Patrouille mit Leutnant Geibel und Willy Duncan zurück. Geibel bestätigte seine auf den Meldekarten gemachten Angaben und teilte dem Expeditionsführer mit, daß die Kopperwerft anscheinend nur noch 2 - 3 km entfernt in nordöstlicher Richtung liege.

Erckert ließ halten und gab gleich danach den Befehl an die Truppe, zu lagern und jedes Geräusch zu vermeiden. Dann machte er sich selbst mit seinen beiden Detachementsführern auf den Weg in Richtung der gemeldeten Feindwerft, um sich über das Vorgelände und die Lage der Werft persönlich ein Bild zu machen. Die Angaben Geibels fand er hierbei voll bestätigt.

Der Hauptmann beschloß nun, bei Tagesanbruch die Werft mit der gesamten Truppe umfassend anzugreifen. Er teilte seinen Offizieren seine Gefechtsdispositionen mit und schloß mit den Worten:
»Sollte ich fallen, übernimmt Hauptmann Grüner als Rangältester das Kommando der Truppe. Zu fallen, meine Herren, ist Soldatenlos, aber eine jede Kugel trifft auch nicht. Gute Nacht, meine Herren! Einem jeden, was er sich wünscht – und also Gott befohlen.« Zu seinem Adjutanten sagte er noch: »Unser Platz ist jetzt auch in der Schützenlinie. In der Linie sind wir als Gewehre etwas nütze.«[376]

Die Offiziere schlugen die Hacken zusammen, traten ab und eilten zu ihren Einheiten.

Etwa um 2 Uhr morgens, 16. März, brachen beide Detachements – Erckert beim Detachement Willeke in der 16. Kompanie – gleichzeitig auf, Grüner nach Westen

373 Siehe Haacke.
374 Grimm, S. 57.
375 Ebenda
376 »Mitteilungsblatt«, Tr. V., Nr. 6, Mai 1958, S. 4.

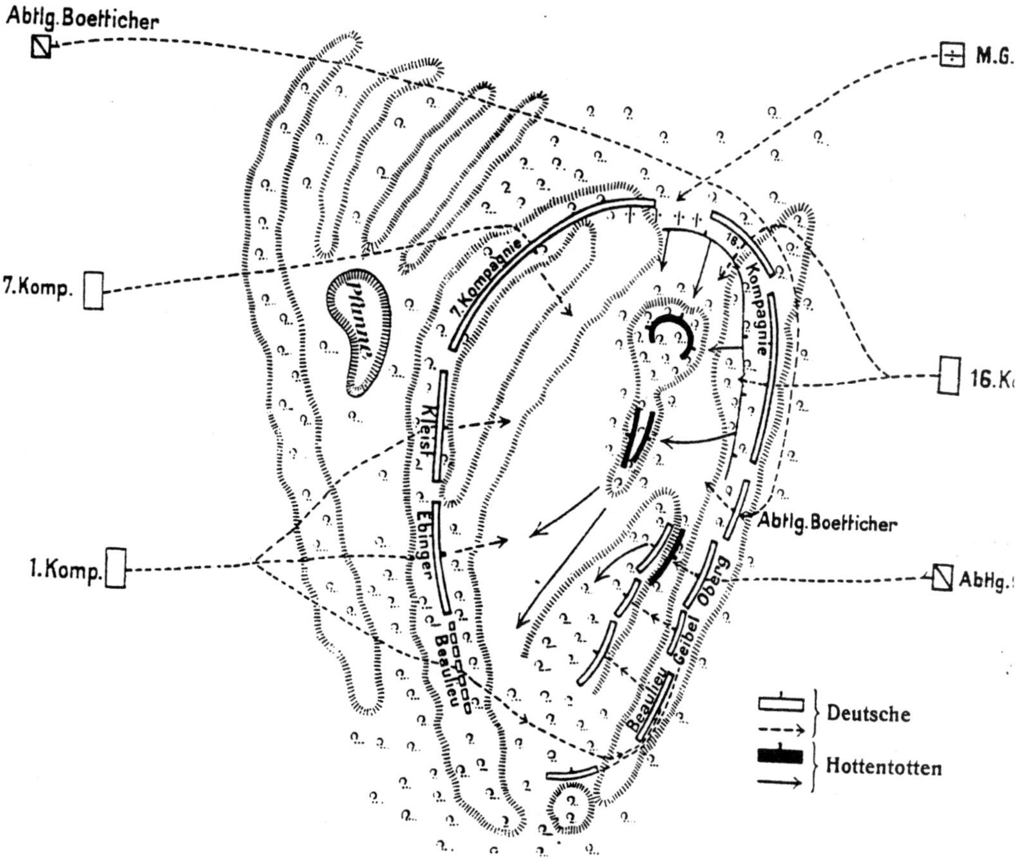

Gefecht bei Seatsub

ausschwenkend, Willeke nach Osten. Gegen 04.30 Uhr hatten beide Detachements ihre befohlenen Ausgangsstellungen für den Angriff erreicht.

Simon Kopper hatte sich offenbar, »wie später aus Angaben gefangener Weiber hervorging«[377] in der Stärke der Deutschen geirrt: Weil sie nach Angaben von Buschmannspähern keine Bagage mit sich führten, hatte er geglaubt, nur eine Kompanie vor sich zu haben, und beschlossen, den Kampf aufzunehmen. Er hatte seinen gesamten Orlog – 200–300 Krieger – bei sich und fühlte sich daher stark genug. Er verteilte seine Leute gruppenweise in dem vorzügliche Deckung bietenden, buschüberzogenen Dünengelände und ließ sie Schützengräben und Verhaue aus Bäumen und Büschen herstellen. Er selbst setzte sich schon am Nachmittag des 15. mit einigen seiner Krieger ab und nahm nicht an dem Kampfgeschehen teil.

Um 0515 Uhr rückten beide Detachements zum Angriff vor. Da die Feindwerft weiter nach Osten lag, als ursprünglich angenommen worden war, stieß Hauptmann Willeke mit seinem Detachement als erster auf den Gegner. Die 16. Kompanie unter Führung des Leutnants v. Raven war gerade am Fuß einer Düne angelangt und im Begriff, sich im Sickersand emporzuarbeiten, als ihr ein prasselndes Feuer aus nächster Nähe entgegenschlug. Die Soldaten warfen sich nieder und antworteten mit Schnellfeuer. Aus dem Schnellfeuer heraus sprang Hauptmann v. Erckert, in der Schützenlinie der Kompanie liegend, auf und kommandierte: »Auf, marsch, marsch!« Da sprangen alle Mann auf und liefen sprungweise die Düne empor zwischen die oben stehenden Büsche. Der Gegner wich langsam zurück in Richtung auf seine weiter rückwärts liegende Hauptstellung, einen inselartig aus dem Dünengelände emporragenden Sandhügel. Links und rechts von der 16. Kompanie rückten die anderen Teile des Detachements Willeke ebenfalls sprungweise vor und drängten auch in ihren Abschnitten den Gegner auf seine Hauptstellung zurück.

Fast gleichzeitig mit dem Detachement Willeke sprang auch das weiter westlich liegende Detachement Grüner, den Gefechtslärm von rechts vernehmend, auf und eilte im Dauerlauf durch den Sand, um Anschluß an den rechten Flügel des Detachements Willeke zu gewinnen und so den Umfassungsbogen um den Gegner zu schließen.

Das Gefecht war erst wenige Minuten in Gang, da erlitt die Truppe einen schweren Verlust. Hauptmann v. Erckert hatte gerade den Befehl gegeben: »Maschinengewehre stopfen! Vorgehen!«, weil die eigenen Schützen durch das Strichfeuer der rechts von der 16. Kompanie vorgehenden Maschinengewehre gefährdet waren und daher nicht vorrücken konnten. Dabei hatte er sich ein wenig erhoben, und diese Bewegung wurde ihm zum Verhängnis: Er erhielt sofort einen tödlichen Schuß durch den Hals.

Bald danach, gegen 06.30 Uhr, als sich der Ring um die gegnerische Hauptstellung nahezu geschlossen hatte, lief der Ruf von Mann zu Mann den Ring herum: »Der Hauptmann ist gefallen, einer der frühen Schüsse hat ihn weggeholt, von Erckert ist tot!«

377 Generalstabswerk, Bd. 2, S. 375.

Kurze Zeit später wurde ein Befehl des Hauptmanns Grüner, der inzwischen das Kommando über das Expeditionskorps übernommen hatte, durch die Schützenlinie durchgegeben: »Das Expeditionskorps tritt auf das Kommando des Hauptmanns Grüner den ununterbrochenen Sturmlauf an!« Von den Flügeln kam bald darauf die Bestätigung zurück: »Befehl durch!« Da gab Hauptmann Grüner das Kommando: »Maschinengewehre stopfen! 7. und 1. Kompanie zum Sturm auf. Marsch! Marsch!«

Nun begannen die beiden Kompanien – die 16. Kompanie konnte sich nicht anschließen, sie stand bereits direkt am Gegner – den Sturmangriff auf die gegnerische Hauptstellung über eine Strecke deckungslosen Geländes hinweg, wobei die Maschinengewehre mitgeführt wurden.

Der Feind wich auch aus dieser Stellung und ging unter mehrmaligem Frontmachen in südlicher und südwestlicher Richtung zurück. Im Süden brachen fünfundzwanzig Orlogleute durch den lockeren Einkreisungsring hindurch. Vor ihnen fielen Leutnant Ebinger und zehn seiner Soldaten im Nahkampf. Andere kleine Orloggruppen entkamen unter Mitnahme ihrer Verwundeten durch das Dornbuschlabyrinth nach Südwesten.

Um 07.30 Uhr wurde das Feuer eingestellt. Nun begann das Absuchen des Gefechtsfeldes. Unter den Gefallenen und tödlich Verwundeten befanden sich außer Hauptmann v. Erckert und Leutnant Ebinger noch 13 Mann, verwundet wurden vier Offiziere und 13 Mann. Der Feind verlor 58 Mann an Toten, darunter zwei Großleute, Isaak Kopper, Simons Bruder, und Eliesar, den Führer des Trupps, der mit 35 Mann am 8. März die Patrouille Jäger niedergemacht hatte.

Erckert und die anderen gefallenen Soldaten konnten von der Truppe nicht zurückgebracht werden. Sie mußten an Ort und Stelle in Seatsub bestattet werden.

Da die Wasservorräte der Truppe zur Neige gingen, hielt Hauptmann Grüner eine Verfolgung der entkommenen Kopperleute für nicht ratsam. Deshalb wurde noch am gleichen Tage, um 1930 Uhr, der Rückmarsch angetreten. Am folgenden Tage, 17. März, erreichte die Expedition wieder die Molentsan-Pfanne. Von hier aus wurden die Geschehnisse mit dem Heliographen über Rempu – Geinab nach Windhuk signalisiert. Von Arahoab und Geinab wurde Wasser angefordert, um Menschen und Tiere, die dem Verdursten nahe waren, das nötige Naß zu geben.

In dem Abschlußbericht über das Gefecht bei Seatsub heißt es im Generalstabswerk:

»Die Kalahari-Expedition hatte einen glänzenden Erfolg erzielt, der weit über die auf sie gesetzten Hoffnungen hinausging. War es auch nicht geglückt, des Kapitäns selbst habhaft zu werden, so hatte doch der Stamm der Simon-Kopper-Hottentotten eine so schwere Einbuße an waffenfähigen Orlogleuten erlitten und war in alle Winde zerstoben, daß für absehbare Zeit eine ernste Gefahr für die Farmer-Besiedelung an der Kalahari-Grenze nicht mehr zu bestehen scheint. Mag es auch in Zukunft nochmals nötig werden, neue Streifzüge gegen die wieder gesammelten Reste des räuberischen Stammes zu führen, so wird es doch nach den großen Erfolgen und den Erfahrungen der Erckert-Expedition keiner so umfangreichen und schwierigen Unternehmungen mehr bedürfen als im März 1908.«[378]

378 Ebenda, S. 381.

Das Gefecht bei Seatsub hatte etwa hundert Kilometer östlich der deutschen Grenze auf englischem Territorium stattgefunden. Es handelte sich hier mithin um eine eindeutige Grenzverletzung. Gouverneur v. Schuckmann entschuldigte sich hierfür in aller Form beim britischen Hochkommissar für Südafrika, Lord Selborne.

Die britische Regierung reagierte auf diese Entschuldigung erstaunlich maßvoll, indem sie über ihren Botschafter in Berlin, Frank C. Lascelle, der deutschen Reichsregierung eine Antwort zukommen ließ, in der es unter anderem hieß, daß »es eindeutig sei, daß die deutsche Patrouille, die am 16. März d.J. Simon Kopper angriff, sich einer Verletzung britischen Territoriums schuldig gemacht hätte. Normalerweise würde sich die Regierung Seiner Majestät verpflichtet fühlen, die Kaiserliche Regierung wegen des Vorgehens der deutschen Truppen um Aufklärung zu bitten, aber im Hinblick auf die besonderen Umstände ist die Regierung Seiner Majestät bereit, die Entschuldigung, die der Gouverneur von Deutsch-Südwestafrika dem Hochkommissar von Südafrika bereits übermittelt hat, als völlig ausreichend zu akzeptieren und den Zwischenfall damit als beigelegt zu betrachten.«[379]

Simon Kopper und der von Seatsub entkommene Rest des Stammes stellten sich den englischen Behörden in Lehututu. Diese gewährten ihnen Asyl und wiesen ihnen südlich des Ortes bei Lokwabe ein Wohngebiet zu, dessen westliche Begrenzung etwa 150 km östlich der deutschen Grenze verlief. Simon Kopper mußte sich vertraglich verpflichten, die Feindseligkeiten gegen das deutsche Schutzgebiet einzustellen und das ihm und seinen Leuten zugewiesene Reservat ohne Erlaubnis der englischen Behörden nicht zu verlassen. Als Gegenleistung sollte der Namakapitän im ersten Jahr 100, im zweiten Jahr 75 und in den Folgejahren 60 Pfund Sterling bis zu seinem Lebensende erhalten.[380] Für die der britischen Regierung hierdurch entstandenen Kosten kam die deutsche Reichsregierung auf.[381] Simon Kopper hielt den Vertrag gewissenhaft ein. Er starb am 31. Januar 1913.

379 BAB, RKA Nr. 2140, Bl. 164: Der britische Botschafter in Berlin an Exzellenz Herrn Stemmrich, 15.3.1908 (englisch); zitiert aus Drechsler: »Südwestafrika unter deutscher Kolonialherrschaft ...«, S. 238f.

380 Siehe hierzu BAB, RKA Nr. 2141, Bl. 3: Note des britischen Foreign Office an AA, 10.2.1909.

381 Siehe hierzu BAB, RKA Nr. 2140, Bl. 205–207: Dernburgs Aufzeichnung über Unterredung mit Lord Selborne in Pietermaritzburg; 10.6.1906; ebenda, Bl. 193: Schuckmann an RKA, 9.10.1908; ebenda, Bl. 197: Dernburg an Schuckmann, 27.10.1908, Geheim! (Entnommen aus Drechsler: »Südwestafrika unter deutscher Kolonialherrschaft ...«, S. 240f).

22. Die Nama in der Gefangenschaft

Vertrauensbruch der Deutschen: Überführung der Witboois in die Kriegsgefangenschaft nach Windhuk – Verbringung der Bethanier in ein Kriegsgefangenenlager bei Karibib – Ausbrüche aus Krieggefangenenlagern und Repatriierung der Überlebenden des Witbooi-Hilfskorps sorgen für Unruhe unter den Weißen – Abschiebung der Witboois und Bethanier auf die Haifischinsel – »Dat volk is gedaan«: das Dahinsterben der Nama-Gefangenen auf der Haifischinsel – Estorff: »Für solche Henkerdienste übernehme ich keine Verantwortung!« – Verlegung der Nama auf das Festland – Die »Rolf-Bande« – Der Leidensweg der Stürmann-Nama und Feldschuhträger in Kamerun

Als im Winter 1905/06 nach dem Tode Hendrik Witboois seine Stammesgenossen demoralisiert die Waffen streckten, wurde ihnen zunächst vom Truppenkommando die bedingte Freiheit und Ansiedlung an bestimmten Plätzen in der Absicht zugesichert, auf diese Weise weitere Nama zur Waffenübergabe zu bewegen (siehe Kapitel 15). Doch das Vertrauen, daß die Witboois in die deutschen Zusicherungen setzten, sollte bitter enttäuscht werden!

Schon Anfang März 1906 wurden die zunächst in ihrem heimatlichen Gibeon zwangsangesiedelten Witboois auf Weisung des Gouverneurs v. Lindequist, der von vornherein für eine harte Behandlung der aufständischen Nama eingetreten war, unter Bruch der ihnen gegebenen Versprechungen als Kriegsgefangene in ein Gefangenenlager bei Windhuk überführt.

Was ihnen nun bevorstand, sollten die Witboois – ebenso wie die mitgefangenen Feldschuhträger – dort aus dem Munde Lindequists selbst erfahren. In einer Märzausgabe des Jahres 1906 der »Südwestafrikanischen Zeitung« heißt es hierzu:

»Am 13. März hat der Gouverneur von Deutsch-Südwestafrika in Windhuk eine Ansprache an die Witboi gerichtet, die vor einigen Wochen freiwillig die Waffen abgeliefert haben. Er wies darauf hin, daß von allen Eingeborenen, die die Waffen gegen die deutsche Regierung erhoben haben, die Witboi am meisten zu verurteilen seien, weil sie seit längeren Jahren vom Deutschen Reich nur Wohltaten empfangen hatten. Besonders verwerflich sei ihr heimtückischer Überfall auf ihren Wohltäter v. Burgsdorff. Die gebührende Strafe für ihre Verbrechen sei der Tod, wenn indessen der Gerechtigkeit nicht im vollen Umfange freier Lauf gelassen werde, so geschehe dies in der Annahme, daß sie sich der Tragweite ihrer Handlung nicht völlig bewußt gewesen wären.

›Kapitäne gibt es selbstverständlich nicht mehr bei euch. Ich habe aber das Vertrauen, daß du, Samuel Isaak, und du, Hans Hendrik, soviel Einfluß auf euere Volksgenossen habt, um sie an ferneren unvernünftigen Handlungen zu verhindern. Ihr werdet zur Arbeit herangezogen werden; ich rate euch: seid fleißig und folgt den Anweisungen derer, welche in meinem Namen euch dazu anhalten. Wer den Versuch macht, davon zu laufen, ist dem Tode verfallen. In Gibeon ist dies bereits vorgekommen; einige Witboi sind entflohen und mit der Waffe in der Hand wieder ergriffen, sie wurden vom Bezirksamtmann in Gibeon zum Tode verurteilt, ich habe das Urteil bestätigt und sie sind bereits hingerichtet. Laßt euch dies zur Warnung dienen! Wer sich gut beträgt, wird gut behandelt werden. Habt ihr das verstanden und wollt ihr danach handeln?‹ Antwort: ›Ja!‹[382]

Lindequist machte seine Worte wahr: Sämtliche als arbeitsfähig betrachteten Männer und Frauen wurden zur »vorläufig unentgeldlichen Arbeit« herangezogen – zumeist im Bereich der Bahn zwischen Karibib und Okahandja; Verpflegung erhielten sie »nach den vorgeschriebenen Sätzen«.[383]

Leidensgefährten der Witboois wurden die Bethanier unter Cornelius Frederick. Sie wurden nach ihrer Waffenstreckung Anfang März 1906 auf dem Seewege über Lüderitzbucht – Swakopmund in ein Internierungslager bei Omaruru verbracht (siehe Kapitel 16) und von dort später in ein Kriegsgefangenenlager bei Karibib überführt: Hier setzte man sie – gleich den Witboois – wie Zwangsarbeiter, das heißt unter Bewachung und ohne Lohn bei Beköstigung nur in natura, zu Gleisarbeiten ein.

Offenbar hielten viele der Gefangenen die harten Arbeits- und Lebensbedingungen in der Gefangenschaft nicht aus und unternahmen Fluchtversuche. So schreibt die Zeitung »Der Deutsche« in ihrer Ausgabe vom 1. August 1906:

»Vor einigen Tagen lief hier (in Keetmannshoop – Anm. Verf.) die Kunde ein, daß von den gefangenen Witboois aus Windhuk 13 weggelaufen sind. Das alte Bild! Unsere braven Soldaten hetzen die gelben und braunen Halunken, bis sie sich schließlich kampfesmüde ergeben … In die heimatlichen Gefilde von Gibeon kehren jene 13 nicht zurück, dort können sie sicher sein, bald aufgegriffen zu werden. Nein, die gehen zu ihren gelben Brüdern von Gochas (gemeint sind die Franzmann-Nama unter Simon Kopper – Anm. Verf.) wieder an den Rand der Kalahari, graben ihre im Sand der Dünen seiner Zeit vor der Übergabe verbuddelten Gewehre aus und dann kann das lustige Kriegs- und Räuberleben gegen den gutmütigen, niemals ›helle‹ werdenden deutschen Michel wieder losgehen. Und mancher brave deutsche Reiter wird sein Leben lassen müssen …«[384]

Unter der weißen Bevölkerung machte sich nach Bekanntwerden dieser Gefangenenausbrüche Unruhe bemerkbar. Scharfmacher unter den Ansiedlern – und nicht nur unter diesen, wie wir gleich noch sehen werden – verlangten sogar im Interesse des Landesfriedens die Verbannung sämtlicher kriegsgefangenen Nama in andere Schutzgebiete den Reiches, was ja bereits mit dem Witbooi-Hilfskorps geschehen war (siehe Kapitel 9). Und ausgerechnet jetzt, wo diese Forderung erhoben wurde, trat das genaue Gegenteil ein: Die Repatriierung dieser Hilfstruppe nach Südwest! Die Wogen der Erregung in der Ansiedlerschaft schlugen hoch! So schreibt das eben zitierte Blatt in der gleichen Ausgaben: »… Jetzt hört man, daß diese wackere Schar (das Witbooi-Hilfskorps – Anm. Verf.) glücklich wieder hier angekommen ist. Wie war das nur möglich! Anstatt Samuel Isaak, Cornelius und Genossen ihren Stammesbrüdern nach Togo nachzusenden, werden diese aus ihrem Exil hierher zurückgeholt. Das ganze Schutzgebiet staunt, die

382 Schwabe, S. 412f.

383 BAB, RKA Nr. 2137, Bl. 9: Lindequist an Hauptquartier, Keetmannshoop, und an Major v. Estorff, Gibeon, 1.12.1905.

384 BAB, RKA Nr. 2090, Bl. 94: Zeitungsausschnitt »Der Deutsche«.

Bevölkerung ist empört. Aber was hilft es. Wir stehen vor einer vollendeten Tatsache. Die hiesigen Militärbehörden und Zivilbeamten wissen nichts. Sie sind gar nicht erst gefragt worden. Das ist wieder so ein Streich vom grünen Tisch in Berlin aus …«[385]

So unwissend aber waren die Militär- und Zivilbehörden der Kolonie nun doch nicht. Tatsächlich hatte es nämlich auch seitens des Gouvernements und der Truppenführung in Windhuk Überlegungen zur Verbannung gefangengenommener Nama in andere deutsche Schutzgebiete gegeben. So sandte Lindequist am 10. Juli 1906 folgendes Telegramm an die Kolonialabteilung des Auswärtigen Amtes.

»v. Deimling hat angeregt, dass die von mir nach beendigtem Krieg in Aussicht genommene Deportation von Hottentotten schon jetzt stattfindet. Da ich um desto weniger grundsätzliche Bedenken habe, als neuerdings gefangene Witboois entflohen sind, schlage ich vor, gesamten Stamm der Witboois nach Samoa, Anhang des Cornelius von Bethanien und gefangene Simon-Kopper-Leute nach Adamaua (Nordteil Kameruns – Anm. Verf.) zu deportieren: Deportation etwa auf die Grossleute zu beschränken, sehr bedenklich, solange Kriegszustand herrscht …«[386]

In einer wohl vom zuständigen Sachbearbeiter der Kolonialabteilung, Golinelli, stammenden Marginalie zu diesem Telegrammtext heißt es hierzu:

»Scheint mir sehr bedenklich. Es muß doch möglich sein, die Leute im Schutzgebiet ausreichend zu bewachen. Geht das nicht, dann sollte man die Leute lieber nach Deutschland bringen und hier arbeiten lassen.«

Da Lindequist die Deportation sämtlicher Witboois und Bethanier – insgesamt 1790 Köpfe, darunter 625 Männer, unter ihnen 17 Großleute – beantragte[387], winkte die Kolonialabteilung mit dem Hinweis der dann anfallenden hohen Transportkosten ab.

Inzwischen aber hatte man in Südwest eine wesentlich kostengünstigere Alternative für das weitere Schicksal der gefangenen Nama gefunden, die obendrein noch Bewachungspersonal für die fechtende Truppe freisetzte. Wie wir bereits in Kapitel 19 gelesen haben, befahl der gerade erst zum neuen Kommandeur der Schutztruppe ernannte Oberst Deimling gleich nach seiner Ankunft im Schutzgebiet im Einvernehmen mit dem Gouvernement die Verlegung der Witboois und Bethanier von Windhuk beziehungsweise Karibib zur Haifischinsel in der Lüderitzbucht, wobei er als Begründung hierfür die Einsparung von Bewachungspersonal angab.

Gleich nach der Überführung der Gefangenen dorthin besuchte der Oberst die Haifischinsel, um sich ein persönliches Bild von der Lage der Gefangenen zu machen. Er schreibt in seinen Erinnerungen:

»Ich besuchte das Gefangenenlager auf der Haifischinsel, wo etwa 3000 Gefangene, ihre Familien eingeschlossen, untergebracht waren. Die Leute erhielten Zelte, wollene Decken, Holz zum Feuer machen. Sie erhielten pro Tag und

385 Ebenda.

386 BAB, RKA Nr. 2090, Bl. 62: Lindequist an AA, 10.7.1906.

387 Siehe BAB, RKA Nr. 2091, Bl. 71: Lindequist an KA, 23.7.1906, und Drechsler: »Südwestafrika unter deutscher Kolonialherrschaft …«, S. 248.

Person 400 gr. Reis, wöchentlich 1/2 Pfund Fleisch, Fett und Kaffee nach Belieben und etwas Plattentabak. Gewiß, die Haifischinsel war kein Paradies. Das soll ein Gefangenenlager ja auch nicht sein. Aber es war für die Gefangenen ausreichend gesorgt ...«[388]

In einer vom Gouvernement in Windhuk an das Reichskolonialamt im März 1908 übersandten »Aufzeichnung für den Reichstag über die kriegsgefangenen Eingeborenen auf den Haifischinseln« wird zunächst im Bemühen um eine Rechtfertigung auf den ersten beiden Seiten ein ähnlich positives Bild von der Lage der Gefangenen dort gegeben:

»Seitens der für die Durchführung der Angelegenheit zuständigen Militärbehörde ist alles getan worden, um das Los der Eingeborenen zu erleichtern. Die Ernährung wurde reichlich und so weit als irgend möglich den Bedürfnissen der Eingeborenen entsprechend gewährt, insbesondere wurden Milch, Schokolade, getrocknete Gemüse und dergleichen verabreicht. Für den Bau ihrer Wohnungsräume wurde den Gefangenen das erforderliche Material über den eigentlichen Bedarf hinaus zur Verfügung gestellt, insbesondere, um ihnen zur Herstellung dichter und warmer Wohnungen und Lagerstätten nach Möglichkeit zu helfen. Besondere Lazarettanlagen wurden geschaffen und für weitestgehende sanitäre Maßnahmen gesorgt. Der damalige Gouverneur von Lindequist besuchte die Eingeborenen Ende September 1906 auf der Haifischinsel und konnte durch Befragung der Vormänner der beiden Stämme feststellen, dass die Gefangenen mit ihrer Behandlung und Verpflegung damals durchaus zufrieden waren ...«[389]

Die Wirklichkeit aber mußte schon zu diesem Zeitpunkt anders ausgesehen haben! Da die Aufständischen und ihr Anhang sich bereits bei ihrer Gefangennahme infolge Unterernährung in einem Zustand völliger Erschöpfung befanden und ihre Widerstandskraft gegen Krankheiten daher sehr gelitten hatte, brach unter ihnen schon bald nach ihrer Ankunft auf der Haifischinsel Skorbut aus. Die Folge war, daß die Sterberate dort rasch in die Höhe schnellte. Eine sehr wesentliche Rolle dürften hierbei auch die für die Nama völlig ungewohnte und vitaminarme Verpflegung sowie das sonnenarme, feuchtkalte Küstenklima gespielt haben.[390]

Ein ungeschminktes Bild von den tatsächlichen Zuständen auf der Insel vermittelt uns ein Bericht des in Lüderitzbucht tätig gewesenen Rheinischen Missionars Laaf, den dieser am 5. Oktober 1906, also schon bald nach dem Besuch Lindequists dort, geschrieben hatte:

»Seit einigen Wochen sind fast sämtliche gefangenen Hottentotten hier, ca. 1700 Seelen ... Eine große Anzahl der Leute ist krank, meist an Skorbut, und es sterben wöchentlich 15–20. Samuel Izaak, der mein Dolmetscher ist, sagte mir unlängst, dass seit dem 4. März, an welchem Tage er sich den Deutschen gestellt hatte, 517 von seinen Leuten gestorben seien. Heute ist diese Zahl noch größer ...«[391]

388 MA, N559/v. 3: Nachlaß Deimling, S. 18f.

389 BAB, Nr. 2140, Bl. 157ff: »Aufzeichnungen für den Reichstag über die kriegsgefangenen Eingeborenen auf den Haifischinseln«.

390 Siehe hierzu ebenda.

391 Ebenda, Bl. 18: Missionar Laaf an Rheinische Missionsgesellschaft, 5.10.1906.

In einem zweiten Bericht des Missionars vom 20. Dezember 1906 lesen wir: »Das Sterben unter den Namas ist noch erschreckend gross. Es kommen öfter Tage vor, an denen 18 Personen sterben. Heute sagte Samuel Izaak zu Br. Nyhof: ›Dat volk is gedaan.‹ – Wenn es so weiter geht, wird es nicht lange dauern, bis das Volk vollständig ausgestorben ist ...«[392]

Im Februar 1907 verfügte das Schutztruppenkommando wegen der hohen Sterblichkeit die Verlegung der überlebenden Frauen und Kinder auf das Festland nach Burenkamp bei Lüderitzbucht – gegen den schärfsten Widerstand des Gouvernements, das sich um die Sicherheit im Lande sorgte.

Im Frühjahr 1907 besuchte der neue Kommandeur der Schutztruppe, Oberstleutnant v. Estorff, persönlich die Gefangenen auf der Insel. Er war entsetzt über ihre traurige Lage und drahtete an das Oberkommando der Schutztruppen in Berlin, daß von den Überlebenden »245 Männern nur periodisch 25 arbeitsfähig« seien, »alle übrigen sich nur noch an Stöcken fortbewegen, sodass weiterer Verbleib auf Haifisch-Insel Hottentotten einem langsamen aber sicheren Tode entgegenführt. Von September 06 sind von 1795 Eingeborenen 1032 auf Haifisch-Insel gestorben. Für solche Henkerdienste, mit welchen ich auch meine Offiziere nicht beauftragen kann, übernehme ich keine Verantwortung, besonders nicht, da Überführung und Festhaltung Hottentotten auf Haifisch-Insel Bruch Versprechens bedeutet, das ich mit Genehmigung Kommandeurs Samuel Izaak und Leuten bei Übergabe gegeben habe ...[393]

Mit der Begründung, daß für die Überwachung und Verpflegung der Nama in den Lokationen und auf der Haifischinsel die Truppe zuständig sei, veranlaßte v. Estorff dann die Verlegung auch der männlichen Nama von der Haifischinsel nach Burenkamp.[394]

Gegen diese Maßnahme legte der Stellvertretende Gouverneur Hintrager sofort Protest ein und drahtete an die Kolonialabteilung:
»... Ich habe mich dafür erklärt, dass Gefangene bis zur völligen Beruhigung des Landes auf der Insel verbleiben, da ausserhalb der Insel bei aller Vorsicht Entfliehen nicht zu verhindern, und da die Flucht jedes einzelnen der sehr erbitterten Gefangenen erneute Unruhen und Feindseligkeiten verursachen kann. Erbitte Entscheidung. Hintrager.«[395]

In Berlin schlug Estorffs Telegramm wie eine Bombe ein. Dernburg, der erst durch dieses Telegramm auf die Zustände auf der Haifischinsel aufmerksam gemacht wurde, forderte sogleich einen genauen Bericht hierüber beim Truppenkommando an. Gleichzeitig stimmte er trotz Hintragers Bedenken der von Estorff verfügten Überführung auch aller überlebenden männlichen Nama auf das Festland zu.

In seinem Antworttelegramm[396] an Dernburg führte Estorff an, daß die Sterblichkeit auf der Haifischinsel von Anfang an groß gewesen sei. Nach seinen

392 Ebenda, Bl. 18: Missionar Laaf an Rheinische Missionsgesellschaft, 20.12.1906.
393 Ebenda, Bl. 88: Estorff an Schutztruppe – Berlin, 10.4.1907.
394 Siehe ebenda, Bl. 88.
395 Ebenda, Bl. 87: Hintrager an AA, 10.4.1907.
396 Ebenda, Bl. 94: Estorff an KA, 14.4.1907.

Angaben starben im September 66, im Oktober 143, im November 166, im Dezember 276, im Januar 247, im Februar 143 und im März 155 Nama. Unter den Toten befand sich auch Cornelius Frederick. Gleichzeitig wies Estorff darauf hin, daß sich das Gouvernement in Windhuk der Absicht der Truppenführung widersetze, die gefangenen Namafrauen mit ihren Kindern in den gesünderen Norden der Kolonie zu bringen, indem es darum »bat, sie wieder nach Insel zurück zu bringen unter Hinweis, dass England in Südafrika 10.000 Weiber Kinder in Lagern sterben liess.«[397] (Anm. Verf.: Anspielung auf den 1899–1902 in Südafrika stattgefundenen Krieg zwischen den Buren und den Engländern, den sogenannten Burenkrieg, in dessen Verlauf »der Widerstandswille der Buren durch Abbrennen der Farmen, Vernichtung der Viehherden und Einweisung der Frauen und Kinder in Konzentrationslager, die viele Opfer forderte, allmählich gebrochen wurde.[398])

Es konnte nicht ausbleiben, daß die Zustände in den Gefangenenlagern und die harte Behandlung der kriegsgefangenen Nama seitens des deutschen Bewachungspersonals[399] den nicht am Aufstand beteiligt gewesenen Berseba-Nama und den Bondelzwart, von deren Überführung in die Gefangenschaft die deutschen Behörden wegen des schriftlich niedergelegten Friedensvertrages von Ukamas bewußt Abstand genommen hatten, zu Ohren gekommen waren. Die Folge war, daß sich bei diesen Stämmen Mißstimmung und Mißtrauen gegen die deutsche Herrschaft wieder regten. Es liefen unter den Ansiedlern sogar Gerüchte um, daß mit einem erneuten Ausbruch von Eingeborenenunruhen im Süden gerechnet werden müsse!

Zusätzlichen Nährstoff bekamen die deutschen Befürchtungen durch das Auftreten eines bewaffneten Freischärlertrupps von Bondelleuten. Diese waren aus den zugewiesenen Lokationen entwichen und hatten sich unter Führung eines gewissen Abraham Rolf, eines früheren Unterkapitäns Morengas, Ende 1908 zur Wiederaufnahme des Kampfes gegen die deutsche Kolonialmacht zusammengeschlossen und verbreiteten in den Folgemonaten durch Überfalle auf deutsche Farmen Furcht und Schrecken unter den deutschen Siedlern im östlichen Namaland.

Besorgt über das Auftauchen dieser »Rolf-Bande« berichtete Hintrager nach Berlin: »Die Bondels und die Bersebaer sind die beiden offenen Pulverfässer des Südens. Daher müssen solche auftauchenden Banden schleunigst mit aller Energie vernichtet werden.«[400]

Die »Rolf-Bande« konnte bereits im Sommer 1909 »unschädlich gemacht werden«: Ihre Mitglieder hatten sich in der Hoffnung auf Asylgewährung vor den deutschen Verfolgern auf englisches Gebiet zurückgezogen, waren dann aber von den Kapbehörden an die Deutschen ausgeliefert und von diesen schließlich in einem in Karibib stattgefundenen Gerichtsverfahren zum Tode beziehungsweise zu lebenslanger Kettenhaft verurteilt worden.[401] Doch der von den Deutschen

397 Ebenda

398 Zitiert aus Brockhaus-Enzyklopädie, 4. Bd., S. 193.

399 Siehe hierzu die Zeugenaussagen in »Report on the Natives …«, S. 98ff.

400 BAB, RKA Nr. 2147, Bl. 33: Hintrager an RKA, 23.12.1908; zitiert aus Drechsler: »Südwestafrika unter deutscher Kolonialherrschaft …«, S. 273.

erhoffte Abschreckeffekt blieb aus: Nach wie vor gärte es unter den Bondelzwart und den Bersebaern.

Schon vor der Ausschaltung der »Rolf-Bande« hatte Hintrager Überlegungen angestellt, wie man am besten die beiden »Gefahrenherde«, Bondelzwart und Bersebaer, beseitigen könnte. Sein Hauptaugenmerk richtete er dabei auf die Bondelzwart, denn von ihnen, so meinte er, drohe die größere Gefahr: »Die heutige Generation (der Bondelzwart – Anm. Verf.)« so schreibt er in einem Bericht an das Reichskolonialamt, »ändern wir nicht in wenigen Jahren und sie werden immer wieder versuchen, das Joch abzuschütteln, das wir ihnen auferlegen müssen, soll Deutsch-Südwestafrika eine deutsche Kolonie für Weiße sein ...«[402]

Um diese Gefahr zu bannen, schlug Hintrager dem Reichskolonialamt vor, einen Bevölkerungsaustausch vorzunehmen, indem er im gleichen Bericht schreibt: »Daher müssen m.E. die lokalisierten Bondels nach dem Norden, nach Grootfontein (gemeint Grootfontein-Nord – Anm. Verf.) abgeschoben werden, wo sie ungefährlich sind, und zwar mit Gewalt und je eher desto besser ... Diesen Lokationen müssen alle Hottentotten im Süden, sobald sie irgendwie unzuverlässig erscheinen, nach dem Norden nachfolgen und dafür Hereros nach dem Süden verpflanzt werden ...«[403]

Die Kolonialverwaltung in Berlin war jedoch einem solchen Vorhaben abgeneigt, weil die Kopfzahl der Bondelzwart hierfür zu groß war. Stattdessen begnügte man sich mit der Umsiedlung zweier kleinerer Namagruppen, der Stürmann-Bondelzwart und der Feldschuhträger, insgesamt 124 Personen, darunter 42 Männer. Sie wurden im Februar 1909 nach Grootfontein-Nord zwangsumgesiedelt, und zwar mit der Begründung, sie hätten sich ihrer Arbeitsverpflichtung entzogen.[404]

Dieses Experiment erwies sich indes als totaler Fehlschlag, da wegen der dauernden Ausbruchsversuche der Zwangsumgesiedelten ein erheblicher Bewachungsaufwand erforderlich war ...[405] Daraufhin beantragte Gouverneur Schuckmann die Deportation dieser beiden Namagruppen in eine andere deutsche Kolonie. Zunächst wurde vom Reichskolonialamt hierfür Deutsch-Ostafrika vorgesehen. Da jedoch der dortige Gouverneur v. Rechenberg erhebliche Sicherheitsbedenken vortrug, verfügte die Berliner Kolonialzentrale schließlich die Deportation nach Kamerun. Nun begann für 93 Nama (28 Männer, 40 Frauen und 27 Kinder) ein furchtbarer Leidensweg, ähnlich dem, den die Angehörigen den Witbooi-Hilfskorps sechs Jahre vorher in Togo und Kamerun gegangen waren.

Der Deportationstransport traf am 19. Juni 1910 mit dem Dampfer »Swakopmund« in Duala ein. Die Nama, die einen völlig entkräfteten Eindruck machten und deren Kleidung »in Fetzen am Körper herumhing«, wurden zunächst in der Kaserne der farbigen Schutztruppe in Duala untergebracht. Da gleich in den

402 BAB, RKA Nr. 2147, Bl. 55–67, Anlage 2: Hintrager an RKA, 22.12.1908; zitiert aus Drechsler: »Südwestafrika unter deutscher Kolonialherrschaft ...«, S. 274.

403 Ebenda.

404 Siehe hierzu Drechsler: »Südwestafrika unter deutscher Kolonialherrschaft ...«, S. 274f.

405 Siehe hierzu BAB, RKA Nr. 2141, Bl. 32f: Schuckmann an RKA, 26.4.1909.

ersten Tagen nach der Ankunft vier Todesfälle eingetreten waren, erhielten die Verbannten dort fürs erste eine reichhaltigere und abwechslungsreichere Verpflegung als die farbigen Soldaten, »um ein weiteres Dahinsterben der Hottentotten ausser den vier jetzt bereits eingetretenen Todesfällen zu verhindern.«[406] Weil dies zu Mißstimmung unter den farbigen Soldaten führte, wurde der größte Teil der Nama Anfang Oktober 1910 in das Landesinnere nach Dschang (Nordwestkameruner Hochland) verbracht.

Über die gesundheitlichen Zustände in dem Deportiertenlager dort erfahren wir aus einem mit dem 14. September 1911 datierten Schreiben der Sanitätsdienststelle Dschang, auf das in einem Bericht des Kaiserlichen Gouvernements von Kamerun an den Gouverneur von Deutsch-Südwestafrika Bezug genommen wird. Hier heißt es:

»Darnach (nach dem Bericht der Sanitätsdienststelle Dschang – Anm. Verf.) hat sich seit Oktober 1910 durch Auftreten der Tuberkulose und anderer Krankheiten die Zahl der nach hier überwiesenen 67 Hottentotten um 25 vermindert und zwar waren am 1. Mai 1911 unter 61 Hottentotten noch 19 Männer am Leben. Inzwischen sind bis August weitere 18 Hottentotten verstorben.«[407]

In dem obigen Schreiben lesen wir weiter:

»Nach Ansicht des Medizinalreferenten ist der Rest so krank, dass im Fall des längeren Verweilens hier in 1–2 Jahren nur noch eine verschwindende Anzahl der Verbannten überleben wird.

In der Erwägung, dass die Rückkehr dieser Kranken, zum grossen Teil aus Weibern und Kindern bestehend, wohl kaum eine Gefährdung des dortigen Landfriedens involvieren wird, und andererseits ein längeres Verweilen in Dschang einen gefährlichen Seuchenherd darstellt, bitte ich Euer Exzellenz ergebenst, sich mit der Rückschaffung der noch lebenden Hottentotten auf Kosten des dortigen Schutzgebiets einverstanden erklären zu wollen und mir dieses Einverständnis durch das Telegramm ›rückschafft Hottentotten‹ baldmöglichst zu erklären ...«[408]

Doch Hintrager lehnte den Antrag des Kameruner Gouvernements mit den Worten ab, »ich kann diesem Antrag nicht Folge leisten, da gerade diese Hottentotten sehr bedenkliche Elemente der Eingeborenenbevölkerung des hiesigen Südens ausmachten.«[409]

Im August 1912 lebten von den nach Kamerun verbannten Nama noch 37. Ihr Leidensweg war erst zu Ende, nachdem ihre Angelegenheit im Reichstag zur Sprache gekommen war und dessen Plenum am 8. März 1913 ihren Rücktransport nach Südwestafrika beschlossen hatte.[410]

Bleibt noch zu erwähnen, daß die Kriegsgefangenschaft der Nama in Südwestafrika nie offiziell aufgehoben worden war. So gab es noch im Januar 1915,

406 BAB, RKA NR. 2090, Bl. 128f: Kais. Gouvernement von Kamerun an RKA, 18.8.1910.

407 Ebenda, Bl. 142: Kais. Gouvernement von Kamerun an Gouvernement von Südwestafrika, 22.10.1911.

408 Ebenda.

409 Ebenda, Bl. 141: Hintrager an RKA, 1.2.1912; zitiert aus Drechsler: »Südwestafrika unter deutscher Kolonialherrschaft ...«, S. 276.

410 Siehe ebenda, B. 182.

also fast ein halbes Jahr nach Ausbruch des Ersten Weltkriegs, Nama-Kriegsgefangene in der Kolonie, wie aus einem an das Gouvernement in Windhuk gerichteten Schreiben des Kaiserlichen Eingeborenen-Kommissars vom 18. Januar 1915 hervorgeht[411] – ganz im Gegensatz zur Kriegsgefangenschaft der Herero, die durch Rundverfügung vom 26. März 1908, R Vg. 8295, amtlich für beendet erklärt wurde.[412]

411 Siehe NA, ZBU DIV m3, Bd. 5, Bl. 54.
412 Ebenda, Bd. 6, Bl. 108.

23. Bilanz und Ausblick

Die Bilanz des Aufstands auf der Namaseite und auf der deutschen Seite – Die Zwangsmaßnahmen der Sieger: Enteignung der Nama, Arbeitszwang, Paßpflicht, Zerschlagung der Stammesstrukturen – Die desolate Wirtschaftslage der Kolonie als Folge der Aufstände – Die daniederliegende Wirtschaft Südwests nimmt einen ungeahnten Aufschwung – Die farbige Bevölkerung Südwests bleibt von den Dernburgschen Reformen unberührt – Friedhofsruhe in Südwest: Schwarz und Weiß stehen sich weiter in unversöhnlicher Feindschaft gegenüber – Der Verlust Deutsch-Südwestafrikas im Ersten Weltkrieg – Südwestafrika unter südafrikanischer Mandatsherrschaft – Die Bondelzwart erheben sich gegen die neuen Machthaber – Der dornenreiche Weg Südwestafrikas/Namibias bis zur Unabhängigkeit

Gleich den Herero hatte »die Nemesis des Krieges«[413] auch die Nama getroffen. Von den sieben Hauptstämmen waren fünf, die Bethanier, die Witboois, die Rote Nation, die Feldschuhträger und die Franzmann-Nama, derart dezimiert worden, daß nur noch »ganz kümmerliche Reste«[414] übriggeblieben waren. Lediglich die Bersebaer Nama, die sich aus dem Kriege herausgehalten hatten, sowie die Bondelzwart, die sich dank der für sie günstigen Bedingungen des Friedensvertrages von Ukamas ihr Fortbestehen als Stamm gesichert hatten, blieben in ihrer Substanz erhalten.

Die Verlustbilanz des Aufstands war für die Nama bedrückend, wenn auch nicht ganz so erschreckend wie für die Herero.[415] Unter Zugrundelegung einer 1894 von Gouverneur Leutwein geschätzten Kopfzahl von 20.000 Nama und der bei einer Volkszählung 1911 ermittelten genauen Kopfzahl von 13.838 Nama[416] ergibt sich ein Substanzverlust des Namavolkes von etwa 30 Prozent. Geht man jedoch von der im britischen »Blaubuch« für 1911 genannten Namazahl von 9781 aus, so ergibt sich ein Aderlaß des Volkes von mehr als 50 Prozent.[417]

Die wenigsten der Nama-Kriegstoten dürften eigentliche Gefechtsopfer gewesen sein. Sehr viele waren sicherlich Krankheiten und den Entbehrungen während der Kampfhandlungen zum Opfer gefallen. Eine weitere große Zahl dürfte in der Gefangenschaft, vor allem auf der Haifischinsel, infolge von Mangelkrankheiten ums Leben gekommen sein.

413 Maercker, S. 57.
414 Ebenda.
415 Siehe Nuhn: »Sturm über Südwest«, S. 314f.
416 Siehe Sudholt, S. 41ff.
417 Sowohl in Sudholts Arbeit auf Seite 43 wie auch im sogenannten Blaubuch »Report on the Natives of South West Africa and Their Treatment by Germany« auf Seite 35 werden merkwürdigerweise diese unterschiedlichen Kopfzahlen als ermittelt in der Volkszählung von 1911 angegeben. Drechsler bemerkt hierzu in seiner Arbeit »Südwestafrika unter deutscher Kolonialherrschaft« auf Seite 364, daß die Ergebnisse dieser Volkszählung weder in den Amtlichen Jahresberichten noch anderswo in der Literatur zu finden seien.

In einer vom Kommando der Schutztruppen angefertigten »Zusammenstellung über die Sterblichkeit in den Kriegsgefangenenlagern in Deutsch-Südwestafrika« wurde für den Zeitraum Oktober 1904 bis März 1907 ermittelt, daß von »den etwa 15.000 Köpfen betragenden Hereros und den etwa 2000 Köpfen starken Hottentotten 7682, also 45,2 Prozent der gesamten Gefangenen, gestorben« waren.[418]

Eine gesonderte Aufschlüsselung der Sterblichkeit unter den Namagefangenen und den Hererogefangenen war nicht erfolgt, jedoch dürfte die ermittelte Prozentzahl der Sterblichkeit auch für die Namagefangenen allein annähernd zutreffen, wenn man bedenkt, daß nach den Angaben Estorffs im Zeitraum von September 1906 bis März 1907 von den 1793 Namagefangenen auf der Haifischinsel 1196 zugrundegegangen waren (siehe voriges Kapitel).

Die Verluste der Schutztruppe in diesem mehr als drei Jahre dauernden Kolonialkrieg waren ebenfalls erheblich. Sie betrugen, die Verluste im Hereroaufstand und im Namaaufstand zusammengenommen, 1676 Gefallene, 76 Vermißte und 689 durch Krankheiten Verstorbene.

Der Fiskus des Reiches wurde durch den Krieg in Südwestafrika enorm belastet: Etwa 600 Millionen Mark mußten für die Niederwerfung beider Aufstände aufgewendet werden![419]

Der Krieg hatte die am Aufstand beteiligt gewesenen Nama bettelarm gemacht. Ihr gesamtes Großvieh, ihr Kleinvieh zum größten Teil, waren, soweit nicht bereits durch die Kriegswirren zugrundegegangen, von der Kolonialmacht konfisziert worden. Ihr Grund und Boden wurde kraft einer Verfügung den Gouvernements vom 8. Mai 1907, die sich auf eine »Kaiserliche Verordnung von 26. Dezember 1905 betreffend die Einziehung von Vermögen Eingeborener im südwestafrikanischen Schutzgebiet«, abstützte[420], »eingezogen« und zu Kronland erklärt. Jegliche Stammesorganisation wurde verboten, die mit den Namastämmen abgeschlossenen Schutzverträge für null und nichtig erklärt.

Eine große Umsiedlungsaktion setzte ein. Die Nama wurden gezwungen, in einzelnen Werften in der Nähe weißer Farmen und Ortschaften zu wohnen, um so den Weißen für Lohnarbeit verfügbar zu sein. Die Freizügigkeit wurde aufgehoben; jeder über siebzehn Jahre alte Eingeborene erhielt als Ausweis eine Blechmarke. Wer sich nicht ausweisen und nicht nachweisen konnte, womit er seinen Lebensunterhalt bestritt, wurde wegen Landstreicherei bestraft. Wollte ein Afrikaner sein Wohngebiet verlassen, so benötigte er eine amtliche Reiseerlaubnis, die er nach Beendigung der Reise wieder abzuliefern hatte.

Die meisten dieser einschneidenden Maßnahmen hatten den Zweck, der Eingeborenenwirtschaft zugunsten der weißen Farmwirtschaft, die nun – wo Land in Hülle und Fülle verfügbar wurde – stark expandierte, das Rückgrat zu brechen,

418 BAB, RKA Nr. 2140, Bl. 161; zitiert aus Drechsler: »Südwestafrika unter deutscher Kolonialherrschaft ...«, S. 251.

419 Diese Kostenangabe macht Drechsler in »Südwestafrika unter deutscher Kolonialherrschaft ...« auf Seite 339, wobei er sich auf Külz' Arbeit, S. 173, beruft.

420 Diese trat am 11. September 1907 mit ihrer Veröffentlichung im »Deutschen Kolonialblatt«, Jg. 1907, S. 981, in Kraft. Siehe auch Bley, S. 171f.

die Afrikaner zur Arbeit für die Europäer zu zwingen und ihre Stammesstruktur und Stammesgemeinschaft zu beseitigen.[421]

Der Reichstagsabstordnete Erzberger brachte seine Meinung über die Kaiserliche Verordnung vom 26. Dezember 1905, auf der alle diese Maßnahmen rechtlich beruhten, in drastischer Weise zum Ausdruck. Er schrieb:

»Es ist im Grunde nichts anderes als eine im großen vorgenommene Beraubung der Eingeborenen, die ja nach der Art der Durchführung sich härter oder milder gestaltet. Nicht nur die Stammesorganisation soll aufhören, was man begreiflich finden kann, auch das Stammesvermögen wird den Eingeborenen entzogen. Ein solch moderner Raubzug ist eines Rechtsstaates unwürdig. Nach Durchführung der Verordnung sind die Eingeborenen in Südwestafrika verarmte Sklaven, die in keiner Weise sich wieder emporarbeiten können. Das Ideal der ›wirtschaftlichen Kolonialpolitiker‹ geht seiner Verwirklichung entgegen: der Schwarze wird ›Arbeitstier‹ beim Weißen! Eine moderne Sklaverei hält mit dieser Verordnung ihren Einzug in Südwestafrika.«[422]

Als Ergebnis dieses verheerenden Kolonialkrieges war die Wirtschaft des Schutzgebietes um viele Jahre zurückgeworfen worden. Resigniert stellt Gouverneur Leutwein in seinen Erinnerungen fest:

»... Gegen einen Einsatz von mehreren hundert Millionen Mark und von einigen tausend deutschen Soldaten haben wir von den drei wirtschaftlichen Werten der Kolonie, dem Bergbau, der Viehzucht und den eingeborenen Arbeitskräften, den zweiten gänzlich, den dritten zu zwei Drittel zerstört ... Als einziger errungener Gegenwert bleibt uns somit das den Eingeborenen abgenommene Land.«[423]

Doch trotz dieser düsteren Ausgangslage nahm die Wirtschaft der Kolonie nach den großen Aufständen schon recht bald einen ungeahnten Aufschwung. Da nun dank der Enteignung von Eingeborenenland preiswertes Kronland zu Farmzwecken reichlich vergeben werden konnte, stieg der Zustrom ansiedlungswilliger Weißer nach Südwest steil an. Während in den mehr als zwanzig Jahren deutscher Herrschaft bis Anfang 1907 insgesamt nur 480 Farmen vom Gouvernement vergeben worden waren, waren es allein im Jahre 1907 202 Farmen. Bis Juli 1913 stieg die Gesamtzahl der staatlicherseits verkauften Farmen auf 1331 an![424]

Erheblich zum Aufblühen der Wirtschaft trug die Entdeckung reicher Diamantenfelder in der Namib östlich der Lüderitzbucht im Jahre 1908 bei. Hier entwickelte sich bald eine lebhafte Schürftätigkeit. Der Exporthandel des Schutzgebietes nahm enorm zu, wobei Diamanten der Hauptexportschlager wurden.

Bedingt durch die nach den Aufständen stark gefallenen Bodenpreise, aber auch durch die Diamantenfunde in der Namib, nahm die weiße Bevölkerung stark zu.

421 Siehe hierzu Bley, S. 172f.

422 Entnommen dem Artikel Erzbergers »Der neueste Mißgriff in der deutschen Kolonialpolitik«, enthalten in »Der Tag«, Nr. 9 vom 6.1.1906; zitiert aus Drechsler: Südwestafrika unter deutscher Kolonialherrschaft ...«, S. 256.

423 Th. Leutwein, S. 542.

424 Siehe hierzu Drechsler: »Südwestafrika unter deutscher Kolonialherrschaft ...«, S. 278.

Betrug sie Ende 1907 (außer rund viertausend Schutztruppensoldaten) 6215 Köpfe, so stieg sie bis Ende 1913 auf die Rekordzahl von 14.840 Köpfen.

Von dieser wirtschaftlichen Aufwärtsentwicklung profitierte nur die weiße Bevölkerung, während die farbige hiervon so gut wie unberührt blieb. Dies ist um so auffälliger, als sich in den anderen afrikanischen Besitzungen des Reiches das Los der Afrikaner in der dritten Dekade der deutschen Kolonialherrschaft wesentlich besserte, und zwar nicht nur in wirtschaftlicher Hinsicht, sondern auch in der Behandlung durch die Kolonialherren. Dies war in erster Linie zurückzuführen auf die jetzt unter der Ägide des neuen Kolonialdirektors und späteren Kolonialstaatssekretärs Dernburg aus der Erkenntnis der Versäumnisse und Fehler der Vergangenheit erwachsenen Reformbemühungen sowohl in den Bereichen der Kolonialadministration wie auch der Eingeborenenpolitik, der »negererhaltenden Politik«, wie Dernburg sich ausdrückte.

In Südwest dagegen prallten alle Reformbestrebungen Dernburgs an der völlig verhärteten Front der durch den Krieg radikalisierten Siedler ab. Hier standen sich Weiß und Schwarz weiterhin unversöhnlich gegenüber! Herero und Nama, aus ihrer vertrauten Stammesumwelt herausgerissen, viele ihrer Familienangehörigen durch Krieg oder Krankheit, ihres Viehs und ihrer Weiden beraubt, waren angesichts ihrer verzweifelten Notlage von tiefgründigem Haß und ohnmächtiger Wut gegen ihre weißen Herren erfüllt. Doch auch diese, vor allem die Siedlerschaft, in deren Reihen viele unter zum Teil entsetzlichen Umständen im Krieg ums Leben gekommen waren oder ihr Hab und Gut verloren hatten, trugen Haß, Zorn und Rachegefühle gegenüber der farbigen Bevölkerung in ihren Herzen.

Sie, die weißen Siedler, von einem zivilisatorischen Sendungsbewußtsein und dem Gefühl einer rassischen Überlegenheit gegenüber den Afrikanern durchdrungen, sahen jetzt, wo der Gegner am Boden lag, die Stunde gekommen, ihre Forderung nach Alleinherrschaft des weißen Mannes durchzusetzen. Ihr Standpunkt war: Südwest ist eine deutsche Siedlungskolonie, dem Eingeborenen muß zum Bewußtsein gebracht werden, daß er im Lande des weißen Mannes lebt und sich den deutschen Gesetzen unterzuordnen hat!

Und sie ließen es den Afrikaner spüren, wer jetzt der Herr in Südwest war und wie es demjenigen ergeht, der sich dem Willen den weißen Mannes widersetzt! Versuchte ein Afrikaner, sich der verordneten Zwangsarbeit zu entziehen, so wurde regelrecht Jagd auf ihn gemacht. Wer sich nach Meinung des Farmers bei der Arbeit träge, unwillig oder aufsässig zeigte, wer die Arbeit verweigerte, der wurde zur nächsten Polizeistation abgeführt. Hier wurde dann an Ort und Stelle die Prügelstrafe, meist 10 bis 15 Schläge, an ihm vollzogen. (Die Zahl der amtlich verhängten Prügelstrafen nahm in der letzten Dekade der deutschen Herrschaft in Südwest enorm zu: Betrug sie 1904/05 erst 187, so erreichte sie 1911/12 bereits 1655.[425])

Nicht selten aber maßten sich die Farmer auch Selbstjustiz an und vollzogen die Prügelstrafe an ihren schwarzen Arbeitern mit eigener Hand. Die gerichtlich verhängten Strafen für solche Übergriffe – sofern die gepeinigten und eingeschüch-

425 Laut BAB, RKA Nr. 5378; Bl. 151. Siehe auch Fritz F. Müller, S. 114.

terten Opfer überhaupt Anzeige erstattet hatten – fielen durchweg milde aus oder wurden »wegen Geringfügigkeit« ausgesetzt.[426] Auch Mißhandlungen schwarzer Untergebener durch Siedler oder Behördenbedienstete, insbesondere Polizisten, waren häufig.[427]

Der Ausbruch des Ersten Weltkriegs Anfang August 1914 bereitete dem Traum einer Siedlungskolonie Deutsch-Südwestafrika, einer »überseeischen Provinz des Deutschen Reiches«, ein jähes Ende. Die Schutztruppe, die sich einer vielfachen britisch-südafrikanischen Übermacht gegenübersah und sich nur an wenige natürliche Verteidigungsstellungen klammern konnte, mußte schon im Juli 1915 die Waffen strecken. Im Versailler Friedensvertrag wurde dann 1919 Südwestafrika vom Genfer Völkerbund der Südafrikanischen Union als Mandatsgebiet zugesprochen.

Innerhalb von elf Monaten war damit das gerade erst weniger als ein Jahrzehnt vorher mit so ungeheuren Opfern an Blut und Gut befriedete deutsche Schutzgebiet wieder verlorengegangen.

Oberstleutnant Ludwig v. Estorff, der ebenso wie eine Reihe anderer Schutztruppenoffiziere in den Großen Aufständen dem afrikanischen Gegner Respekt und Verständnis nie versagt und die Einpferchung der gefangenen Herero und Nama in gesundheitswidrige Lager wiederholt als Schande angeprangert hatte, sah in dem so raschen Verlust des Schutzgebietes einen Fingerzeig Gottes. Er glaubte, daß der Verlust Südwests nur die gerechte Strafe für die Sünden gewesen sei, die von der Masse der Deutschen in der Kolonie an dem unterlegenen afrikanischen Gegner begangen worden sei. »Solche Versündigung«, so schrieb er, »bestraft sich schwer. Sie entsprang aus Unverstand und Lieblosigkeit, an denen fast die ganze Kolonistenbevölkerung teilhatte, und sie hat sich schwer an uns gerächt. Wir haben die Kolonie rasch im Großen Krieg verloren. Gottes Mühlen mahlen langsam, aber sicher.«[428]

Durch ihr häufiges Überwechseln auf britisches Gebiet während des Aufstandes und durch Arbeitsaufenthalte im Kapland hatten viele Nama die anders geartete und viel moderatere und liberalere britische Eingeborenenpolitik kennen- und schätzen gelernt. Sie wußten, daß die Briten im Gegensatz zu den Deutschen die farbigen Bewohner ihrer Kolonien als vollwertige Staatsbürger behandelten[429], daß sie es besser verstanden, auf die Mentalität der Afrikaner, auf ihre unterschiedlichen Sitten und Gebräuche einzugehen, daß Übergriffe Weißer gegen Afrikaner von den britischen Gerichten schwer bestraft wurden und daß die Prügelstrafe dort

426 Siehe hierzu zum Beispiel »Report on the Natives …«, S. 165–179.

427 Siehe hierzu unter anderem BAB, RKA Nr. 1662, Bl. 171f: Hintrager an RKA, 30.1.1909; BAB, RKA Nr. 1663, Bl. 3f: Bezirksamtmann Wehle (Karibib) an Gouvernement, 30.1.1909; Rundschreiben des Gouverneurs Seitz, datiert 31.5.1912, zitiert in Nuhn: »Sturm über Südwest«, S. 318f.

428 Estorff: »Wanderungen und Kämpfe …«, S. 118.

429 Vergleiche Th. Leutwein, S. 543.

als gesetzwidrig galt. Mit Genugtuung hatten sie bei ihren Grenzübertritten zur Kapkolonie während des Aufstands festgestellt, daß die Engländer sie als kriegführende Partei anerkannt hatten. So hatte zum Beispiel Morenga im Vertrauen darauf, daß die farbige Bevölkerung Südwests unter britischer Herrschaft einer besseren Zukunft entgegensehen könnte, Mitte Mai 1906 in Priska gegenüber einem Journalisten des britischen Blattes »Cape Times« erklärt, er wünsche sich den Übergang Südwestafrikas in britische Hände.[430]

Doch schon bald nach dem Wechsel der weißen Machthaber in Südwest sollten die Nama wie auch die anderen farbigen Völkerschaften der früheren deutschen Kolonie erkennen, daß sie einer Illusion aufgesessen waren! Hatten die Südafrikaner zunächst die deutschen Kolonialgesetze außer Kraft gesetzt, die verhaßten Paßvorschriften aufgehoben und den Farbigen eine gewisse Freizügigkeit und Bewegungsfreiheit wieder zugestanden, so zeigte sich bei ihnen schon wenige Jahre später ein Sinneswandel. Kaum war nämlich der Erste Weltkrieg zu Ende, da wurde von der Administration, der Verwaltungszentrale der südafrikanischen Mandatsmacht in Windhuk, eine Eingeborenengesetzgebung eingeführt, die der früheren deutschen täuschend ähnlich war: Die zunächst den Afrikanern zugestandene Bewegungsfreiheit wurde wieder rückgängig gemacht und – was die Nama und Herero besonders erbitterte – ihre ihnen von den deutschen Machthabern enteigneten Ländereien blieben im Besitz der Mandatsmacht, da diese sie für den jetzt einsetzenden Zustrom britischer und burischer Siedler benötigte.

So blieb die farbige Bevölkerung auf ihre bereits zur deutschen Zeit eingerichteten Reservate, die nun »homelands« hießen, beschränkt. Diese Gebiete konnten jedoch nicht alle Bewohner ernähren, lagen sie doch teilweise außerhalb der landwirtschaftlich nutzbaren Flächen. Dies hatte zur Folge, daß vielen der Homeland-Bewohner nichts anderes übrig blieb, als sich zur Bestreitung ihres Lebensunterhaltes bei den Weißen als Lohnarbeiter zu verdingen, was ganz im Sinne des neuen Regimes war. So griff bald Mißmut, ja Erbitterung über die neuen Herren im Lande unter den Afrikanern um sich.

Besonders schlimm sollte es den Bondelzwart-Nama unter der neuen Herrschaft ergehen. 1921 führte die Administration in deren Stammesgebiet eine Hundesteuer in Höhe von einem Pfund Sterling ein, um die Bondels auf diese Weise zur Lohnarbeit zu zwingen. Als diese voll Zorn sich der Zahlung der Steuer widersetzten, wurde ein Polizeibeamter zur Steuereintreibung in das Stammesgebiet geschickt. Die Bondelzwart reagierten, indem sie den Beamten kurzerhand gefangennahmen und erklärten, sie würden ihn erst dann freilassen, wenn die Administration die Hundesteuer wieder aufgehoben habe.

Nun drohte diese mit militärischem Eingreifen. Doch die Bondelzwart waren nicht gewillt, sich militärischer Macht zu beugen. Unter der Führung von Abraham Morris, der uns bereits von den Aufstandsereignissen her bekannt ist, sammelten sie sich im Mai 1922 in Stärke von 400–500 Mann unweit Haib (nordwestlich Warmbad), um den Kampf mit den Südafrikanern aufzunehmen.

430 Vergleiche »Cape Times«, 29.5.1906.

Daraufhin wurde ihr Kriegslager von südafrikanischer Polizei umstellt. Diese blieb jedoch zunächst Gewehr bei Fuß und überließ den Erstschlag der südafrikanischen Luftwaffe. Drei Flugzeuge belegten nun mehrere Stunden lang das Lager mit Bomben, wobei zahlreiche Frauen und Kinder den Tod fanden. Dem größten Teil der Bondelkrieger gelang indes der Ausbruch aus dem Einschließungsring. Doch die verfolgende südafrikanische Polizei holte sie bald ein und schlug sie vernichtend. Dabei wurden viele Bondels getötet und die Überlebenden gefangengenommen. In diesem Kampf fiel auch Abraham Morris, der letzte der Namaführer aus der Zeit des großen Aufstands gegen die Deutschen.[431]

Als nach Ende des Zweiten Weltkriegs der Genfer Völkerbund sich auflöste und die UNO als seine Nachfolgeorganisation ins Leben gerufen wurde, erklärte die Südafrikanische Union ihre Treuhandverwaltung über Südwestafrika für erloschen, da sie die UNO nicht als Rechtsnachfolgerin des Völkerbundes anerkannte, und betrachtete fortan Südwest quasi als ihre fünfte Provinz.

Als Reaktion hierauf etablierte sich später, im Jahre 1960, die South West African People's Organisation (SWAPO) in Kapstadt. Zunächst eine Gewerkschaftsbewegung, später eine vom Stamm der Ovambo getragene, radikal-militante Befreiungsbewegung, hatte sie sich zum Ziel gesetzt, Südwestafrika mit Gewalt von Südafrika zu lösen und in einen unabhängigen Staat »Namibia« umzuwandeln. (Anm. Verf.: Es gab auch noch einen politischen, nichtmilitanten Flügel der SWAPO mit Sitz in Windhuk, der auf friedlichem Wege die Unabhängigkeit des Landes anstrebte.)

In der Folge kam es dann zu einem dreiundzwanzig Jahre andauernden Buschkrieg zwischen der südafrikanischen Armee und der von Angola aus operierenden SWAPO, der sich für Südwest – besonders im Übergangsgebiet zu Angola – nachteilig auf seine Wirtschaft auswirkte und erhebliche Zerstörungen im Landesnorden mit sich brachte.

Aufgrund zahlreicher Proteste farbiger Südwestafrikaner, die mit den Zuständen im Lande unzufrieden waren, und einiger schwarzafrikanischer Staaten hatte die UNO inzwischen 1966 in einer Resolution der Südafrikanischen Union offiziell das Mandat über Südwestafrika entzogen und das Land in »Namiba« umbenannt.

Südafrika aber verhielt sich weiterhin uneinsichtig und weigerte sich, die Resolution anzuerkennen und Südwestafrika an die UNO zu übergeben. Erst 1972 lenkte Südafrika ein und erklärte seine Bereitschaft, Südwestafrika/Namibia den Weg zur Unabhängigkeit zu ebnen.

Dieser Erklärung ließ die Südafrikanische Union erst nach mehreren Jahren Taten folgen. 1977 hob der südafrikanische Generaladministrator die Paßgesetze für farbige Namibianer und die Rassenschranken (Apartheidgesetze) in Südwestafrika auf und gestand allen Nationalitäten im Lande die Rede- und Bewegungsfreiheit zu. Schon vorher waren von der Administration die Homelands durch Aufkauf ehemaliger weißer Farmen arrondiert und damit auch ihre wirtschaftliche Nutzfläche vergrößert worden.

431 Wegen dieser Aufstandsereignisse siehe auch Drechsler: »Südwestafrika unter deutscher Kolonialherrschaft ...«, S. 280f.

Als erster Schritt in die Unabhängigkeit Südwestafrikas wurden 1979 eine gesetzgebende Nationalversammlung und ein Jahr darauf ein Ministerrat gewählt.

Am 22. Dezember 1988 erfolgte zwischen Südafrika und Angola der Abschluß eines Friedensvertrages, und bald danach wurde ein Zeitplan für die Entlassung Namibias in die Unabhängigkeit aufgestellt.

Im November 1989 fanden dann – nach einem mehr als zehn Jahre langen diplomatischen Tauziehen zwischen der Südafrikanischen Union und der UNO – unter Kontrolle von UNO-Personal, darunter auch Beamten des westdeutschen Bundesgrenzschutzes, die ersten freien Wahlen in Namibia statt. Daraus ging die SWAPO zwar mit einer 57prozentigen absoluten Mehrheit hervor, sie konnte jedoch nicht die erforderliche Zweidrittel-Mehrheit erringen. Damit war sie in der verfassunggebenden Nationalversammlung auf die Zusammenarbeit mit den anderen Parteien des Landes angewiesen.

Zum Erstaunen der Weltöffentlichkeit erwies sich die SWAPO dabei trotz ihrer marxistisch-leninistischen Ausrichtung als weitgehend konzessionsbereit, so daß bereits nach knapp drei Monaten eine auf der Grundlage des Mehrparteiensystems und des Prinzips der Rassengleichheit bestehende Verfassung verabschiedet werden konnte, »eine Verfassung, die mit Fug und Recht als die demokratischste und liberalste von ganz Afrika bezeichnet werden kann.«[432] Vielen Beobachtern der politischen Geschehnisse auf dem Schwarzen Kontinent gilt diese Verfassung »als Modellfall gelungener Entkolonialisierung im krisengeschüttelten Afrika.«[433]

Am 21. März 1990 schlägt dann endlich die so lang ersehnte Stunde der Befreiung der letzten Kolonie Afrikas, des Endes einer hundertsechsjährigen weißen Fremdherrschaft, erst der deutschen, danach der südafrikanischen. Unter dem Jubel einer vieltausendköpfigen Zuschauermenge und in Anwesenheit zahlreicher Staatsmänner aus aller Welt wird im Stadion von Windhuk die südafrikanische Flagge niedergeholt und die Flagge des neuen souveränen Staates Namibia gehißt.

Damit war ein mehr als hundertjähriger Traum der Südwestafrikaner, die Beseitigung der weißen Fremd- und Alleinherrschaft, derentwegen schon ihre Vorväter, die Namakrieger unter Hendrik Witbooi, Morenga, Cornelius Frederick und Simon Kopper und die Hererokrieger unter Samuel Maharero, die Waffen gegen die Deutschen erhoben hatten, Wirklichkeit geworden!

432 »Namibia-Magazin«, Nr. 1, Juni 1990, S. 8.
433 Ebenda.

24. Schlußbetrachtungen

Die Erhebung den Hirtenvolken der Herero zu Beginn des Jahren 1904 traf die deutsche Kolonialmacht unerwartet und militärisch unvorbereitet. Doch erstaunlich schnell erholte sie sich vom gegnerischen Überraschungsschlag und reagierte ungeachtet der zahlreichen parlamentarischen und bürokratischen Hürden in der Heimat schnell und tatkräftig mit der Entsendung erheblicher Truppenverstärkungen aus Deutschland. Bereits im Mai 1904 konnte sie zum Gegenschlag ausholen. Und schon drei Monate später, am 10. und 11. August, gelang es ihr, den durch die Bindung an seine Viehherden und Werften schwerfälligen Orlog der Aufständischen in der Schlacht am Waterberg entscheidend zu schlagen, obwohl doch der größte Teil der von ihr ins Land geholten Soldaten überhaupt keine Vorstellung von der Natur Südwestafrikas und seinen Bewohnern hatte und mit den Regeln den afrikanischen Buschkrieges ganz und gar nicht vertraut war.

Um so verwunderlicher ist es daher, daß die Nama – merkwürdigerweise, ja unverständlicher empörten sie sich gegen die Kolonialmacht erst nach der Niederwerfung der Herero – bis in das Jahr 1907 hinein, also nahezu drei Jahre, der deutschen Schutztruppe die Stirn hatten bieten können. Dabei war doch ihre Ausgangslage denkbar ungünstig: Die Schutztruppe stand noch in voller Kriegsstärke und voll ausgerüstet im Schutzgebiet und war ihnen, den Nama, daher von vornherein an Zahl, Ausrüstung und Waffentechnik haushoch überlegen.

Sicherlich geben die für den deutschen Soldaten völlig ungewohnten und fremdartigen geographischen und klimatischen Bedingungen des südwestafrikanischen Kriegsschauplatzes, namentlich des Namalandes mit seinen Wüstensteppen und wilden Gebirgsstöcken, eine Teilantwort auf dieses Phänomen. Hier aber drängt sich sogleich die Gegenfrage auf, weswegen sich die Südwester Truppenführung so schwer tat und so lange Zeit brauchte, diese Herausforderung der afrikanischen Umwelt anzunehmen und sich ihr taktisch und logistisch anzupassen.

Eine Antwort hierauf finden wir im Generalstabswerk. Da heißt es im apologetischen Ton, daß die aus Freiwilligen aller Waffengattungen den Heeres bestehenden Verstärkungen der Schutztruppe anfangs den durch die aufreibenden, pausenlosen und monatelangen Verfolgungsunternehmungen bedingten Anforderungen dieses Kolonialkrieges nicht gewachsen waren, daß den Neulingen unter den Soldaten Mängel anhafteten, die erst mit der »kriegerischen Gewöhnung« an den neuartigen Kriegsschauplatz schwanden, daß enorme Versorgungsschwierigkeiten, bedingt durch die Natur des Landes und seines riesigen Raums, überwunden werden mußten und daß der mit allen Hilfsmitteln und Hilfsquellen seiner Heimat wohlvertraute Gegner unter diesen Umständen sich anfänglich dem landesunkundigen deutschen Soldaten verständlicherweise als überlegen erwies.

Aufschluß über die gestellte Frage geben auch die amtlichen Berichte der Truppenführung an die vorgesetzten Behörden in Deutschland, das Oberkommando der Schutztruppen, den Großen Generalstab und die Reichskanzlei. Hier wurden unter anderem unterschwellig Vorwürfe an die Adresse des Reichstages vernehmbar, daß dieser es versäumt habe, rechtzeitig und in ausreichender Höhe die Geldmittel zu bewilligen, wie sie für eine erfolgreiche Kriegführung in Südwest unerläßlich gewesen wären, sei es für den rechtzeitigen Bau der Südbahn, sei es für die Entsendung genügender Truppenverstärkungen, sei es für die Bereitstellung der Versorgungsgüter.

Aber auch Gegenstimmen wurden laut, vor allem von Seiten der Presse. Da ist von Schönfärberei und maßloser Übertreibung in der Berichterstattung der Südwester Militärs die Rede, da wird der dortigen Truppenführung Phantasielosigkeit und mangelhafte taktische Wendigkeit und Flexibilität gegenüber den Herausforderungen des kolonialen Kriegsschauplatzes vorgeworfen und warnend darauf hingewiesen, daß in Südwestafrika das Prestige der gesamten deutschen Armee auf dem Spiel stünde, wenn sich der Krieg dort durch die Inkompetenz der Militärs ins Unabsehbare hinschleppe.

Aus dem Gesichtswinkel der damaligen Zeitgenossen gesehen, mögen die Vorwürfe des Versagens von Truppe und Truppenführung ihre Berechtigung haben. Wir jedoch, die wir einer Generation angehören, welche aus den Erfahrungen der furchtbaren Partisanenkämpfe des Zweiten Weltkrieges und des Vietnamkrieges und der in jüngster Zeit stattgefundenen und immer noch stattfindenden Kleinkriege auf dem Balkan, im Kaukasus und in Afghanistan schöpfen können, müssen, wenn wir uns der Objektivität verpflichtet fühlen, die Leistungen der Schutztruppe und ihrer Führer aus der Warte der heutigen Zeit betrachten und daher differenzierter bewerten.

Tatsächlich sahen sich die Truppenführer – in ihrer Mehrzahl ebensolche afrikanischen Neulinge wie ihre Soldaten – vor eine äußerst schwierige Aufgabe gestellt, vielleicht schwierigere, als sie sie sich selbst vorgestellt hatten. Die deutsche Armee war damals auf Guerillakriegführung, noch dazu unter fremdartigen und höchst widrigen klimatischen und terrainmäßigen Bedingungen, überhaupt nicht eingestellt und vorbereitet, nicht einmal in Stabsrahmenübungen am Grünen Tisch und in Sandkastenübungen. Zwar hatte es auch bereits vor den großen Aufständen in Südwest und Deutschost Eingeborenenkriege im deutschen Kolonialreich gegeben, diese waren jedoch allesamt auf eine Völkerschaft oder einen Teilstamm beschränkt gewesen. Niemand an verantwortlicher Stelle im Mutterland oder in den Kolonien, selbst in der Siedlerschaft, glaubte damals ernsthaft an die Möglichkeit größerer Eingeborenenaufstände, die die Existenz der Kolonien gefährden könnten und daher zu ihrer Niederwerfung die beschleunigte Entsendung umfangreicher Verstärkungen aus der Heimatarmee erforderlich machen würden.

In sträflicher Sorglosigkeit und Ahnungslosigkeit hatte man es daher im Großen Generalstab in Berlin versäumt, taktische und logistische Lehren und Folgerungen aus den bisherigen Eingeborenenkriegen der deutschen Schutztruppen wie auch der Kolonialtruppen der anderen europäischen Mächte zu ziehen und entsprechende Maßnahmen zu treffen, um im Eventualfall für Großaufstände gerüstet zu sein, zum Beispiel durch Aufstellung einer Spezialtruppe für Überseeinsatz, einer Art »kolonialer Verfügungstruppe« nach dem Vorbild der französischen Kolonialarmee, deren Soldaten für den Einsatz auf überseeischen Kriegsschauplätzen entsprechend ausgebildet und ausgerüstet waren.

Doch eine globale Denkweise ging den deutschen Generalstäblern der Kaiserzeit ab. Sie waren zu sehr verhaftet in den Vorstellungen eines möglichen Konfliktes in dem engen Raum des europäischen Kontinents, als daß sie sich Gedanken über kriegerische Auseinandersetzungen in den abgelegenen überseeischen Gebieten des Reiches machen zu müssen glaubten. In ihrer Gedankenwelt waren die entscheidungbringenden Faktoren die aus einer Fülle verschiedenster Waffengattungen bestehenden, verschwenderisch mit allen Errungenschaften der Technik und mit modernsten Zerstörungs- und Massenvernichtungsmitteln ausgestatteten europäischen Millionenheere, die zur Sicherstellung ihrer Mobilität und Feuerkraft auf eine für rasche Truppenaufmärsche und -verlegungen und für ein gut funktionierendes Logistikwesen unerläßliche, gut entwickelte Verkehrsinfrastruktur, das heißt ein engmaschiges Straßen- und Schienennetz, angewiesen waren und deren Opertionsgebiet der dichtbesiedelte, genügend Hilfsquellen für die Truppe bietende europäische Kontinent war. Sie lebten in der Vorstellung, daß der Feind, hat er erst einmal mehrere Niederlagen einstecken müssen und dabei ernsthafte Verluste an Menschen und Material erlitten und eigenen Boden aufgeben müssen, moralisch so zermürbt und kriegsmüde gemacht worden sei, daß er zur Aufgabe des Kampfes geneigt sein und Friedensbereitschaft zeigen würde.

Ganz anders war die Kampfesweise auf dem südwestafrikanischen Kriegsschauplatz, insbesondere dem des Namalandes. Hier gab es keine Fronten, keinen uniformierten Gegner. **Hier lautete die Parole: »Feind überall!«** Hier schlug der Gegner, wie ein Spuk mal hier, mal dort auftauchend, unerbittlich zu, um sich dann gleich wieder in der Unendlichkeit der Wildnis in alle Winde zu zerstreuen, ehe man seiner habhaft werden konnte.

Während an den späteren Schlachten des Ersten und des Zweiten Weltkriegs Hunderttausende Soldaten auf jeder Seite teilnahmen, standen sich im Namaland oft nur wenige hundert Mann auf dem Gefechtsfeld gegenüber. Anders als in dem dichtbevölkerten, engen europäischen Raum spielten sich hier die Kämpfe in einem Gebiet schier unvorstellbarer Größe ab, das arm an Menschen und Tieren, an Vegetation, an Wasser und an Hilfsmitteln aller Art war. Schienenwege und Straßen fehlten gänzlich. Stattdessen herrschte Wegearmut, ja Wegelosigkeit vor. Mühsam mußte sich die Truppe in diesem sonnendurchglühten, ausgedörrten Land ihren Weg suchen, oft durch unübersehbare Geröllfelder, Felswüsten, wasserlose Sandsteppen und über kahle, zerklüftete, tief eingeschnittene Gebirgsstöcke hinweg.

Ihm, dem Schutztruppler, gegenüber stand der Namakrieger, der afrikanische Guerillakämpfer par excellence. Er war ein guter, gewandter Reiter, dabei auch ein ausdauernder, schneller Fußgänger, ein treffsicherer, ruhiger Schütze, im Kampf ungeheuer beweglich, ausdauernd, zäh und listenreich, von seinen Führern in straffer Disziplin gehalten. Seine Bedürfnislosigkeit war unglaublich; er brauchte keine geregelte Verpflegung, keinen Nachschub – diesen holte er sich beim Gegner. Notfalls konnte er sich auch wochen-, ja monatelang von Grassamen, Wurzeln, Zwiebeln oder Heuschrecken ernähren, ohne an Energie einzubüßen. Mangelte es ihm an Wasser, so konnte er auf die wasserhaltige Tschamasfrucht zurückgreifen, für deren Auffinden er ein erstaunliches Gespür besaß.

Seit eh und je Hirte, Sammler und Jäger, war der Nama ein erstklassiger Späher und Fährtenleser und -verfolger. Noch schwächste Spuren nahm er wahr, an denen der Europäer ahnungslos vorbeiging. Ein angeborener Orts- und Orientierungssinn zeichnete ihn aus. Mit seiner Herde von Weide zu Weide, von Wasserloch zu Wasserloch wandernd oder auf der Suche nach Feldfrüchten oder flüchtigem Wild umherziehend, war er von Alters her mit der rauhen, ungastlichen Natur seiner Heimat auf das engste verwachsen. Keine noch so geringe und unscheinbare Auffälligkeit in der monotonen und tristen Landschaft entging seinem geschärften Blick. In zahllosen, zumeist von ihm ausgelösten Kriegen mit Nachbarvölkern, insbesondere den Herero, hatte er sich diese Eigenschaften zunutze gemacht und so eine beispiellose Fertigkeit in der Guerillakriegführung in diesem unwirtlichen und menschenfeindlichen Land entwickelt.

Von Natur her Nomade, war der Nama ortsungebunden. Aus der Preisgabe von Land infolge Feindeinwirkung machte er sich überhaupt nichts; jede Wasserstelle, um die gerungen wurde, war ihm gleich wert. Besitzlosigkeit ließ ihn unbekümmert. Seines »Trosses«, der Werft, durch Abschub über die englische Grenze entledigt, und seiner geringen Habe, des Kleinviehs, durch Zugriff des Feindes beraubt, fühlte er sich ungebunden und unbelastet. Nun brauchte er nichts mehr zu beschützen und hatte jetzt volle Handlungsfreiheit für den Kleinkrieg gegen die Kolonialmacht!

Der Nama kannte keinen Massenkampf und mied das Ringen Mann gegen Mann. In kleinen, hochbeweglichen Gruppen durchzog er das Land und schlug blitzschnell zu, wo auch immer sich eine günstige Gelegenheit bot. **Jedermann, ob fechtende Truppe, ob Einzelposten, ob einsame Heliographenstation, ob Spähtrupp, ob Nachschubkolonne, mußte überall und zu jedem Zeitpunkt auf einen Überfall gefaßt sein.** Sein besonderes Augenmerk richtete der Nama dabei auf moderne Gewehre, Munition, Verpflegung, Vieh und Pferde.

Marschierende Abteilungen beobachtete er auf Schritt und Tritt, umkreiste nachts ihre Lager, um die Soldaten nicht zur Ruhe kommen zu lassen, und ließ sie schließlich an vorher ausgekundschafteten günstigen Stellen in meist klippenumsäumte Hinterhalte laufen, um sie dann aus erhöhter Lage, verborgen zwischen Klippen, mit Gewehrfeuer zu bekämpfen – oft mit der Sonne im Rücken, um den Gegner zu blenden.

Dabei war er bestrebt, der Truppe durch Überflügelung oder Umfassung in den Rücken zu gelangen und so das Gefecht zu seinen Gunsten zu entscheiden. Glückte ihm dies nicht und erlitt er eine Niederlage, so sah er hierin nichts Ehrenrühriges und fühlte sich in seiner Kampfmoral nicht geschwächt. Sein Ziel hatte er erreicht: Den Deutschen Verluste an Gut und Blut zuzufügen. Blitzartig verschwand er dann vom Gefechtsfeld, spaltete sich – im Gegensatz zu den Herero, die geschlossen mit ihren Herden und Werften den Rückzug antraten – in kleine und kleinste Gruppen auf, um sich erst später wieder unbemerkt an einer vorher verabredeten Wasserstelle, die zumeist abseits der von den deutschen Verfolgern benutzten Pads gelegen war, zur Fortsetzung des Kampfes zu sammeln.

Durch diese den unermeßlichen Raum geschickt ausnutzende gegnerische Taktik der Aufsplitterung bot sich der Schutztruppe häufig kein rechtes Ziel mehr dar. Selten wußte die Führung, wo der Gegner tatsächlich stand und wie stark er war. Er konnte in unmittelbarer Nähe stehen, ohne daß die Truppe eine Ahnung hiervon hatte, konnte aber auch noch weit entfernt sein. Die Aufgabe der Truppenführung war damit außerordentlich erschwert.

Nicht selten war sie daher gezwungen, die gleiche Taktik wie der Gegner anzuwenden und ihre Kräfte zur Verfolgung in mehrere Abteilungen aufzuspalten, um die verlorene Initiative wieder an sich zu reißen und den Gegner erneut zu packen. Dies aber war – nicht zuletzt wegen der Landesunkundigkeit der Mehrzahl der Schutztruppenführer – eines der schwierigsten Unterfangen in der afrikanischen Kriegführung überhaupt. Wenn man nämlich ihn, den Namakrieger, nach vielen Stößen ins Leere endlich glaubte, fassen zu können, löste er sich wie von Geisterhand in Nichts auf, verlor sich seine Spur in der Unendlichkeit des Busch- und Felsenlabyrinths.

Gelang dem Nama die häufige Wiederholung dieses die Truppe zu immerwährender Bewegung zwingenden Manövers, so konnte der Krieg auf diese Weise ins Unabsehbare ausgedehnt, konnten Truppe und Material zermürbt und verschlissen werden. Damit aber hatte der Nama mit seiner Taktik erreicht, was er wollte. Nun konnte er, dem der Begriff der »Waffenehre« unbekannt war, sich in den Augen seiner Rassegenossen als Sieger fühlen!

Die deutsche Truppenführung stand dem Kleinkrieg im Namaland – **dem ersten Partisanenkrieg in der Geschichte der deutschen Armee!** – zunächst ziemlich hilflos gegenüber. Selbst die im Hererokrieg gewonnenen Erfahrungen erwiesen sich hier als wenig hilfreich, da die Herero im Bestreben, ihre Herden und Werften zu schützen, als Orlog zusammenblieben und den Massenkampf durchaus annahmen, dagegen das Operieren in kleinen und kleinsten Kampfgruppen mit dem Ziel, durch Überfälle auf Nachschubkolonnen, Postierungen oder Patrouillen der Truppe Nadelstiche zu versetzen und Unruhe auf deren Verbindungswegen zu verursachen, kaum kannten.

Die Operationen auf eine bloße Besiegung das Gegners auszurichten, verbot sich angesichts seines Gleichmuts gegenüber einer erlittenen Niederlage von vornherein. Er mußte also im militärischen Sinne »vernichtet« werden, das heißt seine Widerstandskraft mußte so gebrochen worden, daß er sich nicht zu einem erneuten Kampf aufraffen konnte.

Um dieses Ziel zu erreichen, boten sich der Truppenführung zwei Möglichkeiten an: Sich entweder – nach der Devise »getrennt marschieren, vereint schlagen« – in mehreren einzeln vorrückenden Kolonnen von verschiedenen Seiten her konzentrisch auf das gemeinsame Ziel, den vermuteten oder bereits erkundeten Standort des Gegners, in Bewegung setzen oder alle Kräfte in einer großen Abteilung zusammenfassen und mit dieser auf das voraussichtliche Gefechtsfeld marschieren und dort den Gegner in einem umfassenden Angriff »vernichten«. Die zweite Alternative schied auf dem südlichen südwestafrikanischen Kriegsschauplatz normalerweise aus, da die Nama starken, weit überlegenen gegnerischen Kräften stets elastisch auswichen und sich zerstreuten, so daß der Vormarsch der Truppe auf einen »Luftstoß« hinausliefe. Diese Operation mit zusammengeballter Macht setzte auch voraus, daß das angestrebte Ziel, der Versammlungsort des Gegners, bekannt war. Dies jedoch war nur selten der Fall, weil der gegnerische Treffpunkt mit den gleich noch zu erörternden unzulänglichen Aufklärungsmitteln und -möglichkeiten nur selten genau in den kaum Orientierungspunkte bietenden Weiten des Namalandes zu lokalisieren war.

Die erste Alternative, der konzentrische Vormarsch mehrerer Abteilungen auf das gemeinsame Ziel, bot sich dagegen viel eher an und fand auch weitgehend Anwendung auf dem südlichen Kriegsschauplatz. Sie war auch deswegen vielfach geboten, weil durch Einsatz mehrerer Abteilungen der Suchraum wesentlich erweitert und so der Sammlungsort des Gegners eher ausgemacht werden konnte. Auch die Natur des Landes zwang häufig zur Zerlegung der Truppe in mehrere auf verschiedenen Routen oder auf der gleichen Route in großen Abständen hintereinander marschierende Kolonnen, nämlich dann, wenn in der Vormarschrichtung die Wasser- und Weideverhältnisse äußerst dürftig waren oder Unkenntnis über die Ergiebigkeit und die Wasser- und Weidequalität der als Tagesetappe gewählten Wasserstelle oder über die Entfernung zu dieser herrschte.

Indessen war das Zusammenwirken getrennt marschierender Abteilungen, namentlich einem so geschickten Gegner wie dem Nama gegenüber, schwer zu erzielen und ihr Einsatz mit großen Risiken verbunden: Dreimal endeten Unternehmungen dieser Art im Verlaufe des Namakrieges in einem Fiasko: Das erste Mal während der Operationen im Auobtal bei Groß-Nabas im Januar 1905 gegen die vereinigten Witboois und Franzmann-Nama, das zweite Mal während der Operationen gegen Morenga in den Großen Karrasbergen bei Aob im März 1905 und das dritte Mal während der Operationen am Oranje wieder gegen Morenga bei Hartebeestmund im Oktober 1905. In allen drei Fällen war eine der isoliert marschierenden Abteilungen in einen von überlegenen gegnerischen Kräften gelegten Hinterhalt geraten und schwer angeschlagen worden, ehe die anderen Abteilungen benachrichtigt werden und zu Hilfe eilen konnten.

Schon Gouverneur Leutwein hatte erkannt, daß es in der südwestafrikanischen Guerillakriegführung, besonders gegen die Nama, ganz entscheidend darauf ankam, daß ein Auseinanderlaufen des verfolgten Gegners unbedingt verhindert werde. Um dies zu erreichen, dürfe eine einmal gewonnene Fühlung mit ihm auf keinen Fall abreißen. Man müsse ihm unaufhörlich – notfalls in Eilmärschen Tag und Nacht – auf den Fersen bleiben und ihm so, wenn ein einziger Vernichtungsschlag nicht zu erzielen sei, durch mehrere Niederlagen hintereinander derart zermürben, daß er zur Aufgabe den Kampfes geneigt sei.

Diese Überlegung stellte auch Oberst Deimling nach seiner Ernennung zum Kommandeur der Schutztruppe im Juli 1906 an. Als praktische Folgerung hieraus stellte er die Kriegführung im Namaland auf eine andere Grundlage, indem er das Prinzip der wenig erfolgreichen, die Truppe erschöpfenden und gefahrvollen konzentrischen Operationen aufgab und stattdessen kampfkräftige »mobile Einsatzverbände« formierte. Diese, innerhalb zugewiesener Einsatzräume operierend, sollten einander in der Verfolgung des Gegners ablösen, so daß stets frische Kräfte am Gegner standen.

Diese modifizierte Taktik zeitigte bereits wenige Monate später ihre ersten Erfolge, als die Bondelzwart, zermürbt durch unaufhörliche Verfolgungen und Niederlagen, im Oktober 1906 ihre Friedensbereitschaft bekundeten und mit der Truppenführung in Verhandlungen über eine Einstellung der Kämpfe eintraten.

Der Guerillakrieg ist eine besondere Art der Kriegführung, für die außer den allgemein gültigen Kriegsregeln noch eine besondere, auf ihre spezifische Eigenart zugeschnittene Ausbildung erforderlich ist. Hier sind hervorragende Geländekenntnisse und geschickte Geländenutzung von eminenter, oft lebensentscheidender Bedeutung. Von großem Vorteil sind Vertrautheit mit der Mentalität, womöglich auch mit der Sprache des Gegners. Dies ist auch der Grund, weswegen die deutsche Wehrmacht im Zweiten Weltkrieg in der Partisanenbekämpfung auf dem Balkan und in Rußland, wo immer möglich, einheimische Sonderformationen, sogenannte Partisanenjagdverbände, zum Beispiel Kroaten und Bosnier beziehungsweise Kosaken oder Kalmücken, einsetzte, die von kleinkriegerfahrenen Offizieren und Unteroffizieren geleitet wurden.

Da die Initiative weitgehend auf der Seite der Partisanen liegt, die Truppe sich also in der undankbaren Rolle der Verteidigung oder des ständigen Rochierens befindet, ist eine Taktik gefragt, die den immer wieder wechselnden Lagen gerecht wird. Dies aber setzt im Führer- und Unterführerkorps ein hohes Maß an eigenverantwortlichem Denken und Handeln, an Voraussicht, Entscheidungsfreude, gesundem Urteilsvermögen und Selbstvertrauen voraus, Wesensmerkmalen, wie sie in der Kaiserlichen Armee mit ihrer bis in die unterste Führungsebene verästelten hierarchischen Kommandostruktur kaum herausgebildet und gefördert werden konnten.

Estorff schreibt in seinen Erinnerungen: »Der Gewandtere und Beweglichere (im afrikanischen Kleinkrieg – Anm. Verf.) hat große Vorteile voraus, um so größere, je bedürfnisloser er ist und je besser er das Land kennt. Diese Vorteile waren auf Seiten der Eingeborenen ...«[434] Daher war es für den Truppenführer damals bei seiner operativen Entscheidungsfindung von ausschlaggebender Bedeutung, daß er über die Bewegungen des phantomgleich mal hier, mal dort auftauchenden und zuschlagenden und dann wieselartig wieder verschwindenden Gegners rasch und umfassend informiert wurde. Mit anderen Worten: Die Feindaufklärung hatte hier einen hohen Stellenwert! Da aber Aufklärungsflugzeuge und Panzerspähwagen noch nicht erfunden waren, kam als einziges Aufklärungsmittel nur die berittene Patrouille in Frage, sei es in Form vorausgesandter Spähtrupps, sei es als Voraus- und Seitensicherungen während des Marsches.

Dieser Patrouillendienst aber lag gerade auf dem südlichen Kriegsschauplatz der Kolonie sehr im Argen, denn nirgendwo sonst war der bei den Schutztrupplern bestehende Mangel an Landeskenntnis, der wichtigsten Voraussetzung für eine erfolgreiche Aufklärung, so spürbar wie hier. In den früheren Eingeborenenkriegen in Südwest hatte sich dieser Nachteil nicht so sehr bemerkbar gemacht. Da war die Aufklärung hauptsächlich durch eingeborene Hilfstruppen erfolgt. Selbst noch während des Großen Hereroaufstands 1904 hatten der Truppe zu diesem Zweck noch Baster und Witboois zur Verfügung gestanden. Diese Möglichkeit fiel im Großen Namaaufstand fast ganz fort; lediglich einige landeskundige Buren leisteten hier noch ausgezeichnete Dienste als Kundschafter.

434 Estorff: »Wanderungen und Kämpfe ...«, S. 120.

So war die Schutztruppe gezwungen, hauptsächlich deutsche Reiter zur Aufklärung einzusetzen. Das Ergebnis war zumeist dürftig, Fehlschläge waren häufig. Nicht selten war in den Einsatzberichten von Soldaten zu lesen, die bei Spähtruppunternehmen gefallen waren. Mit Sicherheit war in solchen Fällen davon auszugehen, daß die Soldaten mit ihrem fehlenden Gespür für drohende Gefahren im zerklüfteten Gelände in einen Hinterhalt geraten und von unsichtbar hinter Klippen verborgenen Namakriegern auf kurze Entfernung niedergeschossen worden waren.

Wenige deutsche Soldaten, zumeist nur die »alten Afrikaner«, die mit der Landesnatur vertrauten, abgebrühten Haudegen, der kleinen aktiven Schutztruppe, hatten mit den Nama in der Buschkriegführung, dem Legen von Hinterhalten, dem Sichzurechtfinden im Gelände, dem Spurenlesen, dem blitzschnellen Reagieren auf sich verändernde Lagen, der totalen Anpassung an das Gelände, noch leidlich zu konkurrieren vermocht.

Die Masse der Schutztruppe aber bestand aus Neuankömmlingen aus der alten Heimat. Sie hatten sich aus den verschiedensten Gründen, aus Unternehmungs- oder Abenteuerlust, aus Verdrossenheit über den öden heimatlichen Garnisondienst oder aus familiärem Frust, aus Hoffnung auf Auszeichnung und rasche Beförderung zum Dienst in der Schutztruppe gemeldet. Sicherlich waren sie von gutem Geist und gutem Willen beseelt und gut diszipliniert, doch was vielen der Soldaten, von der Heimatarmee her an Befehlsempfang gewöhnt, mangelte, das war die Fähigkeit, in schwierigen, unübersichtlichen Gefechtslagen mitzudenken, die Gedanken der verantwortlichen Offiziere und Unteroffiziere nachzuempfinden, Eigeninitiative zu zeigen. Gerade aber diese Eigenschaften waren im Buschorlog unerläßlich, denn hier waren Gefechtsführung und Feuerleitung wegen der oft weit auseinandergezogenen Gefechtslinie, der »zerstreuten Fechtart«, erschwert und nicht selten sogar unmöglich, so daß wenig befohlen werden konnte, jeder also auf dem Kampffeld auf sich allein gestellt war. Hier war der Einzelkämpfer gefragt! Auch fehlte es vielen der Neuankömmlinge an der nötigen Gewandtheit im Gelände sowie an Ausdauer und Fähigkeit zum Ertragen von Strapazen.

Starke Qualitätsdefizite zeigten sich auch im Offizierskorps der Schutztruppe. So bemängelte Estorff, daß die Zahl der Offiziere viel zu gering gewesen sei, welche, als selbständige Führer, zum Beispiel von Patrouillen, verwendet, hierzu genügend Urteilskraft, Charakter und Unternehmungslust besessen hätten. Diese Feststellung erklärt auch den hohen Prozentsatz an Offizieren, die bei Aufklärungseinsätzen gefallen waren. In seinem Tagebuch auf die Personalsituation im Offizierskorps der Schutztruppe zu sprechen kommend, beklagte sich Franke, der im Großen Hereroaufstand berühmt gewordene Hauptmann, sogar bitter darüber, »daß man mit Umgehung älterer, erfahrener Afrikaner-Offiziere junge Leute zu Herren über Situationen macht, die sie gar nicht begreifen, viel weniger aber zu bewältigen im Stande sind.«[435]

Besondere Schwierigkeiten bereiteten den unerfahrenen Kolonialsoldaten auch, sich in dem so eintönig grauen Gelände zurechtzufinden, sich mangels zuverlässi-

435 BAK, Nachlaß Franke, Aktenstück Nr. 3, Tagebucheintragung v. 13.–15.10.1904.

gen Kartenmaterials nach der Sonne und den Sternen zu orientieren. Sein Auge war auf das fremdartige Landschaftsbild, auf den dichten Dornbusch, das zerklüftete, kahle Felsengewirr, die unendlich sich ausdehnende Sandsteppe nicht abgerichtet. Er brauchte lange Zeit, um »das Sehen in Afrika« zu lernen. Aber auch dann, wenn er sich diese Fähigkeit schließlich angeeignet hatte, fiel es ihm noch schwer, den versteckt im Gelände liegenden Namakrieger wahrzunehmen, hatten doch dessen schmutzige Kleidung und verwittertes Gesicht genau das Grau der Felsen dort.

Mit der Bedürfnislosigkeit des Nama konnte der Schutztruppler nicht mithalten. Um nicht an Leistungsfähigkeit einzubüßen, brauchte er geregelte Verpflegung. Wegen der Probleme mit dem Nachschub, auf die wir gleich noch zu sprechen kommen, konnte ihm diese jedoch oft nicht gewährt werden. Immer wieder traten Situationen ein, in denen die Nachfuhr stockte. Dann mußte auf eintönige, vitaminarme Magazinverpflegung, Reis, Mehl, Corned Beef, Backobst, zurückgegriffen werden. Nicht selten ging die Truppe aber auch völlig leer aus und mußte hungern, wenn infolge Unterbrechung des Nachschubs die Magazine nicht hatten aufgefüllt werden können.

Wegen der häufig unzureichenden Ernährung wurde der entkräftete Körper der Soldaten leicht empfänglich für allerlei Krankheiten. Besonders Typhus (die Soldaten waren vor ihrer Ausreise nach Südwest hiergegen nicht geimpft worden![436]), Skorbut und Ruhr rissen große Lücken in die Reihen der fechtenden Truppe, Herzerkrankungen infolge Herzmuskelschwäche spielten als Krankheitsbild in der Truppe eine außerordentliche Rolle. Entscheidender Auslöser hierfür war die trockene Höhenluft im Landesinneren. Sehr belastend für die Gesundheit wirkten sich außerdem der durch die zahlreichen Nachtmärsche bedingte unzureichende Schlaf und die strapaziösen Klettertouren in den Gebirgsmassiven des Südens aus, bei denen der Reiter oft noch sein Pferd hinter sich herziehen mußte. Die Folge war Herzerweiterung[437], so daß die betroffenen Soldaten – meistens handelte es sich um Reiter aus dem norddeutschen Tiefland – dienstunfähig wurden und die Kolonie verlassen mußten. Man war daher gezwungen, immer wieder kriegsuntüchtige Neuankömmlinge den kampfgewohnten Namakriegern entgegenzustellen!

Die häufigste Kampfesweise auf dem südwestafrikanischen Kriegsschauplatz war das Gefecht zu Fuß, das Gefecht im sogenannten »Schützenschwarm«, mit anderen Worten: der infanteristische Einsatz der Truppe. Diese Kampfesweise ergab sich schon durch die Bodenbeschaffenheit: Dornbuschsteppe, gewaltige und steile Gebirgsformationen, riesige Geröllflächen, Felswüsten, Sanddünen. Mitentscheidend hierfür war aber auch die Kampfesweise der Afrikaner, die entweder reine Fußkrieger waren oder – wie im Falle der Nama – abgesessen fochten.

436 Siehe hierzu MA, RM5/6054, Bl. 122–127: Bericht Sanitätsamt Schutztruppe für Südwestafrika.

437 Heute weiß man, daß diese Herzkrankheiten auf eine durch Kaliummangel verursachte erhebliche Einschränkung der Fähigkeit des Herzmuskels, sich zusammenzuziehen, zurückzuführen waren. Kalium und andere Salze wurden mit dem Schweiß während der Tageshitze ausgeschieden oder in der Nahrung nicht ersetzt. Siehe hierzu Rahn, S. 104.

Wie das Fiasko des ausschließlich infanteristisch eingesetzten Marineexpeditionskorps im Großen Hereroaufstand erschreckend deutlich werden ließ[438], mußten jedoch die Märsche, zum Beispiel bei der Verfolgung des Gegners, wegen des riesigen Raumes sowie der klimatischen und der Terrainbedingungen, der Wasserarmut und der großen Entfernungen zwischen den Wasserstellen zu Pferde oder – in der Kalahari – auf Kamelen durchgeführt werden.

Dieser Tatsache wurde bereits in der Schutztruppenordnung vom 23. Juli 1898 Rechnung getragen. Hier heißt es einleitend in der Anlage 2a zu § 6: »Die Fechtweise der südwestafrikanischen Schutztruppe ist im allgemeinen die der Infanterie. Wegen der ausgedehnten Entfernungen werden jedoch die Märsche zu Pferde durchgeführt. Es ist daher nötig, daß sich die Meldenden, soweit sie den Fußtruppen entnommen werden, Neigung und einiges Geschick zum Reiten, Körpergewicht nicht über 70 kg, sowie Kenntnis in der Behandlung und Wartung von Pferden haben.«[439]

So entstand als improvisierte »Zwitterwaffe« die »berittene Infanterie« mit allen ihr anhaftenden Mängel. Da nämlich, wie es weiter in der Anlage 2a heißt, »für eine unerläßliche Bedingung gute militärische Ausbildung vor allem im Felddienst und im Schießen erachtet wird«, ergab sich in der Praxis zwangsläufig, daß es, wenn man den Ersatz für die südwestafrikanische Schutztruppe aus der Kavallerie nahm, an Schießfertigkeit und Beweglichkeit in Gelände, und, wenn aus der Infanterie, an Fertigkeit im Reiten und in der Pferdepflege mangelte.

Es waren Soldaten aus den verschiedensten Gauen des Reiches und aus den verschiedensten Waffengattungen der Armee, die sich auf den heimatlichen Truppenübungsplätzen zur Formierung in Schutztruppenkompanien und -batterien einfanden: Da waren Infanteristen, Kavalleristen, Artilleristen, Pioniere, Trainsoldaten, Heliographisten und Telegraphisten, der größere Teil von ihnen aktive Armeeangehörige, aber auch viele Reservisten und sogar Landwehrleute. Keiner kannte seinen Nebenmann. Stolz nannten sie sich nun alle »Reiter«, obwohl die meisten von ihnen noch niemals einen Pferderücken gedrückt hatten.

Den Offizieren und Unteroffizieren, bis auf einige Ausnahmen – meist frühere Teilnehmer am Boxeraufstand in China[440] – selbst noch völlig unerfahren in kolonialer Kriegführung, fiel nun die schier unmögliche Sisyphusarbeit zu, diese bunt durcheinandergewürfelten Haufen in kürzester Zeit zu kampfkräftigen Verbänden zusammenzukitten und die bestehenden gravierenden Ausbildungsdefizite zu beseitigen. Dies erwies sich als eine Aufgabe, die sie aus Zeitmangel – bereits nach ein bis drei Wochen harter Ausbildung erfolgte die Einschiffung nach Südwest – nur ganz unvollkommen lösen konnten.

Die Folgen blieben nicht aus: Da die Verstärkungen dringend auf dem Kriegsschauplatz benötigt wurden und daher für die Akklimatisierung und weitere Schulung und Ausbildung der Schutztruppenneulinge nach Ankunft in Südwest

438 Siehe Nuhn: »Sturm über Südwest«, S. 135ff.

439 Schwabe: »Dienst und Kriegführung in den Kolonien«, S. 167.

440 Gegen die Vertreter der imperialistischen Mächte gerichteter Aufstand in Nordost-China, der von einer chinesischen Geheimsekte 1899 entfacht wurde; 1900 von einem Expeditionskorps der Großmächte, darunter Deutschland, niedergeworfen.

meist nur wenige Tage erübrigt werden konnten, mußten die frisch ins Land gekommenen Truppenverbände in der Regel unfertig an den Feind geführt werden. So blieb aus der Not heraus nichts anderes übrig, als die Mängel im Ausbildungsstand durch »kriegerische Gewöhnung« und Anpassung an die Bedingungen auf dem Kriegsschauplatz möglichst rasch auszubügeln. Dieser Prozeß aber forderte einen hohen Tribut durch große Ausfälle an Gefallenen, Verwundeten und Kranken. Dies wiederum hatte zur Folge, daß immer wieder Offiziers-, Unteroffiziers- und Mannschaftspersonal durch weiteren aus der Heimat herangeholten Ersatz abgelöst oder ergänzt werden mußte.

Obwohl sie primär infanteristisch eingesetzt war, wurden der »berittenen Infanterie« auch in kavalleristischer Hinsicht große Leistungen abverlangt. Wochenlange Ritte im glühenden Sonnenbrand der Wüsten und Steppen und in den eisigen Nächten der unendlich weiten Hochebenen des Namalandes, die Patrouillen über Hunderte von Kilometern durch ein unbekanntes, von Namakriegern durchstreiftes Land, forderten Roß und Reiter oft die letzten Kräfte ab.

Somit wurde auch an die Güte des Pferdematerials hohe Anforderungen gestellt. Gefragt waren Eigenschaften wie Robustheit, Ausdauer und Fähigkeit zur raschen Akklimatisierung und Regenerierung. Naheliegend war daher die Verwendung von Afrikanerpferden aus der Kapkolonie, da sie nicht erst akklimatisiert zu werden brauchten, freien Weidegang gewöhnt waren und einen natürlichen Instinkt für das Aussuchen der richtigen Grassorten besaßen. Indes waren sie nur eingeschränkt beschaffbar, so daß man auch auf Pferdematerial aus der Heimat – deutsche Armeepferde und ostpreußische Landpferde, sogenannte Klepper – und aus Argentinien zurückgreifen mußte. Von diesen hat sich nur das ostpreußische Landpferd wegen seiner Ausdauer und Widerstandsfähigkeit in Südwest bewährt.

Allen genannten Pferderassen, auch dem Afrikanerpferd, haftete ein großer Nachteil an, der ihre Einsatzfähigkeit beträchtlich minderte: Sie bedurften bei größeren Anstrengungen der Kraftnahrung – nicht zuletzt auch wegen der schlechten Weideverhältnisse im Süden. Diese aber konnte ihnen im Felde oft nicht geboten werden. Mit anderen Worten: Bei allen Operationen kam dem geregelten und ausreichenden Hafernachschub eine gewichtige Rolle zu. Doch hier gab es wegen der gleich noch zu besprechenden allgemeinen Etappen- und Versorgungsprobleme immer wieder Stockungen.

Der Not gehorchend, mußten daher die Haferrationen sehr häufig gekürzt und dieser Mangel durch größere Mengen Grasfutter ausgeglichen werden. Dies war natürlich ein völlig unzureichender Behelf, der zur Folge hatte, daß die Tiere rasch entkräfteten und gegen Krankheiten immer empfänglicher wurden. Mit hungernden und kranken Pferden, die nicht mehr imstande waren, Trab zu reiten oder auch nur ihren Reiter zu tragen, aber war es schier unmöglich, Namakrieger zu verfolgen und zu fangen! Außerdem brachte diese Notmaßnahme für die ohnehin durch die Strapazen auf dem Marsch und im Einsatz erschöpfte Truppe zusätzliche Belastungen: Wegen der Gefahr gegnerischer Pferdediebstähle war es oft riskant, die Tiere auf den zumeist abseits der Biwakplätze liegenden Weiden grasen zu lassen. Die Soldaten waren infolgedessen gezwungen, nach Aufschlagen des Biwaks noch die Weideplätze aufzusuchen, um Grasfutter für die aus Sicherheitsgründen in Lager belassenen Tiere zu schneiden und einzufahren.

Die berittenen Feldkompanien waren häufig zu Abteilungen zusammengefaßt, die einem gemeinsamen Führer unterstellt und mit einer besonderen Aufgabe betraut waren. Wegen der ständig wechselnden Lage auf dem Kriegsschauplatz wurden fortwährend neue Abteilungen gebildet und nach Erledigung ihres Auftrages wieder aufgelöst. Bei diesen Abteilungen handelte es sich um gemischte Verbände, denen Maschinengewehre – ein Einzelgewehr oder ein MG-Zug (2 Gewehre) oder eine MG-Abteilung (6 Gewehre) – und/oder Artillerie – ein Einzelgeschütz oder ein Geschützzug (2 Geschütze) oder eine Batterie (4 Geschütze) – zugeteilt waren.

Das Maschinengewehr (MG), das in seiner Feuerwirkung einem kriegsstarken Zug Infanterie (80 Mann) entsprach, hatte sich wegen seiner leichten Beweglichkeit, seiner hohen Schußfolge und seiner Treffsicherheit besonders im Buschgelände hervorragend bewährt. Seinem Feuer hielt der Feind selten stand, und häufig war die Truppe nur durch das Eingreifen der Maschinengewehre aus bedenklichen Lagen befreit worden.

Im allgemeinen weniger gut bewährt hat sich die Artillerie. Sie hatte in dem zerklüfteten Gelände des Namalandes ihre hohe Feuerkraft nicht immer voll entfalten können. Saßen die Namakrieger, in großen Abständen verteilt, unsichtbar und fast regungslos hinter Felsklippen in meisterlich ausgebauten Unterständen mit Seitenschutz und Überdachung verborgen, so waren selbst schwere Kaliber nicht imstande, einen ausreichenden Wirkungsgrad zu erzielen. Gering war auch ihre Wirkung, wenn wegen Fehlens von Maschinengewehren die Geschütze, wie zum Beispiel bei Groß-Nabas, zur Entlastung der Infanterie bis in die Schützenlinie vorgezogen werden mußten. Da sie dann nämlich dem Feind sehr nahe standen und dieser sie nun selbst von mehreren Seiten unter Feuer nehmen konnte, mußte die Bedienungsmannschaft immer wieder in Deckung gehen und wurde so vom Schießen abgehalten.[441] Gut bewährt dagegen hatte sich die Artillerie, wenn der Gegner angriff oder sich zurückzog, da er dann sichtbare Ziele bot.

Als nachteilig hat sich auch erwiesen, daß die Truppe mit Feldgeschützen verschiedenster Typen und Kaliber ausgerüstet war, von der leichten Feldkanone bis hin zur schweren Flachbahnkanone. Sogar leichte Feldhaubitzen wurden der Truppe zugeteilt, die jedoch wegen ihres für südwestafrikanische Terrainverhältnisse viel zu schweren Gewichts überhaupt nicht verwendet werden konnten. Diese Vielfalt von Geschützen machte eine geregelte Munitionsversorgung fast unmöglich, insbesondere wenn ein und derselbe Truppenverband mit verschiedenen Geschützarten ausgestattet war, was oft genug der Fall war. Die ideale Artilleriewaffe im gebirgigen Namaland war die 6-cm-Gebirgskanone mit Rohrrücklauf und Panzerschutz. Gezogen von Maultieren oder »aufgepackt« auf diese, war sie leicht beweglich und konnte auch in schwierigstem Gelände eingesetzt werden.

441 Siehe NA, ZBU DIV m2, Bd. 4: Vernehmung des Isaak Witbooi.

Wegen der riesigen Entfernungen in den menschenleeren und menschenfeindlichen Weiten des südlichen Kriegsschauplatzes und der häufigen durch den Kleinkrieg und den riesigen Einsatzraum bedingten gleichzeitigen Einsätze mehrerer konzentrisch auf ein gemeinsames Ziel zumarschierender Abteilungen war das Vorhandensein eines leistungs- und belastungsfähigen Fernmeldenetzes mit beweglichen und ortsfesten Stationen von enormer Bedeutung. Den gemischten Einsatzverbänden im Namaland waren daher von Fall zu Fall und abhängig von den Geländeverhältnissen jeweils mobile Fernmeldegruppen zugeteilt worden, damit sie auf dem Marsche untereinander und mit den Stützpunkten und Kommandostellen Kontakt halten und ihre Bewegungen koordinieren konnten. Für diesen Zweck standen an Fernmeldeeinrichtungen optische Signalmittel, sogenannte Heliographen, auch Lichtfernsprecher genannt, sowie Feld- und Funktelegraphiemittel zur Verfügung.

Das aus dem eigentlichen Heliographen (Sonnenspiegel) für Tagesbetrieb und einer Azetylenlampe für Nachtbetrieb bestehende optische Signalmittel war an natürliche oder künstlich errichtete erhöhte Punkte gebunden, konnte in Südwest nur in wenigen Morgenstunden und in klaren Nächten arbeiten und erforderte für die Nachrichtenübermittlung – in der Minute konnten nur zwei Worte weitergegeben werden! – die Verwendung zahlreicher Relaisstationen. So gab es beispielsweise auf der rund 500 km langen Heliographenlinie Windhuk – Keetmannshoop elf Relaisstationen! Um dreißig Worte von Gibeon nach Windhuk (300 km) zu senden, brauchte man fünf bis sechs Stunden. In den gebirgigen Regionen war die Verwendung von Heliographen erleichtert, da hier wegen des Vorhandenseins genügender natürlicher Erhebungen für den Relaisbetrieb nicht auf Kunstbauten zurückgegriffen zu werden brauchte. Insgesamt läßt sich sagen, daß der Heliograph für die sehr bewegliche Guerillakriegführung im Namaland wegen seiner Bindung an ortsfeste erhöhte Punkte, seiner kurzen Reichweite und der Langsamkeit der Signalübermittlung nur eingeschränkt verwendbar gewesen war.

Ein wesentlich größerer Nutzeffekt wurde auf dem südlichen Kriegsschauplatz mit dem Einsatz von Funktelegraphiemitteln erzielt. Ihre Vorteile lagen auf der Hand: Der Funktelegraph mit seiner an einem Fesselballon oder einem Drachen hängenden Sende- und Empfangsantenne gab fünf Worte in der Minute bis 100 km weit und brauchte nicht auf einem Hügel aufgestellt zu werden. Selbst bei Abwesenheit des Bedienungspersonals nahm er Meldungen auf und schrieb sie nieder. Dem Feind, dem Namakrieger, war es mangels Energiequellen unmöglich, den Funkverkehr zu stören, wozu ein europäischer Gegner leichter imstande gewesen wäre. Mit dieser drahtlosen Nachrichtenübermittlung wurden die Kommandeure in die Lage versetzt, über mehr als 100 km, bisweilen sogar bis 150 km, über alle Naturhindernisse hinweg, bei jeder Wetterlage und zu allen Tageszeiten die Bewegungen der oft weit voneinander getrennt operierenden Abteilungen zu steuern.

Ein wie kriegsbrauchbares Mittel der Funktelegraph war, zeigte sich beispielsweise im Gefecht der Abteilung Freyhold bei Sperlingspütz Anfang Juni 1906, als die von Leutnant Jochmann geführte Funkstation auf dem Gefechtsfeld, zeitweise sogar unter heftigem gegnerischem Beschuß, zur Funkstelle in Warmbad, wo sich Oberstleutnant v. Estorff, zu der Zeit Kommandeur im Südbezirk, mit seinem

Stabsquartier befand, laufend Lagemeldungen durchgab und von dort Unterstützung anforderte. Estorff reagierte rasch, indem er die beschleunigte Entsendung von in der Nähe stehenden Truppen, Krankenwagen sowie Hafer und Munition befahl.

Estorff war von den Leistungen der Funktelegraphie in seinem Kommandobereich sehr beeindruckt. Dem am 14. August 1906 in Warmbad eingetroffenen neuen Kommandeur der Schutztruppe, Oberst Deimling, meldete er: »Ohne die Funkenabteilung hätte ich die Operationen der letzten Monate nicht machen können.«[442]

Als drittes im Namakrieg eingesetztes Fernmeldemittel ist der Feldtelegraph zu nennen. Sein Netz wurde im Laufe der großen Aufstände erheblich erweitert und umfaßte Ende 1906 bereits 2064 Kilometer. Die Feldtelegraphenlinien hatten gegenüber den optischen Signalverbindungen einen schwerwiegenden Nachteil: Sie wurden durch Feindeinwirkung häufig gestört. Die Nama hatten nämlich die Bedeutung der Telegraphenlinien für die deutsche Kriegführung rasch erkannt und schnitten die Kabel oftmals entzwei. Bisweilen trennten sie sogar lange Stücke aus den Kabelleitungen heraus und nahmen sie mit sich. So hatten die Telegraphisten zur Störungssuche und -beseitigung oft stundenlange, gefahrvolle Ritte zu unternehmen.[443]

Wegen der Unerschlossenheit vieler überseeischer Besitzungen und der zu überwindenden ungeheuren Entfernungen waren Kolonialkriege zumeist reine Etappenkriege. Ausschlaggebend für den Erfolg war nämlich, daß die in der Regel überlegenen Kriegsmittel und die Versorgungsgüter des weißen Mannes rasch, ununterbrochen und in genügendem Umfang an die fechtende Truppe und damit an den eingeborenen Gegner herangebracht werden konnten. Anders ausgedrückt: Entscheidend für das Gelingen einer Operation im Kolonialkrieg war, daß die rückwärtigen Verbindungen, die sogenannten Etappenlinien, ihr zu folgen, mit ihr Schritt zu halten vermochten. Der Anmarsch der nachgeführten Verstärkungstruppen mußte also zügig vor sich gehen, Munition, Verpflegung, Tierfutter (speziell Hafer) und Sanitätsmaterial mußten rasch herantransportiert, die Magazine und Depots rechtzeitig aufgefüllt werden.

Nun haftet aber – und tut es auch heute noch – jeder Etappe ein großer Nachteil an: Ihre Schwerfälligkeit. Deswegen ist es für den günstigen Ausgang eines Krieges von entscheidender Wichtigkeit, daß schon in Friedenszeiten – wie es im Rahmen nie abreißender Mobilmachungsmaßnahmen in Europa geschah – Vorbereitungen für den Aufbau des Etappen- und Nachschubwesens getroffen werden und – in europäischen und anderen hochentwickelten Ländern der Fall – die hierfür nötige Verkehrsinfrastruktur bereits vorhanden ist. Diese Voraussetzungen aber waren in Kolonialkriegen in der Regel nicht gegeben. Dies traf wegen seiner riesigen, menschenleeren Einöden, wegen seiner extremen Verkehrsarmut – Eisenbahnen und Straßen fehlten gänzlich – und wegen seiner Nahrungsmittelarmut in ganz besonderem Maße auf den südlichen Teil Deutsch-Südwestafrikas zu.

442 Klein-Arendt, S. 53.
443 Siehe ebenda, S. 26f.

Auch an die vorsorgliche Schaffung solcher Voraussetzungen war in Südwest wie auch in den anderen großen Schutzgebieten des Reiches nie gedacht worden. Dies hatte vornehmlich seinen Grund darin, daß Eingeborenenerhebungen dort bisher stets lokal oder regional begrenzt gewesen waren und die vorhandenen kolonialen Machtmittel immer ausgereicht hatten, um derartige Aufstände niederzuwerfen.

Erst im Großen Hereroaufstand 1904 erkannte man, wie wichtig der systematische Aufbau rückwärtiger Verbindungen vor Beginn der Niederwerfung des Aufstands gewesen wäre. Hätte man nämlich rechtzeitig auf den Vormarschwegen zum Waterberg die erforderlichen Magazine und Depots errichtet, Wasserstellen in genügender Zahl erschlossen und für die Bereitstellung und Einspielung des gesamten Nachschubapparates bis hin zum letzten erforderlichen Ochsengespann gesorgt, so wäre der Anmarsch der einzelnen Kolonnen des kampfkräftigsten und größten Verbandes der Schutztruppe, der Abteilung Deimling, viel schneller vor sich gegangen und es wäre damit nicht der Fall eingetreten, daß sie in ihrer Masse zu spät auf dem Gefechtsfeld eintraf. Dann nämlich hätte General v. Trotha zum entscheidenden Zeitpunkt seine Kräfte nicht verzettelt gehabt, sondern gleichmäßig stark verteilt am Waterbergmassiv gruppieren und ansetzen können, so daß eine allseitige und viel engere Einkesselung des Herero-Orlogs möglich geworden wäre. Und dann wäre diesem das geschlossene Entkommen aus der Umklammerung und die Flucht in das Sandfeld, in das Verderben hinein, wohl kaum geglückt. So hätte vermutlich das Ringen am Waterberg einen anderen Verlauf genommen, nämlich einen solchen im Sinne Trothas: Die Falle wäre zugeschnappt und der Orlog in der Waterberg-Ebene zum Kampf gestellt und »vernichtet«, das heißt mit der Masse gefangengenommen worden.[444]

Schon in Sommer 1904, als im Gouvernement in Windhuk und auch in der weißen Bevölkerung der Kolonie Klarheit darüber bestand, daß zur Sicherstellung eines dauerhaften Landesfriedens eine allgemeine Entwaffnung der Eingeborenen mit der Zeit auch im Süden nötig sein würde, hatten Landeskenner warnend darauf hingewiesen, daß dies ohne Aufstände dort nicht vor sich gehen würde. Menetekel hierfür seien die ständig weiter um sich greifende Unruhe unter den Völkerschaften im Namaland und die Kriegs- und Beutezüge Morengas.

Man hätte nun annehmen können, daß die verantwortlichen Militärbehörden im Schutzgebiet und im Mutterland inzwischen die Lehren aus dem Versorgungs- und Nachschubdebakel im Hereroaufstand gezogen und nun erste Maßnahmen für den Aufbau einen Etappenwesens im Süden eingeleitet hätten, insbesondere was die Schaffung einer – hier völlig fehlenden – Verkehrsinfrastruktur anbetraf, sprich: Ausbau des Hafens von Lüderitzbucht, Errichtung einer Bahnlinie von dort bis nach Keetmannshoop und – als absolutes Minimum – die Verbesserung der Verkehrsverhältnisse auf dem Baiweg, der kümmerlichen einzigen »Verkehrsader« in das südliche Landesinnere.

Doch nichts dergleichen war geschehen. So kam es, daß die Truppe versorgungsmäßig vollkommen unvorbereitet in den Namakrieg zog und in ihrer Oparationsfähigkeit durch Zusammenbrüche des Nachschubs wiederholt einge-

444 Siehe hierzu Nuhn: »Sturm über Südwest«, S. 210ff und S. 347ff.

schränkt oder gar zur Untätigkeit verdammt wurde. Hauptursachen für diese Kalamität waren die ungenügenden Leistungen der Häfen Swakopmund und Lüderitzbucht und der einzigen Bahnlinie Swakopmund – Windhuk, die durch häufige Feindtätigkeit hervorgerufene Unsicherheit auf den von Windhuk in Richtung Süden führenden Etappenwegen sowie letztendlich die schlimmen Zustände auf dem mit den Kadavern unzähliger Treckochsen gepflasterten Baiweg. Weitere Ursachen waren der immer schärfer hervortretende Mangel an Treckochsen und der infolge ausgebliebener Niederschläge in vielen Distrikten des Namalandes herrschende Wasser- und Futtermangel sowie die Auswirkungen der Rinderpest.

Die Truppenführer sahen sich in der Klemme. Geplante Unternehmungen mußten verschoben oder ganz abgesagt werden, die Truppe mußte zur Verteidigung übergehen und dem Feind die Initiative überlassen. Um für den Augenblick Entlastung auf dem Versorgungssektor zu bekommen, wurde nun an den Symptomen kuriert, statt eine dauerhafte Lösung anzustreben: Das Truppenkommando ließ den Baiweg in mühsamer, zeitraubender Arbeit behelfsmäßig ausbessern und erweitern und setzte so Millionen an Steuergeldern buchstäblich in den Sand, und dies nicht nur durch die Ausbesserungsarbeiten allein, sondern auch durch die ungeheuren Verluste an Zeit, an Tieren und an Gütern, die durch die Benutzung dieses Versorgungsweges entstanden waren.

Eine weitere – drakonische – Maßnahme zur Milderung der Versorgungsmisere wurde vom Truppenkommando befohlen: Um die greifbaren Vorräte zu strecken, wurden Roß und Reiter auf zwei Drittel oder gar nur halbe Ration gesetzt! Die Folgen blieben nicht aus: Pferde machten schlapp und verweigerten den Dienst, Mißmut griff in der Truppe um sich, der Einsatzwille ließ nach, die Marschleistungen sanken. Es lohnte sich eben nicht, Soldaten gegen den Feind zu führen, wenn ihre Mägen wegen leerer Verpflegungsmagazine nicht gefüllt werden konnten!

In ihrer Not wandte sich die Truppenführung hilfesuchend an die englische Kolonialregierung in Kapstadt mit der Bitte um Lieferung von Proviant, Hafer, Treckochsen und Maultiere, ja sogar Wasser, da in Lüderitzbucht, wo die Ausladungen der angeforderten Tiere erfolgen sollten, Wasser für diese nicht vorhanden war. Der Bitte wurde entsprochen. Aber welch enormer Preis war hierfür aus dem deutschen Steuersäckel zu zahlen!

Noch ein weiterer Nachteil entstand durch dieses Geschäft für das Reich: Es war nun von der Gnade der Kapregierung abhängig! Diese konnte jetzt nach Belieben hemmend auf die deutsche Kriegführung im Namaland einwirken und tat das auch, indem sie den Versorgungshahn für die Schutztruppe nach Gutdünken von Zeit zu Zeit zudrehte.

Millionen von Reichsmark flossen so in die englische Staatskasse und in die Kassen der englischen Händler, weitere Millionen und Abermillionen an verfehlten Investititionen schlugen beim »Ausbau« der Wüstenpiste Lüderitzbucht – Keetmannshoop negativ zu Buche. Wie gewinnbringend hätte man diese Gelder durch vorausschauende Planung anlegen können, wenn man sie für den frühzeitigen Bau der Südbahn verwendet hätte! Dann hätten nicht nur alle Versorgungsnöte ein Ende gehabt – viel schneller und viel billiger hätten dann die Truppenbedürfnisse zu den Brennpunkten des Kriegsschauplatzes geschafft werden können, hätte die Abhängigkeit von den kostspieligen Lieferungen aus der Kapkolonie ein Ende gehabt –, nein, nun hätte man auch noch einen gar nicht hoch genug einzuschätzenden strategischen Vorteil gewonnen: Die Truppen, die bisher durch die wochenlangen zermürbenden Märsche von der Küste ins Landesinnere völlig ausgepumpt auf dem Kriegsschauplatz angelangt waren, hätten nun frisch und ausgeruht in kürzester Zeit auf dem Bahnweg in ihre Bereitstellungsräume transportiert und von dort aus jederzeit an die Schauplätze der Kriegsereignisse geworfen werden können. Der Kriegsschauplatz wäre auf diese Weise enorm zusammengeschrumpft, die Weite des Raumes bezwungen worden!

Nach Deimlings Auffassung hätte der Namaaufstand nie die Ausdehnung erreicht, wenn die Südbahn schon früher gebaut worden wäre.[445] Maercker vertrat sogar die Ansicht, daß, wenn sofort nach Kriegsausbruch mit dem Bau lediglich einer Feldbahn nach Keetmannshoop begonnen worden wäre, der Krieg ein Jahr früher beendet gewesen und die Kosten des Bahnbaues längst wieder wettgemacht worden wären.[446]

Greifbare Gestalt nahm die Erkenntnis der Notwendigkeit des Baues einer Südbahn erst Ende des Jahres 1904 an. Neben Oberst Deimling war General von Trotha einer der ersten und nachdrücklichsten Befürworter dieser Bahn. Erstaunlicherweise hatte Trotha, der doch als die Verkörperung des reinen Militärs galt und dem noch im Hererofeldzug eine wirtschaftspolitische Denkweise ferngelegen hatte, hierbei nicht nur ausschließlich die strategischen Vorteile einer solchen Bahn, sondern auch ihren bleibenden Wert für die spätere wirtschaftliche Entwicklung der Kolonie im Auge gehabt.

Trotz der nachdrücklichen Forderungen der Militärs während das Aufstandes wurde der Entschluß zum Bau der Südbahn viel zu spät gefaßt – erst nachdem ungeheure Opfer an Blut und Gut im Namaland gebracht worden waren. Die Verantwortlichen hierfür aber waren in der Heimat zu suchen, vor allem unter den Abgeordneten des Reichstages!

Ein ethischer Grundsatz preußischen Soldatentums, der gerade im Zweiten Weltkrieg manchen Truppenführer in schwere Gewissenskonflikte gebracht und schlimme Tragödien zur Folge hatte – erinnert sei hier an die Schlacht bei Stalingrad[447] –, lautete: »Die Politik des Soldaten ist der Gehorsam!« Über diesen ehernen Grundsatz setzte sich Oberst Deimling, der Befehlshaber im Süden, in seiner pragmatischen Denkweise zweimal hinweg, überzeugt, daß der Kommandeur vor Ort einen besseren Überblick über die aktuelle Lage habe und sie besser zu beurteilen verstünde als der Oberbefehlshaber im fernen Windhuk beziehungsweise der gerade in der Heimat weilende Gouverneur.

445 Deimling: »Südwestafrika – Land und Leute ...«, S. 27.

446 Maercker, S. 34.

447 Im November 1942 wurde die 6. deutsche Armee von sowjetischen Truppen bei Stalingrad eingeschlossen. Die einzige Chance zur Rettung der Armee bestand in dem frühzeitigen Ausbruch. Da der Führer Adolf Hitler dies ausdrücklich verbot (»Führerbefehl«), konnte sich der Armeeoberbefehlshaber, Generalfeldmarschall Paulus, trotz Drängens seiner Truppenführer hierzu nicht durchringen und beschwor somit den Untergang seiner Armee herauf.

Ohne Rücksicht auf mögliche disziplinarische Konsequenzen ignorierte Deimling in dem einen Fall den strikten Befehl des Generals v. Trotha, erst die Witboois vernichtend zu schlagen und dann erst in den Großen Karrasbergen gegen Morenga offensiv zu werden, und ließ aufgrund eines nach seiner Ansicht plötzlich veränderten Lagebildes – einer sich später als unzutreffend erwiesenen Meldung zufolge hatten die Witboois die Kalahari verlassen und waren im Anmarsch nach Süden – seine Truppen noch Süden abrücken und gegen Morengas Orlog in den Großen Karrasbergen aufmarschieren.

Erstaunlicherweise hatte diese eklatante Gehorsamsverweigerung Deimlings kein disziplinarisches Nachspiel gehabt, obwohl dem Oberst in den Großen Karrasbergen nicht gerade die Palme des Sieges zugefallen und ihm so der überzeugende Beweis der Richtigkeit seines eigenmächtigen Verhaltens versagt geblieben war: Der Gegner hatte bei Aob die Abteilung Kirchner unter schweren Verlusten für diese zurückgeworfen und so eine Lücke in den deutschen Einschließungsring gerissen, durch die er ohne nennenswerte Einbußen hindurchgeschlüpft und so der ihm zugedachten Vernichtung entronnen war.

In dem anderen Fall verstieß der Oberst gegen die ihm vom Gouverneur vor dessen Abreise in die Heimat erteilte klare Weisung, einen Friedensvertrag mit den Bondelzwart nur unter der Bedingung abzuschließen, daß diese in Kriegsgefangenschaft überführt würden. Deimling kannte die Mentalität der Bondelzwart genau und wußte, daß dieser stolze und kriegerische Stamm lieber bis zum letzten Mann kämpfen würde, als sich freiwillig in die Gefangenschaft zu begeben. Das aber würde eine vielleicht unabsehbare Verlängerung dieses Kleinkrieges bedeuten mit der Folge, daß die durch den Orlog ohnehin schon angeschlagene Reputation der deutschen Armee noch weiter geschädigt würde. Jetzt, so sagte ihm sein Gewissen, sei für ihn als den verantwortlichen Befehlshaber nicht das Gehorchen seine erste Pflicht, sondern Tun und Handeln nach eigenem Ermessen und Gewissen!

Auf Deimlings Weisungen hin handelte daher sein bevollmächtigter Offizier, Oberstleutnant v. Estorff, in Ukamas einen maßvoll abgefaßten Friedensvertrag mit den Bondelzwart aus und brachte damit dem Lande den so lange ersehnten Frieden.

Eine der in diesem Friedensvertrag ausgehandelten Bedingungen war die den Bondelzwart gegebene Zusicherung von Leben und Freiheit. Gegen diesen Passus wie überhaupt gegen den gesamten Vertrag lief erwartungsgemäß die Zivilverwaltung der Kolonie Sturm, an der Spitze Gouverneur v. Lindequist und sein Vertreter Hintrager. Eine merkwürdige Umkehrung der Dinge: Im Hereroaufstand waren die Fronten in der Frage der Behandlung der Aufständischen genau umgekehrt! Da war die Spitze der Militärs, General v. Trotha, im Gegensatz zum Leiter der Zivilverwaltung, Gouverneur Leutwein, entschiedener Gegner einer maßvollen Behandlung der Aufständischen!

Lindequist und Hintrager, die die weiße Siedlerschaft der Kolonie hinter sich wußten, strebten – um des Landesfriedens willen, wie sie sagten – die Deportation der Bondelzwart in den Norden der Kolonie an, da diese als der kriegerischste aller Namastämme galten und auch jetzt noch das Land immer wieder durch umherstreifende Nama unsicher gemacht wurde. Die beiden konnten sich indes mit ihrer

Forderung nicht durchsetzen. Kaiser Wilhelm II, um das Ansehen seiner Armee besorgt, sprach ein Machtwort und entschied gegen eine Revision des Vertrages von Ukamas.

Somit blieb den Bondelzwart das traurige Schicksal der anderen am Aufstand beteiligten Namastämme erspart: Die Zerschlagung der Stammesstruktur und der bittere Weg in die Kriegsgefangenschaft! Das Los dieser Nama war schrecklich: Schon bei ihrer Gefangennahme durch Hunger und Durst ausgemergelt, von den Strapazen der gnadenlosen Hatz durch die deutschen Truppen erschöpft und so ihrer Widerstandskraft gegen Krankheiten beraubt, wurden sie bereits in den Aufnahmelagern auf dem Festland zu Hunderten dahingerafft.

Noch schlimmer wurde es nach ihrer Deportation zur Haifischinsel. Hier, auf dieser Todesinsel, tat das feuchtkühle, neblige Klima ein übriges, um die schon völlig heruntergekommenen, dürftig in Zelten untergebrachten Kriegsgefangenen massenweise, vor allem an Skorbut, dahinsterben zu lassen.

Angeblich soll die für die Gefangenenlager auf der Haifischinsel zuständige Militärbehörde in Lüderitzbucht in sogenannten Sanitätsberichten an das Truppenkommando in Windhuk über den gesundheitlichen Zustand der Gefangenen Meldung erstattet haben. Dieses soll jedoch die Berichte nicht nach Berlin weitergegeben haben in der irrtümlichen Meinung, »dass die an sich erforderliche Berichterstattung durch das Gouvernement erfolgen würde.«[448] Aber auch das Truppenkommando muß wohl über die wahren Zustände auf der Insel im unklaren belassen worden sein. Wie anders ist es sonst zu erklären, daß Oberstleutnant v. Estorff von Entsetzen gepackt wurde, als er anläßlich seines Besuches auf der Haifischinsel im Frühjahr 1907 die Hungergestalten der Gefangenen dort erblickte und von ihrer erschreckenden Sterberate erfuhr? Er machte Berlin von den haarsträubenden Zuständen auf der Insel umgehend Mitteilung und verlangte die sofortige Überführung der überlebenden Nama zum gesünderen Festland.

Der Stellvertretende Gouverneur Hintrager, offenbar ungerührt von dem Massensterben auf der Haifischinsel, wandte sich im Einvernehmen mit dem noch in Berlin weilenden Gouverneur v. Lindequist gegen Estorffs Forderung. Brächte man die Gefangenen, so argumentierte er, auf das Festland zurück, so seien erfahrungsgemäß Ausbrüche aus den Gefangenenlagern nicht zu verhindern. Noch immer, so betonte Hintrager in einem im Frühjahr 1907 mit Estorff geführten Gespräch, machten umherstreifende Hottentotten das Land unsicher; erst vor kurzem seien im Süden sechs gefangene Hottentotten auf dem Transport entkommen und hätten sich Gewehre verschafft und dann eine Schutztruppenpatrouille und zwei Farmer erschossen. Darum müsse dem Sicherheitsbedürfnis der Weißen Vorrang eingeräumt werden.[449] Die Sterblichkeit auf der Insel, so erklärte er, müsse und könne durch Milch und bessere Ernährung verringert werden.

Doch diese Kost – was Hintrager doch wissen mußte – hatten die Nama auf der Insel bereits seit Monaten erhalten, ohne daß dadurch ihrem Massensterben noch hätte Einhalt geboten werden können! Man fragt sich überhaupt, welche Gefahr für

448 Siehe BAB, RKA Nr. 2140, Bl. 157ff: »Aufzeichnung für den Reichstag über die kriegsgefangenen Eingeborenen auf den Haifischinseln.«

449 Siehe Hintrager, S. 96.

die Sicherheit der weißen Bevölkerung noch von diesen total abgemagerten, vom Tode gezeichneten Gefangenen der Haifischinsel hätte ausgehen können. Ihr völlig kraftloser Zustand hätte doch in ihnen nicht einmal den Gedanken an eine Flucht, geschweige denn an eine Wiederaufnahme des Kampfes aufkommen lassen können!

Erschütternd ist auch die Odyssee, die die Stürmann-Bondelzwart und die Feldschuhträger durchmachen mußten – gewissermaßen als ein die Reichskasse schonendes, abschreckendes Beispiel stellvertretend für andere »aufmüpfige« Namagruppen. Zuerst nach Grootfontein-Nord verpflanzt, wurden sie dann nach einigen Ausbruchsversuchen fern ihrer Heimat in eine der klimatisch ungünstigsten deutschen Kolonien, nach Kamerun, deportiert. Hier wiederholte sich – im kleinen Maßstab – die gleiche Tragödie wie auf der Haifischinsel. In der schwülheißen Luft Kameruns starben die Verbannten wie die Fliegen dahin!

Hatte man sich bei den für diese Aktion verantwortlichen Stellen in Südwest und Berlin keine Gedanken über den entsetzlichen Leidensweg der in Togo und Kamerun verbannt gewesenen Angehörigen des Witbooi-Hilfskorps gemacht? Wußte man nicht, wie viele von diesen dem Klima und den tropischen Krankheiten dort erlegen waren?

Eine Vorstellung davon, wie man in Windhuk beim Gouvernement über die grauenhaften Zustände auf der Haifischinsel dachte, vermittelt uns das Schreiben Estorffs an das Oberkommando der Schutztruppen in Berlin vom 14. April 1907. In diesem führte der Oberstleutnant aus, daß das Gouvernement die Rückführung der auf das Festland nach Burenkamp verbrachten Namafrauen und -kinder zur Haifischinsel mit dem Hinweis erbeten habe, »dass England in Südafrika 10.000 Weiber, Kinder sterben liess.«[450]

Dieser Hinweis läßt wahrhaftig auf einen kaum zu überbietenden Zynismus schließen und zeugt von einer menschenverachtenden Denkweise. Wollte man hiermit das eigene Geschehenlassen des Massensterbens auf der Haifischinsel rechtfertigen?

Im Angesicht dieser erschreckenden Verhaltensweise der Zentralinstanz der Kolonie drängt sich einem die Frage auf: Steckte hinter diesem tatenlosen Zuschauen beim Dahinsterben der Nama auf der Haifischinsel und anderswo System? Wurden die Zustände in den Gefangenenlagern bewußt in Kauf genommen? War man auch im »Tintenpalast« (volkstümliche Bezeichnung für den Gouvernementspalast) in Windhuk schon vom Rassismus-Bazillus infiziert, wie er sich in gewissen Kreisen in der Heimat, aber auch in der weißen Siedlerschaft der Kolonie ausgebreitet hatte, in denen es nicht wenige Leute gab, die rassistischem Gedankengut nachhingen und mit ihren Reden Rassenhaß schürten?

Freimütig schreibt Gouverneur Leutwein, selbst eher Verfechter einer moderateren, auf Ausgleich bedachten Eingeborenenpolitik, in seinen Erinnerungen:
»Das Endziel jeder Kolonisation ist, von allem idealen und humanen Beiwerk entkleidet, schließlich doch nur ein ›Geschäft‹. Die kolonisierende Rasse will der Urbevölkerung des zu kolonisierenden Landes nicht nur das von dieser vielleicht

450 Siehe S. 270.

erwartete Glück bringen, sie sucht vielmehr in erster Linie ihre eigenen Vorteile. Ein solches Streben entspricht nur dem menschlichen Egoismus und ist daher naturgemäß. In Bezug auf die Art der Kolonisation gibt es infolgedessen im Grunde nur eine einzige Richtschnur, nämlich diejenige, die am sichersten zu dem erstrebten Geschäft führt ... Die einen glauben, dies durch vollständige Entrechtung der Urbevölkerung zugunsten der eingedrungenen Rasse erreichen zu können. ›Der Weiße muß von Staats wegen turmhoch über den Eingeborenen gestellt werden, gleichviel wes Geistes Kind er ist, eine Gleichstellung beider Rassen im Staatsleben wie vor Gericht gibt es nicht‹, so hört man die Verfechter dieser Lehre sagen. Die anderen dagegen wollen auch der Urbevölkerung ›ihren Platz an der Sonne‹ gönnen ...«[451]

Eine radikal-rassistische Einstellung offenbart Hauptmann i.G. Bayer. Schon die Art und Weise, wie er das Volk der Nama charakterisierte, stimmt bedenklich:
»Die Hottentotten stehen (im Vergleich zu den Herero – Anm. Verf.) geistig höher. Sie haben auch schon mehr von der Kultur angenommen. Es ist ein Volksstamm von mongolischem, gelbem Typus mit Schlitzaugen, vorstehenden Backenknochen, Gesichtern von abstoßender Häßlichkeit, unscheinbare kleine Leute, boshaft und tückisch ... Die Hottentotten sind nun einmal da. Kulturell weiß man absolut nichts mit ihnen anzufangen; denn sie besitzen ebenso wie die Hereros keinerlei Kunstfertigkeit, sie produzieren nichts, sie halten sich nur gerade so viel Rinder, als sie zum notwendigsten eigenen Lebensbedarf brauchen. Für Begriffe von Sittlichkeit oder höhere Ideale sind sie völlig unempfänglich ...[452]

Noch deutlicher wird Bayer in dem dann folgenden Absatz, in dem er auf den Rassenkrieg der Weißen gegen die Indianer Amerikas anspielt:
»In Friedenszeiten kann es uns gleichgültig sein, ob sich in einem so riesigen Gebiet, wie dem südwestafrikanischen, ein paar Tausend Hottentotten herumtreiben oder nicht. Wegen ihrer absoluten Unbrauchbarkeit für die Kulturarbeit brauchen wir sie also nicht auszurotten, das besorgt schon die Natur selbst. Unser Herrgott hat ja das Naturgesetz aufgestellt, daß nur das Starke in der Welt ein Recht auf Fortbestand hat, und daß zu Gunsten des Starken das Schwache und Zwecklose untergehen muß. Dieser Vorgang spielt sich fortgesetzt in den mannigfachsten Formen ab, und wie zum Beispiel die Indianer Amerikas untergehen, weil sie für die Fortentwicklung der Welt zu höherer Kulturbildung zwecklos sind, so wird auch der Tag kommen, an dem die Hottentotten verschwinden, nicht zum Schaden für die Menschheit, denn sie sind schließlich nur geborene Räuber und Diebe, weiter nichts ...«[453]

Warnend weist Bayer dann auf die Aktivitäten der militanten äthiopischen Bewegung mit ihren Schlagworten »Afrika den Afrikanern!« und »der schwarze Erdteil den Afrikanern!« hin. Er vertritt die Ansicht, daß die Deutschen die ersten seien, »an denen die Schwarzen ihre Kraft erproben.« »Wenn wir daher«, so fährt er fort, »in dem Kampf Sieger bleiben, so haben wir nicht nur für uns gesiegt, sondern für die ganze zivilisierte Welt, und vor allem für die Nationen, welche

451 Th. Leutwein, S. 541.
452 Bayer: »Der Krieg in Südwestafrika und ...«, S. 9f.
453 Ebenda, S. 10f.

Kolonien in Afrika besitzen. Es liegt daher im eigensten Interesse dieser anderen Mächte, uns in diesem Rassenkampf nach Kräften zu unterstützen ...«[454]

Rassenkampf oder Rassenkrieg, die handelnde Form des Rassismus, läuft in seiner schrecklichen Konsequenz auf Knechtung und Unterdrückung bis hin zur physischen Vernichtung des andersrassigen Gegners hinaus. Dies ist in Südwest furchtbare Wirklichkeit geworden im Beinahe-Genozid der Herero im Sandfeld der Omaheke, in Dahinsterbenlassen der Herero und Nama in den Kriegsgefangenenlagern oder in der Verbannung, in der Auflösung ihrer Stammesorganisation, in der Enteignung ihrer Besitztümer, in ihrer Entrechtung und in ihrer Herabstufung auf das Niveau von Lohnarbeitern ohne persönliche Freiheit, sprich: von Zwangsarbeitern!

Die Ruhe des Friedhofes war in Südwestafrika eingekehrt! 1912 notierte Kolonialstaatssekretär Dr. Solf anläßlich eines Besuches des Schutzgebietes in sein Tagebuch:

»Den meisten Weißen, insonderheit den Farmern, ist der Eingeborene ein Tier ... Die Eingeborenen hassen die Weißen, und die Weißen verachten die Eingeborenen. Andere Beziehungen zwischen diesen beiden Polen scheinen nicht vorhanden. Freundlichkeit gilt als Schwäche, Schimpfen und Schlagen als natürliche Verkehrsform.«[455]

454 Ebenda, S. 12f.
455 Zitiert aus Albertini, S. 480.

Anhang

Begriffserläuterungen

abkommen (ein Rivier »kommt ab«)	Plötzliches, sintflutartiges Ergießen des Regenwassers in ein Rivier, wobei die Wassermassen sich als eine alles mit sich reißende Wasserwand durch das sonst völlig trockene Flußbett dahinwälzen
Baiweg	Frachtfahrerweg, die Route der Ochsentreckgespanne von der Küste in das Binnenland
Bockie	Ziege
Cape Mounted Police	Berittene Polizei der Kapkolonie
Drift	Furt
Dütschmen	Bei den Eingeborenen gebräuchliche Bezeichnung für die Deutschen
Feldkost	Nahrung der Eingeborenen, besonders in Notzeiten: Kleine, im Busch wild wachsende Zwiebeln und Wurzeln, z.B. Tschamas
Fontein	Quelle, Wasserstelle
Heliograph	Optisches Signalgerät (»Sonnenspiegel«)
Kaffer	Gebräuchliche Bezeichnung für Bergdamara
Kapitän	Unter den südwestafrikanischen Volksstämmen gebräuchliche Bezeichnung für »Häuptling«
Kirri	Keulenstock, gefertigt aus Dornwurzeln, dessen keulenartiges Ende ausgehöhlt und mit Blei oder Steinen gefüllt war (gebräuchliche Waffe der Herero)
Klippe	Felsen, großer Stein
Kopje	Inselberg
Kraal	Eingezäunter Platz für das Eingeborenenvieh; auch: Eingeborenenbehausung
Lokation	Wohngebiet, das den Eingeborenen von der Regierung lediglich zur Nutzung zugewiesen wurde (im Gegensatz zu Reservat)
Orlog	(Burenssprache) Krieg; Kriegsmacht
Pad	Ausgefahrene, schmale Ochsenwagenspur; Bezeichnung für Weg, Straße
Pferdesterbe	Durch Stechmücken übertragene Virusinfektion der Pferde
Pforte	Gebirgspaß
Platz	(Burensprache) Farm, Ort
Pontok	Bienenkorbartige Behausung der Eingeborenen
Pütz	Wasserloch
Reservat	Den Eingeborenen von der Regierung zugewiesenes Wohngebiet, in dem sie auch Landbesitzrechte ausüben durften (im Gegensatz zu Lokation)
Rivier	Trockenfluß, der sich nur zur Regenzeit mit Wasser füllt
stopfen	(mil. Fachausdruck) Feuer einstellen
Strichfeuer	(mil. Fachausdruck) Flankenfeuer

Treck	Zug (in Wortverbindungen: z.B. Treckochse, Treckgespann); mit dem Ochsenwagen zurückgelegte Teilstrecke
Tschamas	Melonenartige, viel Flüssigkeit enthaltende und bitter schmeckende Frucht, die in der Kalahari sehr zahlreich vorkommt
Vley	Tümpel im Rivierbett, mit stehengebliebenem Regenwasser gefüllt; auch als Kalkpfanne bezeichnet
Werft	Eingeborenendorf

Liste der verwendeten Abkürzungen

Abtlg.	Abteilung
Batt.	Batterie
d.L. (hinter Dienstgrad)	der Landwehr
d.R. (hinter Dienstgrad)	der Reserve
Ers.-Kp.	Ersatzkompanie
Feldreg.	Feldregiment
i.G. (hinter Dienstgrad)	im Generalstab
Kp.	Kompanie
MG	Maschinengewehr

Kriegsgliederung der im Dezember 1904 im Namalande stehenden Teile der Schutztruppe.

Truppenführer im Süden: Oberst Deimling, Kommandeur des 2. Feld-Regiments.
Adjutant: Oberleutnant Ahrens.
Ordonnanzoffizier: Oberleutnant Kirsten.
Feld-Signaltrupp: Leutnants Auer v. Herrenkirchen, Fürbringer.
Ev. Feldgeistlicher: Div.-Pf. Schmidt.

Auf dem nördlichen Kriegsschauplatz.

Auf den rückwärtigen Verbindungen.

2. Ers. Komp.
Lt. Frhr. v. Maltzahn, bis 5. 12.
Lt. d. Res. Steffens.
Lt. d. Res. Richters.

1/4 Feldtelegraphen-Abteilung.
Lt. Guse.

Bastard-Abteilung.
Oblt. Böttlin.

Feldlazarett Kub.
Stabsarzt Dr. Frantz.
Ass.-Arzt Dr. Goldammer.

Etappe Kub.
Rittm. Helm.

Abteilung Krüger.

Hptm. v. Krüger. (5. 2.)
Zugeteilt Lt. d. Res. Semper.

7. Komp. 2. F.-R.
Oblt. Grüner.
Lt. Trenk.
Lt. d. Res. Hellmich.
Stabsarzt Dr. Kirsch.

1/4 5. Komp. 2. F.-R.
Lt. Schimmer.

1/2 1. Batterie.
Oblt. Stuhlmann.
Lt. v. Gilsa.

Hauptabteilung.

Oberst Deimling (siehe oben).

II. Bataillon 2. F.-R.
Major Meister.
Adjutant: Lt. Rietzsch.
Bataillonsarzt: siehe 7. Komp.
Ass. Arzt: siehe 5. Komp.

3/4 5. Komp.
Lt. v. Dollard-Bockelberg
Lt. Frhr. Seutter v. Lötzen.
Lt. Schwandtner.
Lt. Klewitz.
Ass.-Arzt Dr. Jäger.

4. Komp.
Hptm. Richard.
Lt. v. Kleist.
Lt. Donner.
Lt. Gr. v. Hardenberg (Rudolf).
Lt. v. Petersdorff-Campen.
Lt. Roßbach.

2. Komp. 1. F. R.
Oblt. Ritter.
Lt. Müller v. Berneck.
Lt. v. der Marwitz (2. 12. gef.).
v. 5. 12. ab:
Lt. Frhr. v. Maltzahn.
Ass.-Arzt Hannemann.

5. Batterie.
Hptm. Stahl.
Lt. Oberbeck.
Lt. Zwicke.
Lt. Mannhardt.
Lt. d. Res. Semper (v. Mitte Dez. ab).
Ass.-Arzt Dr. Weltz.

2. (Gebirgs-Batterie).
Hptm. v. Kleist.
Lt. v. Billerbeck.
Lt. Weinberger (von Mitte Dez. ab).

1/4 Feldtelegraphen-Abteilung.

Kriegsgliederung der im Dezember 1904 im Namaland stehenden Teile der Schutztruppe

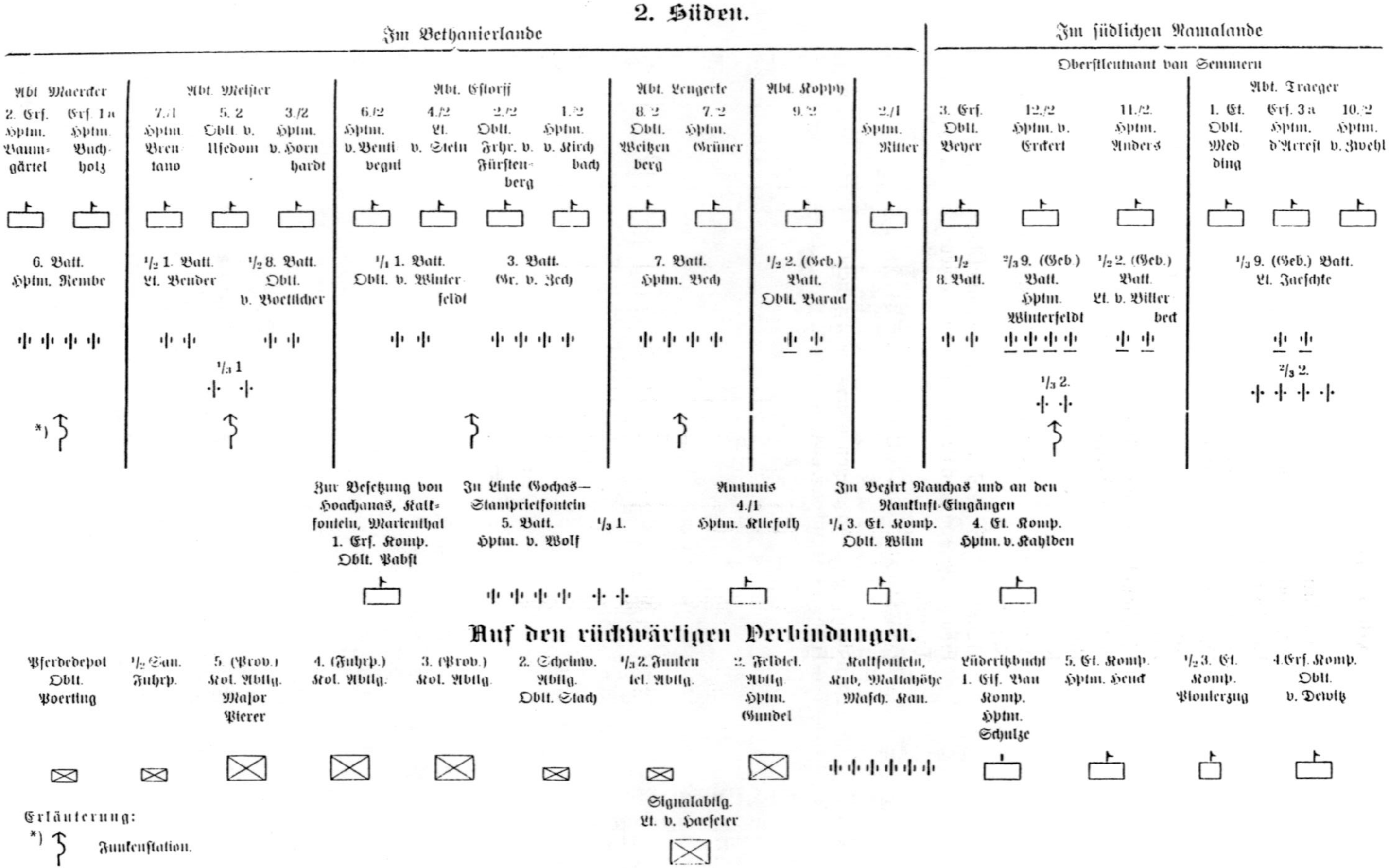

Kriegsgliederung der im August 1905 im Namaland stehenden Teile der Schutzgruppe

Abkürzungen zu den Texthinweisen

AA:	Auswärtiges Amt
Acc.:	Accession (= Nachlaß)
BAB:	Bundesarchiv Berlin
BAK:	Bundesarchiv Koblenz
DKZ:	Deutsche Kolonialzeitung
KA:	Kolonialabteilung
KTB:	Kriegstagebuch
MA:	Militärarchiv, Freiburg/Breisgau
NA:	National Archives, Windhoek, Namibia
RKA:	Reichskolonialamt
RM:	Reichsmarineamt
RSAW:	Archiv der Rheinischen Missionsgesellschaft, Windhoek, Namibia
Tr. V.:	Traditionsverband ehemaliger Schutz- und Überseetruppen/ Freunde der früheren deutschen Schutzgebiete e.V.
Tgb.:	Tagebuch
ZBU:	Zentralbureau des Kais. Gouvernements

Anmerkung: Die übrigen in den Texthinweisen genannten Veröffentlichungen sind mit dem vollständigen Titel im Literaturverzeichnis aufgeführt.

Literaturverzeichnis

1. Regierungsveröffentlichungen

His Majesty's Stationery Office: Report on the Natives of South West Africa and Their Treatment by Germany. London 1918 (erstellt im Administrator's Office, Windhoek, SWA, Januar 1918)

Reichskolonialamt: Deutsches Kolonialblatt

Reichskolonialamt: Die Kämpfe der deutschen Truppen in Südwestafrika. Auf Grund amtlichen Materials bearbeitet von der Kriegsgeschichtlichen Abteilung des Großen Generalstabes. Band 2: Der Hottentottenkrieg. Berlin 1908 (im Text als »Generalstabswerk« bezeichnet)

2. Zeitschriften, Periodika

Botswana Notes and Records, Volume 24

Deutsche Kolonialzeitung, Jg. 1904–1908

Militärwochenblatt, Jg. 1904–1908

Mitteilungsblatt (Herausgeber: Traditionsverband ehemaliger Schutz- und Überseetruppen/Freunde der früheren deutschen Schutzgebiete e.V.), verschiedene Jahrgänge

Namibia-Magazin (Herausgeber: Deutsch-Namibische Gesellschaft e.V.), verschiedene Jahrgänge

3. Sonstige Veröffentlichungen

Albertini, Rudolf von: Europäische Kolonialherrschaft. Die Expansion in Übersee 1880–1940. München 1982

Alverdes, Hermann: Mein Tagebuch aus Südwest. Oldenburg 1907

Auer von Herrenkirchen, Helmuth: Meine Erlebnisse während des Feldzugs gegen die Hereros und Witboois. Berlin 1907

Axenfeldt, Karl: Der Äthiopismus in Südafrika. Berlin 1907

Bayer, Maximilian: Mit dem Hauptquartier in Südwestafrika. Leipzig 1909

–: Der Krieg in Südwestafrika und seine Bedeutung für die Entwicklung der Kolonie. Leipzig 1908

Bley, Helmut: South West Africa under German Rule 1894–1914. London o.J.

Bridgman, Jon M.: The Revolt of the Hereros. Berkeley und Los Angeles 1981

Burgsdorff-Garath, Alhard von: Der Hauptmann Henning von Burgsdorff – Vom tapferen Leben und Sterben des Bezirkshauptmanns von Gibeon. Windhoek 1982

Deimling, Berthold von: Südwestafrika. Land und Leute. Unsere Kämpfe. Wert der Kolonie. Berlin o.J.

–: Aus der alten in die neue Zeit. Lebenserinnerungen von Berthold von Deimling. Berlin 1930

Dincklage-Campe: Deutsche Reiter in Südwest. Berlin 1908

Dove, Prof. Dr. K.: Südwestafrika. IV. Band der Sammlung Göschen. Berlin und Leipzig 1913

Drechsler, Horst: Südwestafrika unter deutscher Kolonialherrschaft. Der Kampf der Hereros und Namas gegen den deutschen Imperialismus (1884–1915). Berlin (Ost) 1966

–: Jacob Morenga: A New Kind of South West African Leader. Aus: Afrika-Studien. Karl-Marx-Universität. Leipzig 1967

Duignan, Peter (und Gann, L.H.): The Rulers of German Africa 1884–1914. Stanford, Cal. 1977

Estorff, Ludwig von: Wanderungen und Kämpfe in Südwestafrika, Ostafrika und Südafrika 1894–1910. Unveröffentlichte Dokumente zur Kolonialgeschichte Afrikas. Herausgegeben von Christoph-Friedrich Kutscher. Wiesbaden 1968

–: Kriegserlebnisse in Südwestafrika. In: Militärwochenblatt, Jg. 1911, Beiheft 3
Fischer, Adolf: Südwester Offiziere. Berlin o.J.
François, C. von: »Der Hottentottenaufstand«. Berlin 1905.
–: Deutsch-Südwest-Afrika. Geschichte der Kolonisation bis zum Ausbruch des Krieges mit Witbooi 1893. Nachdruck. Swakopmund 1993
Gann, L. H. (und Duignan, P.): The Rulers of German Africa 1884–1914. Stanford, Cal. 1977
Grimm, Hans: Der Zug des Hauptmanns von Erckert. München 1932
Grumpelt, Werner: Im Herzen von Deutsch-Südwest. Erlebnisse des deutschen Reiters Albin Freier. Berlin 1939
Haacke, Wulf D.: The Kalahari Expedition March 1908 – The Forgotten Story of the Nama War. In: Botswana Notes and Records, Volume 24
Helbich, Ludwig, und Hillebrecht, Werner: The Witbooi. Windhoek 1992
Hintrager, Oskar: Südwestafrika in der deutschen Zeit. München 1955
Huysteen, C.N.L. van: Das Einsame Grab im Fish River Canyon. Johannesburg 1984
Klein-Arendt, Reinhard: Kamina ruft Nauen - Die Funkstellen der deutschen Kolonien 1904–1918. Ostheim/Rhön 1996
Kolbe, Paul: Unsere Helden in Südwestafrika. Leipzig 1907
Külz, Wilhelm: Deutsch-Südafrika im 25. Jahr deutscher Schutzherrschaft, 2. Aufl. Berlin 1909
Lau, Brigitte: Concerning the Hendrik Witbooi Papers. In: History and Historiography – Four Essays in Reprint. Windhoek 1995
Lenssen, H.E.: Chronik von Deutsch-Südwestafrika. Windhoek 1972
Lettow-Vorbeck, Paul von: Mein Leben. Biberach o.J.
Leutwein, Paul: Afrikanerschicksal. Gouverneur Leutwein und seine Zeit. Stuttgart 1929
Leutwein, Theodor: Elf Jahre Gouverneur in Südwestafrika. Berlin 1908
Maercker, G.: Unsere Kriegführung in Deutsch-Südwestafrika. Vortrag, gehalten 1907
Mager, Günter: Die deutsche Sozialdemokratie und die Aufstände der Herero und Nama in Südwestafrika. Dissertation, Philosophische Fakultät der Universität Halle. Wittenberg o.J.
Müller Fritz F. (Hrsg.): Kolonien unter der Peitsche. Eine Dokumentation, Berlin (Ost) 1962
Noske, Gustav: Kolonialpolitik und Sozialdemokratie. Stuttgart 1914
Nuhn, Walter: Sturm über Südwest – Der Hereroaufstand von 1904. 4. Aufl. Bonn 1997
–: Flammen über Deutsch-Ostafrika – Der Maji-Maji-Aufstand 1905/06. Bonn 1998
–: Kamerun unter dem Kaiseradler – Geschichte der Erwerbung und Erschließung des ehemaligen deutschen Schutzgebietes Kamerun. Wilhelmshaven 1995
Pool, Gerhardus: Die Herero-Opstand 1904–1907. Kapstadt und Pretoria 1979
–: Samuel Maharero. Windhoek 1991
Rahn, Walter: Sanitätsdienst der Schutztruppe für Südwestafrika während der großen Aufstände 1904–1907 und der Kalahari-Expedition 1908. Band 9 der Beiträge zur deutschen Kolonialgeschichte, herausgegeben vom Traditionsverband ehemaliger Schutz- und Überseetruppen/Freunde der früheren deutschen Schutzgebiete e.V. Homberg 1997
Redelis, Valdis: Partisanenkrieg. Neckargemünd 1958
Renck-Reichert, Kurt: Kampf um Südwest. Wedel in Holstein 1938
Rohrbach, Paul: Deutsche Kolonialwirtschaft. I. Südwestafrika. Berlin 1907
Schmidt, Karl A.: Hendrik Witboois letzter Aufstand und Tod. In: Deutsche Rundschau, Bd. CCXXXLX (April–Juni 1934)
Schmidt, Max: Aus unserem Kriegsleben in Südwestafrika. Erlebnisse und Erfahrungen von Max Schmidt. Berlin 1907
Schoen, Walter von: Deutschlands Kolonialweg. Die Geschichte unserer Schutzgebiete. Berlin 1939

Schultz-Ewerth: »Deutschlands Weg zur Kolonialmacht«. Berlin 1934.
Schwabe, Kurt: Der Krieg in Deutsch-Südwestafrika 1904–1906. Berlin 1907
–: Dienst und Kriegführung in den Kolonien. Berlin 1903
–: »Die deutschen Kolonien«. Berlin 1910.
Spellmeyer, Hans: Deutsche Kolonialpolitik im Reichstag. Stuttgart 1931
Steltzer, Hans Georg: Die Deutschen und ihr Kolonialreich, Frankfurt am Main 1984
Sudholt, Gert: Die deutsche Eingeborenenpolitik in Südwestafrika – Historische Texte – Studien. Hildesheim 1975
Trautmann, Otto: Im Herero- und Hottentottenland. Ernste und heitere Erinnerungen aus dem großen Aufstand. Oldenburg 1913
Vedder, Dr. Heinrich: Das alte Südwestafrika. 3. Neuauflage Windhoek 1981
Voigt, Bernhard: Die Farmer vom Seeis-Rivier. Potsdam 1937
Weber, Otto von: Geschichte des Schutzgebietes Deutsch-Südwest-Afrika. 5. Auflage Windhoek 1998
Witbooi, Hendrik: Afrika den Afrikanern. Herausgeber Wolfgang Reinhard. Bonn 1982

Generalleutnant Lothar v. Trotha

Gouverneur Theodor Leutwein

Oberst Berthold v. Deimling

Hendrik Witbooi

Jakob Morenga

Ochsentreck

Pontok der Hottentotten

Immer wieder hart umkämpft: die Wasserstellen. Hier auf dem Bild die Wasserstelle Uhabis nahe dem Oranje

Feste Gibeon

Hendrik Witbooi inmitten seiner Krieger

Sturm auf die Schanzen der Witboois bei Naris (siehe S. 83 ff)

Exzellenz von Trotha (in weißer Hose) besichtigt in Windhuk die Batterie des Oberleutnants Stuhlmann vor dem Abrücken zum südlichen Kriegsschauplatz (Oktober 1904) (siehe S. 71)

Gefecht bei Groß-Nabas, 3.–4. Januar 1905 (siehe S. 97 ff)

Szene aus dem Gefecht bei Groß-Nabas: »Wasser, Wasser, nur einen Becher!«

Gebirgsbatterie auf dem Marsch über Klippen und Geröll im wilden Karrasgebirge (siehe S. 114 ff)

Verbandplatz auf dem Gefechtsfeld von Narudas (siehe S. 119)

Abteilung Kirchner bei Aob, 10. März 1905 (siehe S. 120 ff)

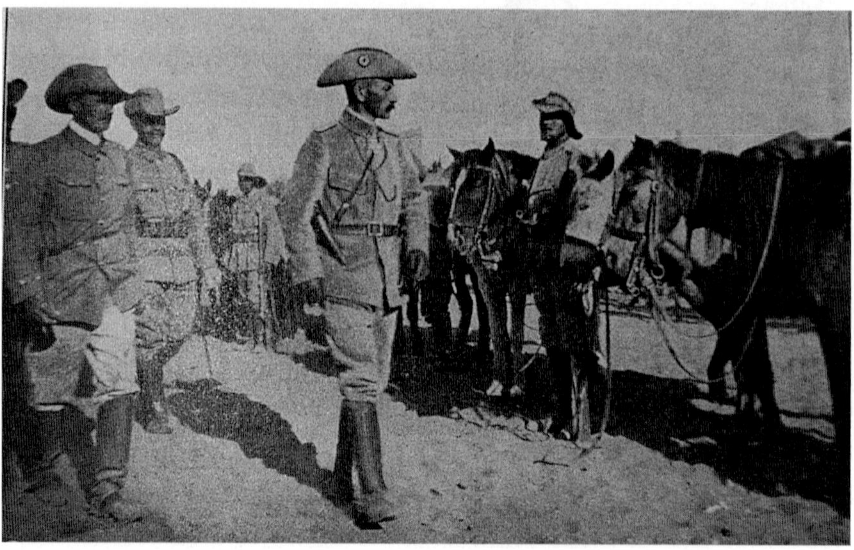

Oberst Deimling vor der Front einer Feldkompanie

Grabstelle des Oberleutnants v. Bülow und zweier seiner Reiter, gefallen beim Patrouillengefecht an der Wasserstelle Huams am 27. April 1905 (siehe S. 130 f)

Der Verfasser am Grabe Bülows und seiner Reiter.

Oberarzt Dr. Schulz und Leutnant Thilo v. Trotha

Grabstätte des Leutnants v. Trotha im heutigen Fischfluß-Canyon-Nationalpark (siehe S. 134 f)

Witbooikrieger überfallen eine Wagenkolonne bei Sees-Kamelbaum, 20. Juli 1905. (Siehe S. 164)

Hendrik Witboois Tod bei Fahlgras(-Ost), 29. Oktober 1905 (siehe S. 174 ff)

Gefecht bei Hartebeestmund, 24. Oktober 1905 (siehe S. 197 ff)

Gefechtsfeld Hartebeestmund, Blickrichtung Ost (Die Truppe rückte von der entgegengesetzten Richtung vor.)

Morengas Orlog, scharf verfolgt von deutschen Truppen, flüchtet über den Oranje. (Siehe S. 205)

Verfolgung im Durstmarsch

Gefecht bei van Rooisvley, 4. Mai 1906 (siehe S. 223 f)

Teilansicht des Gefechtsfeldes von Sperlingspütz mit Gräbern gefallener deutscher Reiter (siehe S. 232 ff)

Einsame Reitergräber in der Wüstensteppe bei Gabis (Reiter Reincke und Reiter Röger, gefallen am 21. Juni 1906 beim Überfall von Bondelzwarts auf den Pferdepark der 8. Batterie) (Siehe S. 234)

Zug der Lüderitzbahn in den Wanderdünen

Oben: Lüderitzbucht mit der Haifischinsel im Hintergrund.
Mitte: Landungsbrücke in Lüderitzbucht
Unten: Verfolgung der Simon-Kopper-Nama in der Kalahari (siehe S. 258 ff)

Gefangene Namafrauen beim Kochen, Swakopmund Ende 1904

Kriegsgefangenenlager auf der Haifischinsel (siehe S. 267 ff)

Verzeichnis der Karten

Bildnachweis

a) Ursprung der Karten
Karte 1: Zeichnung nach verschiedenen Vorlagen
Karte 3, 6, 7, 10, 13 und 16: Dincklage-Campe: »Deutsche Reiter in Südwest«
Schlußkarte: Archiv des Verfassers
Sämtliche anderen Karten sind dem Generalstabswerk, Bd. 2, entnommen.

b) Herkunft der Fotos
Abb. 1, 12, 16, 21, 36, 37: Nationalarchiv Windhoek, Namibia
Abb. 2: Paul Leutwein: »Afrikanerschicksal. Gouverneur Leutwein und seine Zeit«
Abb. 3, 5, 9, 11, 13, 14, 15, 17, 23, 24, 25, 27, 28, 29, 34, 35: Dincklage-Campe: »Deutsche Reiter in Südwest«
Abb. 4: Theodor Leutwein: »Elf Jahre Gouverneur in Südwestafrika«
Abb. 6, 18: Privatarchiv Autor
Abb. 7: »Das Überseeische Deutschland«
Abb. 8, 19, 20, 22, 26, 30, 31: Autor
Abb. 10: Schultz-Ewerth: »Deutschlands Weg zur Kolonialmacht«
Abb. 32, 33: Kurd Schwabe: »Die deutschen Kolonien«

Stichwort-, Orts- und Namensregister

Ein Wort des Dankes

Für ihre wertvolle Hilfe beim Entstehen des vorliegenden Buches sei den nachstehend genannten Personen und Personengruppen mein herzlicher Dank ausgesprochen: Herrn Günther F. Nothstein, Müllheim-Hügelheim, der freundlicherweise für mich die ersten themabezogenen Nachforschungen im Militärarchiv Freiburg anstellte; Herrn Axel Poschmann, Bad Soden, für die Benutzung zeitgenössischer Quellen; Herrn Jochen Kutzner, dem Leiter des Nationalarchivs in Windhoek, Namibia, und seinen Mitarbeitern für die bereitwillige Überlassung von Aufzeichnungen, Nachlaßunterlagen und Bildmaterial, sowie den Mitarbeitern des Bundesarchivs-Militärarchivs Freiburg/Breisgau und des Bundesarchivs Berlin für wertvolle Anregungen während meiner historischen Recherchen vor Ort und für die Überlassung von Aktenmaterial.

Zum Schluß möchte ich nicht versäumen, auch Herrn Ewald Hohmeier, Windhoek, dem zweiten Vorsitzenden der namibischen Arbeitsgemeinschaft Kriegsgräberfürsorge, meinen Dank und meine Anerkennung auszusprechen, war er doch mein nimmermüder, kundiger Wegbegleiter und versierter Fahrer auf zwei strapaziösen Safaris, die uns, zumeist abseits der Pads, quer durch die menschenleeren Einöden des Namalandes zu den alten Gefechtsfeldern und den vielen überall im Lande verstreuten und nicht selten schwer auffindbaren und nur im mühseligen Fußmärschen erreichbaren deutschen Soldatengräbern führten.

Im Winter 2000 Walter Nuhn

Der Autor

Walter Nuhn, geb. 1928 in Norderney, wohnhaft in Wilhelmshaven, Oberschulbesuch in Wilhelmshaven und Cuxhaven, unterbrochen durch kurzen Wehrdienst und zweijährige russische Kriegsgefangenschaft; 1950 Abitur. 1951–1955 Hochschulstudium (Theologie, Anglistik) in Hamburg, Kiel und Göttingen.

Von 1957 an berufliche Tätigkeit im sprachlichen Bereich (englisch, französisch, russisch), zunächst als Dolmetscher und Übersetzer bei den amerikanischen Stationierungsstreitkräften, danach in der Luftfahrtindustrie, ab 1963 als Fachübersetzer im Sprachendienst der Bundeswehr. 1967–1991 Verwendung in verschiedenen Kommandobehörden der Bundesmarine in Wilhelmshaven. Seit November 1991 im Ruhestand.

Durch frühe Kontakte zur Marine (Vater Marineoffizier) schon in der Jugend Interesse an deutscher Marine- und Kolonialgeschichte. Vertiefung der kolonialgeschichtlichen Kenntnisse durch Archivbesuche im In- und Ausland und Bereisung der früheren deutschen Schutzgebiete Kamerun, Deutsch-Südwestafrika (Namibia) und Deutsch-Ostafrika (Tansania).

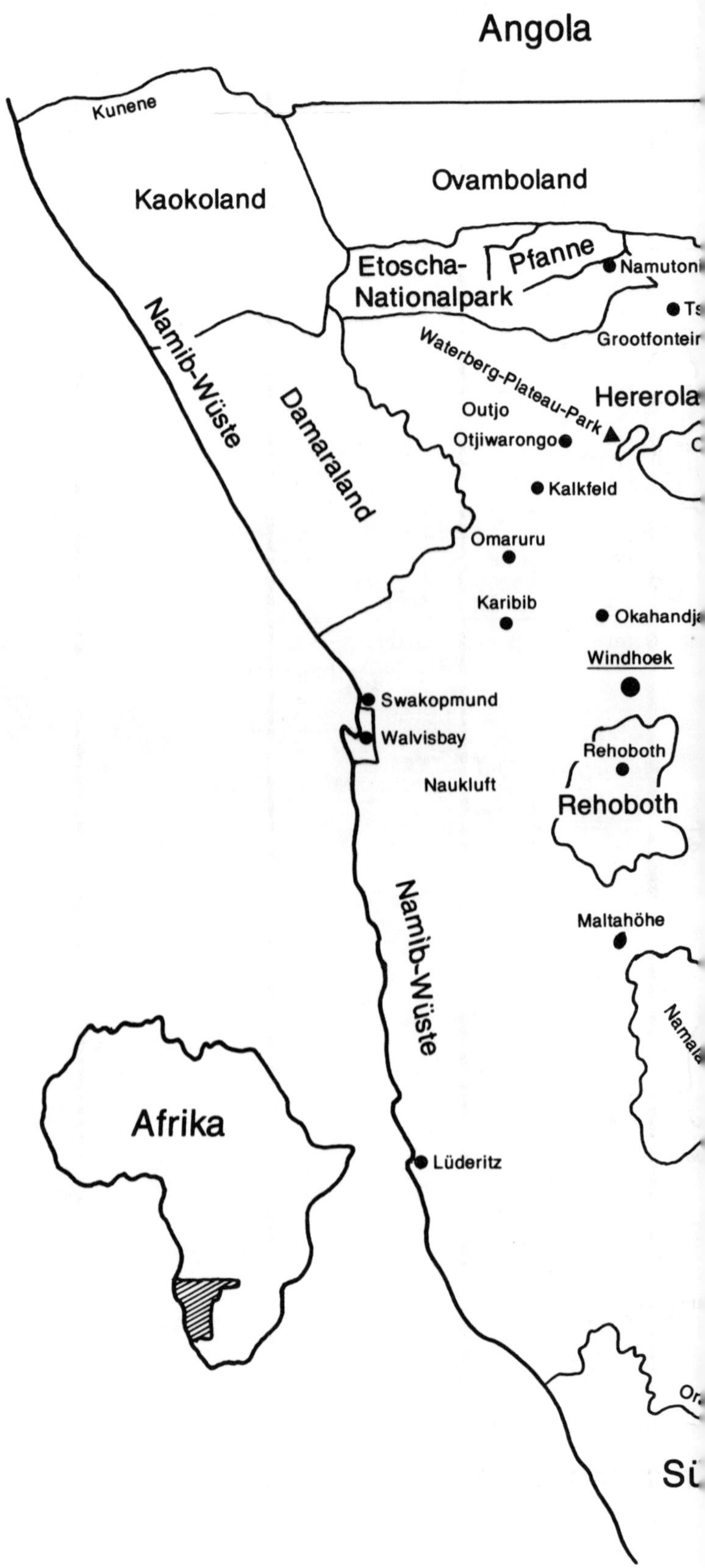
Angola
Kunene
Kaokoland
Ovamboland
Etoscha-
Nationalpark
Pfanne
Namutoni
Grootfontein
Namib-Wüste
Waterberg-Plateau-Park
Hererola
Outjo
Otjiwarongo
Damaraland
Kalkfeld
Omaruru
Karibib
Okahandja
Windhoek
Swakopmund
Walvisbay
Naukluft
Rehoboth
Rehoboth
Maltahöhe
Namib-Wüste
Afrika
Lüderitz